傅英仁（左）与本书作者宋和平（右）

傅英仁和夫人

傅英仁（左二）在永陵

1981年在北京颐和园（从左至右：宋和平、傅英仁、石清民、石清泉、石清山、石光伟）

背灯祭前献糕

朝祭中献糕

朝祭中敬酒

夕祭请祖先神

中国社会科学院
老年科研基金资助

中国社会科学院老年学者文库

傅英仁
与《东海窝集传》研究

宋和平　高荷红/著

社会科学文献出版社
SOCIAL SCIENCES ACADEMIC PRESS (CHINA)

前　言

　　傅英仁，中国民间文艺家协会理事（1984），牡丹江市民研会副主席、宁安县民研会副主席、满族说部重要传承人、民间故事家（1984）、宁安满族民间文化的重要传承人。在 20 世纪 80 年代"三套集成"的搜集整理过程中，他脱颖而出，成为著名的民间故事家，由他讲述的文本在国家卷、省卷、县卷中皆占有很大篇幅。之后他出版了多本故事集、神话集。21 世纪初，随着满族说部成为国家级非物质文化遗产代表性项目，吉林省中国满族传统说部艺术集成编委会出版了傅英仁讲述的多部满族说部。他已出版的满族说部有《东海窝集传》《萨布素将军传》《比剑联姻》《红罗女三打契丹》《金世宗走国》《两世罕王传·努尔哈赤罕王传》《满族神话》；出版的神话、故事集有《满族神话故事》《傅英仁满族故事》《满族萨满神话》，在王松林《满族面具新发现》中也收录了他讲述的神话和故事。

　　对于这样一位有着多重身份的民间故事家，又是"嘴茬子"和"笔头子"都过硬的传承人，从 20 世纪 80 年代开始就不断有学者、专家、文化机构前来采风、调研，且出版了他讲述的多种文本，但学界对他个人及其讲述的文本研究还相对薄弱。

　　《傅英仁与〈东海窝集传〉研究》是对傅英仁个人研究的尝试，全书分为上下两编，上编由高荷红撰写，下编由宋和平撰写。

　　上编共四章，前三章分别就傅英仁讲述的神话、故事、满族说部进行了细致的建档，解读傅英仁成为掌握数千则满族叙事传统的故事家的主要缘由。第四章重点分析在特定的历史时期，作为讲述者的傅英仁被发现，其讲述的文本被记录、整理的过程，以及他作为书写者对满族民间文化的重要作用。作为局内人，傅英仁矢志不渝地坚持对民间文化的搜集整理，并影响带动了周围的亲朋；作为局外人，他声名远播海内外，吸引了大量学者的关注，尤其是"访萨采红"团队及吉林省中国满族传统说部艺术集成编委会在20世纪80年代及21世纪初的关注，使得傅英仁依托七部满族说部文本的出版成为极具分量的传承人。傅英仁曾坦言热爱、追寻满族民间文化成为其"平生之癖"，这里的满族民间文化既包括神话、故事、传说、满族说部等民间文类，也包括满族舞蹈、民俗以及鲜少有人关注的满族面具等。

笔者开始民间文学研究时，颇具声望的关墨卿、马亚川、傅英仁或已过世或年事已高，因而与他们都未曾谋面。笔者将散落在各种文本、文集中的资料进行汇总、梳理和分析，厘清傅英仁在满族说部、神话及民间故事三种主要文类方面的传统篇目和个人才艺。

下编为《〈东海窝集传〉研究》，作者宋和平研究员多年前亲自搜集整理出版了傅英仁讲述的《东海窝集传》，熟稔讲述者傅英仁的个人生活史及传承史，保留了很多珍贵的文本资料和访谈资料。宋和平以多年对东北满族萨满神歌、萨满文本的研究成果写就的《〈东海窝集传〉研究》专论，是目前研究《东海窝集传》最为完整、全面的著作。由于该部分成文于数年前，此次出版时将原稿的第二章改至第一章前，第三章和第四章合并为一章，因此本书下编为五章。目前第四章内容偏多，仍基本保留了原稿的样貌。这五章分别为"傅英仁的民间叙事文本""《东海窝集传》版本及内容""《东海窝集传》中的婚丧与其他民俗""《东海窝集传》与萨满文化""《东海窝集传》的文学价值"。

本书的附录一"傅英仁《自传》"虽在《东海窝集传》中发表过，但本书择选了由傅英仁的手写稿整理而成的新版本和手写稿的部分影印件再次发表，与正式出版的《自传》略有差别，极为珍贵。附录二为"《东海窝集传》三种文本（手写稿）"，这是傅老交付给宋和平的手写稿，属首次影印刊出。傅英仁善于写作，曾先后三次整理满族说部及神话故事，估计这些整理稿的篇幅在180万字到300万字之间，但我们并没有看到原始的文字资料。附录三"傅英仁大事年表"是笔者依据所能见到的资料按年份先后顺序汇编而成的。

目　录
CONTENTS

上　编

引　言 ……………………………………………………………………… 3

第一章　傅英仁：满族萨满神话的集大成者 ……………………… 6
　第一节　满族神话研究史略 …………………………………… 8
　第二节　从女真神话到满族神话——马亚川与傅英仁之比较 … 15
　第三节　满族神话之神灵谱系 ………………………………… 42

第二章　千则故事家傅英仁的"嘴茬子"和"笔头子" ………… 52
　第一节　传说与故事之别 ……………………………………… 52
　第二节　民间故事：从搜集到讲述 …………………………… 55
　第三节　故事家的特质："嘴茬子"和"笔头子"都过硬 ……… 61

第三章　傅英仁与满族说部 ………………………………………… 82
　第一节　从《东海窝集传》到《萨布素将军传》 ……………… 82
　第二节　满族说部的传承路径 ………………………………… 94
　第三节　从讲述到书写：傅英仁的个人特质 ……………… 100

第四章　满族民间叙事传统的承继 …………………………… 105
　第一节　局内：满族民间叙事传统的传承 ………………… 105
　第二节　局外：被发掘的传承人 ……………………………… 109

第三节 "平生之癖"——承继满族文化传统 …… 118

结 语 …… 124

下 编

引 言 …… 129

第一章 傅英仁的民间叙事文本 …… 135
第一节 民间叙事分类 …… 138
第二节 故事的历史性 …… 149
第三节 民间叙事的艺术巨匠 …… 153

第二章 《东海窝集传》版本及内容 …… 156
第一节 满族说部《东海窝集传》的版本介绍 …… 156
第二节 母系制的生产生活 …… 162
第三节 由盛转衰的母权制 …… 174
第四节 母系社会向父系社会的艰巨变革 …… 182

第三章 《东海窝集传》中的婚丧与其他民俗 …… 193
第一节 婚姻形式及婚俗 …… 193
第二节 其他民俗 …… 205

第四章 《东海窝集传》与萨满文化 …… 219
第一节 萨满的概念及其他 …… 219
第二节 萨满教崇拜 …… 221
第三节 满族的萨满祭祀 …… 271

第五章 《东海窝集传》的文学价值 …… 279
第一节 故事内容的艺术性 …… 280
第二节 语言的艺术特色 …… 284
第三节 人物形象的艺术性 …… 286

结 语 ……………………………………………………………… 295

附录一 傅英仁《自传》 ………………………………………… 296

附录二· 《东海窝集传》三种文本（手稿）…………………… 322

附录三 傅英仁大事年表 ………………………………………… 394

参考文献 ………………………………………………………… 397

后 记 …………………………………………………………… 400

上　编

引　言

　　满族历史的确切记载，约始于明朝初年。满族的先民被明人泛称为女真人。按照社会发展水平以及地理分布，明代女真人又分为建州女真、海西女真、东海女真（明称"野人女真"）三大部。女真人兴起并建立金朝后，黑龙江地区成为女真内地，这里不仅生活着女真人、契丹人、室韦人、渤海人等，还有大批从中原迁来的汉人。元朝时期，黑龙江地区主要以蒙古人和女真人为主。在长期的历史发展过程中，不同时期的古代民族相互学习、相互融合，在与中原地区保持着密切交往的同时，不断创造着自己的民族文化和民族历史。明朝时期，黑龙江地区分布着蒙古、索伦及"野人女真"等部落，他们即后来这一地区的满、蒙古、达斡尔、鄂温克、鄂伦春、赫哲等族的祖先。大约在明正统年间，建州女真和海西女真分别形成了部落联合，"野人女真"仍保持比较原始的部落组织。明朝末年，黑龙江下游及沿海和库页岛等地分布着东海瓦尔喀部、虎尔哈部、渥集部、使犬部和使鹿部等。这些部落通常被称为野人女真或东海女真，包括赫哲、恰哈拉和费雅喀等。他们以渔猎经济为主，社会发展相对落后，所操语言大多与建州女真相同，且"勇不畏死，一人便能杀虎"，因而成为后金－清统治者极力争取的重要力量。在后金政权建立之前，努尔哈赤就开始招抚东海女真，对前来朝贡、归附的各部首领赏物、赐官或与其联姻等。随着建州女真的兴起和后金－清政权的建立，黑龙江各民族相继被努尔哈赤和皇太极父子统一，成为后金－清朝政权的属民。对于黑龙江下游等地区的各部落，后金－清统治者招抚、征服并用，多次派兵出征，将远征俘掠的人编入八旗，并恩赏归附的部族首领，在入关前基本上统一了这一地区。①

当海西、建州女真实现初步联合时，"野人女真"仍滞留在更原始的氏族部落制阶段。这些部落分布在边远地区，对明廷"朝贡不常"，与外部先进社会接触少，明朝人因此以"野人女真"泛称之。朝鲜人则直接借取女真语，称他们为"兀狄哈"，即"林中人"。② 当海西女真、建州女真开始由部落联盟阶段向国家阶段迈进时，"野人女真"（这时又称东海女真）后裔的社会组织始终没有实质性变化。据《皇清职贡图》所载，七姓人居住在松花江下游至乌苏里江一带的乌苏里江口、混同江、黑龙江下游，他们"虽知耕种，而专以渔猎为生"③。渔猎经济是当地女真人的传统经济，属于落后的攫取经济范畴，从事渔猎的野人女真未能超越部落组织而形成国家。

通过多种手段，后金统治者将大批黑龙江下游等地区的各族人民招抚到辽东等地，编入八旗，使之成为新满洲人。

从史料记载可知，东海窝集部居住的乌苏里江流域和锡霍特山区，显然不是近古以来才同海外有了交往。《后汉书》《三国志》等史籍记述了沃沮以东的大海的情况，如《后汉书·东夷列传》有记载云："又有北沃沮……其耆老言，尝于海中得一布衣，其形如中人衣，而两袖长三丈。又于岸际见一人乘破船，顶中复有面，与语不通，不食而死。又说海中有女国，无男人。或传其国有神井，窥之辄生子云。"④ 这些记载传言色彩浓郁，但可为我们提供古昔东海人与海外往来的线索。

黑龙江省宁安市是唐代渤海国都城上京龙泉府的所在地，古有宁古塔之称，为清代流人聚集之地，该地恰是东海女真的聚居地，有大量满族及其先世的神话、传说、故事及说部等民间文类存世，颇受学术界瞩目。多年前，马名超经过多次田野探查，发现：

> 宁安境内"满洲十二氏族"中所保留的原始神话群、先祖崇拜传说群，包括上起母系氏族社会的多种类型沉积物序列，这一丰富内涵，有助于进一步对素称"满洲人故乡"的该区间多层次民间叙事文学的

---

① 周喜峰：《清朝前期黑龙江民族研究》，中国社会科学出版社，2007，第26页。
② 刘小萌：《满族从部落到国家的发展》，辽宁民族出版社，2007，第17页。
③ （清）傅恒等编著《皇清职贡图》卷三，辽沈书社，1991，第253页。
④ （南朝宋）范晔：《后汉书·东夷列传》，太白文艺出版社，2006，第653页。

开掘。①

在东起乌苏里江、牡丹江流域，中经松花江平原，北抵嫩江即黑龙江南沿一带，存在一个广阔的、呈"L"字形的满洲族人古老叙事文学的传播区域。除屡经学者考察过的富裕县"三家子"和黑龙江畔"大五家子"等著名民族聚居村落外，随着社会调查的逐步深入，今年还在宁安、阿城、双城等古文化区之间连续发现一系列该族基于历史大迁徙所形成的诸多部族。原属乌苏里江一带土著居民的"恰喀拉"满洲族人，是独特的支系，情节曾保存着极罕见的物源神话遗留，被视为重大线索之一。"游京满族"，即原女真遗民，曾随清始旅京，殆至乾隆年间为"避其闲逸"又复北迁的八旗垦民之一部；"长白山满洲"，即未随太祖努尔哈赤入关而来自今辽宁地区的迁居旗民；"坐地满洲"，即女真完颜部的直系后裔以及"巴拉满洲"族人等不同族系的辨别，均为叙事文学的深入研究奠定了基础。②

宁安一带有着如此丰厚的叙事传统，从小就生长于斯的傅英仁自然有着得天独厚的条件。上编重点分析傅英仁掌握的满族神话、传说、故事、满族说部及其他叙事传统。

---

① 马名超：《马名超民俗文化论集》，黑龙江人民出版社，1997，第143页。
② 马名超：《马名超民俗文化论集》，黑龙江人民出版社，1997，第142页。

第一章　傅英仁：满族萨满神话的集大成者

何为神话？神话有哪些特质？钟敬文在其主编的《民间文学概论》中指出，神话有以下三方面的内容：对于自然现象的解释、反映生产斗争和征服自然的愿望、对社会生活的反映。20 世纪 80 年代初期，刘魁立在为《中国大百科全书》撰写的"神话与神话学"词条中，将神话分为创世神话，有关自然及其变化的神话，有关诸神在天上、地下生活的神话，动物神话四类，每一类又包含若干小类。谢选骏在《中国神话》中将中国各民族神话分为混沌·创世·神族之战、对起源的各种解释（以上两类被统称为"诞生神话"），洪水主题、射日射月主题、英雄的命运（以上三类被统称为"再生神话"），神话的舞台。

三位学者的关注点虽有不同，但都提到了神话的共性之一就是对自然现象、社会生活的解释，包括创世、洪水、射日射月、英雄的命运、动物神话等。中国各民族神话情况不一，以上分类无法涵括所有的神话。

当然，我们不欲追索神话术语的学术史。神话学家杨利慧对神话的界定更贴合现有文本情况："神话是有关神祇、始祖、文化英雄或神圣动物及其活动的叙事（narrative），它解释宇宙、人类（包括神祇与特定族群）和文化的最初起源，以及现世世间秩序的最初奠定。"[①]

通过分析神话文本及其讲述情境，杨利慧总结出神话具有如下一些特点：

1. 神话中所讲述的事件，发生在世界正在形成过程中的远古时代，这个时期产生了世界上一切本质的东西。

2. 事件发生的场所主要是在远古时代的大地上，或者是在另一个不同的世界里，如天上或地下。

---

① 杨利慧：《神话与神话学》，北京师范大学出版社，2009，第 5 页。

3. 神话中的主要角色一般不是人类，而是超越于人类的神祇、始祖、文化英雄或者神圣动物，他们在远古时代确立了今天世界的基础，创造了人的原型、人间万物以及人类的自然环境和文化环境。

4. 神话的讲述时机与场合大多是有限制的，一些神话的讲述场合往往与信仰和宗教仪式相结合。有时也非绝对，有时神话也可以在家里或者娱乐场合比较随意地讲述和表演。

5. 神话通常会被认为是发生在远古时代的真实可信的事情，尤其是那些与信仰和宗教仪式相结合的神话。但神话并不总是被确信无疑的，人们对于神话的真实性的信用程度，实际上也有着相当大的差异。

6. 神话常常具有一定的神圣性，尤其是与神学和宗教仪式相结合的神话，讲述人和听众经常会以神圣、严肃的态度来看待它，它的讲述常常在庄严、神圣的氛围中进行，但是神话有时也可以在娱乐的场合讲述，从而具有世俗性。

7. 神话的功能主要是解释和证明。这一功能使神话叙事呈现出宏大和根本性的特点，也使神话成为世界观念的基础以及协调社会并确立诸多文化事象的现实合法性的重要资源。①

德国民族学家卡尔·施密茨认为，每个民族的文化都必须借助于神话世界以解答三个基本问题：是谁用什么方法创造了世界（宇宙起源论）？是谁用什么方法创造了人类（人类起源论）？是谁用什么方法创造了文化（文化起源论）？大林太良以此为标准，将世界各民族神话分为三大类：宇宙起源神话、人类起源神话、文化起源神话。一个神话可能既讲述宇宙的起源，又讲述人类的起源，还可能涉及文化的起源。由此，可将神话分类如下（见表1-1）。

表1-1　神话分类

分类	宇宙起源神话	人类起源神话	文化起源神话
涉及内容	有关天与地的神话； 天体与其他自然现象的神话； 洪水神话； 大劫难神话	诸神的出现、谱系和神圣业绩； 解释全人类的起源； 解释特定民族、氏族、部落起源的族源神话； 大劫难神话说明人类起源； 尸体化生、从植物或卵中出现	远古状态中文化起源； 火的起源、农作物的起源； 音乐的起源； 文化英雄； 否定性文化起源神话

① 杨利慧：《神话与神话学》，北京师范大学出版社，2009，第9～11页。

这三类神话中的宇宙起源神话又可分为：

1. 创造型（Ⅰ型）：指创造神以某种方式创造了世界。

A. 创造神单独进行创造；

B. 至高神（多数场合是指住在天上的全知全能的创造神）在其协助者（副神，有时是神格化了的最初人类，有时是创造神的敌对者）的协助下创造世界。

2. 进化型（Ⅱ型）：指没有创造神的介入，宇宙从某种最原始的物质和胚胎中自然而然地发展起来。

A. 世界是从单一的、最原始的物质或胚胎中发展起来的；

B. 世界是由两种以上常常被人格化了的各种自然力量相互作用而发展起来的；

C. 世界是从具有人的形体或具有动物形体的上古存在中，或者从身体的各部分中发展起来的。①

之所以引用以上资料，意在重新考量满族神话的界定及分类标准。众所周知，满族神话有其复杂性，满族神话研究自成一体。满族神话研究者对其概念和分类都有各自的标准，本章将参考大林太良的分类法，重新考量满族神话的分类。

第一节　满族神话研究史略

东北少数民族的先民多信仰萨满教，信奉万物有灵，这一点在他们的口头文学中留下了印记，且集中表现在被马克思称为"在儿童的天性中纯真得复活着"的神话中。神话反映了东北少数民族先民对自然界中动植物的认知，尤其是那些无法打败或很难打败的动物，如熊、老虎、蛇、狼等，都被先民赋予了神圣的力量。满－通古斯语族鄂温克神话中的熊图腾②、蛇图腾崇拜，鄂伦春族神话中保留的熊崇拜③，赫哲族崇拜虎、熊等充分体现了这一点。

《三仙女》是满族最为著名的神话，也是最早用满文记录下来的、清代官方记

① 杨利慧：《神话与神话学》，北京师范大学出版社，2009，第33页。
② 如汪立珍的博士学位论文《鄂温克族神话研究》及系列论文《论萨满教与鄂温克神话的关系》《论鄂温克熊图腾神话》《论鄂温克萨满神话与传说》《鄂温克族创世神话类型探析》等。
③ 如杨金戈的博士学位论文《鄂伦春族神话研究》和其他系列论文《20世纪50年代以来鄂伦春族神话研究综述》《鄂伦春族射日神话浅论》《鄂伦春族源神话初探》，以及王丙珍的相关论文等。

载的爱新觉罗皇室的族源神话。《满洲实录》和满文《天聪九年档》均有记载：

> 布勒霍里湖有天女三人——恩库伦、哲库伦、佛库伦前来沐浴，时有一鹊衔来朱果一，为三女中最小者佛库伦得之，含于口中吞下，遂有身孕，生布库里雍顺。其同族即满洲部也。

这一记载虽极为简短，但地点、人物、事件、情节发展等所有核心内容都被概括其中。《清太祖武皇帝实录》将该神话附会到努尔哈赤身上：

> 高皇帝姓爱新觉罗氏讳努尔哈赤，先世发祥于长白山，是山，高二百余里，绵亘千余里，树峻极之雄观，萃扶舆之灵气。山之上，有潭曰阔门，周八十里，源深流广，鸭绿、混同、爱滹三江之水出焉。鸭绿江自山南向西流入辽东之南海，混同江自山北流入北海，爱滹江东流入东海，三江孕其毓异，所产珠玑珍贝为世宝重。其山风劲气寒，奇木灵药应候挺生，每夏日环山之兽毕栖息其中。山之东有布库里山山下有池曰布尔湖里，相传有天女三，曰恩库伦、次哲库伦、次佛库伦，浴于池，浴毕，有神鹊衔朱果置季女衣，季女爱之不忍置诸地，含口中，甫被衣，忽已入腹，遂有身，告二姊曰："吾身重不能飞升，奈何？"二姊曰："吾等列仙籍无他虞也。此天授尔娠。俟免身来未晚。"言已，别去。佛库伦生产一男，生而能言，体貌奇异，及长，母告以吞朱果有身之故。因命之曰："汝以爱新觉罗为姓，名布库里雍顺。天生汝以定乱国，其往治之。汝顺流而往，即其地也。"与小船乘之，母遂凌空去。子乘船顺流下，至河步登岸，折柳枝及蒿为座具，端坐其上。是时，其地有三姓争为雄长。日构兵相仇杀，乱靡由定。有取河水河步者，见而异之，归语众曰："汝等勿争，吾取水河步，见一男子，察其貌非常人也。天必不虚生此人。"众往观之，皆以为异。因诘所由来，答曰："我天女佛库伦所生，姓爱新觉罗氏，名布库里雍顺。天生我以定汝等之乱者。"众惊曰："此天生圣人也。不可使之徒行。"遂交乡为舁，迎至家。三姓者议曰："我等盍息争，推此人为国主。"以女百里妻之，遂定议。妻以百里，奉为贝勒，其乱乃定。于是，布库里雍顺，居长白山以东，俄漠惠之野，俄朵里城，国号满洲，是为满洲开基之始也。[①]

---

① 富育光：《萨满教与神话》，辽宁大学出版社，1990，第 260～261 页。

《三仙女》神话依托文字传承而广为人知，在民间也多有讲述。在爱新觉罗·乌拉希春编著的《满族古神话》① 中，《三仙女》和《满洲的起源》都涵括了三仙女神话的核心要素（见表1-2）。

表1-2　两则神话要素之比较

	《三仙女》	《满洲的起源》
地点	长白山的石泉	长白山东方的布库哩山下的布勒瑚哩池
人物	三仙女	恩古伦、正古伦、佛库伦
事件	洗澡时，喜鹊嘴里衔桃，扔桃至第三个仙女的衣服上	洗浴，三仙女在衣服上得到一枚神鹊放置的红果
	俩姐姐离开，三仙女独自吃桃，"走不动，飞不动，怀孕了"	含在嘴里，刚穿上衣服，含着的果子便直入喉中，即感而成孕，无法飞升了
生男	既精神又健壮，十分招人喜爱。刚两个月就会说话	因是天赐福子故生而能言。不久，已渐长成人
仙女弃子	三仙女钉筐弃子，"独自飞走了，飞回天上去了"	三仙女让男孩去"治理乱国，平乱安邦"，交给他一只独木船，"飞到天上去了"
男孩被发现	男孩顺流而下被一老人收养，"大概是咱们的远祖，八成是老罕王的太爷"	三姓的人"插手为舆，抬着他回去了"，将勃利姑娘嫁给他，尊他为贝勒
结局	老罕王出世，为爱新觉罗，"子孙原本就是为治理国家而来的"	布库里雍顺平息了战乱，定国号为满洲，他便是满洲的始祖

《满洲的起源》的叙事逻辑更接近《清太祖武皇帝实录》，文本一开始即介绍了长白山的情况：

> 长白山高二百里，方圆一千里，山上有一个名叫阅门的池子，方圆八十里。鸭绿、混同、爱滹三条江都从这座山中流出，鸭绿江从山南流出，向西流，直入江东的南海；混同江自山北泻出，向北流，直入北海；爱滹江向东流，直入东海。这三条江中出产珍宝明珠。长白山风硬地凜，时至夏季，环山之兽都投想到这座山中，长白山遍山都是浮石，是东方一名山。②

与《清太祖武皇帝实录》相同，《满洲的起源》中三仙女所生之子自述

① 爱新觉罗·乌拉希春编著《满族古神话》，内蒙古人民出版社，1987。
② 爱新觉罗·乌拉希春编著《满族古神话》，内蒙古人民出版社，1987，第15页。

其神圣的出身，细节更为丰富：

> 那孩子按照他母亲所教的话告诉他们："我是天上的神仙，上帝命我平定你处战乱，趁三仙女恩古伦、正古伦、佛库伦浴于布库哩山下的布勒瑚哩池时，将我变成一只红果，将一天神变成一只喜鹊，命那神仙将红果拿去，'把它放到布勒瑚哩池中洗澡的三仙女衣服上吧！'那神鹊衔来红果，放在三仙女的衣服上，三仙女出浴后正要穿衣，看到那只果子，放在地上又觉可惜，便含在口中，进入咽喉，便生下来我。我母亲是天上的仙女，名叫佛库伦，我的姓氏是上天赐予的爱新觉罗，名字是布库哩雍顺。"①

与《满洲的起源》《清太祖武皇帝实录》《天聪九年档》中的神话文本相比，《三仙女》更为口语化，其主人公——三仙女也无确切的名字。三仙女之子为满洲的远祖而非始祖，而老罕王（满族民众称努尔哈赤为老罕王，少年努尔哈赤为小罕子）与三仙女的关系也无从得知。由此可基本判断《三仙女》为民间的口头传承文本。

20世纪80年代以来，在民间文学"三套集成"搜集整理工作的推动下，更多的满族神话渐渐被发掘出来。多部神话专集先后出版，如傅英仁的《满族神话》《满族萨满神话》《满族神话故事》，另《傅英仁满族故事》中的部分文本也是神话，还有马亚川的《女真萨满神话》《女真神话故事》等。满族神话可分为广义和狭义两种，富育光认为广义的满族神话"系指女真时期流传下来的北方民族神话"②，包括从满洲先世到当代满族的神话。基于此，富育光将神话分为萨满教创世神话、族源创世神话、祖先英雄神话、萨满神话故事、中原渗入型神话。徐昌翰则依据文本内容将宁古塔萨满神话分为天神神话、职司神神话、祖先神神话、萨满神神话四种。③荆文礼在此基础上有所扩展，他将满族神话分为创世神话、星辰神话、祖先神话、司职神话、图腾神话、萨满神话和工匠发明神话七种。④按照表1-1的分类方式，我们将满族神话进行分类，得到表1-3。

---

①　爱新觉罗·乌拉希春编著《满族古神话》，内蒙古人民出版社，1987，第19～20页。
②　富育光：《萨满教与神话》，辽宁大学出版社，1990，第195页。
③　徐昌翰主编《黑龙江民间神话》，黑龙江人民出版社，2011。
④　荆文礼主编《满族神话》，吉林人民出版社，2017。

表 1 - 3   满族神话分类

宇宙起源神话	人类起源神话	文化起源神话
天神神话（徐）	职司神神话（徐）、司职神神话（荆）	萨满神话（徐）、萨满神话（荆）、萨满神话故事（富）
萨满教创世神话（富）、族源创世神话（富）、创世神话（荆）	祖先神神话（徐）、祖先神话（荆）、祖先英雄神话（富）	工匠发明神话（荆）
星辰神话（荆）	图腾神话（荆）	中原渗入型神话（富）

从表 1 - 3 可以看出，满族神话与其他民族神话的区别在于其特有的萨满教创世神话、萨满神话和图腾神话。从某种角度而言，萨满教是神话的载体，神话依托萨满神辞神赞（本书统称神谕）而得以保留，还有一些神话散落在已经出版的满族说部文本、满族民间故事集及神话集中。这一点得到多数学者的认同，如富育光指出：

> 萨满教中保留的神话内容，集中记录在萨满神辞神赞中，其传承形式主要是老萨满向新萨满口传心授。在氏族部落时代，还有类似以结绳记事的方式，将某一神语依附在某一有象征意义的神偶、神器等实物上。为使萨满日后便于复习、提示，逐渐产生了内容简略的萨满神谕手抄本，其形式不一。[1]

> 神谕神赞中的神话内容，主要分以下几类：地球和宇宙形成神话，人类起源神话，本族支发祥神话，自然现象的变幻解释神话，人以外的各种灵魂、神奇变化神话，动植物的自身神话，人和其他生命孕生神话，本氏族生命与祖先成神的英雄神话，还有冥界神话、魔鬼凶煞神话、人体部位或某种器件成为精灵气候的神话，神名甚多。[2]

我们参照大林太良的分类方法将满族神谕神话分为"宇宙起源神话""人类起源神话"两类，得到表 1 - 4。

满族祭神有民间和官方之分。民间各姓氏的萨满神谕大多有神话的内容，有些姓氏萨满神多达百余位。如吉林省九台市石姓萨满神歌中记录了多位瞒尼神、动物神的神话，又如清道光年间《乌呼瓜尔佳萨满神谕》中的多位女

---

[1] 富育光：《萨满教与神话》，辽宁大学出版社，1990，第 201 ~ 202 页。
[2] 富育光：《萨满教与神话》，辽宁大学出版社，1990，第 202 页。

神："由乌苏里江而来，过松花江而来，急速飞行的神鸟木立库妈妈""手拿铁棒，从黑龙江而来的九族妈妈""红色妈妈纳旦乌西哈"及"塔济利妈妈"等。满族民间祭祀多唱神歌，这些请神时介绍神灵的神歌或简或繁。官方祭祀则皆有定规，根据《重订满洲祭神祭天典礼》，宫廷祭祀包括日祭、常祭、月祭、年祭，分别祭祀不同的神灵。

表 1-4　满族神谕神话分类

宇宙起源神话	人类起源神话
地球和宇宙形成神话	人类起源神话
自然现象的变幻解释神话	本族支发祥神话
植物的自身神话	本氏族生命与祖先成神的英雄神话
冥界神话	人和其他生命孕生神话
精灵神话	

从满族神话文本来看，反映自然现象的创世神话、洪水神话等主要保存在《天宫大战》中。《天宫大战》讲述的以阿布卡赫赫三姊妹为主的女神群，据称有三百位，张丽红将之归纳为满族萨满女神的总神系、阿布卡赫赫女神神系（创世系列）、阿布卡赫赫女神神系（亲随系列）、巴那姆赫赫女神神系、卧勒多赫赫女神神系和德里给奥姆妈妈神系。① 这些"妈妈神系"也就是俗称的"妈妈群神"，在满族民间信仰中具体表现为女性本位的母亲神成为满族的祖先神。

作为龙兴之地的黑龙江省，满族神话的蕴藏量较为丰富。珲春、东宁等地的满族家族萨满，保留了东海女真诸部落的创世神话与东海鱼神、岛神、日月神话；马亚川讲述的《女真谱评》保存了辽太祖耶律阿保机、金代完颜阿骨打等人的开国神话与传说；傅英仁讲述的东海萨满教神话，内容可追溯到年代无可考证的母系氏族社会……这些珍贵遗产多以"谱牒""萨满神谕""族规圣训""祭祀礼规""族源遗拾"等不同类型的手抄资料本传世，记录了有关满族祖源发轫和本氏族的神话故事，而大量的口碑传承文学，广藏于诸姓萨满、穆昆、故事讲述家和传承人之口。②

满族说部中的神话，通过叙述天地的形成、族源的发轫史以及自然崇拜、

---

① 张丽红：《满族说部的萨满女神神话研究》，中国社会科学出版社，2016，第 98~104 页。

② 富育光：《萨满教与神话》，辽宁大学出版社，1990，第 194~195 页。

图腾崇拜、祖先崇拜，集中反映了萨满教的宇宙观。萨满信仰观念依赖神话中生动、形象的叙述，不断得以润泽、培育和升华，进而促进了萨满教的发展和延续。自古以来，这些神话都由萨满一代一代地传讲，使神话延续不断。①

笔者认为，在满族说部"窝车库乌勒本"的六个文本中，除《尼山萨满》《天宫大战》外，《乌布西奔妈妈》《恩切布库》《西林安班玛发》《奥都妈妈》都应为萨满史诗。《天宫大战》内含洪水神话、创世神话、日月星辰神话，不仅有宇宙起源神话，还有人类起源神话，已初具创世史诗的样貌。

"满族口头遗产传统说部丛书"中的神话专集有《满族神话》《女真神话故事》《创世神话与传说》，其中《满族神话》为傅英仁讲述，《女真神话故事》为马亚川讲述，《创世神话与传说》则由富育光讲述、荆文礼整理。神话和传说在讲述时间、地点等七个方面有所不同，详见表1-5。

表1-5 神话与传说的区别

形式	时间	地点	讲述时机	主要角色	信实性	态度	功能
神话	遥远的过去（远古时代）	古时的或另外的世界	有时与宗教仪式、神圣场合相连	非人类（神祇、始祖、文化英雄或神圣动物）	通常被认为是发生于远古时代的真实可信的事情	神圣的或世俗的	解释和证明
传说	不久的过去	今天的世界	不受限制	人类或非人类	具有一定的可信性	世俗的或神圣的	维系群体的历史和当下的连续性，尤其是群体和特点地域之间的联系

依照表1-5，《创世神话与传说》中《白云格格》《太阳和月亮的传说》《勇敢的阿浑德——松阿哩乌拉和诺温江的传说》《白喜鹊》是对自然现象的解释，应为神话。《泼勒坤雀的故事》《古拉玛珲宝石》《塔娜格格》《水仙格格》《红蛤蜊》《千里寻亲》《蚕姑姑》《同心饽饽》《马为啥吃大马哈鱼》《白肉血肠的典故》《冰灯的来历》《吉纳依尔哈》《多罗甘珠》《穆真巴图鲁》《库尔金学艺》《财神姑爷》《巴柱要弄财主》《因德布巴彦》《蓝衫泪》等文本，讲述了发生在不久前的过去但又是关于今天世界的故事，应为传说。《骄傲的鲤鱼》《貉子和獾子》《人参和松树》《梅花鹿、小老虎与狐狸》应为动物故事。

---

① 荆文礼：《萨满文化与满族传统说部》，《民间文化论坛》2004年第5期。

在傅英仁讲述的《满族神话故事》中，原本被其纳入神话的《黑妃》讲述了康熙妃子的传说，《十二属相》为解释性传说，《三年等于三百年》其实是风物传说，所以，这三则神话更应归入传说。

较早研究满族神话的富育光先后出版了《萨满教与神话》《萨满教女神》，这在某种程度上为满族神话研究定了基调。近年来多篇硕士、博士学位论文选择研究神话，按照时间先后顺序，博士学位论文有王宪昭的《中国民族神话母题研究》（2006）、包哈斯的《蒙古族与满族神话的比较研究》（2009）、谷颖的《满族萨满神话研究》（2010）、李莉的《神话谱系演化与古代社会变迁——中国北方满 – 通古斯语族神话研究》（2014）、张丽红的《满族说部之女神研究》（2014）等，硕士学位论文有吕娇的《满 – 通古斯语族动物神话研究》（2015）。

满族神话研究论文大致可分为几类：（1）与汉族、朝鲜族、蒙古族神话的比较研究；（2）关于萨满神话、起源神话、创世神话、洪水神话、文化英雄神话、动物神话的分类研究；（3）满族神话与满族说部之间的关系研究；（4）神话中的女神及神灵体系研究；（5）研究方法，主要为母题分析；（6）单篇文本分析（受关注最多的是《三仙女的神话》和《天宫大战》）；（7）对讲述者马亚川、傅英仁的研究。

满族神话有其特殊性，在中国神话的大花园里独树一帜，我们将满族神话纳入中国神话研究话语体系，习用现在通用的术语体系，希冀建构起满族神话的体系。

第二节　从女真神话到满族神话——马亚川与傅英仁之比较

20世纪80年代，黑龙江省宁安县和双城县出了两位千则故事家，一位是傅英仁，一位是马亚川。他们同为黑龙江省民间文艺研究会基层组织的骨干。两地相距400公里，都有深厚的文化底蕴。宁安县内民间叙事文学的层次极为多元，既有满洲十二氏族原始神话群、先祖崇拜群，又有萨布素、红罗女、黑妃、努尔哈赤等女真、满族人物的大量传说文本。双城境内的老满族人素有"叙祖"的古老风习，长者们闲暇无事总爱凑到一堆，没完没了地宣讲古事。他们抽着土烟，盘腿围坐，互说互讲，自开天辟地始，古往今来，侈述终年。马亚川根据记忆所写的"东海窝集部""野人女真""黄毛女真"或是金主阿骨打、契丹天祚帝等长篇大套系列的故事，就是从老人"叙祖"中继承而来的。

在这样的文化氛围中，众多故事家活跃在宁安县、双城县，如宁安的赵君伟、张育生、王树本、马文业等人，海林的关墨卿，双城的马亚川、高凤阁、刘卉等人。傅英仁、马亚川从中脱颖而出，成为"嘴茬子"和"笔头子"都过硬的佼佼者。若谈到两位故事家能讲多少故事，马亚川本人很难说清，他初步估算后列了故事清单，竟有1500个。① 现已出版的《女真谱评》《女真萨满神话》《阿骨打传奇》等有百余万字。傅英仁出版了多部神话故事集，在《黑龙江民间文学》《满族民间故事集》《宁安民间文学集成》中发表了多则神话、传说、故事，先后有多位学者调查采访过他，大致可确定其数量在几百则，若加上《萨布素将军传》《东海窝集传》等说部，总字数应有几百万字。

那么，这两地的民间叙事文学之间是否存有内在关联呢？马名超曾思考过这一问题：

> 今天流传在牡丹江流域的某些古老的传说、故事，也往往和松花江、图们江、兴凯湖乃至极东滨海诸地相联系，有的甚或要延伸到更为遥远的地段。从这一纵与横的联系中来进行考察，作为唐代渤海古文化中心区的宁古塔地区和与其相邻接的另一金代古文化中心区阿勒楚喀地区之间的民间口头文学，究竟有哪些历史的联系？它们之间又有哪些共同点和各自的特殊性？20年以前是那样一种状况，发展到今天，又将是怎样的呢？②

时至今日，这一话题仍值得学者们继续探讨，我们可以从两位故事家讲述的神话入手进行比较分析。

马亚川讲述的女真神话展现了萨满神、天上的神灵及各种妖精鬼怪的世界，这些神话文本体现的信仰观念很难与其他满-通古斯语族对动物的崇拜相互印证。

一　马亚川：女真文化传承者

马亚川（1928~2002），满族，从1960年开始从事业余文学创作，他是

---

① 孟慧英：《满族民间文化论集》，吉林人民出版社，1990，第6页。
② 马名超：《马名超民俗文化论集》，黑龙江人民出版社，1997，第114页。

20 世纪 70 ~ 80 年代被学界发现的一位千则故事家，也是黑龙江省出了名的
"故事篓子"，还是中国民间文艺家协会会员、中国新故事学会会员、黑龙
江省民间文艺家协会理事。马名超、刘守华、孟慧英、刘锡诚、黄任远、王宏
刚、王松林等学者曾调查采访过他，留下了很多珍贵的调查资料。马名超多
次提到马亚川口才极好且"善讲"，但更为重要的是他"笔头子"硬，我们
所能见到的故事、神话、满族说部基本上是由马亚川一字一句写下来的。

马亚川的故事库极为庞杂，20 世纪 80 年代马名超发现他时，他已经"撰
写了一千多篇历史传说故事，包括《女真原始神话》《女真族源的传说》《完
颜部的兴起》《女真传奇》《民族英雄阿骨打的传说》以及后金、清等的传说
故事，约计能整理出三千多篇，一千万字左右"①。马亚川在《自传》中提到
他手写了 1200 余则故事，380 多万字。

1984 年，孟慧英结识了马亚川，彼时马亚川的故事清单已有 1500 个。
"现在他夜以继日地整理自己的故事，已经完成几百万字。他的故事极富民间
知识性，艺术性、趣味性也是相当浓厚的。"②

两位学者所记马亚川故事库的总量相差无几，都在 1000 则以上，但字数
却相差较大。马亚川在《民间文学》③《黑龙江民间文学》《双城民间文学集
成》《满族民间故事选》上发表了近百篇故事，若按照每篇故事千余字算，约
有 10 万字，还出版了各类文本，如 2006 年，《女真萨满神话》（30 万字）出
版；2009 年，《女真谱评》（76 万字）、《阿骨打传奇》（68 万字）、《瑞白传》
（18 万字）出版；2017 年，《女真神话故事》（30 万字）、《清代帝王的传说》
（28 万字）出版，这些文本总计 230 万字。由此看来，几百万字应是较为贴
近的字数。

马亚川从小生活在黑龙江省双城地区，生活经历丰富，曾从事过多种职
业，其神话故事主要来源于家族传承和社会传承。家族传承主要源于外祖父，
马亚川仅念过四年乡村小学，因记忆力特别好，在随外祖父赵焕帮人置席做
菜时，经常听"人家灯下消闲做夜，谈古说今乱扯"，"每有所闻，必得记
忆"。赵焕曾藏有清末秀才付延华④撰写的女真历史传闻轶话《女真谱评》，

---

① 马亚川：《萨满教的形成与发展》，载马亚川讲述，王益章、黄任远整理《女真神话故事》，
　吉林人民出版社，2017，第 268 页。
② 孟慧英：《满族民间文化论集》，吉林人民出版社，1990，第 6 页。
③ 如《气管里的螺丝钉》《活见鬼》《花子大闹将军府》《有功之贼》。
④ 一说富延华。

马亚川幼年时读过该抄本，并能"清晰铭记内中诸多细节，连同一些可被确认为早经消失了的古女真语词的记录"①。从外祖父处承袭的"遗产"为他后来讲述海量故事奠定了基础。社会传承则源于马亚川幼时生活的村子，该村老地名为"新营子正红旗五屯"：

> （该地）距离当初阿骨打修建的皇帝寨子"廖晦城"（今称"对面城"）还不到二十华里。从八百年前的金朝第一代王都——上京白城（今阿城）算起，往西南方向计数，哪里是当年的"多欢站"，哪里是"大半拉城子"，"小半拉城子"、"花园沟"、"沫流水"等，一一都能找出它们的位数来。单拿"廖晦城"说吧，以前叫"对面城"分大城和小城。小城是阿骨打建在一截高埠上的皇家寨子，下手的大城是他操练兵马的地方。乡民之间，如数家珍般地各有传闻。当年，这儿怎么被称"禁地"，阿骨打的后妃怎样"分封"和如何厉兵反辽等古语，马亚川的耳朵里，一小就灌得满登登的，每一举目，所能望见或指点的，几乎无不紧紧牵连着那往日的古迹。②

恰因有如此经历，女真时期英雄人物故事成为他成长的教科书，长大后，马亚川才能据此胸有成竹地讲述如此巨量的女真时期、清朝的英雄故事及帝王传说。

马亚川讲述或笔述的故事大多已出版，我们可据此大略分析这些文本间的关系。

20 世纪 80 年代，马名超采访马亚川时，忠实地记录了他所掌握的故事内容：

> 今天马亚川写下的四个系列的女真故事，即：族源神奇传说（九天女和猎角郎）二十回目、撰写中；萨满传世轶事（近十篇、已完稿，已提交知名学者杨堃博士等阅并作为研究资料，经认真作文字修订后，将刊载于本辑《黑龙江民间文学》内刊中）；金始祖阿骨打征辽传奇（共180 回，脱稿于 1985 年，待发表），清代帝王传说（已于全国公开出版

---

① 马名超：《满族故事家马亚川保存的女真叙事文化史料》，载马亚川讲述，王益章、黄任远整理《女真神话故事》，吉林人民出版社，2017，第 273 页。
② 马名超：《满族故事家马亚川保存的女真叙事文化史料》，载马亚川讲述，王益章、黄任远整理《女真神话故事》，吉林人民出版社，2017，第 273 页。

物和《双城民间故事集成》等印行五十余篇）。总计约近六百篇女真故事文字稿，其中有相当多的记录即源出《女真谱评》，由亚川搜索枯肠，历经六七年的长长一段时间辛勤笔耕而重写出来的。他自己不只一次地申明：因涉及先祖业绩，事关重大，追记中倍极审慎，并竭尽全力保存了他们原来口传中的样子。故事全系逝去时代的，只在记述时所采用的语句言词，使用了马亚川同志自己的话。①

"族源神奇传说"中的"九天女和猎鱼郎"故事，在《女真神话故事》中被称为"九仙女和渔郎"，在《女真谱评》中也有相同的内容。《女真萨满神话》《女真神话故事》篇目有所不同；"金始祖阿骨打征辽传奇"应指《阿骨打传奇》。其中《女真谱评》"抄本所记，盖皆为满族先世女真人历史传闻轶话，语虽不见经传，然确为族中人所乐道，当初是清末由一个他们本屯的富姓秀才爷用墨笔在黄表纸上谱写的……该抄本据谓曾保存到 1974 年前后。当时没人看重此类手写野史文本的传播，慢慢地就把它散佚掉了"②。但马亚川能滔滔不绝地讲出这些散佚的内容。

1984 年，孟慧英发现了马亚川，并忠实地记录了他当时的情况：

> 人名、地名、事件以及各种具有史实或科学依据的知识充满他的故事，很少雷同。再到后来我采访他时，他正全力以赴书录《女真谱评》，已经完成了几百万字，并有充足的信心把它全部写出来。那时他会讲故事的名声已经远近皆知，采访者不断，因而索性不再口述，而是用复写纸一次写下四五份，分别交给前来调查的人。我的任务不再是记录他的讲述，而是为他购买写作的稿纸和复印纸。我获得了他书写的故事八百余页，在帮助他修改之后，交给了当时黑龙江省的一位教授，因为他正在编辑《黑龙江民间文学》的马亚川专集。③

通过查找 23 集《黑龙江民间文学》，我们发现马名超编辑了"马亚川专集"（9 则故事）并将其发表于《黑龙江民间文学》第 21 集。由上文得知，

---

① 马名超：《满族故事家马亚川保存的女真叙事文化史料》，载马亚川讲述，王益章、黄任远整理《女真神话故事》，吉林人民出版社，2017，第 273～274 页。

② 马名超：《满族故事家马亚川保存的女真叙事文化史料》，载马亚川讲述，王益章、黄任远整理《女真神话故事》，吉林人民出版社，2017，第 273 页。

③ 孟慧英：《回忆满族说部的发现》，载周维杰主编、荆文礼副主编《抢救满族说部纪实》，吉林人民出版社，2009，第 203 页。

孟慧英发现马亚川在马名超之后，但是两位学者多次采访马亚川，且未留下具体调查日期，故我们很难确定其先后顺序。

2006 年，马亚川讲述的《女真萨满神话》出版，黄任远曾解读该神话集有三个特质："萨满神和九天女""留子和群女""善仙和恶妖"，但神话文本中的很多妖怪、神仙仍让人难解其源。2009 年，他出版了《阿骨打传奇》。从王宏刚撰写的《〈阿骨打传奇〉的传承人马亚川及该说部的流传》中，我们才了解到马亚川讲述（笔述）的几个文本之间的关联：

> （《女真谱评》）前两大部分，第一部分：即以金朝追封的金太祖完颜阿骨打以前的十代祖先（他们都被追封为帝）为主线的完颜部崛起建立金朝的历史传说，因为按完颜部部落首领（他们都是阿骨打直系祖先）的谱系讲述故事，所以可以称为"女真谱评"。第二部分：以阿骨打起兵反辽、建立金朝为主线，以阿骨打逝世为故事终结。为了便于读者阅读，我们根据这一段说部的主要内容，概括为《阿骨打传奇》。当时马亚川先生还给了我们一些后金时期凡察与清朝康熙、乾隆的故事，但仅是一些零散故事，还构不成一本书。①

由此可知，经马亚川扩展，其外祖父珍藏的《女真谱评》最终被整理成了三个大的说部文本，即《女真谱评》《阿骨打传奇》《清代帝王的传说》。从这个意义上讲，马亚川堪称女真文化的集大成者。

（一）女真萨满神话解读

马亚川撰写过《萨满教的形成与发展》，讲述或笔述过几十则萨满神话故事，多收录在《女真萨满神话》《女真神话故事》中。据他自述，这些神话故事出自于《女真谱评》。《女真萨满神话》共 49 则神话，其中，《女真传奇》《女真族源传说》《完颜部的来历》《乌古乃找媳妇》应是族源传说，《乌拉草》《可怜儿》是人物传说，《花儿》《石郎》应是风物传说，若将这 8 篇纳入传说之中，那么神话应为 41 则。《女真萨满神话·附录》中另收录了 19 则康熙皇帝的传说②。

---

① 王宏刚：《〈阿骨打传奇〉的传承人马亚川及该说部的流传》，载马亚川讲述、王宏刚整理《阿骨打传奇》，吉林人民出版社，2009，第 1 页。
② 《清代帝王传说》再次发表了除《小皇帝私访》外的 18 则。此外，与康熙皇帝有关的传说还有《御弟黄麻子》《夜闯洪广营》《禁止缠足》3 篇。

《女真神话故事》中收录了 20 篇九仙女神话，其中《九仙女追渔郎》故事可与《萨满下界》相连接；《九仙女猎天鹅》《九仙女获鹿哨》《九仙女救老虎》《九仙女废群婚》《九仙女失渔郎》《九仙女养黑猪》《九仙女落潭水》《九仙女遇函普》《九仙女配鸳鸯》《九仙女获珍宝》《九仙女唤马鹿》《九仙女归故土》《九仙女拜神树》《九仙女穿貂皮》是连续的故事；《九仙女生乌鲁》《菜花儿》讲述九仙女之子乌鲁的故事；《英雄惩治恶霸》《九仙女认儿媳》则关联不大。在《女真谱评》中，九仙女被称为九天女，其子乌鲁被称为乌鲁，《九仙女生乌鲁》讲述了乌鲁的神奇出生。

《女真神话故事》中的《野猪神》《牛马精》2 篇神话未被收入《女真萨满神话》，但后者相较于前者另新增神话 8 篇，即《绿石精》《王八出世》《婆栌木定居》《留子》①《斩杀鳖怪》《喝们春》《萨满下界》《萨满撒籽》。我们暂无法确定《绿石精》《王八出世》曾发表于何处，而另 6 篇则为马名超选编的马亚川手记《女真传奇》9 章中的内容。《女真传奇》还收录了《豁硌海川》《姥爷岭》《萨满观镜得教》3 篇神话，其中《豁硌海川》《姥爷岭》最早被收录于《黑龙江民间文学》第 21 集中。

两本神话故事集共有萨满神话近 50 则，其中神话《萨满下界》接续《九天女追渔郎》，成为整部《女真神话故事》的开端，也与《女真谱评》相关联。因被天皇降下人世永不准返回天庭，九天女在人间与渔郎结合。鉴于女真人女多男少的现状，她便向阿布凯恩都里②祈祷，后经王母娘娘协调③，天神遂遣萨满神下界。下界前，天神交给萨满神一个宝袋，其中装有三足乌衔出来的太阳精子，"如遇男性阳痿不振者，立食此精子可见其效"；天神又交给她"合欢镜"，只要观该镜，萨满神即可知晓人类阴阳交配合欢与畜兽的不同。萨满神下界后与九天女东奔西走，致力于寻找男人让他们与群女婚配定居并繁衍子孙后代。在东奔西走中，萨满神有时单独行动，有时与九天女一起行动，有时与狐仙奶奶一起，她们一路遇到各种妖精鬼怪，当无法消灭妖

---

① 该篇神话在《女真神话故事》中的题名为《"留子"们的来历》。

② abka enduri，即天神，下文所称天神即此神。本书中的满文词语的汉语音译由于出自不同历史时期、不同学者研究撰写的不同文献，使用的汉字不同，如阿布卡（凯）、恩都里（哩、力）、耶鲁里（哩）、蛮（瞒）尼、佛托（多、赫）妈妈、玛法（发）、奥（鄂）莫（漠）西妈妈等，为尊重口头文学特点和学者表述习惯，本书对此不做区分和强行统一，仅依据各文献出处做局部统一，特此说明，下不赘述。

③ "因北国妖魔鬼怪与人混杂，使人遭受磨难，劫期快了，为拯救人类，天意已定，让九天女繁殖女真而得天下，故而没将她捉回天庭。"（《萨满下界》）

怪时，萨满神就会跳神求教，有时她们也会得到众天神及其他神灵的帮助。神话便讲述了萨满神除妖救人的内容，同时也阐释了某地地名及其他风俗或某一部落的来源等内容。

在表 1 - 6 中，我们从"神话主角""妖精鬼怪""神灵助手""人间男女"几个角度分析了《女真萨满神话》中的 40 篇神话及《女真神话故事》新增的 8 篇神话的文本内容。

表 1 - 6　女真神话文本分析

文本名称	神话主角	妖精鬼怪	神灵助手	人间男女	风俗传说
萨满下界	萨满神、九天女				天神、王母娘娘
喝们春	萨满神			喝们春	男女交配
萨满撒籽	萨满神			九天女、猎鱼郎	人参的由来
斩杀鳖怪	萨满神、九天女	大母葵		男人无阳物	婆栌木、婆栌木水
留子	萨满神、九天女		梅花鹿	爬里过	留子称呼的由来
婆栌木定居	萨满神、九天女		斗母神、婆栌木	两个留子	天神
大战凿齿妖	萨满神	九头鸟、鸟妖	龟、蜇二神、神鸟		九头鸟的由来
温地痕捅门水	萨满神	饕餮精	神女教阿爸治理洪水	温地和阿爸	温地痕部落、捅门水
野女定居	萨满神、九天女	大熊精	榆树神	女人、留子	栽植榆树
冬眠人	萨满神、九天女	冰下神，雌性冰妖		留子	天神下界
雪兔引路	萨满神、九天女	雌冰妖	雪兔神	男人古松树洞里过冬	供奉雪兔神
火戳冰妖	萨满神、九天女	冰宫大冰妖	大火星官、雪兔挖洞		天神下界
狐仙的来历	萨满神		狐仙	野女人、男人	天神的后代
灭精怪	萨满神、狐仙奶奶	狼精、怪物			天神讲述精怪来历
母子山	萨满神、狐仙奶奶		祇神	留子含果	母子山
山精	萨满神	山精变山神			天神讲述山精来历
王八出世	萨满神		鳖王	色辰巴图鲁、找三留子	

续表

文本名称	神话主角	妖精鬼怪	神灵助手	人间男女	风俗传说
鹿食乐	萨满神、色图巴图鲁	石蕊精，假人变成鹿食乐	祇神、千年鳖王	留子、女石人	鹿食乐、河打水、瘿古山
鏖神显灵	萨满神、色辰巴图鲁	雪妖	色辰巴图鲁、鹊雀、鏖神	三个男人	
除雪妖	萨满神、色辰巴图鲁	雪妖	色辰巴图鲁、鏖神	三个男人	鏖炜山、喳伊济水
除鬼精	萨满神	11 位勇士尸魂灵	鬼星官	秃瘩、额娘	鬼尸星、秃瘩山、秃耳水
婆厉鼬	萨满神	老虎、花脸狼变成男人		群女头领	婆厉鼬山、婆厉鼬水
蛇龙精	萨满神、涡牛	蛇龙精	大神鸟幽昌神	群女	
涡淮山	萨满神变仙女	蛇龙精变成人形		涡牛	苏涡水、涡淮山
梧奄的传说	萨满神	放屁虫		一男一女成双配对	蝉蜻水、放屁虫
槊硌水	萨满神、北狐	巨虚妖精		槊硌、女人	飞龙鸟、槊硌水
旱魃精	萨满神、九天女	旱魃精	黑龙	会水的男孩虎儿	孩拦水
碧磐仙女	萨满神	大妖怪	碧磐仙女、老虎神	鹅雷	鹅雷山、鹅雷部落
除妖精	萨满神	牛马精			天神
灭蛏怪	萨满神、色刚	蛏怪	木兰仙女、紫脸真人色刚	群女	色刚之地
合石烈察妖	合石烈	妖怪变男子		群女寻男	
杏仙水	萨满神、合石烈、狐仙奶奶	吸血妖精	杏花仙子、六足蛇仙		杏花水、合石烈部
牛马精（绿石精）	萨满神、狐仙奶奶	魍魉精	蟾蜍神		夜蛇、捹蛇部落
灭鼠精	萨满神	耗子精	大鸳鸟	乌萨扎、女人	乌萨扎部
擒毒鸟	萨满神、狐仙奶奶	鸩鸟精	三头六尾神鸟奇余鸟	猢沦	猢沦水、猢沦部落
阿芨斯水	萨满神、猢沦	妖鸟、花蜘蛛精、蛩鸟妖	三头六尾神鸟奇余鸟	猢沦	阿芨斯水
禅存水的来历	萨满神	女恶鬼	蟾蜍神、呼呼哼载任神鸟	禅存、石镜	

续表

文本名称	神话主角	妖精鬼怪	神灵助手	人间男女	风俗传说
皤陀吐水	萨满神、北狐奶奶、巴图鲁	九尾狐狸精、九影妖	满山红花精	巴图鲁、培满	满山红、皤陀吐水培满部落
满山红精	萨满神	风鸟妖	满山红花精变成美女	阿哥	阿杌思水
秃大	萨满神	万年大野猪精		秃大、石斧	秃大部落
摩该妖	萨满神、阿力	伊克摩该妖	六足摩该	阿力	阿眠式石石烈部落
鬼车鸟妖	萨满神、九天女	鬼车鸟妖	九天女（篝火）	群女	伏刺浑部落
闻毒劈谷墩	萨满神			群女、宝贝疙瘩	闻毒部落、劈谷墩水
星铣水	萨满神	大小妖怪		星铣、捂掩	星铣水、捂掩部
降服诺海妖	萨满神	诺海（狗）妖	梅花鹿神、昂威赫神、毛犀神	岱尔杜	岱尔杜饲养
豁硌海川	萨满神、九仙女	豁硌女妖	斗母、开阳星官		牡丹峰、豁硌海川
姥爷岭	萨满神、九仙女		梅花鹿群	老玛发、留子	

从表 1-6 中可以发现，在萨满神下界的人间，妖精鬼怪与人类混杂后，或化成人形男女与世间女男交配，或化作兽形吞吃人类。有些兽类、植物也变成女人，想从男人身上吸取阳气，从而祸害男人。普通人无法分辨清楚女真人与各种妖怪变成的女假人（《山精》）。要实现男女正常婚配定居，必须得先除妖灭怪，去假存真，才能拯救女真人（《禅存水的来历》）。在神话中男人被称为留子，极为少见，他们成为萨满神及其他神需要保护的对象，也是群女争夺并到处找寻的对象。如果群女中的一位妈妈生了男孩，多半会带着男孩离开群居的聚落，这样的妈妈被称为伏子。神话多次讲述群女到处寻找成年男子以求交配（《母子山》）。在萨满神下界之前，大多数留子被群女折磨，群女在首领达鲁嘎齐的带领下到处寻找留子。萨满神教会群女与留子定居，并使她们学会了正确的阴阳和谐之道。天神让萨满神下界的主要目的就是让男女定居生活，在这个过程中，萨满神发现有一男一女自发地配对生活，如《捂奄的传说》《阿芨斯水》。多位男子为降服妖精鬼怪做出了贡献，如萨满神的助手色辰巴图鲁，还有温地、鹅雷、秃瘩、涡牛、乌萨扎、巴图鲁、秃大、阿力、岱尔杜等。男子作用的凸显应是女真社会从母系社会向父

系社会过渡的体现。

上述神话展现了女真人的多种婚姻形式：群婚制最为典型，群女一般都有首领达鲁嘎齐，她们在首领的带领下一起寻找留子；被否定的血缘婚，如父女婚（《姥爷岭》）、兄妹婚、母子婚都曾存在过，因九仙女发现近亲结婚生出来的孩子都是傻子（《九仙女养黑猪》《九仙女废群婚》），血缘婚便成了历史；动物与人的婚配不太常见，如梅花鹿变成女子和男子婚配（《姥爷岭》）；最后在萨满神的指导下，一男一女的对偶婚成为主流，女真人开始定居并形成部落。

（二）女真萨满神话中的天神及地祇

阿布凯恩都里派萨满神下界完成如下任务：寻男配女定居，繁衍子孙后代。在《女真萨满神话》中，萨满神是不可或缺的核心人物，但是人间情况复杂，萨满神以一己之力无法完成任务，因此她需要天上诸多神灵相助，也需要地上神灵的帮助，而且也不能忽视人类的力量。

首先，天上诸多神灵下界帮忙。

作为汉族信仰中天庭的统治者，玉帝和王母娘娘在女真神话中较少出现。玉帝是关闭东北阳门的主角（《留子》），他还曾派开阳星官下界除妖（《豁硌海川》），除此之外鲜有出现。王母娘娘在九天女连续七七四十九天跪拜祈祷之后，传旨阿布凯恩都里去解救九天女（《萨满下界》）。玉帝关闭东北阳门导致人间东北地区阳气少，男女阴阳不协调，而王母娘娘则扮演了解决这一困境的角色，并且具体由阿布凯恩都里和萨满神负责实施。

阿布凯恩都里是满族及其先世信仰的萨满教中的天神，最初为女性，称为阿布凯赫赫，后男性渐渐担当这一角色，称呼也转换为阿布凯恩都里。阿布凯恩都里是女真萨满神话故事中最重要的天神，萨满神下界由他指派，萨满神解决不了的问题需要找他来解决，阿布凯恩都里给萨满神准备了各种神器，还安排榆树神、玉兔神、鳖神等动植物神来帮助萨满神。

大神鸟幽昌神是北方的保护神，它"长得虽然像雁，绿色的羽毛，长长的脖子，可比雁大多了"。"开天辟地之后，玉帝为保护生灵万物派下五方神鸟，通秉信息，保护人类中的好人和勇士。"（《蛇龙精》《涡淮山》）

各路星官也来帮助萨满神，如看守人间东北阳门的阳门星宿及斗母神之子开阳星官，后者奉玉帝旨意下凡灭豁硌妖，用北斗柄穿过豁硌妖的肚腹，将千年妖怪崩了个粉碎（《豁硌海川》）。大火星官，拿出火戳到洞底下冰妖居住的冰宫，冰宫中无数块冰石被火戳托着飞往空中，向北天边飞去，从此这个地方再也不那么寒冷了，故起名叫"火戳"（《火戳冰妖》）。鬼星官来回像火球一样，他有个神葫芦，可以将萨满神的收鬼神袋中的鬼收走，"口里念几句咒语，将神葫芦嘴儿打开，对着萨满神的收鬼神袋口儿，不一会儿，神袋里一点动静没有了"，被他收走的鬼会变成"鬼尸星"（《除鬼精》）。与日月星辰有关的神有北斗之母斗母神，它被天神派下界为留子送来壮胆神丹（《婆栌木群居》）。月宫中嫦娥仙女的保护神蟾蜍神，下凡用毒气除了牛马精（《牛马精》）。另有一祇神，神话中并未讲明她到底是何种神灵，只提到她能将石蕊精灵变成宝物，"一念咒语，这些石蕊女假人逐渐变小，不一会儿，砰的一声，大肚子开花，一肚子籽呀，飞往各地，从此在女真各地生长石蕊"（《鹿食乐》）。

其次，我们来看地上助阵的动植物神。

阿布凯恩都里为萨满神安排了很多地上神灵助其完成任务，如狐仙、玉兔神、鳖王、毛犀神和榆树神等。狐仙能看见留子的灵魂，并能让其归位（《母子山》）；玉兔神让孙儿前去为萨满神和九天女引路（《雪兔引路》）；雪兔们将堵死的冰洞蹭刨出来，以便大火星官灭妖（《火戳冰妖》）。鳖王在肉蛋里生活千年才出世，它是"溜圆的怪物，挺长的脖子，尖长的嘴，张合着突出的嘴唇，小脑袋青灰竟黑点，绿背下边镶厚边，腹部发白小短腿，爪子连结分不开"。天神给它安排的任务为："帮着萨满神找留子，三担水下好定居。协助萨满定女真，女真世代奉鳖神！"（《王八出世》）榆树神是个白胡子老头，奉天神的旨意，让伏子养精蓄锐，等候萨满神和九天女来安置群女、配留子定居、繁衍女真人后代（《野女定居》）。毛犀神生活在大北边嘴奎腾的地方，奉阿布凯恩都里之命陪萨满神一起灭诺海妖。毛犀神"体有二丈多长，腰又粗大，身上的长毛有三四尺长，披散在全身上，尤其令人害怕的是毛犀头顶上前边　双、后边一双像刀子似的双角"（《降服诺海妖》）。木兰仙女是木兰花的精灵，专门保护人修炼几千年后成为木兰花仙（《灭蛏怪》）。满山红花精后来成为女真、满族敬奉祖先时必烧之香（《墦陀吐水》）。帝姑触犯天庭后被贬下界为栌木，她身材高大，在人世间保护留子，后成为婆栌木神（《婆栌木群居》）。碧磐仙女住在石洞中，"居女真之地"，其形为"兀起的磐石，高五尺，圆锥形"（《碧磐仙女》）。昂威赫神也是石头神（《降服诺海妖》），他们帮助女真人发明、使用石制工具。鏖神很特别，它会吸冷排热，它排出的热风将雪妖强烈的冷风豁成两半，减弱了妖风的威力，它用粗大的长尾巴啪啪抽打着雪圩，抽打一下就将雪圩打得粉碎（《除雪妖》）。

诸多的神祇为萨满神完成在人间的任务提供了有力的支撑。

最后，我们来看在人间横行的妖精鬼怪。

萨满神下界的人间，各种妖精鬼怪横行，不仅有不同形状的鸟妖，还有各种动物妖精，如大熊精、九尾狐狸精等。

妖精的来源多种多样，我们大致将其分为四种。

第一种，与鸟有关的妖精。它们的数量最多，如九头鸟、九影妖、风鸟妖、巨虚妖精、驉驱小妖精、饕餮精、鬼车鸟妖等。九头鸟有九个脑袋九张嘴，呱呀呱呀地叫。九影妖是经历千年、由"女婴尸体被樱桃树精灵长期哺育而成"的，它"长个小鸟儿嘴，短又尖，叫唤的声音嘤啦嘤啦的，跟鸟叫一样，身体有二尺高，长得贼细，浑身上下净是些斑纹，小手小脚，一妖九影，就像九个长得一模一样的妖精"（《幡陀吐水》）。风鸟妖是一种食人的恶鸟，"食人先食心，它一嘴将人心口吸破后，便用虎爪扒心而食之，食完人心，啄食人肉"，在萨满神使用山崩法失败后，它最终被石窟里流出的水冲走（《满山红精》）。巨虚妖精，"泥身鸟头，别看它庞大，里边是空的，因为它是泥裹着万只鸟的精灵变成的巨虚妖精。这都是东海龙王侵吞大地后留下的祸患。这巨虚妖精，需要吸万个人兽禽鸟的精灵和血液，才能装满它的内脏"，兴安路石虚洞里的无须水消灭了它。（《槼硌水》）驉驱是古书上一种形似骡且可乘骑的兽，驉驱小妖精"雀脑袋，长脖颈，黄羽毛，身高大，马模样，前腿短，后腿长，腿贼细，鸡爪趾，伸着长脖，张着尖嘴，从口里嗯嗯往外冒妖气，好像它一肚子妖气都要放出来"（《槼硌水》）。鸟妖是狮子头、老鹰嘴、乌龟身、爪子像尖刀的妖精，被称为凿齿妖。它若吃够九九八十一个人头就可变为人形，因被神鸟叼出它的三十二颗心而死。（《大战凿齿妖》）鬼车鸟妖"人头脸面，一丈多长、五六尺宽的身子，布满六条白色的横斑纹，黑色的羽毛更是显眼"，它有九头十八只眼睛，眼睛在夜间像十八个星星一样明亮，白天则变成瞎虹。该妖尤其害怕阳光和火光，见到火光不仅不能睁开眼睛，还会因翅膀麻木而不能飞翔，最终扎进火里。萨满神从九天女处取来火种，使鬼车鸟妖掉进烈火里，群女又用棍叉刺杀鸟妖，使其化成灰。（《鬼车鸟妖》）饕餮是古代中国神话传说中的一种神秘怪物，一般有头无身，或被描述为"其形状如羊身人面，眼在腋下，虎齿人手"。《神异经·西南荒经》中记载"西南方有人焉，身多毛，头上戴豕"，"吸骨口、刀子心、脱骨肠"，饕餮精的致命弱点是怕水。（《温地痕捅门水》）鸩鸟由鸟与鼠交配而生，本身就是毒鸟，成为妖精后浑身都是毒。鸩鸟精的阳物是火性的，女人会感到很烫，交欢后射出的全是毒汁，女人会中毒而死。其"浑身的羽毛全是紫绿色，人脑袋，红头发，红眼睛，扑拉一声，展开翅膀飞上天空"，后被三头九尾鸟摔死。（《擒毒鸟》）

这些与鸟有关的妖精，形似多种动物，或由不同种类的动物交配而成，消灭它们的方法多会用到水。

第二种，由自然环境的特性而衍生出来的妖精。东北地处寒冷地带，多生出与冰雪有关的妖精，如冰妖、冰妖精、雪妖等。萨满神对九天女说，由于九天女下界与猎渔郎成婚，玉皇大怒关闭了东北阳门，使九天女在下界遭受痛苦。东北地区于是"阳光不暖，阴风总起不断"。（《留子》）冰妖精分雌性和雄性两种，阴性最强，它们多藏在冰底下。雌性冰妖与男人相配后吸尽男人的阳性，致使男人到春天就会枯竭而死。若要救助男人，就得用太阳镜相照，从而使留子阳气回转，阴气下沉，雪花四溅……，同时塞一粒太阳精子使其含在口中。等男人从冬眠中醒过来时，须速将其藏在树穴洞中过冬，等春天一到，便使其与群女定居，繁衍后代。（《冬眠人》）冰妖则是另一种妖怪，"长得像人又不像人。说它像人，也长颗脑袋，霜为发，雪为衣，白眼珠，绿眼仁，鼻子大，无下巴，圆身子，长胳膊，阴户大，无腿脚，屁股尖"。冰妖将被其害死的男人的灵魂聚到一起，助其行凶作怪。八九十个男人推拉冰磨盘到七七四十九个年头时，冰妖就要将北国变成冰的世界。"据说磨里拉的全是阳气，经过磨拉后，就变成寒冷的阴气，要将大地全用冰封上，再也见不到春天了"。大冰妖住在冰宫中，"地上男人的阳气和女人阳气，都得传给它，它才逐渐变成大冰妖，大冰妖是冰心、冰胆，吹口冰气能将地冻三尺"。（《火戳冰妖》）雪妖由几千年的雪精修炼而成，后被萨满神用火齐神镜融化。"一道红光照在雪妖身上，雪妖个个更加哈哈起来了，被照的翻腾乱滚。不一会儿，雪妖变的女假人，头上就出汗了，大汗珠子滚滚而落，流着流着就面目皆非了，雪妖的头被照得融化了，它的精灵被火齐神镜灭掉了。"（《除雪妖》）

第三种，动物经过千年以上成的精。如九尾狐狸精、两千年以上的耗子精及万年大野猪精等。其中，耗子精四尺来长，比狸子还大，红褐色的毛，黑嘴巴，能吐妖云笼罩大地，怕见阳光，故用妖气遮掩阳光以躲避阳光（《灭鼠精》）。这些动物即使成精，依然保留其特性，如老鼠经常隐匿洞中，女真人认为它害怕阳光。

　　第四种，不同种类的物种结合而生的妖精。如蛇龙精、豁硌女妖、魍魉精及吸血妖精。雄蛇和东海龙王二公主交配后生出蛇龙精，它是"小脑瓜，长脖子后边拖个又宽又扁的长身子，下边长个大巴掌似的四肢，既不像龙又不像蛇的这么个怪物"。二公主将其扔到山里，雄蛇用精灵抚育蛇龙精，"精灵挖了四十九个狼心，摘了四十九个狗肺，又挖了四十九只兔子下水，将这只怪物抚育大了。怪物长有六丈来长，可就成了气候了，见人吃人，见兽吃兽，狼虫虎豹都怕它"。（《蛇龙精》）牡丹精灵和豁硌相配后幻化成豁硌女妖，对人类危害极大，若不早日除掉女妖，北国所有的生灵万物都将遭受灭顶之灾（《豁硌海川》）。魍魉是古代神话传说中的山川精怪，魍魉精由石头精和母蜘蛛精交配而生，它"小脑瓜，细身挺，没脖颈，大肚子，一条腿，两只脚，黄头发，绿眼睛，瘪瘪嘴，凹凹着，不会走，转迷逻"。该妖精白天无形，夜间露身，身藏网绳，专吸人血，吸到千人后才能显露身形、吞食人兽，因此要灭此妖必在晚上。北狐仙女变成女人来吸引魍魉精的注意，蟾蜍神趁机用毒气将其熏晕，萨满神割断妖网绳，它的精灵于是消失一半，然后男人手持石锤按住妖精的肚子，将它的小脑瓜砸成两半，从它的尖嘴里拽出六块闪绿光的东西便可将其灭掉（《牛马精（绿石精）》）。吸血妖精由野牛精灵和蚿的精灵结合而成，它像蛇但不是蛇，身躯细长，身子下面长了十二只腿儿。它不仅会吸水还会吸血，吸水后喷吐成冰雹粒以破坏万物，当吸足二百一十个人的血后就会变成魍魉精。吸血妖精的"十二只腿儿踏在水面上，它的细长的阳物长在身子中间，插在水里，身子前边长个牛头龙嘴，仰脸朝天，往外嗯嗯喷水。这水喷得老高，眼看快将这条水吸干了"。此时，萨满神召唤来六足蛇，"六足蛇啪的一声跳在它的面前，吓得妖精身子一震，望着六足蛇仙出神。就在这吸血妖精愣神的时候，狐仙奶奶变成的肥胖女人，挣脱身子，咔哧一口，将妖精细长的阳物一口咬掉了，疼得吸血妖嗷的一声，变成十二条腿、牛头龙嘴的大怪物，翻腾乱滚。萨满神抽出斩妖剑，将怪物一斩两截，灭了吸血妖"。（《杏仙水》）这种由两个物种结合而成的妖精，很难对付，兼具两种动物或植物的特性，因而使萨满神在除妖时耗费很多心思。

　　此外，萨满神话中还提到诸多我们难以理解的鬼怪，如无名怪物。

　　怪物一，长着牛头豹身，"一只角长在脑门上，……两只大眼睛溜圆锃亮，大嘴丫子一直拉到耳根子"，"后边五条尾巴，像五条鞭子"，五尾分"金木水火土，火居中，火连角，角是火的储藏器，尾掉则角落"。按照阿布凯恩都里之计，在萨满神的帮助下，狐仙奶奶抓住五条尾巴中间的那条并用

力拽出后将其杀死。(《灭精怪》)

怪物二，"身高三丈，满脸漆黑，……一身黑绿色的长毛，顺着身子打着绺儿，……两只大脚，脚后跟朝前，脚趾头朝后"，它原在海水里成精，经千年阳光照射和修炼后变成了陆地上的精灵。萨满神使用照妖镜发现其为"山精"，能吐木石，可使山崩地陷。它专吃老虎心肝，如再吃豹胆和四十九只老虎的心肝即可成为精怪。阿布凯恩都里奏请玉帝将其升成山神，并教萨满神几句咒语以驯服山神为人类谋福祉。(《山精》)

怪物三，又高又大，黄黑色的长毛，前腿长，后腿短，一条长鼻子几乎及地，两根大长牙向上弯曲，很像大象，又不长毛，可称其为"猛犸精"(《碧磐仙女》)。

此外，还有人面牛身马足的牛马精等(《碧磐仙女》)。这些怪物形状奇特，神话中并未给予相应的名字。

神话中还提到多位由鬼或尸身变成的精怪。旱魃是中国古代神话传说中引起旱灾的怪物，旱魃精则是由旱风鬼变成的。"因它行速太快，用雷劈都劈不开它。只有寻到一个会水的小孩，胆子要大，潜在水中，当旱魃将嘴插入水中时，用柳条枝儿刺瞎旱魃精的两只眼睛，眼睛瞎，嘴脱落，其身变风而亡，就可消灭旱魃妖精。"(《旱魃精》)狼精是死狼尸骨受阴气孕育而成的精，夜里吸血，白天晒日光，吸够八十一人的血变成神怪后，便可腾云驾雾。该怪物妖法无边，横行北国，祸害百兽，吞食人类，后被怪物的独角钻进肚子里而死。(《灭精怪》)恶鬼原是"一个少女，东海龙王发水的时候，淹死在山洞里。山在海里又往高长，她被埋在底下，尸体没腐烂"，后被呼呼哼鸟的臭液所灭。(《禅存水的来历》)

马亚川讲述或笔述的神话自成一体，其妖精鬼怪的世界丰富多彩，既符合东北寒冷地域环境的特色，又充满天马行空的想象。

(三) 女真神话的叙事特征

马亚川讲述或笔述的神话保留了民间文学的口头性、变异性等特征，各类人物或神仙鬼怪都有各自的特色。这些特色可从两个方面来分析，首先，其神话的故事性极强，且神话中还有小故事，尤其是关于神祇的故事，多在神话中娓娓道来。其次，萨满神降妖之路展示了一个精彩的世界，像唐三藏西天取经一样历经多种磨难，又得到多方力量的帮助。

1. 颇为有趣的神祇来历

在马亚川讲述或笔述的神话世界中，玉帝、王母娘娘、天神等神灵和人一样，有七情六欲，有生育后代的欲望，也有保护后代的本能。他们的后代多半是小仙或者精怪，如狐仙奶奶就是阿布凯恩都里天神的后代。

狐仙奶奶也就是祖先北天狐狸星女，神话将狐臭归为天神所赐，并为狐狸的狡诈精明做了很好的阐释。狐狸星女爱上阿布凯恩都里后千方百计勾引他，狐狸星女凭借长得漂亮，有迷神之能，成功与阿布凯恩都里私通相配，后狐狸星女怀了孕还生下了一公一母两个狐狸崽子。阿布凯恩都里见事不好，悄悄让玉兔将这两个崽子送到下界。阿布凯恩都里在狐狸尾巴根上安上了排泄恶臭的孔以便对抗人兽之害，狐狸放出恶臭物即可臭跑来犯之敌。阿布凯恩都里又在狐狸脑中安上了灵感镜，只要北狐一出事儿，他就能马上感受到。（《狐仙的来历》）后来，北狐在下界协助萨满神共同完成了让留子和群女定居、繁衍后代的大业，便借萨满神之口向阿布凯恩都里求封仙。

神话中的狼精也与天界神仙有关。

> 玉帝为天狼星配了个伴星，名叫白女星。天狼星见白女星长得漂亮，便起了坏心，偷着将白女星强暴啦。说来也巧，强暴后，白女星便身怀有孕。别的星不知道咋回事儿，见白女星肚儿越来越大，都叫她"白矮星"。纸里包不住火，这事被玉帝知晓了。白女星生下母狼崽子，听说玉帝知道了，吓得它赶忙将狼崽子抛在东海里。从此，玉帝就将天狼星和白女星分开了，五十年才准见一面。白女星扔下海里的母狼崽子，被东海龙王拣进龙宫去，让龙王母哺乳喂养，说将来让狼把守龙宫门。不料这狼崽子哺大了，在动性的时候，它便爱上了龙王，要和龙王交配。它见龙王和龙王母同宿，便起了歹心，要将龙王母咬死，自己好当龙王母，因为这个，它被压在海山底下。后来东海龙王总好兴风作浪，惹恼了玉帝，玉帝便缩小了东海龙王的地盘，让它龟缩在东海海峡里，才露出这北国大地，生长了万物。可这只母狼所在的海山，现在变成陆地上的大山了，海水也没了。它就和山洞里的精灵交配了，留下狼的后代。再后来，由于山崩，将它憋死在山洞里，精灵便躲在它的体中，变成狼精。但是要真正成为精怪，还得吸吮九九八十一人的血液。为这个才哺养了这只怪物。①

---

① 《灭精怪》，载马亚川讲述，王益章、黄任远整理《女真神话故事》，吉林人民出版社，2017，第 139 页。

鳖王则讲述了自己出世前的经历。

> 一千年前，我额娘快生我的时候，忽然东海龙王侵犯陆地，用海水将大地全吞去了。额娘被惊吓又在海水里挣扎，一使劲儿，连我和子宫都从阴户里落出来了，就将我憋在子宫里。我在里边挣扎，这子宫就在海里翻滚，谁也不知我是啥，将我身子憋圆了，背盖长厚了，脖子憋长了，脑袋憋小了，嘴儿憋尖了，腿儿憋短了，可我有生存的勇气靠着从子宫的缝隙透进来的海水和风丝儿，吸吮活着。子宫天长日久吸收海里养物，使它变成个大肉蛋，包裹着我，保护着我，使我生存下来了，便在里边修炼起气功来，气能生精，精能生灵，变成有精灵的动物了。后来玉帝惩罚东海龙王，将海水撤回到东海海峡里去了，我便留在这三担水里……在肉蛋里已憋了一千年。①

故事还有很多，如含果向萨满神讲述了额娘将他抚养长大的故事（《母子山》），阿布凯恩都里讲述了山精的由来（《山精》）等。

2. 得道多助：萨满神的降妖之路

我们发现，萨满神下界除妖有各种宝物的加持，萨满神是为阿布凯恩都里执镜照妖之人，她第一次出现时的装扮如下：

> 头戴神帽，帽子上两边插双鹿角，竖着六个叉枒，中间配着一面护头镜，神帽上边缘上飘散着五颜六色的风带。上身穿着对补襟的神衣，在左右衣襟上绘着六足蛇、四足蛇、短尾蛇，一面各一条，蛇下面绘着乌龟和蛤蟆，胸前佩有护心镜，腰系神裙，下垂着三十六条缨穗，围腰布前后有四面铜镜，铜镜的空隙拴着十二个小铜铃，叮铃当啷山响。脚蹬神靴，鞋尖上有黑色的皮毛，鞋面上有个铜铃。她身背神鼓，右胯下挎神刀。左胯下带着神鞭，手拿照妖镜。②

萨满神的照妖镜用处极大。

首先，照妖镜似孙悟空的火眼金睛，可区分妖精与人。"萨满神手举照妖

---

① 《王八出世》，载马亚川讲述，王益章、黄任远整理《女真神话故事》，吉林人民出版社，2017，第152页。

② 《萨满下界》，载马亚川讲述，王益章、黄任远整理《女真神话故事》，吉林人民出版社，2017，第86页。

镜，压低祥云，从石碴子上一扫而过，果见石棚里有只大灰狼，在吸收太阳精气。萨满神从照妖镜里才看明白，原来是只死狼，尸骨受阴气孕育而成精，修炼已有七八百年了，现在又吸吮人血滋补它的精气，已有半神之体了。"（《灭精怪》）"她用照妖镜一照，认出鸟妖是凿齿鸟，要是吃了九九八十一个人头就能变成人形了。"（《大战凿齿妖》）萨满神举起照妖镜，向妖精一照，才发现这人面牛身马足的妖精是窫窳精（《除妖精》）。

其次，照妖镜配合腰铃念咒语可除妖。照妖镜能定住妖精，照得妖精在山峡里乱窜，可以配合萨满神使用其他方法灭敌，如摇动腰铃念诵咒语（《擒毒鸟》）。

再次，照妖镜有制敌的功效。萨满神"手举照妖镜，边照边摇着身子，腰铃丁零当啷响。在距离大熊精一丈多远的时候，就见从照妖镜里飞出一道白光，直向大熊精射去。只听大熊精嗷的一声，蹿起一丈多高，咕咚一声，摔在地上，将山震得直颤。再看大熊妖顺嘴边哗哗往外流血，蹬蹬腿，咧咧嘴儿，不一会儿气绝身亡"（《野女定居》）。

最后，照妖镜还被用作凭证。在《除鬼精》中，萨满神举着照妖镜给秃瘩看，"照得他睁不开眼，比太阳光还强烈，真是霞光万道，瑞气千条"。秃瘩才相信她的确为萨满神。（《除鬼精》）

除照妖镜外，萨满神还有许多其他宝物，如合欢镜、太阳精子、斩妖神剑（《大战凿齿妖》）、御寒神丹（《冬眠人》）、避妖神丹（《槊硌水》）、太阳镜、收鬼神袋、火齐神镜、捆仙绳等。

在萨满神除妖过程中，天神阿布凯恩都里充当了万能神的角色，是萨满神最大的支持者，当萨满神遇到难题时多半会找他解决，而这只需萨满神念诵咒语即可，"有事，不用到天庭来，只要你一念叨，我就会知道，告诉你要解决的事儿"（《萨满散籽》）。阿布凯恩都里还给萨满神准备了各种神器，并提前安排榆树神、玉兔神、鳖王、鏖神等神灵作为助手协助她除妖破敌。此外，阿布凯恩都里还扮演其他的角色，如为萨满神解惑、出谋划策、提供助手等，下文我们一一说明。

（1）阿布凯恩都里为萨满神解惑

在《冬眠人》中，"萨满神便挥鞭击鼓，摇动腰铃，口念咒语，请教阿布凯恩都里"，天神为她详解冰妖之间的不同。在《灭精怪》中，萨满神见怪物如此厉害，便在空中停住祥云，让伏在身后的狐仙奶奶举着照妖镜，直照狼精，她在空中请教阿布凯恩都里，天神给她讲述了狼精的故事。在《除妖精》

中，天神讲述了猛犸怪物的来历。在《婆栌木定居》中，萨满神要"穿着神衣，戴着神帽，挥舞神鞭，击敲神鼓，向阿布凯恩都里求教"。在《除鬼精》中，阿布凯恩都里告诉萨满神十一位鬼魂的由来，并将鬼星官派下来帮忙。

（2）阿布凯恩都里为萨满神出谋划策

在《火戳冰妖》中，"萨满神赶忙又向阿布凯恩都里讨教灭冰妖救万物之计。萨满神摇动腰铃，击起手鼓，口念咒语，请来阿布凯恩都里。阿布凯恩都里赐教说：'萨满神，你这一发现很好，终于找到冰妖藏匿之处，免去北国万物一场大劫难。我马上派大火星官下界，你指点他，用大火焚化，驱除冰妖'"①。大火星官下界后，在雪兔的协助下除了冰妖。在《灭精怪》中，"阿布凯恩都里在萨满神耳朵边嘀咕着，这般如此，如此这般！萨满神一听，便依计而行"，狐仙依计扮成龙王杀死了怪物，然后用怪物的独角灭了狼精。在《涡淮山》《除妖精》《擒毒鸟》中，萨满神装扮成女子，依据阿布凯恩都里的淫诱之计灭了蛇龙精。

（3）阿布凯恩都里为萨满神提供助手

在《狐仙的来历》中，阿布凯恩都里告诉萨满神，"今后在救人类的过程中，可依靠北狐大仙，让北狐大仙做萨满神救人的助手，并教给萨满神咒语，只要用得着北狐相助，一念咒语，就可将北狐招来相助"。在《擒毒鸟》中，"萨满神念动咒语，不一会儿，将狐仙奶奶唤来，让她变成年轻的女人，随她一起去灭鸠鸟妖精"。在《杏仙水》中，阿布凯恩都里主动联系萨满神助其灭妖，萨满神念咒语召唤出狐仙，狐仙奶奶扮成肥胖女子将妖精的阳物咬掉。萨满神跳神又请出蛇仙，"取出捆仙绳儿，将蛇仙盘卷捆好，背在身上，驾起祥云"，看到吸血妖精，萨满神抽出斩妖剑，在六足蛇和狐仙的配合下灭了妖怪。

遇到不同的妖精鬼怪，萨满神会采取不同的方式应敌，如听从天神的计策念咒语、变形、使用照妖镜及其他神器，或需跳神将她神衣上的六足蛇、蟾蜍神请来。

先看咒语的作用。萨满神念咒语既可以请天神和狐仙来，也可召唤神衣上的神灵。六足蛇就是萨满神念咒语请来的，"不大一会儿，有条大蛇随咒语而来。你说它是一条大蛇，可它和蛇不一样，身子底下长着六条腿儿，原来是萨满神神衣上的六足蛇被唤来了"（《杏仙水》）。萨满神"口里咕咕囔囔的

---

① 马亚川讲述，王益章、黄任远整理《女真神话故事》，吉林人民出版社，2017，第131页。

不知她念些什么咒语，她在山峰顶上念，就见飞来一块小黑云彩。这块小黑云彩……滋滋地向萨满神飞来"，一只癞蛤蟆落在萨满神手掌上。癞蛤蟆吐出毒气将魍魉妖精熏得晕头转向（《绿石精》）。咒语也可以配合其他方法降敌，"萨满神赶紧从万宝神囊中，驱除收鬼神袋，口里念着咒语，往下一撒，十几个鬼怪都被收进去了"。

再看变形。萨满神多次变成美女，如变成漂亮姑娘去引诱蛇龙精（《蛇龙精》），或"化装成一名美女模样"，假装要与妖怪交配而将其灭掉（《除妖精》），"萨满神变成一个年轻的女真人，将神囊一拎，领着狐仙奶奶从山峰上下去"（《擒毒鸟》），或与北狐仙商量一起装作美女，将九尾狐狸精消灭（《幡陀吐水》）。

萨满神除妖，离不开其他神灵的相助。

在《大战凿齿妖》中，龟、鳌二神"奉天神之命，前来助大神灭妖"。《温地痕捅门水》中不知名的神女告诉温地的父亲，"要是遇到吃人的精怪……得赶快到果勒敏延珊阿林①的隼去……见有一个石门，门上有字，照着一念就能开门，涌出水来，消灭妖怪"。黑龙降雨放水，救了人和野兽（《旱魃精》）。木兰仙女缠住蛏怪，色刚到洞穴里砸碎它的老窝，色刚割掉蛏怪的阳物灭掉了它（《灭蛏怪》）。

综上所述，在马亚川讲述或笔述的 48 则神话中，在马亚川的口中和笔下，阿布凯恩都里掌控全局，天上的神仙和地上的神灵也建立了某种联系。通过萨满神，我们了解了地上神灵与天神之间的血脉关系、地上神灵的特异出生等。神话为我们展现了满族先世女真人为了子孙繁衍所经历的漫长的艰苦时期。他们与各种妖怪不断进行斗争，争取生存、生产和生活的权益。在经历了男女混居，男女不知如何婚配的早期蒙昧时期后，女真人在萨满神的帮助下，终于学会了阴阳和谐之道，并渐渐定居下来，开始了一夫一妻制的生活。

神话中不仅保留了诸多上古神话的痕迹，也与中原汉族神话具有一定的联系，意义深远，具有很高的价值。根据文本推测，女真神话不仅深受萨满教的影响，也受到道教的影响，这一点不可忽视，如捆仙绳和仙丹的存在便是明证。另外，女真神话在某种程度上也受到汉族本子故事及小说的影响，这些问题需要在今后的研究中进一步展开。

---

① 女真语，长白山之意。

二　满族萨满神话传承者傅英仁

傅英仁，1919 年[①]出生于黑龙江省宁安县城西西园子（现宁安镇红城村），1946 年参加工作，1985 年离休，2004 年去世。他历任中小学教员、校长、县志编辑室主任等职务，曾任县人大常委会委员、县政协常委会委员。

与马亚川一样，傅英仁从小生活在宁安这样一个民族文化氛围极为浓厚的地区。自 20 世纪 80 年代开始，因国家对民间文化搜集整理的加强，多位杰出的民间文化传承人，如千则故事家傅英仁（1984 年中国民研会黑龙江分会授予他这一称号）、赵君伟、关墨卿等讲述的神话故事被记录整理出版。郎樱曾高度评价宁安地区的满族神话，认为它"全面展示了早期满族神话体系的精髓，其想象力之独特神奇，叙事结构之宏伟严密，故事情节之生动紧凑，人物性格之鲜明壮美，叙述语言之丰富流畅，堪称我国少数民族民间故事中不可多得的珍品"[②]。

傅英仁从小生活的西园子，在"清末和民国时期，西园子出了一批人才。留日学生，营级武官，吉林、北京大学生，吉林四中学生……虽然，名曰农村，新思想新知识却比较普及，这给我儿童时代开阔不少思路。从新文化到新物质生活。宁安街有什么，西园子出现什么。"傅英仁早年聪慧，他在《自传》中坦言："我 5 岁学诗、学算术，7 岁学写字、学绘画，7 岁背诵一册语文仅用 3 个小时。"[③]

傅英仁是满族有名的千则故事家，他讲述的神话、故事、满族说部均有较大影响。1990 年之前，他出版的神话故事专集仅是其故事储存量的一小部分。他掌握许多专题故事，如讲述努尔哈赤的《南北换位子》、讲述萨布素的《萨布素传说》，还有关于东海窝集部的全套故事等。每一专题都要有几十万字的故事。[④] 21 世纪以来，傅英仁关于努尔哈赤、萨布素、东海窝集部的说部都已出版，但相关研究却很薄弱。马名超曾撰文提到，傅英仁传承的满族

---

① 宋和平及荆文礼都持该说法，因为傅英仁撰写的《自传》说自己 1919 年出生。另一说为 1921 年，马名超在《满族民间故事家傅英仁访问记》中提到他出生于 1921 年，另《牡丹江民间文学集成》"傅英仁小传"中也记为 1921 年。

② 郎樱：《满族民间文化的记忆——傅英仁及其〈傅英仁满族故事〉》，载傅英仁讲述、张爱云整理《傅英仁满族故事》，黑龙江人民出版社，2006，第 6 页。

③ 傅英仁《自传》，见附录一。

④ 孟慧英：《满族民间文化论集》，吉林人民出版社，1990，第 6 页。

神话涉及宁古塔地区的 13 个哈拉（氏族）、6 个旗民系统（除镶白、镶红两旗以外）和四大神群类型，即北方原始神群、动物神群、部族神群、英雄神群，这是他对满族口承故事特有的贡献。①

本部分拟以傅英仁讲述、搜集整理的神话②为主要研究对象，使用的文本情况如下：《满族神话故事》17 则、《宁安民间故事集成》14 则、《傅英仁满族故事》36 则、《满族萨满神话》59 则、《宁古塔满族萨满神话》62 则。2016 年，笔者经过统计共发现神话 71 则（有的题目异内容同，皆视为一则），大多数神话在多个文本中出现，单独成篇的只有 8 则③。2017 年，荆文礼整理的《满族神话》出版，其中收入了傅英仁的 13 则遗稿，有几则曾在《民间故事选》中发表过，如《桦皮小篓与桦皮威虎》《落叶松的故事》《彩云》《梅赫哈达》；有的未曾发表过，如《木伦乌拉恩都里》《乌林萨满》《郭浑和库伦》《通天桥》《鱼鹰救主》《五星的来历》《虎家坟》《骨头仙》《荷花格格与天蛤蟆》。如此算来，傅英仁掌握神话的数量应在 84 则左右，而据1985 年马名超采访傅英仁时获得的信息是 "280 余篇满族故事，加上别的长篇故事中又摘出 40 余篇，总共 320 余篇，神话有 142 篇"④，"还有一部就是130 余种的神话本子"。《满族萨满神话》中附有 "萨满神谱"，记录了 70 位神的相关事迹，但大多数没有神话文本，只有《安顿妈妈》《七尺蟒神》作为完整的神话已在 84 则之列。傅英仁跟随姨夫清末秀才关寿海（字振川）时听到的各姓氏祭祀神共 150 多位，而他只能讲出 120 多位神。

本部分使用的其他相关资料有《傅英仁〈自传〉》《给民间口头文学以"第二次生命——记满族故事家傅英仁"》（马名超）《满族民间故事家傅英仁访问记》（马名超）《老树开花春雨时——记满族民间故事家傅英仁》（王树本）《〈满族神话故事〉评》（孟慧英）等。

---

① 马名超：《给民间口头文学以 "第二次生命" ——记满族故事家傅英仁》，载《马名超民俗文化论集》，黑龙江人民出版社，1997，第 290～292 页。

② 主要来自傅英仁搜集整理《满族神话故事》（北方文艺出版社，1985）；傅英仁讲述、张爱云整理《满族萨满神话》（黑龙江人民出版社，2005）；傅英仁口述、张爱云整理《傅英仁满族故事》（黑龙江人民出版社，2006）；徐昌翰主编《黑龙江民间神话》（黑龙江人民出版社，2011）；徐昌翰主编《宁古塔满族萨满神话》（未刊稿）；《宁安民间故事集成》第一、第二辑（黑龙江省宁安县民间文学集成编委会，1987）。

③ 分别为《阿布凯恩都哩重ought天宫》《再造天宫》《裂生诸神》《倪玛恩都哩》《金牛星》《天河》《鲫鱼格格》《七大萨满》。

④ 马名超：《满族民间故事家傅英仁访问记（1986.7.18 至 7.19 两个晚上的笔记）》，载傅英仁讲述、张爱云整理《满族萨满神话》，黑龙江人民出版社，2005。

据傅英仁讲述，这 84 则神话绝大多数由萨满讲述并秘传。孟慧英在《〈满族神话故事〉评》中提到"祭祀神的故事，在萨满教风行时是严禁泄露的，只有老萨满达到晚年时才传给他们的得意弟子。传授时还得焚香、净手、漱口，跪在地上聆听传教。故事集的故事的讲述者全是萨满。傅先生承继了这些曾是萨满秘传的神话"①。傅英仁自述他"15 岁学过萨满，但很不安分，总是好问为什么，这就犯了萨满的戒律。虽然没有开除萨满籍，可是从此以后再也不许我扎腰铃伺候神灵。说起来倒也是件好事，我可以打着萨满幌子到处求师探求神的来源，比那些墨守戒条的老萨满知道得更多。到十八九岁时，他们也不得不下问于我"②。正是这种得天独厚的条件和傅英仁本人对萨满文化的敏感才保留下如此丰富的神话，虽然其中关于有些神灵只留下了梗概内容。

《满族神话故事》③ 出版最早，是从傅英仁 1940 年搜集的 42 篇故事中选出的，文本的"讲述人都是很有名的老萨玛，其中有宁古塔的著名三大萨玛"，即梅崇山、关寿川、郭鹤令④。根据资料得知，《鄂多玛发》《鄂多哩玛发》《突忽烈玛发》《他拉伊罕妈妈》由郭鹤令讲述，《阿达格恩都哩》《沙克沙恩都哩》由关寿海传授，《抓罗妈妈》《乌龙贝子》由梅崇山讲述。其他 9 则神话应该是由傅英仁的祖母、外祖母、姨外祖母、母亲、三祖父、姨表叔等萨满讲述的，但我们仅看到《托阿恩都哩》由徐郭氏讲述，而其余神话的讲述人信息由于没有资料可兹佐证，我们也无从论断。

之后出版的多部神话集中基本都保留了这 17 则神话，我们将其称为"核心神话"。

《傅英仁满族故事》⑤ 中共有神话 36 则，除保留了 9 则核心神话外，新增添了创世神话《佛赫妈妈和乌申阔玛发》《天宫大战》《八主治世》，星辰神话《七星》《北极星》《金牛星》，而《生殖器崇拜的传说》《十二属相为什么老鼠打头》《三年等于三百年》《黑妃》等，笔者觉得更适合放入传说之中。

《满族面具新发现》中共有 26 则神话，收录了除《神石》外的 16 则

① 傅英仁搜集整理《满族神话故事》，北方文艺出版社，1985，第 134~135 页。
② 傅英仁搜集整理《满族神话故事》，北方文艺出版社，1985，第 133~134 页。
③ 傅英仁搜集整理《满族神话故事》，北方文艺出版社，1985。
④ 这些人名也有变化，一说梅崇阿、关寿海、郭鹤龄。
⑤ 傅英仁口述、张爱云整理《傅英仁满族故事》，黑龙江人民出版社，2006。

"核心神话"，每一则神话都加入了其神之属性，如《他拉伊罕妈妈》（断事神）、《抓罗妈妈》（鹿神）、《三音贝子》（大力神）、《突忽烈玛发》（水神）等①。另 10 则神话为《创世女神》、《手鼓的传说》、《佛赫妈妈和乌申阔玛发》、《纳丹乌希哈》（七星）、《安楚拉妈妈》（代力妈妈）、《芍药音德》（芍药神）、《白云格格》（云神）、《安顿玛发》（风神）、《七彩梅合》（蟒神）、《伊尔哈格格》（绣花神）。

　　傅英仁讲述的《满族萨满神话》②，共收入 59 则神话，这是目前较全的神话集，分为"原始神群""动物神群""部落神""英雄神""生成之神""生活神"。17 则"核心神话"名字与前述相比，有的完全保留了原有神话之名，如《鄂多玛发》《他拉依罕妈妈》《昂邦贝子》；有的在核心神话名字前加上了神的属性，如《大力神三音贝子》《阿达格恩都哩》《喜神沙克沙恩都哩》《马神绥芬别拉》《弓箭神多龙格格》《鹿神抓罗妈妈》《海神突忽烈玛发》；有的加入其他内容，如《乌龙贝子和他的情人必拉》《朱拉贝子和阿苏里姑娘》；有的题目更具情节性，如《托阿恩都哩三盗天火》《鄂多哩玛发制服三大兽群》《恩图色阿开山凿湖》。其他神话包括创世神话、天宫大战时的神话等。

　　《黑龙江民间神话》③收录了 32 则宁古塔满族神话，但仅选入了 9 则"核心神话"。与前述"核心神话"不同，这 9 则神话均加上了神的属性，如《海神突忽烈玛发》《鹿神抓罗妈妈》《喜神沙克沙恩都哩》《阿达格恩都哩》《弓箭神多龙格格》《兵伍之神乌龙贝子》等。与《满族萨满神话》不同，《黑龙江民间神话》中的绥芬别拉不是马神而是河神，但神话内容基本一致。徐昌翰将这些神话分为"天神神话""萨满神神话""职司神神话""祖先神神话"四类，这一点在《满族萨满神话》和《宁古塔满族神话》中均有充分的体现。

　　《宁古塔满族萨满神话》④共 62 则，其与《满族萨满神话》的区别在于，多了《裂生诸神》《古说不可妈妈》《阿布凯恩都哩重整天宫》《再造天宫》，

---

①　其他如《托阿恩都哩》（火神）、《多龙格格》（弓箭神）、《阿达格恩都哩》（豹神）、《沙克沙恩都哩》（喜神）、《石头蛮尼》（石神）、《鄂多玛发》（祖先神）、《绥芬别拉》（马神）、《乌龙贝子》（白山主）、《鄂多哩玛发》（狩猎神）、《图图色阿》（开山神）、《朱拉贝子》（保护神）、《昂邦贝子》（部落神）。

②　傅英仁讲述、张爱云整理《满族萨满神话》，黑龙江人民出版社，2005。

③　徐昌翰主编《黑龙江民间神话》，黑龙江人民出版社，2011。

④　未出版，书稿由徐昌翰先生交付笔者使用。

少了《懒惰的乌春蛮达变成布谷鸟》。该书延续了徐昌翰的分类方法，将神话分为"天神神话""萨满神话""职司神话""氏族神话"四类。

荆文礼整理了傅英仁交给吉林省中国满族传统说部艺术集成编委会的录音资料和书稿，加上已出版的神话整合成《满族神话》[①]。书中 63 则神话被分为"创世神话""星辰神话""祖先神话""司职神话""图腾神话""萨满神话""工匠发明神话"七类。其中两则不是由傅英仁讲述的。

从 1985 年的 17 则到 2017 年的 63 则，傅英仁讲述的神话数量在大幅增长，其内容也发生了变化。傅英仁曾坦承，为了避免"糟粕"的留存，讲述时往往有意避讳了所谓"迷信"的内容，而把神话文本加以"净化"。20 世纪 80 年代，在发表某些神话时，他有意摒弃了许多同萨满文化明显有关联的内容和情节。这种情况使得许多神话丧失或模糊了本来的萨满文化面目。[②]

傅英仁能够讲述如此多的神话，跟他的家族环境有很大关系，其先祖康熙三年（1664 年）到宁古塔做官，从此落户在当地，家族世代重视祖先文化。当年"宁古塔三大萨满"中，关寿海是傅英仁的姨夫，傅英仁 13～17 岁时一直跟随他学习；郭鹤龄（或作郭鹤令，统一为郭鹤龄）是傅英仁的舅舅，传承给他一些神话和萨满祭祀规矩；梅合乐氏大萨满梅崇阿是傅英仁的三舅爷，教给他不少满人祭神的故事及萨满文化知识，还有五套满族舞蹈。

傅英仁为满族镶黄旗人，他讲述的神话涉及除镶白旗、镶红旗外的六个旗外，还有富察哈拉（傅姓）、伊尔根觉罗（赵姓）、苏苏觉罗（赵姓）、苏木哈拉（徐姓）、瓜尔佳哈拉（关姓）、乌扎拉（吴姓）、乌苏里哈拉（宁姓）、梅合乐哈拉（梅姓）、郭合乐哈拉（郭姓）、朱祜录哈拉（朱姓）、唐古拉哈拉（唐姓）、尼玛察（杨姓）等姓氏。傅姓、徐姓、梅姓、郭姓、关姓为亲戚，傅英仁从家族中继承了这些神话，如傅永利教给他萨满中流传的天地形成神话，人的来源以及萨满斗法的故事，其中《药草和毒草》就是《纳丹威虎哩尝百草》的异文；郭鹤龄讲述的有《他拉伊罕妈妈》《朱图阿哥》《鄂多玛发》；关振川讲述的两则神话是《阿达格恩都哩》《沙克沙恩都哩》；梅崇山讲述了《三音贝子》；徐郭氏讲述的是《托阿恩都哩》；梅崇阿讲述了多则神话，如《乌龙贝子》《朱图蛮爷》《佛托妈妈》。其他各姓神话源于傅英仁有意识地搜集整理，1934～1940 年，他访问了多位老人，共搜集了 42 篇

[①] 傅英仁讲述、荆文礼搜集整理《满族神话》，吉林人民出版社，2017。

[②] 徐昌翰：《傅英仁和宁古塔满族萨满神话（代序）》，载傅英仁讲述、张爱云整理《满族萨满神话》，黑龙江人民出版社，2005。

神话故事。"日据"① 时期，因不让讲述神话，1937~1944 年，傅英仁开始有意识地记下他所熟悉的资料，共写出六大厚册资料本，300 万字左右。1958~1961 年，傅英仁在劳动改造之余，搜集了六七十个民间故事、17 份满族家谱、50 多则民俗及三家满族家祭仪程，还了解了汉军旗的来历和三家老民的情况。如杨明河讲述的《多龙格格》、宁昆璞讲述的《突忽烈玛发》，分别为杨姓及宁姓的神话；《乌龙贝子》是傅英仁访问五名瓜尔佳哈拉、梅和乐哈拉、富察哈拉的满族老人后整理而成的②；《佛赫妈妈和乌申阔玛发》《天宫大战》《八主治世》三篇神话是由傅、关、赵、吴四姓萨满口传下来的，分别由傅英仁、关墨卿、赵文信、赵君伟继承，经傅英仁与赵君伟整理而成。

我们发现神话主人公的名字后，通常会被加上"恩都哩""妈妈""玛发""蛮尼""贝子""贝色""色夫"。"恩都哩"满文为 enduri，汉语意为"神"。阿布凯恩都哩是天界最大的神，其余神绝大多数是动物，如沙克沙恩都哩（喜鹊神）、阿达格恩都哩（金钱豹神）、倪玛恩都哩（天羊神）、纳丹昂帮梅合恩都哩（蟒神）。"妈妈"满文为 mama，"祖母奶奶"之意，阿布卡赫赫的弟子多称为妈妈，有乌春切德利妈妈、佛托妈妈、海兰妈妈、海伦妈妈、安楚拉妈妈、突忽烈妈妈，还有风神安顿妈妈、抓罗妈妈、他拉伊罕妈妈。"玛发"，满文为 mafa，指"男性神"，有胡达哩玛发、鄂多哩玛发、突忽烈玛发。"贝子"和"贝色"满文为 beise，指侍候神灵的神，在家神祭祀时指"祖先神"，如关公贝色、呼拉拉贝色，乌龙贝子、三音贝子、朱拉贝子、昂邦贝子、豆满贝子、阴达浑贝子、鲫鱼贝子。蛮尼满文为 manni，意为"英雄神"，蛮尼有些与祖先神有关，成为主管一方水土的神祇，如石头蛮尼、梅合蛮尼都是祖先神，纳尔浑蛮尼为唐家供奉的佛爷，鄂多蛮尼、绥赫蛮尼是超哈占爷投生到女真人家中的蛮尼神。"色夫"满文为 sefu，指"师傅神"，一般来说是萨满死后成神的，或是更原始的时候，因为萨满与部落长、氏族长同为一人，因此有时"色夫"也含有"部落""氏族长"之意，阿里色夫即为部落长。

马亚川为我们展示了神奇妖精鬼怪的世界，以及萨满神除妖保护女真人的壮举。傅英仁讲述的《满族神话故事》《满族萨满神话》则以氏族、家族祭祀的神灵为主，通过展示那些祖先神和英雄神的不朽功绩为我们展现了一

---

① "日据"指日本占领东北，时间为 1931~1945 年。
② 《黑龙江民间文学》第 7 集，中国民间文艺研究会黑龙江分会，1981，第 165 页。

个人或半人半神的世界。

第三节 满族神话之神灵谱系

傅英仁讲述的神话大致可分为天神神话、氏族神话及职司神话、萨满神话三类。天神神话大多属于宇宙起源神话，而氏族神话及职司神话、萨满神话则属于人类起源神话、文化起源神话。

一 天神神话

徐昌翰认为满族"天神神话讲述了开天辟地、天神诞生、创造天宫、神魔大战等内容，显示出了严谨的完整体系。这里的神与神之间，已经建立了非常明确而固定的上下尊卑的等级关系"[①]。郎樱评价《天宫大战》"描写的是天上众神与恶神耶鲁哩之间发生的激烈战争。由于恶神耶鲁哩在人间肆意滋事，又去天界向神挑战，女天神阿布凯赫赫率领天界众神，与凶悍的恶魔耶鲁哩进行了激战。天上的虎神、豹神、蛇神、鹰神、水獭神等动物神也来助战。众神战胜了耶鲁哩，他逃入地下"[②]。笔者曾撰文提出，《天宫大战》代表着善与恶的两大神系的较量。在傅英仁讲述的神话中，阿布卡赫赫第一次与耶鲁哩交战失败后，"在天宫执掌了三个小劫后让位给男性天神阿布凯恩都哩。带领 300 女神随老三星到第二层天去了。阿布凯恩都哩已经执掌了 24个小劫直到现在"。《天宫大战》以阿布卡赫赫战胜耶鲁哩作为史诗的尾声。

（一）神灵体系

创世古神老三星由巴纳姆水形成：水与水撞击成水花，水花撞击形成水泡，水泡撞击形成水球，水球撞击形成火花，火花形成大火球，大火球形成巨星大水星和大火星，大水星和大火星形成老三星。神灵的繁衍方法有五种，即裂生、湿生、化生、胎生和卵生。

---

① 徐昌翰：《傅英仁与满族萨满神话》，载傅英仁讲述、张爱云整理《满族萨满神话》，黑龙江人民出版社，2005，第 3 页。

② 郎樱：《满族民间文化的记忆——傅英仁及其〈傅英仁满族故事〉》，载傅英仁口述、张爱云整理《傅英仁满族故事》，黑龙江人民出版社，2006，第 6 页。

老三星裂生出的五位徒弟成为第二代神，阿布卡赫赫是大徒弟，她创造了天地、人和万物。其余四位徒弟分别为：阿布凯恩都哩①、巴纳姆恩都哩、敖钦大神、耶鲁哩。敖钦大神的任务就是帮助阿布卡赫赫建造天宫。这与傅英仁讲述的神话不同，在《天宫大战》中，阿布卡赫赫的两个女神妹妹创造出能自生自育的敖钦女神，后来变成两性神、恶神耶鲁哩。

第三代神为第二代神的徒弟。阿布卡赫赫在老三星那里学了许多法术，收了十位徒弟，分别为佛托妈妈、海兰妈妈、安车骨妈妈、海伦妈妈、突忽烈妈妈、赛音妈妈、萨哈连妈妈、粟末妈妈、漠里罕妈妈、完达罕妈妈。阿布凯恩都哩的弟子有堂白太罗②、乌龙贝子、僧格恩都哩和长白山主，堂白太罗为裂生的神，为七星中的首星。敖钦大神的徒弟有恩图色阿。后来佛托妈妈、堂白太罗和纳丹岱珲成为新三星。佛托妈妈又称鄂漠西佛哩佛托赫，意为"最古老的神"，有时还叫鄂漠西妈妈，专管人间的生死存亡、六道轮回，是三魂七魄的通天大师。

第四代神有佛托妈妈的小弟子裂生神安楚拉妈妈，佛托妈妈的弟子还有卓尔欢钟侬、歌舞之神乌春切德利妈妈；粟末妈妈的弟子有纳丹岱珲和纳尔浑先初。

在人间，神还收徒授艺，如突忽烈妈妈在依兰县土伦部落收突忽烈玛发为徒，教授徒弟各种武艺，让他们同耶鲁哩作战，以保人间安全。

（二）神魔大战

与其他四位原古神裂生的时候有七彩神光相护不同，大魔鬼耶鲁哩裂生时是一团黑气，他是一个大魔鬼。耶鲁哩拜扫帚星星主为师，扫帚星坐在一个用冰做成的椅子上，浑身都长着尾巴，有长有短，五个手指头一伸很长很长，一双脚也很长很长。耶鲁哩到地下国修炼，后又到六个恶鬼区调用恶鬼

---

① 阿布凯巴图是阿布凯恩都哩未成神前的名字，他给人间立了"十二大神功"——从魔火中救出阿卡赫赫；在魔水袭击天宫时救出阿布卡赫赫，保住了天宫；他用第二个头驱妖除怪，保护人类；神魔大战时，带领天兵天将，把耶鲁哩赶到冰山后面去了；为阻止耶鲁哩伺机到地上国作乱，用第四个头堵住地下国；倡导惩恶扬善、因果报应；将单纯的裂生神发展到五种繁衍方式，加快了神、人的繁育过程；没让耶鲁哩繁衍后代，保证了世间的安宁；完成了让动物变成人类，人类也能变成动物的转换轮回；重整了人类生存的地上国；将野生动物驯服成家畜、家禽；赦免了盗天火的小徒弟，从此人间开始用火。

② 他的主要贡献是建立人间的礼节、祭祀等规矩和习俗，在萨满信仰上、家庭伦理上、朋友交往上、氏族和部落维系上，有十大功绩：祭天地、孝父母、爱兄弟、分长幼、别婚姻、立家长、严赏罚、懂礼节、重友情、立部落。

练兵反天宫。造完地上的生物之后，阿布凯恩都哩召开一次全天大宴，庆祝大功告成，却没让耶鲁哩赴宴。耶鲁哩因此造反，"暗地里把群妖纠集在一起，先抢天库，盗出天上的兵器，又偷出盛天盛水的天葫芦，揭开盖子，把尘土和水一股脑儿倒在地上国的国土上。这一下子，地上国可就乱了：尘土遮天盖日，洪水流向四面八方，瘟疫横行，动物和人群，东躲西藏，叫苦连天，有的受了伤，有的缺胳膊断了腿，这就留下了残疾人"。

在耶鲁哩造反前，阿布卡赫赫曾帮助过耶鲁哩三次，在某种程度上也算是助纣为虐。交战时阿布卡赫赫和三百女神被耶鲁哩封在由扫帚星星主制造的冰山里，五克倍和僧格恩都哩也无法救出赫赫。阿布凯巴图、朱烟朱吞、呼拉拉贝子、超哈占爷都加入战斗，最后老三星将耶鲁哩压在了冰山下。

《大魔鬼耶鲁哩》中提到，阿布凯恩都哩在跟耶鲁哩大战时，妖火烧掉了他消灭灵魂的神袋，所以妖魔鬼怪的灵魂无法被消灭，耶鲁哩和妖魔鬼怪的灵魂便逃进了地下国，趁看守他们的天神弟子疏忽时溜出来害人。经过神魔大战和天宫重建，天宫彻底改变了过去的模样。天上再也不叫"洞""寨"了，都改成了殿、宫、阁。从那以后，满族和北方的其他民族都把地上的神分配到各个哈拉供奉，所以各户供奉的神都有各自的神名（老佛爷名）。据估计，老佛爷不下一千位。这就形成了满族的大神和满族的家神。

（三）人的诞生

佛赫妈妈也被称为佛托妈妈，柳神能育人。在神话中，人类最初无性别之分，男女是神来区分的。在《佛赫妈妈和乌申阔玛发》中，"大徒弟问了他俩的名字，便拿出男女生殖器，端详半天，不知安在哪个地方好。有心安在头上，又怕风吹日晒，有心安在脚下，又怕路远磨损，便安在两个生灵身体的中间部位，还教会他俩男女之情，称他俩为佛赫妈妈和乌申阔玛发"①。他们生了四男四女，"这四男四女长得完全不一样：第一对长得四脚五官都很端正；第二对是尖嘴，一身羽毛，两只翅膀；第三对只有四只脚，人头，浑身披毛；第四对没手没脚，身长头小。因为孩子是女人生的，所以什么事都是佛赫说了算"②。阿布卡赫赫的四对儿女结为夫妻之后，成为满族及其先民的始祖神，瓜尔佳、伊尔根觉罗、乌苏里、富察四个家族的神谕中都有记载。

---

① 傅英仁讲述、荆文礼搜集整理《满族神话》，吉林人民出版社，2017，第26页。
② 傅英仁讲述、荆文礼搜集整理《满族神话》，吉林人民出版社，2017，第26页。

"阿布凯恩都哩派大弟子和三弟子，到人间收了不少徒弟，教给他们法术，叫他们专门降妖捉怪，治病救人，人家这才有了各户族的萨满。"①

　　傅英仁掌握的异文与《天宫大战》一样，世界都是从单一的原始物质——水中发展起来的。在《天宫大战》中，水泡生出了阿布卡赫赫，"有水的地方，有水泡的地方，都有阿布卡赫赫。她小小的像水珠，她长长的高过寰宇，她大得变成天穹。她身轻能漂浮空宇"②。傅英仁讲述的神话中创世古神老三星由巴纳姆水不断撞击形成。

　　但两者还有诸多差异。首先，神灵关系脉络不同。《天宫大战》中神鬼都与阿布卡三姊妹有关；傅英仁讲述的异文中，阿布卡赫赫是老三星五位徒弟中的大徒弟，她创造了天地、人和万物，阿布卡赫赫在老三星那里学了许多法术，还收了 10 个徒弟。其关系比较繁复，这些可理解为后世萨满的不断加工。

　　其次，天的层数有差异。《天宫大战》中提到阿布凯恩都哩高卧九层天上；在傅英仁的异文中，天也是分层的，如他在《天神创世·天和地》中提到"天，有十七层；地，有九层"。乌丙安认为"这种天地多层的原始宇宙观，具有十分古老的萨满教天地信仰观念的特征。宁古塔满族天体神话的天层与邻近的鄂温克族、蒙古族、达斡尔族及赫哲族神话中的层数不同。这些兄弟民族所常说的天层，多采用三、五、七、九的数字"③。傅英仁讲述的异文创作并流传的时间应比《天宫大战》晚，《天宫大战》仅提到了第一位萨满的诞生神话，未涉及其他萨满观念，而傅英仁讲述的神话则是在萨满教的背景下进行的重新讲述。

　　再次，造人神话的不同。关振川讲述的两个异文为《佛赫妈妈和乌申阔玛发》和《阿布凯恩都哩创世》。与傅英仁讲述的内容相似，都是在水中冒出一团团火球把水烤干了的情况下，神来区分男女，共有四男四女。"自从天宫大战以后，地上国的很多动物绝了种，只留下今天的兽类，还有水里的鱼类。人群比野兽和鱼类聪明，但也留下了许多残疾人。更令天神担心的，是那些人和动物，不会传宗接代。多亏造人时剩下两堆神土，一堆丢在柳树下，一堆放在神杵旁，天长日久，这两堆神土按柳树叶和神杵的样子，生出许许多多的小神。"④ 汉族

---

① 傅英仁讲述、荆文礼搜集整理《满族神话》，吉林人民出版社，2017，第 29 页。
② 富育光讲述、荆文礼整理《天宫大战·西林安班玛发》，吉林人民出版社，2009，第 9 页。
③ 乌丙安：《满族神话探索——天地层·地震鱼·世界树》，《满族研究》1985 年第 1 期。
④ 富育光讲述、荆文礼整理《天宫大战》，吉林人民出版社，2009，附录一《佛赫妈妈和乌申阔玛发》，第 78 页。

神话"女娲造人"不仅介绍了女娲造人的过程，还解释了残疾人存在的原因。几乎每个民族都有对其祖先繁衍方式的解读，满族文化也不例外，老三星让阿布卡赫赫"从动物群中选出能够站立行走的聪明的那一种，请佛托妈妈装上人的灵魂，变形成了现在的人类"①。

在《天宫大战》中，阿布卡赫赫和卧乐多赫赫两神造人时先造出女人，女人心慈性烈。男人是巴那姆赫赫"忙三迭四不耐烦地顺手抓下一把肩胛骨和腋毛，和姐妹的慈肉、烈肉，揉成了一个男人，所以男人性烈、心慈，还比女人身强力壮，因是骨头做的"②。

在傅英仁的讲述中，佛赫执掌天界以后，大家公认她是阿布卡赫赫，即天神。在《天宫大战》中，当耶鲁哩要跟阿布卡赫赫征战时，阿布卡赫赫俨然一个萨满的形象，她"用柳叶做成裙子，用柳木做成鼓圈，用漫天皮做成鼓面，用铁树枝做成腰铃，点上年息香，打起鼓来，甩动腰铃，请九层天上诸星、诸神。其中有从16层的众星中请来的南斗六星、北斗七星、造天三星、黑虎五星、白狼星、天狗星、千星、万星；又从13层、12层佛恩都哩天上请来了八大主神、36部贝勒、贝色神；又请来365位台吉、玛发恩都哩和11层天的72位妈妈恩都哩；十层天的神兽：虎神、豹神、水獭神、蛇神、鹰神。那帮妖魔鬼怪根本不是各层天上的星神、天神、小、天母的对手。天上一天是地上一年，一连打了103天，也就是说打了一百单三年。魔鬼死伤了大半，剩下的一小半，一部分逃回地下，一部分乖乖投降。投降的有九河十八江的水魔，阿布卡赫赫封他们为各个河口的神主。……一些受了伤的天宫男女诸神落到人间，把伤养好以后，没有回到天上，留在人间治理各地，成了各氏族、各部落的祖先神。这就是天宫大战，一场神妖之间的大战终于结束了"③。

最后，神灵的繁衍方式不同。《天宫大战》中主要提到裂生和化生两种，而在傅英仁讲述的异文中天上传宗接代的繁衍方法有五种，即裂生、湿生、化生、胎生和卵生。裂生就是由原来的一个，经多年后分裂成两个、三个……无数个；湿生就是凡是潮湿的地方都能产生小动物；化生就是根据宇

① 富育光讲述、荆文礼整理《天宫大战·西林安班玛发》，吉林人民出版社，2009，第102页。
② 富育光讲述、荆文礼整理《天宫大战·西林安班玛发》，吉林人民出版社，2009，第16～18页。
③ 富育光讲述、荆文礼整理《天宫大战》，吉林人民出版社，2009，附录一《佛赫妈妈和乌申阔玛发》，第81～82页。

宙的变化，从一种生物变成另一种生物；胎生、卵生好理解。这五种繁育方法是萨满教的观点。①

在《老三星创世》中，耶鲁哩是老三星裂生出的徒弟："第一位神是阿布卡赫赫，翻译成汉语是'天母'，是女性神……第二位是阿布凯恩都哩，翻译成汉语是'天神'，这是位男性神……第三位是巴纳姆恩都哩，翻译成汉语是'地神'……第四位是敖钦大神，这位神力大无穷，能搬动高山大地，最后累死在人间，尸骨分解后化成了大地上的山川河流。第五位是耶鲁哩，他和前面四位大神完全不同，是一个大魔鬼。"② 而老三星之后还有新三星，新三星是佛托妈妈、堂白太罗和纳丹岱珲。

郎樱提到"以萨满神为内容的民间故事就更多了，比较典型的是《天宫大战》。它描写的是天上众神与恶神耶鲁哩之间发生的激烈战争。……天宫大战中受伤的天神，留在了人间，他们成为部分满族部落与氏族之祖。《天宫大战》的情节生动，气势恢宏。过去，一般人是不可以随便讲述《天宫大战》的，只有大萨满才能向民众讲述此神话，其神圣性可见一斑"③。

白蒙古传承的《天宫大战》与傅英仁传承的相关异文差异较大，傅英仁所传承的异文完全是受到了萨满教的影响。在傅英仁讲述的《满族萨满神话》中还有一篇《佛托妈妈》，笔者认为它也应属于《天宫大战》的异文。《天宫大战》中保留了满族神话的很多特质，其神灵也是有特定的体系的④。

因此，我们研究《天宫大战》不应局限于文本本身，对相关文本进行比较研究也是很重要的。

二　氏族神话及职司神话

"氏族神既是氏族的祖先，又往往是氏族的保护神……每个氏族祖先神无例外地都具有萨满身份，他们有的是神通广大的大萨满，有的甚至就是已经

---

① 富育光讲述、荆文礼整理《天宫大战·西林安班玛发》，吉林人民出版社，2009，第102页。
② 富育光讲述、荆文礼整理《天宫大战·西林安班玛发》，吉林人民出版社，2009，第90~91页。
③ 郎樱：《满族民间文化的记忆——傅英仁及其〈傅英仁满族故事〉》，傅英仁口述、张爱云整理《傅英仁满族故事》，黑龙江人民出版社，2006，第6页。
④ 高荷红：《满族说部"窝车库乌勒本"研究——从天庭秩序到人间秩序的确立》，《东北史地》2012年第3期。

成为神灵的萨满神。"① "职司神话讲述了一些具有一定职司的神的故事……职司神同天神和祖先神有时并没有严格的区别。鄂多哩玛法既被列为狩猎神，在家族祭祀时又被列为祖先神。"②

我们从"流传地域""身份""神性""祭祀家族""祭祀时间/祭祀禁忌"几个方面来分析傅英仁讲述的氏族神话及职司神话，整理为表1-7。

表1-7 氏族神话及职司神话文本之比较

神话名称	流传地域	身份	神性	祭祀家族	祭祀时间/祭祀禁忌	备注
他拉伊罕妈妈	乌苏里江东部	联合噶珊达	断事神	郭合乐族	秋祭第一天午前	东海窝集
多龙格格	尼马察乌拉	穆昆达	弓箭神	东海窝集、尼马察哈拉	秋祭	
石头蛮尼	牡丹江中游	大萨满	祖先神吉祥神	苏木哈拉		石头像木头像
三音贝子	窝集部（原为长白山的儿子）	值日恩都哩	大力神	朱祜录哈拉、梅合乐哈拉、富察哈拉	春秋祭祀祭天	套日神话
拜满章京	纳音河	窝集国国王	祖先神西斗五星星主	瓜尔佳哈拉	每年10月或第二年的2月祭祀	安楚拉妈妈的徒弟
昂邦贝子海伦别拉	恤品河	贝勒	祖先神部落神	梅合乐哈拉	公祭	
绥芬别拉	牡丹江		祖先神东海神王	伊尔根觉罗赵姓	拴神马	南海巡海鲤鱼
鄂多玛发鄂多蛮尼	牡丹江	穆昆达	祖先神穆昆神	郭合乐哈拉		时男时女木刻神像
倪玛恩都哩	倪玛查		部落神	杨家和倪家	盖黄布放草料	天羊
梅合蛮尼	三姓一带河边	大蛮爷	祖先神	梅和乐哈拉	两把筷子	乌蛇
纳丹昂帮梅合恩都哩	长白山一带	北天门神兽	祖先神蟒神	梅和乐哈拉		被贬到人间

① 徐昌翰主编《黑龙江民间神话·概述》，黑龙江人民出版社，2011，第4页。
② 徐昌翰主编《黑龙江民间神话·概述》，黑龙江人民出版社，2011，第4页。

续表

神话名称	流传地域	身份	神性	祭祀家族	祭祀时间/祭祀禁忌	备注
依兰岱珲	布库里湖，三姓	部落长		爱新觉罗		安车骨妈妈布库里雍顺
卓尔欢钟依		护法大神（托力）	南斗六星星主	爱新觉罗		佛托妈妈大弟子，两次被贬
神石石头公公	乌托岭		祖先神	那木都鲁哈拉	院子里木杆下压神石	石头神像
鄂多哩玛发	呼尔哈河下游尼马察乌拉	贝勒	祖先神狩猎神	吴扎拉族（吴）	狩猎前	制服野兽
恩图色阿	宁古塔		开山神	伊勒根觉罗	祭天合祭	巡天大神
				唐古拉哈拉	武祭；戴神帽使双镖	
朱拉贝子	乌苏里江		行船保护神	北部满族各部落	行船打鱼开江之日	河神的儿子，变牛
沙克沙恩都哩	纳音河	祭祀萨满	喜神	满族	添人进口、修建新房、久病得愈、出兵打仗平安回来	喜鹊投生
乌龙贝子	乌苏里江右岸佛涅部落	恩都哩乌龙贝子	白山圣主超哈恩都哩		出兵打仗春秋大祭	超哈占爷
托阿恩都哩	呼尔哈河部落		火神		春秋祭祀	
安顿妈妈	最东最靠海的部落		风神		三月十六，祭祀野祭	风的传说
芍药恩德	镜泊湖	从天上下凡间救百姓	植物神			芍药花红芍药和白芍药
古说不可妈妈	中原地区	乌春蛮达投生为布谷鸟	减灾护民		春天	乌春山神话
纳丹岱珲和纳尔浑先楚	鸭绿江沿岸鸭绿部	部落长	第七个星斗	鸭绿江部	闭灯祭主神	纳丹岱珲为新三星
乌春切德利妈妈		天音天姿创始神	歌舞之神	满族人	祭神、驱邪、赶妖	阿布卡赫赫的大弟子
花里雅格格	呼尔汗河边		绣花神			死后变为大石头

在天宫大战中受伤的天神留在了人间治理各地，他们成为部分满族部落与氏族之祖，如安车骨妈妈为部落长；有的神因犯错被贬到人间，如纳丹昂帮梅合恩都哩因守北天门时被芍药姐妹花骗过让她们下界而被贬，卓尔欢钟依也两次被贬；有的神投生到人间为老百姓服务，如南海巡海鲤鱼绥芬别拉。职司神有断事神、弓箭神、狩猎神、开山神、行船保护神、火神、风神、植物神、绣花神等。我们发现，氏族神一般为一个或几个氏族供奉，而供奉职司神的范围则较广，可能为一个地域或民族整体所供奉。

三 萨满神话

"萨满神话也可以叫作关于萨满的神话。萨满本来就是介于人神之间的一类，有关他们的神异事迹讲出来就是神话……蛮尼神话也属于这一类。蛮尼就是生前为大萨满，死后成神的称谓。"[1]

傅英仁讲述的萨满神话共 13 则。《萨满玛发利学法术》讲述了满族萨满第一代祖师——24 个萨满玛发利用 81 天学习 19 种法术的神话，其中有 6 位女性萨满。还有与祭祀有关的神话：闭灯祭时祭祀的神呼拉拉贝色原为猛兽，专喝牲畜鲜血，阿达格恩都哩、绥芬别拉都未能收服他，精通天、地、人三界神道的他拉依罕妈妈答应他三个条件，以保牲畜平安无事；阿达格恩都哩变作金钱豹留在世间，成为满族萨满教祭祀的动物神；满族祭祀关公贝色时要单放一张小桌子，点上达子香给他摆上供品以示崇拜；德风阿是窝集国第二代大罕，由母虎和大鹏养大后为家族复仇，变成启明星的星主，满族人每年正月初一都要祭奠这位星主；阴达浑贝子是狗神，祭祀时需供奉糕点；胡达哩玛发和蒙乌妈妈神是一对白鹭，一家三口死后到天上被纳丹威虎哩收为徒弟，师徒四人变成了星座"东斗四星"，也被称为"天医四星"，大萨满给人看病时需请他们附体才能给人看病；纳丹乌希哈是珠浑哈达山下七兄弟取七星成神的神话，在祭祀七星时，同时祭祀纳丹库里。

此外，还有解释性神话。如《人的尾巴和人的智慧》中讲道，最初人没有智慧，僧格恩都哩从纳丹乌希哈那里要来智慧树枝，为了让人们变得有智慧，他把树枝粘在人的尾巴上，后来又把树枝收回天上，只留下了尾巴根，这才使人有了思考能力；阿里色夫是海伦妈妈的关门弟子，原名为忽达哩，

---

[1] 徐昌翰：《傅英仁和宁古塔满族萨满神话》，未刊稿。

他与满族流传下来用鸡尾翎来扫邪消灾的习俗有关；绥赫蛮尼是超哈占爷，他下界后教女真人种粮食、盖房子；僧格恩都哩教女真人礼节；阿巴格下凡训练军队；代力妈妈下凡教人织布，后这四人下凡助阿骨打打败辽兵。

马亚川和傅英仁讲述的神话分别代表了黑龙江省双城和宁安地区的神话特性，都有着很浓郁的民族性和地方性。

马亚川为我们展现了女真时期人类还未定居、妖魔鬼怪横行的景象，他主要讲述了萨满神在被天神派下界之后努力让男女阴阳和谐并尽可能定居下来的神话。傅英仁讲述的神话的特别之处在于，他曾经当过萨满学徒，之后又长期关注萨满神话，与各姓萨满关系密切，因而他将神话与仪式、历史结合在一起。可以说，所有关于萨满文化的核心知识，都掌握在萨满手里。绝大多数神话都有很鲜明的祭祀时间、祭祀禁忌及祭祀规程，为我们了解满族萨满文化提供了极好的案例。满族神话虽与萨满教有着密切的关联，但并非所有的神话都是萨满神话，《天宫大战》中的创世神话、洪水神话就是例证。我们不仅要关注满族神话与其他民族神话的共性，还要关注其满族文化特质，在比较的视野下勾勒出满族神话的整体性，相信由此便可以绘制出一幅满族神话的总图。

傅英仁和马亚川都是有名的故事家，都擅长讲述和书写，都在 20 世纪 80 年代大放异彩，进入 21 世纪，他们讲述的文本在满族说部出版中占据着极为重要的地位。因此，对他们的共性的分析是极为必要的。

第二章 千则故事家傅英仁的 "嘴荏子"和"笔头子"

故事不是读的文学，而是听的文学。

——关敬吾

翻检傅英仁已出版的故事集，我们发现神话、传说、故事大多纳入其中，虽然有的故事集区分了神话、传说及故事，但在细读文本后，我们认为传说和故事的界限仍然相对模糊。

第一节 传说与故事之别

民间传说是与一定的历史人物、历史事件和地方古迹、自然风物、社会习俗等有关的口头叙事形式。狭义的民间故事，是具有假想或虚构的内容和散文形式的口头叙事形式，是"虚构性故事体裁的总称"。

民间传说具有以下一些主要特征：

传说中所叙述的事件不是发生在开天辟地的远古时期，而是在那以后的某个年代里（比如"在秦朝年间""唐朝的时候"等）；事件的发生主要是在人世间进行，而且往往是听众所熟悉的、实有的场所。

主人公通常是人类，而且经常是历史上实有的人物，但也有非人类，如八仙、门神、白娘子等。

传说讲述的时机和场合一般也没有限制，有较强的随意性。

传说具有一定的可信性，因为它往往与一定的历史人物、历史事件，或者实有的地方风物相关联，在讲述过程中，讲述人通常也会努力使传说听起来真实可信。

传说一般是世俗性的，它的讲述通常不需要在庄严崇高的气氛中进行，讲述人和听众一般不会以神圣、严肃的态度来看待它。不过某些传说也具有一定的神圣性，如信仰传说往往与民间信仰密切相关，信众常会以庄严而严肃的态度对待它。

传说的主要功能，是借助于人们对发生在不远的过去的、通常被信以为真的事件的讲述和记忆，以维系群体的历史和当下的连续性，尤其是群体和特点地域之间的联系。①

民间故事则具有下列一些特点：

民间故事中所讲述的事件和人物大多不具有确定性。

故事中的主要角色可以是人类，也可以是非人类。

故事讲述的时机和场合有较强的随意性，可以在需要的任何时机和场合讲述。

故事大多不具有真实可信性，所以故事在许多民族中被称为瞎话，所谓"瞎话瞎话，无根无把"，就道出了故事的虚构性特点。

在人们对其的态度上，故事往往是世俗性的，讲述人和听众一般不会以神圣、严肃的态度对待它，而且它的讲述一般也不需要在庄严崇高的气氛中进行。

在功能上，故事主要是为了娱乐的目的而讲述，也具有教育等其他功能。②

根据上述特征，我们制作了表 2 - 1，以比较和呈现民间传说与民间故事的区别。

随着民间文学各方面工作的蓬勃发展，特别是为了编纂三套民间文学集成在全国进行的普查，民间故事讲述家大量地被发现，出版界及时出版朝鲜族民间故事讲述家金德顺的故事专集，也对这项工作起到了推动作用。截止到1990 年，全国已发现能讲 50 则故事以上的男女故事讲述家近 1 万

① 杨利慧：《神话与神话学》，北京师范大学出版社，2009，第 7~8 页。
② 杨利慧：《神话与神话学》，北京师范大学出版社，2009，第 6 页。

名，其中有老年，也有中青年。一些地方还发现了故事讲述家集中的"故事之家"和"故事村"，并公开出版和内部印行了故事讲述家作品专集或合集。傅英仁的专集有《满族神话故事》《满族萨满神话》《傅英仁满族故事》和《满族神话》。

表 2-1　民间传说与民间故事之别①

形式	时间	地点	讲述时机	主要角色	信实性	态度	功能
民间传说	不久的过去	今天的世界	不受限制	人类或非人类	具有一定的可信性	世俗的或神圣的	维系群体的历史和当下的连续性，尤其是群体和特点地域之间的联系
民间故事	任意时间	任意地点	不受限制	人类或非人类	虚构	世俗的	主要是娱乐，也有教育等功能

按照传统的民间文学的分类，民间故事分为动物故事、幻想故事、生活故事、机智人物故事、寓言和笑话。传说分为人物传说、历史事件传说、地方风物传说和习俗传说。根据传说和故事的区别，我们将傅英仁讲述的传说、故事篇数统计如下（见表 2-2）。

表 2-2　傅英仁讲述的传说、故事统计

单位：篇，%

类别	内容	篇数	占比
动物故事	熊、蛇、猴子、蜻蜓、鹿、啄木鸟、野鸡	40	28.0
地方风物传说	宁古塔、牡丹江	33	23.1
生活故事	采参、打猎	30	21.0
人物传说	萨布素、红罗女、康熙、黑妃	15	10.5
习俗传说	萨满祭祀、养活孩子	11	7.7
机智人物故事	安班蛮尼	9	6.3
历史事件传说	临阵脱逃	5	3.5

从表 2-2 可知，傅英仁讲述的民间故事以动物故事和生活故事为主，他讲述的民间传说以地方风物传说和人物传说为主。

---

① 杨利慧：《神话与神话学》，北京师范大学出版社，2009，第 11 页。

第二节 民间故事：从搜集到讲述

傅英仁掌握民间故事的具体数量，可查的信息不多。根据我们目前掌握的资料，仅知如下情况："在敌伪统治的几年里，他冒着极大危险，共整理出四十多篇民间故事"[1]；土改时搜集了 50 多个故事；三年劳动改造，傅英仁"搜集和记录了三十多篇民间故事，还有一部分满族民俗"[2]；1960 年，他根据张玉忠提供的线索，在敖东采录的《九龙夺珠》《小乌蛇》《鸡蛋石》《烟筒山》等多篇满族故事的基础上，做了文字的补记和整理；在齐齐哈尔、嫩江等地，他搜集了许多关于萨布素的逸闻，以及当地满族所信奉的鹿神、虎神、金钱豹神、蛇神、水獭神灯的宝贵的动物神（也称野神）故事。[3]

从 1979 年开始，傅英仁开始在民间文学搜集整理活动中崭露头角。

1979 年 8 ~ 11 月，在《镜泊湖民间故事集》和《五大连池民间故事集》征文和采写活动中，傅英仁协助征集、采写了民间故事、神话、地方传说、动物故事、植物故事等 200 余篇。

1981 年 6 月至 1982 年 3 月，在第二次满族民间故事搜集整理中，傅英仁所在组共整理上交 53 篇，大部分出自他的积累。《满族民间故事选》第 2 集的 85 篇故事中，这个组有 24 篇，属于傅英仁的 18 篇。

1982 年 4 月 8 日，宁安县民俗研究小组成立，傅英仁提出了 30 个宁古塔民俗研究题目。

1983 年 6 月至 1984 年 6 月，在第三次满族故事搜集整理开展前，傅英仁继续进行之前的研究。

1983 年 10 月 9 日，傅英仁录制 10 盘录音带，还撰写了神话讲述提纲和手稿（2003 年，傅英仁将这些资料交给了荆文礼）。

1982 ~ 1984 年，东北三省合编两集满族民间故事，傅英仁的作品占三分

---

① 王树本：《老树开花春雨时——记满族民间故事家傅英仁》，载《黑龙江民间文学》第 7 集，中国民间文艺研究会黑龙江分会，1983，第 282 页。

② 栾文海：《野火春风——记满族故事讲述家傅英仁》，载傅英仁口述、张爱云整理《傅英仁满族故事》，黑龙江人民出版社，2005，第 788 页。

③ 栾文海：《野火春风——记满族故事讲述家傅英仁》，载《黑龙江民间文学》第 14 集，中国民间文艺研究会黑龙江分会，1985，第 262 页。

之一以上。他先后在《黑龙江民间文学》《黑龙江满族故事选》《满族故事选》以及其他刊物上刊登了90多篇故事和4篇论文。①

傅英仁并没有完全将几十年辛苦积累的成果自己署名出版，而是将其中的大部分成果慷慨地送给了别人，由别人署名发表。这也给现在的学者造成了困扰，即我们现在看到署名为傅英仁的故事并不能代表他所有的故事藏量，因为很多他讲述的故事署名并非他本人。

傅英仁曾估算过自己所掌握的民间故事，认为"有280余篇满族故事，加上别的长篇故事中又摘出40余篇，总共320余篇"②。1982年初春，栾文海到傅英仁家拜访，傅英仁口述了61篇故事的名字。栾文海记录了这些故事名，如《罕达犴作怪》《七粒黑豆兵》《刷帚姑姑》《笊篱姑姑》《九龙山》《海罗伊格》《活吊》《复仇》《人和鬼》《凶手》《说大话》《水里烧茶》《章京看病》《退敌》《换马》《神断》《小偷》《一千句》《钱和鸡蛋》《贝龙贝子》《乌龙贝子》《祭杆》《阿尔大》《阿达木》《他拉依》等。③通过与已出版的故事进行比较，61篇故事中仅有《乌龙贝子》《白鹿额娘》《活吊》《取灯》《天桥岭》《小乌蛇的故事》《凶手》《刷帚姑姑》已发表，其他的并未出版过。

我们选择以下资料集来分析傅英仁掌握民间故事的情况：《满族民间故事选》（第一、第二集）④中有傅英仁个人整理、合作整理和向人讲述的故事15篇；《满族民间故事选》⑤里有8篇故事；《黑龙江民间文学》第7集中有30篇；《黑龙江民间文学》第1、3、14集中共12篇；《宁安民间文学集成》第一、第二辑⑥中有14篇；《牡丹江民间文学集成》第一、第二辑⑦共23篇；《傅英仁满族故事》⑧共167篇故事，其中人物传说54篇、风俗传说11篇、地名传说33篇、民间故事69篇。虽然其中多有重复出版，但我们通过一一比对篇目及内容，最后可以得出其总篇目。

---

① 傅英仁《自传》，见附录一。
② 马名超：《满族民间故事家傅英仁访问记（1986.7.18至7.19两个晚上的笔记）》，载傅英仁讲述、张爱云整理《满族萨满神话》，黑龙江人民出版社，2005。
③ 栾文海：《野火春风——记满族故事讲述家傅英仁》，载傅英仁口述、张爱云整理《傅英仁满族故事》，黑龙江人民出版社，2006，第796页。
④ 东北三省民研会合编《满族民间故事选》，辽宁春风文艺出版社，1981、1983。
⑤ 乌丙安等编《满族民间故事选》，上海文艺出版社，1983。
⑥ 黑龙江省宁安县民间文学三套集成编委会：《宁安民间故事集成》，黑龙江省宁安县印刷厂，1987。
⑦ 黑龙江省牡丹江市民间文学三套集成编委会：《牡丹江民间文学集成》（第一、第二辑），黑龙江大学，1990。
⑧ 傅英仁口述、张爱云整理《傅英仁满族故事》，黑龙江人民出版社，2006。

2006 年,《傅英仁满族故事》① 出版,晚于上述集子。其中被列入故事的,有些在其他集子中被列入神话,此次统计我们也将其视为神话,如《乌林萨满》《尼曼大萨满》《伊尔哈格格》《穆棱乌拉恩都里》②。被列入神话的《生殖器崇拜的传说》《十二属相为什么老鼠打头》《三年等于三百年》《黑妃》等,我们认定其应为民间传说,共有 164 篇。其中第一次出版的故事 77 篇,限于篇幅且无论述之必要,在此就不一一列出了。《傅英仁满族故事》中没有收入却被收入其他集子中的有些故事较为特殊,应原为他人讲述,后由傅英仁讲述的故事。《傅英仁满族故事》中收录的部分故事曾在《满族民间故事选》《黑龙江民间文学》《宁安民间故事集成》《牡丹江民间文学集成》中发表,我们特列表 2 - 3 以表明傅英仁讲述的故事是有源头的。

表 2 - 3　各故事集与傅英仁讲述的故事之关系

故事名称	满族民间故事选	黑龙江民间文学	宁安民间故事集成	牡丹江民间文学集成	傅英仁满族故事
落叶松		落叶松（第14集）			落叶松
仙泉水		仙泉水（第2集）			仙泉水
金菊					金菊
千年参③		千年参（第14集）	千年参（第2集）		千年参
凶手					凶手
托托哩阿哥					托托哩阿哥
李大吃					李大吃
"狗腿子"的来历			"狗腿子"的由来（第2集）		"狗腿子"的来历
田鼠选婿			田鼠选婿（第2集）		田鼠选婿
熊再也不敢吃动物了			熊再也不敢吃动物了（第2集）		熊再也不敢吃动物了

① 傅英仁口述、张爱云整理《傅英仁满族故事》,黑龙江人民出版社,2006。

② 或名《木伦乌拉恩都里》,该神为河神。

③ 傅英仁:"这个故事是我父亲在光绪年间在吉林读书时,听扬古利后人（他的同学）讲述的,距今已有 80 多年。至于故事的产生,年头就更多了。"见《黑龙江民间文学》第 14 集,中国民间文艺研究会黑龙江分会,1985,第 197 页。

续表

故事名称	满族民间故事选	黑龙江民间文学	宁安民间故事集成	牡丹江民间文学集成	傅英仁满族故事
老虎和豺狼子			老虎和豺狼子（第2集）	老虎和豺狼子	老虎和豺狼子
老狼学抽烟			老狼学抽烟（第2集）		老狼学抽烟
刺猬为什么长一身刺			刺猬为什么长一身刺（第2集）	刺猬为什么长一身刺（第2集）	刺猬为什么长一身刺
石虎精			石虎精（第2集）		石虎精
活吊		活吊（第7集）	活吊（第2集）	活吊（第1集）	活吊
三箭缘		三箭缘（第7集）			三箭缘
小蛟龙			小蛟龙（第2集）	小蛟龙① 小蛟龙（第2集）	小蛟龙
年息花	年息花		年息花（第1集）	年息花（第1集）	年息花
大黑虎与小花蛇	大黑虎与小花蛇	小花蛇（第3集）	大黑虎与小花蛇（第2集）		大黑虎与小花蛇
老穆昆达和小蛤蟆	老穆昆达和小蛤蟆	老穆昆达和小蛤蟆（第7集）	老穆昆达和小蛤蟆（第2集）		老穆昆达和小蛤蟆
五马闯三官				五马闯三官（第2集）	五马闯三官
鼻烟壶			鼻烟壶（第2集）		鼻烟壶
俩大胆儿打赌			王大胆儿和李大胆儿		俩大胆儿打赌
珠浑哈达	珠浑哈达的故事		珠浑哈达的故事（第2集）		珠浑哈达

---

① 在该集中作为神话。

续表

故事名称	满族民间故事选	黑龙江民间文学	宁安民间故事集成	牡丹江民间文学集成	傅英仁满族故事
彩云	彩云	彩云（第7集）	彩云（第2集）		彩云
菱角花	菱角花	菱角花（第7集）	菱角花（第1集）		菱角花
刷帚格格①					刷帚格格②
核桃格格		核桃格格			核桃格格
三格格	三格格	三格格（第7集）			三格格
珍珠姑娘					珍珠姑娘
童阿里阿哥	童阿里阿哥				童阿里阿哥
别尔罕人				别尔罕人③	别尔罕人
朱舍里格格					朱舍里格格
郭合乐的巴图鲁	郭合乐的巴图鲁	郭合乐的巴图鲁（第7集）	郭合乐的巴图鲁（第1集）		郭合乐的巴图鲁
晋元当的"厨子"			晋元当的"厨子"（第1集）		晋元当的"厨子"
王二虎			王二虎的故事（第1集）		王二虎
二傻子和董占爷				二傻子和董占爷（第1集）	二傻子和董占爷
金铃格格——响水的传说		金铃格格（第14集）	金铃格格——响水的传说（第2集）		金铃格格——响水的传说
折子的故事			折子的故事（第2集）		折子的故事
觉罗城		觉罗城（第7集）			觉罗城
率宾马④		率宾马（第23集）			率宾马
烟囱砬子		烟囱砬子（第7集）			烟囱砬子
巫医窝克托	巫医窝克托	巫医窝克托（第7集）			巫医窝克托

① 与《田螺姑娘》类似，不可作为传说。
② 与《田螺姑娘》类似，不可作为传说。
③ 傅英仁、刘邦金等人讲述，流传在绥芬河东宁一带。
④ 付庆双、傅英仁讲述，周爱民整理。

仅出现在《傅英仁满族故事》中，其他故事集中未被收入的故事有：《金菊》《凶手》《托托哩阿哥》《李大吃》《小熊与老人》《猎手和熊比武》《黑瞎子掰苞米》《黑瞎子请客》《蛇格格》《猴子女婿》《猴子心》《山蚕》《蜻蜓请先生》《人参果》《熊为啥没当王》《啄木鸟》《野鸡》《苦泉、甜泉和盐泉》《宝葫芦》《湖鲫为啥是红肚皮》《不信鬼》《佐领领小米》《大红马和小黑狗》《蛤蟆阿哥》《欧粒为啥是红色的》《三只眼》《狼、老虎和水貂》《人变马》《石缝参》《鲤鱼精和黑鱼精》《乌吉布和阿吉塔》《梅赫哈达》《倒拉的姑娘参传说》《铁锅》《闫老玛发的遗产》《药草和毒草》《小铜佛》《巴图鲁复仇记》《哥伦太替寡妇报仇》《常子恒的门帘》《不知足的女人》《常太和包龙阿》《庆有余》《打布拉》《黄瓜开山》《贝勒屠城记》。

未被《傅英仁满族故事》收入的故事共 22 篇，《传家宝》《将军石》被收入《黑龙江民间文学》第 3 集，《烟囱碴子》《觉罗城》《巫医窝克托》《三音图隆格格》《巴隆色被斩》《阿尔达巴图鲁罕》《该死的放山搭》《白山第一》《三访贝勒府》《借宿破案》《鸭蛋包子》《三探鬼门关》《乌拉大豆腐》《高铃果》《一亩三分地》《天和地》《山和岭》《兴凯里罕》《率宾马》《桦皮小篓与桦皮威虎》被收入《黑龙江民间文学》第 14 集。

傅英仁虽掌握大量民间故事，但出版的故事约 190 篇，不到 280 篇，远没有 600 多篇那么夸张。这些应该是傅英仁记得扎实的故事篇目，他说"还有一本民间故事，是张口就来的，共 180～190 余篇，挑记得扎实的，也就是一提就能想起来的故事"①。

表 2-4 展示了《傅英仁满族故事》中傅英仁搜集并讲述的 17 篇故事。这 17 篇故事均出自表 2-3 提到的各故事集，除《康熙题字》外，其余故事的搜集时间颇为久远，多在 1945 年以前。傅英仁也从搜集者变成了讲述者，他成为这些故事流传下去的重要媒介。

表 2-4 傅英仁搜集故事的情况

故事名称	讲述者	搜集者	搜集时间	流传地
桃花女	傅明毓、关明禄、傅永利、关墨卿	傅英仁	1945 年前	宁安

① 马名超：《满族民间故事家傅英仁访问记（1986.7.18 至 7.19 两个晚上的笔记）》，载傅英仁讲述、张爱云整理《满族萨满神话》，黑龙江人民出版社，2005，第 332 页。

续表

故事名称	讲述者	搜集者	搜集时间	流传地
康熙题字	关寿海	傅英仁	1984 年	吉林、宁安
采参阿哥[①]	关振川	傅英仁	1945 年前	江东、缸窑、花脸沟
黑丑白丑	刘掌柜	傅英仁	1945 年前	宁安街
药草与毒草	傅永利	傅英仁	1945 年前	
小蛟龙	傅永利	傅英仁	1945 年前	宁安南部
鬼洗脸沟	傅永利	傅英仁		花脸沟一带
刺猬为什么长一身刺	傅永利	傅英仁	1945 年前	宁安海林
十二属相为什么老鼠打头	傅永利	傅英仁	1945 年前	宁安
熊再也不敢吃动物了	猎人关三炮	傅英仁	1945 年前	江东
老虎和豺狼子	猎人关三炮	傅英仁	1945 年前	江东
老狼学抽烟	猎人关三炮	傅英仁	1945 年前	江东
大黑虎和小花蛇	关隆奇	傅英仁	1945 年前	宁安一带
彩云	梅氏祖母	傅英仁	1930 年	宁古塔蛤蟆河子一带
田鼠选婿	梅氏祖母	傅英仁	1945 年前	牡丹江
牛拱塔	关墨卿	傅英仁	1938 年	宁安、海林
腰铃的传说	关墨卿	赵君伟	1987 年 2 月	宁安、海林

从表 2-4 我们看到，傅英仁搜集的故事成了他讲述的故事库中的一则则鲜活的文本。此外，多篇材料提到傅英仁听过父亲讲述故事，他父亲"除了教他四书五经之外，还给家里人讲官府衙门的见闻，如《春二阔和瑞子凌》《县太爷请大神》《魁星阁闹鬼》等故事"[②]。但我们遍检各种故事选，都没看到傅英仁讲述这几篇故事，不知何故。

第三节　故事家的特质："嘴茬子"和"笔头子"都过硬

按照国际通用标准，能讲 100 则故事者即为大故事家，能讲述达百万字的傅英仁、马亚川应为超级故事家，因他们能说善写，也可称之为"书写型

---

① 《黑龙江民间文学》第 14 集，中国民间文艺研究会黑龙江分会，1985。
② 王树本：《老树开花春雨时——记满族民间故事家傅英仁》，载《黑龙江民间文学》第 7 集，中国民间文艺研究会黑龙江分会，1983，第 281 页。

传承人"。满族说部国家级传承人富育光、赵东升，锡伯族长篇故事传承人何钧佑等"书写型传承人"，讲述整理出版的文本都逾百万字。但这些故事家或传承人都有一共性，他们出版的文本较为复杂，除口述文本外，还有录音记录本、故事家写定本等形式。

刘锡诚较早发现傅英仁的情况与其他故事家不同，"黑龙江省民间文学工作者们于80年代初在宁安县发现了满族故事家傅英仁，并对他所讲述的故事进行了采录。他的特点是有较高的文化水平，不仅能讲述，而且也能自己写定，可以把自己烂熟于心的故事用笔写下来。他所讲述的故事，开始时在《黑龙江民间文学》和《民间文学》杂志上发表，后来有成书问世。笔者曾亲赴宁安他的家中造访，他的谈吐更像是满族的高级知识分子，他的故事文本，缺乏现场的口述特点而更接近于书面文学。因此，研究故事讲述家，他缺乏典型意义"①。

刘锡诚认为典型的故事家应该以口承为主，只有那些叙事风格独特和艺术个性鲜明的民间故事讲述人，"才是一个民族、一个地区的民间故事的主要负载者和传承者"②。遗憾的是非典型的、以书写为主的故事家人数渐增，这种现象如何解读呢？

一 故事村·故事家

20世纪80年代，在"三套集成"工作中，民间故事家崭露头角，在这一时期故事村也逐步形成。在大规模的普查过程中，某些村庄中会讲故事的人比较多、故事的蕴藏量比较大，学者们把这样的村庄称作"故事村"，其中最著名的如河北省藁城市常安镇耿村、湖北省伍家沟村、福建省浦城县石陂镇布墩村、浙江省金华孝顺镇低田村等。

傅英仁、马亚川所在的黑龙江省宁安县、双城县情况如何，他们是如何成长为超级故事家的呢？

黑龙江省宁安县是唐代渤海国都城上京龙泉府的所在地，古有宁古塔之称，为清代流人聚集之地，该地保留了大量满族及其先世的神话、传说、故

---

① 刘锡诚：《故事家及其研究的文化史地位》，载林继富主编《中国民间故事讲述研究》，中国社会科学出版社，2013，第26页。

② 刘锡诚：《故事家及其研究的文化史地位》，载林继富主编《中国民间故事讲述研究》，中国社会科学出版社，2013。

事及说部等民间文类，颇受学者瞩目。傅英仁从小生活在该县的西园子村，此村人才汇聚；马亚川从小生活的希勤村历史也很悠久。

> 双城县原名双城堡，以其东南金代两古城（俗称"双城子"，即达河寨、布达寨，在今五常县境内）遗址得名。此地在唐时为息慎地；金时为上京肇州的属地；元时属开元路；明为拉林河卫地，后为乌拉部；清乾隆二十一年（1756年）于拉林城设副都统。马亚川幼时生活在希勤村（旧名新营子正红旗五屯），该地与阿骨打关系匪浅：距离当初阿骨打修建的皇帝寨子"廖晦城"（今称"对面城"）还不到二十华里。从八百年前的金朝第一代王都——上京白城（今阿城）算起，往西南方向计数，哪里是当年的"多欢站"，哪里是"大半拉城子"、"小半拉城子"、"花园沟"、"沫流水"等，一一都能找出它们的位数来。……马亚川的耳朵里，一小就灌得满登登的，每一举目，所能望见或指点的，几乎无不紧紧牵连着那往日的古迹。①

傅英仁与马亚川所在的村子虽未被官方认定为故事村，但结合傅英仁和马亚川的家庭、社会环境，可以发现他们从小生活在具有浓厚民族氛围的家庭中，家族中有多位故事讲述家。这样的村落成为故事家诞生成长的摇篮，故事家长大后又对村落中的其他民众产生了一定的影响。

（一）故事村是故事家诞生、成长的摇篮

傅英仁、马亚川幼时生活在民族文化氛围浓郁之地，自幼就深受民间艺术环境的熏陶，很早就受到了较好的培养。他们从小居住的西园子或希勤村，前者既有古老文化的积淀，又受到新文化的影响；后者则流传着女真时期英雄人物的故事。

傅英仁的家族中有许多故事能手。祖母是梅合乐家族的姑娘，从刚出嫁做新娘子，到后来子孙满堂，一辈子都爱讲故事，她口才很好，讲起故事一串一串的；亲娘舅郭鹤龄，是满族秀才，也是宁古塔有名的三大萨满之一，专能讲那些有根有蔓、既有趣味又有典故的民俗故事；父亲在官府里混事，回到家里给他们讲些官府衙门里的见闻，如《春二阔和瑞子凌》《县太爷请大

---

① 马名超：《满族故事家马亚川保存的女真叙事文化史料》，载马亚川讲述，王益章、黄任远整理《女真神话故事》，吉林人民出版社，2017，第273页。

神》《魁星楼闹鬼》等；三爷傅永利、三舅爷也都是"故事篓子"，从他们那里，傅英仁继承了《萨布素将军传》等满族说部，他们曾郑重地告诉他，萨布素将军就是富察氏人，是他们的嫡系祖先，无论如何要把他的故事传下去。①

马亚川跟随外祖父、舅舅和舅母等亲人长大，仅念过四年乡村小学，因记忆力特别好，跟随外祖父赵焕帮人置席做菜时，听"人家灯下消闲做夜，谈古说今乱扯"，"每有所闻，必得记忆"。尤其是《女真谱评》，马亚川幼年时读过该抄本，并能"牢记抄本的细节"②。这些都为他讲述海量故事奠定了基础。恰因从小生活在这样的地方，女真英雄人物故事成为他成长的教科书，马亚川才能胸有出竹地讲述如此巨量的女真时期和清朝的英雄故事及帝王传说。

可以说，宁安县、双城县本身的民间文化底蕴，为故事家的诞生成长提供了良好的土壤。

（二）故事家的文化生态

傅英仁从小就是故事家，"九一八事变"前夕，傅英仁家成了那些清朝遗老遗少常来常往之地。他自述："我从小爱听、爱问。而他们每次闲谈，我总是静静地坐在一边，细细地听。什么历朝见闻、古今怪事、满洲兴亡史、故事传说……"③

20 世纪 80 年代开始，傅英仁周边出现了一批热爱民间故事的积极分子，他们都参与了搜集整理傅英仁讲述的故事。王树本整理了《喜风泉》《折子的故事》《菱角花》《三格格》等故事，傅英仁与王树本整理了《阴乎石》《桦皮篓》；赵君伟整理了《金铃格格——响水的传说》《副都统和巴尔图》《取灯》等故事，傅英仁与赵君伟共同整理了《老穆昆达和小蛤蟆》；谢景田整理了《鼻烟壶》《落叶松的故事》《鲫鱼格格》《兔子坟》《窝古台的遭遇》（《窝古台的故事》）《萨布素将军夫人的故事》；余金整理了《珠浑哈达的故事》；王凤整理了《王大胆儿和李大胆儿》《五音碴子的故事》。

傅英仁在满族民间文化搜集上的突出表现，使得他所在的宁安县民间文

① 孟慧英：《回忆满族说部的发现》，载周维杰主编、荆文礼副主编《抢救满族说部纪实》，吉林人民出版社，2009，第 203 页。
② 马名超：《满族故事家马亚川保存的女真叙事文化史料》，载见马亚川讲述，王益章、黄任远整理《女真神话故事》，吉林人民出版社，2017，第 273 页。
③ 傅英仁《自传》，见附录一。

化搜集活动如火如荼，影响越来越大，人员也越来越多。

1979 年，在宁安县成立一个九人组成的民间文艺研究小组。这是全国第一个县级民研小组，中国民研会为此发表通报进行表扬。

1981 年，民研小组扩大为民研协会，会员增到 30 多名。

1984 年，民研会成员有 68 名，发表故事近 200 个。就连县长、宣传部长、文化局局长都加入这个组织，还亲自整理一些民间故事。①

傅英仁先后主编了《宁安县民间故事集成》《牡丹江市民间故事集成》《黑龙江省满族民间故事集成》，他在编辑的过程中将搜集整理的故事交付他人整理而成，成就了多位文化人，如宁安当地的文化人王树本、马文业、赵君伟、谢景田、张爱云等人。

20 世纪 80 年代，宁安县、双城县涌现积极的故事家群，宁安县有赵君伟、张育生、王树本、马文业等人；双城县有马亚川、高凤阁、刘卉等人，他们的故事都被标注为笔述而非口述。据我们了解，这些有可能成为故事家的搜集整理者并没有同傅英仁、马亚川一样成为黑龙江省乃至外省学者的调查采访对象，唯有赵君伟出版了《大祚荣传奇》《招抚宁古塔》，这种现象被当地文化人称为"灯下黑"。先后到宁安调查的学者大多将傅英仁、马亚川作为重点采访对象，并没有将其他故事家作为搜集整理对象，甚至，当时很重要的关墨卿也未曾受到如傅英仁一样的待遇。故事村的集体效应并未因两位杰出的故事家而形成，在某种意义上，这也是时代的遗憾，这也许正是上述地区未得到官方承认的主要原因吧。

二　千则故事家的特质

在《口承故事论》中，许钰根据故事家传承故事的情况，将他们分为"传承型"和"传承兼创作型"两类。

传承型故事讲述家是指他（她）们主要传承从他人接受得来的故事（很多故事家对自己故事的具体来源大多能够记忆），不创作或很少创作完整的故事。这类故事讲述家占大多数，他（她）们传承故事的具体情

---

① 傅英仁《自传》，见附录一。

况在以下几个方面各有不同，从而表现出各自的个性特征：他（她）们的故事整体构成情况不同；各个故事家大多有一些别人不大知道或不常讲的故事作品；故事讲述家在讲述中对原故事各有不同的加工与创造；故事讲述家在语言和艺术表现方面也常各有自己的特色；故事讲述家个人风格大多同他们创造性地发挥故事体裁固有的艺术特点有关。①

绝大多数故事家应为"传承型"，而"传承兼创作型"故事家的个性特征如下。

> 故事讲述家在讲述时对原来的故事进行修正、加工、补充，也可以说是一种"创作"，这里的"创作型"是指能编讲完整故事的一些故事讲述家。在目前已发现的故事讲述家当中，只有少数人有这种创作，而且他们这种创作的数量远远没有得自传承的作品多。②

两位超级故事家应属于"传承兼创作型"，他们从幼时就热衷于民间文化，如史诗、神话、故事等，具备讲述超级文类、千则故事的素质，其中有些特质是故事家共有的。

（一）故事家共有的素质

首先，故事家记忆力超凡。

马名超曾总结，马亚川具备两种素质：一个是天才的口语表述能力，另一个是惊人的记忆力，而这可能是一切故事家后天必备的"禀赋"并使之有别于常人。简单说也就是表达和记性。

孟慧英如此评价马亚川及他讲述的《女真谱评》：

> 《女真谱评》无疑是满族民间思想文化的集大成者，马亚川是它杰出的传承人。我们所见到的马亚川《女真谱评》的故事，内容浩繁，知识广博，艺术独特。如果没有过硬的记忆力和民间艺术修养是很难做到这一点的。③

---

① 许钰：《口承故事论》，北京师范大学出版社，2000，第 227～236 页。
② 许钰：《口承故事论》，北京师范大学出版社，2000，第 237 页。
③ 孟慧英：《回忆满族说部的发现》，载周维杰主编、荆文礼副主编《抢救满族说部纪实》，吉林人民出版社，2009，第 203 页。

傅英仁讲述的满族说部、民间故事、满族神话有 300 多万字，由此可以想见傅英仁的记忆力有多强。

其次，他们都有很强的语言表达能力和即兴创作能力。

傅英仁从小就是一个很好的讲述者，他经常跟着傅永利走村串乡讲故事。20 世纪 80 年代，刘锡诚认为傅英仁是非典型的故事家，因为他以书写为主。但不容忽视的是，傅英仁年轻时以口述为主，到了 20 世纪 40 年代，他又渐渐习惯于书写，但讲述神话故事始终是他的特质。傅英仁曾坦言反复讲述不仅可以增强记忆力，还有助于他不断进行整理。

虽然刘锡诚质疑傅英仁的故事家身份，但是与傅英仁有过较长时间交往的人曾记录下傅英仁的讲述、讲唱魅力。

> 夏锄午休时，一些社员竟把这个"右派"偷偷地拖到村外北森林去讲故事；一个负责监督"右派"的下放干部，也偷偷把这个"右派"拉到自己宿舍去住，好让他半夜讲故事。听者一片诚意，讲者极力用心。[①]

这足见傅英仁讲述故事的魅力之大，超越了当时那严酷的政治环境对人的约束。傅英仁虽然平日沉默寡言，但极擅长讲述故事。

王宏刚等人也曾回忆过傅英仁讲述满族说部时的场景，我们摘录如下：

> 傅老在讲到萨布素成功时，会开怀大笑；讲到萨布素厄运时，会哭泣悲哀，甚至几天都难以自拔，因为老将军说部的命运已与傅老的生命融为一体。[②]

1985 年，宋和平用了数月的时间聆听傅英仁讲述《东海窝集传》，共录制 20 盘磁带，现在听来依然能感受到傅老的讲述魅力。21 世纪初，荆文礼带领的团队有幸听到傅老讲述满族说部。2002 年 8 月，荆文礼等人聆听了傅英仁讲述的《萨布素将军传》：

> 傅英仁讲述他三爷傅永利传给他的歌颂先祖萨布素抗俄入侵，保卫疆土的英雄故事。傅老讲述说部慢声慢语，绘声绘色，充满了泥土的芳

① 栾文海：《野火春风——记满族民间故事讲述家傅英仁》，载《黑龙江民间文学》第 14 集，中国民间文艺研究会黑龙江分会，1985，第 261 页。
② 王宏刚：《田野调查视野中的满族说部》，载周维杰主编、荆文礼副主编《抢救满族说部纪实》，吉林人民出版社，2009，第 195 页。

香，吸引着听众聚精会神地听着。当讲到萨布素年轻时机智勇敢，用计谋打败罗刹进攻时，逗得大家哈哈大笑。①

荆文礼感到傅英仁的讲述具有"语言的生动、感情的丰富、有趣的情节等特点，体现了满族说部的本质特征"②。这些资料足以证明傅英仁有较强的讲述能力。

马亚川讲述的《女真谱评》虽已散佚，但他能滔滔不绝地讲出其中的故事。人名、地名、事件以及各种具有史实或科学依据的知识充满了他的故事，很少雷同。

20世纪80年代，马名超曾有意识地记录了两次"测试"马亚川记忆力和讲述能力的经过。

一次是1958年马亚川代表副食品商店职工提意见时，把当时存在的问题归纳成一套喀儿③，30年后他仍能脱口而出："货是我们卖，财可不归我们管，经理会计大包大揽。每天坐办公室，批条（儿）盖章（儿）付款，发现以后，却想管已晚。因此上，（你）营业员（儿），没货向上要，花钱往上报，损失无人管，赔挣（赚）不知道！"④

另一次测试详情如下：

> （马名超）有意岔开马亚川昼思夜想的女真旧话或帝王传说不讲，单点给讲个农村常说的"瞎话儿"。如果不是肚囊儿格外宽绰的真正故事家的话，经一提问，非闷口不结。可是亚川呢，他毫不迟疑地立刻给我说了一则《教的曲子唱不得》，听过，我是完全慑服啦。因为：那是一则环扣十分紧密的原型故事，如不是烂熟于心并事先"过脑子"，一讲非"岔皮"不可。但亚川却把傻子学话中出现的一连串"包袱"，甩得利利落落、酣酣畅畅，连半个崩挂掉字的漏洞都抠查不出。⑤

① 荆文礼：《抢救说部只争朝夕　保护传承人刻不容缓》，载周维杰主编、荆文礼副主编《抢救满族说部纪实》，吉林人民出版社，2009，第209页。
② 荆文礼：《抢救说部只争朝夕　保护传承人刻不容缓》，载周维杰主编、荆文礼副主编《抢救满族说部纪实》，吉林人民出版社，2009，第209页。
③ 喀儿，同嗑儿，东北方言。
④ 马名超：《满族故事家马亚川保存的女真叙事文化史料》，载马亚川讲述，王益章、黄任远整理《女真神话故事》，吉林人民出版社，2017，第275页。
⑤ 马名超：《满族故事家马亚川保存的女真叙事文化史料》，载马亚川讲述，王益章、黄任远整理《女真神话故事》，吉林人民出版社，2017，第275页。

这两次测试，真正让马名超详细了解到，马亚川所掌握的六七百篇稀有的女真故事，确确实实贮藏在他特异的记忆宝库之中。

（二）两位故事家具备的特质

首先，两位故事家都拥有独特的故事库。

马亚川的故事库主要涉及金代及清代，虽然他只有小学四年级的文化程度，但他所讲述的女真神话故事提到了很多陌生、较为古老的妖精鬼怪，某些词语也极为难懂。马亚川的小学文化水平是如何掌握这些妖精鬼怪的神话故事的呢？这一点没有令人信服的资料，我们不得而知。

傅英仁深受家族及地域影响，其独特的故事库为《东海窝集传》《金世宗走国》《满族神话》。《比剑联姻》《红罗女三打契丹》等红罗女的长篇故事在松花江流域广泛流传，且有南派北派之别。傅英仁讲述的故事风格与他人不同，傅英仁讲述的《萨布素将军传》与富育光传承的《萨大人传》都在富察氏家族中传承，在其他家族中虽有流传但未形成长篇系列故事。《两世罕王传·努尔哈赤罕王传》则是满族民众共享的。

其次，他们都属于"笔头子"硬，更擅长笔述的故事家。

若从传统的民间文学理论来看，稳定性、口头性、集体性、变异性为民间故事的特点，故事家都是擅长讲述的，而那些擅长笔述、会书写的故事家是被质疑的。不容忽视的是，一大批以笔述为主的故事家的出现，打破了我们对故事家固有的认知。马名超发现马亚川和傅英仁以书写形式记录的民族传统故事、传说及神话，大多融入了稔熟于书面文化传统的知识阶层人士的现代化观念。

结合对马亚川等当代故事家的考察，马名超"自以为口传文化在转而成为书面著录的过程，所说的现代观念的'渗入'（或称'掺和'）实际是口头创作变异规律的普遍反映，只有真实程度的不同，不可能有两者间决然的契合。这里，有两类截然不同的渗入。其中一类是由构成集体创作成员之一的、符合民间文化传承规律之条件的渗入。此等时代或个性因素的不同量的掺和，不论其为从无到有的创意保存也好，或加工记写也好，都不脱开传承性藩篱，它的结果，即是使其创作'增色'而绝不是相反。另一类渗入，是将个人创作与传承文化混作一谈，并不公开其妄自假借的伪造身份，从而不惜玷污传统并卒使他们的'赝品'蒙上一层虚假的面纱。实际上，这不是什么'渗入'，而是地道的'强加'，几乎等同于向考古发掘工地胡乱投掷器物而冒充出土品那样，应该说是极其不道德的行径！在社会主义文苑里，应该提倡包括在传统口传文化基础上加工、改写或再创作的各种样式的并存，但重要的是，必须公开申明它们各自的'名分'，而决不是反科学的伪作之类。后者，往往使传承文化遭致不应有的损害"①。

傅英仁和马亚川都擅长书写，且不约而同选择了笔述。他们的文化程度不同，一位是大学函授生，一位仅有小学文化程度。在未能进入中学学习之后，傅英仁一直没有放弃进修，而马亚川留下的资料不太多，我们并没有关于他继续进修情况的资料。

傅英仁以讲述、搜集、整理见长，1944 年（一说 1949 年）之前，傅英仁完成了六大本的资料，包括《萨布素将军传》《金世宗走国》《东海窝集传》《红罗女》等；1957 年（一说 1958 年），迫于时势，傅英仁烧毁了这六大本资料。烧毁资料后，他称病在家趁机将这六大本资料的梗概保留了下来；1984 年，傅英仁又将这梗概书写成六大本（一说四大本）。除了有王宏刚、程迅、宋和平、王松林等人的录音整理本之外，傅英仁讲述的故事都有手写本。

1982 年 9 月，王宏刚、富育光去双城市采访马亚川。根据他们的要求，马亚川陆续整理出《女真谱评》的有关故事。他先整理出 100 多篇《完颜部的传说》、55 篇《阿骨打的传说》，而后又整理出 10 篇清太祖努尔哈赤传说、40 篇康熙传说、20 余篇乾隆传说。1984 年，他将手稿寄给了王宏刚。1990年前，马亚川应该在写艺术性强、传统因素比较浓厚的"长篇"故事。②

2002 年，根据马亚川的手稿内容，王宏刚、程迅将完颜部从兴起到建立金朝的经历整理成一部书，书名定为《女真谱评》；将阿骨达的传说整理成一部书，书名定为《阿骨打传奇》。此外，王宏刚、荆文礼将手稿中有关清代皇帝的传说整理成文，定名为《清代帝王的传说》。③

马亚川以笔述为主，《双城民间文学集成》中他的故事都是笔述的。孟慧英曾提过她主要负责给马亚川提供稿纸和复写纸。马亚川把他的手稿复印好几份，将复印资料交给前来拜访的相关学者。

再次，他们都痴迷于满族民间叙事传统。故事家能够继承如此巨量民间

① 马名超：《满族故事家马亚川保存的女真叙事文化史料》，载马亚川讲述，王益章、黄任远整理《女真神话故事》，吉林人民出版社，2017，第 277 页。
② 孟慧英：《满族民间文化论集》，吉林人民出版社，1990，第 15 页。
③ 荆文礼：《〈清代帝王的传说〉传承概述》，载《清代帝王的传说》，吉林人民出版社，2017。

故事的关键在于个人的爱好。

傅英仁十分痴迷民间故事，他曾三番五次跑到当萨满的亲戚那里，让他们告诉他那些只有萨满知道且不外传的神话，搞得他们无可奈何，只好讲给他听，从而丰富了他的故事库。20多岁时，傅英仁已经成长为十分热心的故事家，经常走村串户讲故事。那时，傅英仁结识了汉族故事家韩俞一。韩俞一很会讲故事，经常把故事记在小本子上。每逢闲暇，他就和傅英仁互相传述。就在这个环境里，傅英仁受到了民间艺术的很好培养，很早就成为故事能手。[①] 无论是在青年时期还是在老年时期，无论是在和平时期还是在日伪时期，无论是右派劳动改造还是在"五七"干校，搜集、讲述民间故事贯穿了傅英仁的一生，据他讲，唯一没有搜集整理民间故事的时段就是在大学进修期间（1953～1956年）。

12岁时，马亚川得到了《女真谱评》手抄本。在这之前，他听村里老人们讲过手抄本中的绝大多数故事。他虽识字不多但能看懂这部故事集，还把它当成了识字课本。20岁刚出头，马亚川"有机会沿金太祖阿骨打在涞流水（拉林河）右岸建下的城寨，亲眼察看一笔，还访过不少老人，充实了小时候听来的传闻轶话"[②]。1948年秋，他到海林县公安局工作，"走遍了横河道子、五常、宁安、东京城、依兰诸地的山山水水，什么'人参、貂皮、鹿茸角'一类的传闻，更是灌得'满耳朵都是'"[③]。

最后，也是最值得称道的一点，他们都擅长与人沟通，在他们从事的行业都是其中的佼佼者。

1953年，马亚川转回双城食品公司搞商业，蹲过"猪死蛋臭"的牧养场的点，一年扭亏为盈的事迹让他上了省报。1956年，他又去蹲屠宰加工厂的点，一年的时间就把落后的屠宰加工厂变为省里的模范单位。1957年，他又抓了个糕点厂，总结出一套"串班生产、连续用炉、节省燃料、提高产品质量"的经验，把这个无名小厂又推到了省里先进行列中去了。1958年以后，他当上了双城副食品商店的经理，在黑龙江省委欧阳钦、杨易辰等领导的

---

① 孟慧英：《回忆满族说部的发现》，载周维杰主编、荆文礼副主编《抢救满族说部纪实》，吉林人民出版社，2009，第203页。

② 马名超：《满族故事家马亚川保存的女真叙事文化史料》，载马亚川讲述，王益章、黄任远整理《女真神话故事》，吉林人民出版社，2017，第274页。

③ 马名超：《满族故事家马亚川保存的女真叙事文化史料》，载马亚川讲述，王益章、黄任远整理《女真神话故事》，吉林人民出版社，2017，第274页。

多次亲临指导和各级有关部门的帮助下，马亚川所在的副食品公司首创"干部参加劳动、职工参加管理、群众（居民）参加监督"的三参模式，并向全国商业战线做了推广。那年秋天，邓小平、李富春、蔡畅、杨尚昆等中央领导同志也都去双城视察过他们的工作。在 1959 年召开的全国群英会上，周总理亲手把一面写着"奖给双城县副食品商店——为把我国建成一个具有现代工业、现代农业和现代科学文化的社会主义国家而奋斗"的奖旗授给马亚川。①

1947 年，傅英仁参加工作，"协助二区政府办理全区教育工作，成了第二区教员中的佼佼者。1948 年末至 1953 年暑期，他先后升转到四所完全小学校任领导工作，其中有四完小、十二完小任教导主任，民主完小、七完小任校长"②。1970～1979 年，他在蔬菜公司工作，足迹遍及半个中国，这段经历开阔了傅英仁的眼界，并为其搜集整理民间文化奠定了坚实的基础。1979～1985 年，傅英仁在县志办公室工作。在没人重视、没有经费、没有办公地点的情况下，傅英仁依然做出了不俗的成绩。他自述此段经历："四年中走访近百位知情老人，成立 48 个编单位志书的小组，查阅五个省市的图书馆、档案馆和考古队、大学、研究所等十三个单位，将近 500 万字的资料。终于在资料搜集方面，名列全省前茅。省内外 40 多个单位 80 多人次到我县参观学习。在全省地方志会议上做两次经验发言，不但很有成效地进行宁安县志编写工作，也大大影响着兄弟县编志的开展。……省地方志王文举主任（已故），他曾两次来宁安具体指导、协助我找资料找论述，经常鼓励我一定给全省树个样板。五年时间，我终于写出十五册一百多万字的初稿。"③

傅英仁除了是一位能说能写、"嘴茬子"和"笔头子"都硬的故事讲述家之外，在教育岗位，他能胜任每一个角色；在蔬菜公司，他也游刃有余；撰写县志，他也是全省首屈一指的能人。

马亚川和傅英仁都是非常优秀的故事家，他们能言善道，善于跟各种不同年龄、不同行业的人沟通交流，能力超群。

---

① 马名超：《满族故事家马亚川保存的女真叙事文化史料》，载马亚川讲述，王益章、黄任远整理《女真神话故事》，吉林人民出版社，2017，第 274 页。

② 傅英仁：《傅英仁自传》，载傅英仁讲述，宋和平、王松林整理《东海窝集传》附录二，吉林人民出版社，2007，第 155 页。

③ 傅英仁：《傅英仁自传》，载傅英仁讲述，宋和平、王松林整理《东海窝集传》附录二，吉林人民出版社，2007，第 157 页。

三　从讲述到笔述：叙事传统的选择

笔者在研究满族说部传承人时，发现他们与大多数文盲或半通文墨的传承人不同，在此基础上提出"书写型传承人"的概念。满族说部国家级传承人富育光、赵东升，锡伯族故事家何钧佑，苗族史诗《亚鲁王》传承人陈兴华，回族故事家杨久清都属于这一类传承人。富育光、赵东升、何钧佑都是大学文化程度，何钧佑曾问学东瀛，傅英仁不断进修最后达到了大学文化程度，马亚川、杨久清只有小学文化程度。值得提及的小插曲是，辽宁大学江帆教授在组织团队搜集整理何钧佑的长篇故事时，特意让何钧佑学习谭振山的讲述方式。

江帆如此描述"谭振山民间故事"：谭振山民间故事入选中国第一批国家级非物质文化遗产名录。谭振山的口头文学与京剧唐派艺术、评剧"韩、花、筱"三大流派、东北大鼓四项榜上有名。作为个体被申报国家遗产，谭振山是全国唯一一位。谭振山能讲 1000 多个传统民间故事，先后有日本、德国学者慕名登门，他还是全国唯一一位出国讲过故事的民间故事家。

江帆是谭振山的研究者，对他追踪和研究了 18 年。她评价谭振山："他具有高超的讲述技巧，他讲故事不突出形体渲染，注重语气和表情，以情节曲折生动见长，风格质朴而具有感染力，语言生动活泼，幽默风趣。"[1] "全国目前还没有人比谭振山讲述的故事多。"江帆说，谭振山的 1000 多个故事，全方位反映了辽河平原农耕民众的生产与生活、知识与智慧、理想与愿望等，具有重要的文化史价值。从谭振山的故事活动及其影响来看，他在我国故事家群体中也属罕见。可以说，谭振山是非常典型的、传统意义上的故事家。

何钧佑与傅英仁和马亚川类似，他开始笔述仅仅因为退休回到家乡后，忆起幼时听祖父、父亲讲述的故事，这些故事已无人讲述，也较少有人听过，因此他选择写下来。20 世纪 80 年代，轰轰烈烈的"三套集成"搜集整理并没有发现何钧佑，工作及自身经历使他不了解"三套集成"也不清楚非物质文化遗产，他将锡伯族长篇故事写下来多半出于自觉，是一种自发行为。他在江帆的安排下聆听了谭振山讲述的民间故事，但他有着自己的坚持，这种

---

[1]　江帆：《农耕文化最后的歌者——谭振山和他讲述的千则故事》，载江帆采录整理《谭振山故事精选》，辽宁教育出版社，2007，第 17 页。

坚持与其他"书写型传承人"有相似之处。

傅英仁高小毕业后，因家境困窘暂时告别了学校，但在青年时期，他通过自学、他人传授、半耕半读的方式，学习了《千家诗》《论语》《孟子》《中庸》《大学》，初中国文、历史、地理、党义等几门文科。有了这些学问的基础，17 岁时他通过全县招聘教员考试，被聘为教辅。20 岁时，他考入牡丹江师道学校速成班，后以本科生资格获得毕业文凭，被评为教谕。之后，他先后在小学、中学教书，后来渐渐成为领导。1953 年，他考入东北师范大学中文专修班。若按此发展下去，傅英仁便有机会留校成为大学教师。那样的话，也许我们就失去了一位满族千则故事家了。不过因为社会大环境的影响，在傅英仁本科毕业后的十几年间，他被打成"右派"去劳动改造；"右派"摘帽后，他负责发展农业中学，"文革"时，他又被批斗了一年多之后到"五七"干校改造。1970 年，傅英仁离开教育队伍他到蔬菜公司工作，在蔬菜公司工作的八九年间，他利用闲暇搜集民间故事，接触北方民族文化，为 1979 年的一鸣惊人做了积淀。

在傅英仁生活的那个时代，高小就是比较高的文化程度了，但他一直学习不辍，读到了本科，甚至自学了日语。拥有较好的文字功底，才使他的书写成为可能。

傅英仁一生浸淫在满族民族文化之中，学者们采访他时较多提到的是他因受家中亲人影响掌握了多种满族民间叙事传统，另外一个让他颇感自豪的就是他手抄的文本。他在《自传》中介绍自己开始整理资料的契机有二：一是对满族文化资料的渴求而不得，二是日伪时期傅三爷被禁讲说部。1944 年，傅英仁的三祖父去世时，他已经写出了六大厚册资料本，估计有 300 万字左右。傅英仁在不同场合反复诉说这段历史，荆文礼、栾文海也曾提过此事，不过在他们的记忆中傅英仁写出的资料不是六大本。这些说部经过傅英仁不间断的讲述和三次大的整理，才完成了从口述到书写。值得庆幸的是，这些叙事传统得到了传承，傅英仁本人作为故事家也因此有了独特性。傅英仁用三年的时间提高了书写能力，在一定程度上影响了口头讲述的风格，这与绝大多数讲述者截然不同。

上述"书写型传承人"都有较强的讲述能力，具备超级故事家的特质，他们与其他故事家的差异应是"笔头子"强，留下的几百万文本基本都有笔述写定本。为何会有这种现象的出现呢？结合傅英仁留下的资料，我们认为有以下几个原因。

第一，叙事文类（传统）的要求。

谭振山是典型的民间故事家，讲述的故事大多是独立的，彼此之间没有太多关联，也未形成故事系列。富育光、赵东升、何钧佑、陈兴华等人传承的都是长篇叙事文类，如满族说部、锡伯族长篇故事、苗族史诗《亚鲁王》。作为大型叙事文类，满族说部"具有独立情节、自成完整结构体系、内容恢宏"的特性，何钧佑讲述的锡伯族长篇故事也有这种特质。傅英仁、马亚川的情况也类似，他们讲述大型叙事文类，其故事自成体系，较为适合笔述。

第二，笔述或书写能力的特质。

根据资料，20世纪50年代前，傅英仁年纪尚轻，就已熟练掌握了书写民间文化的技能。20世纪80年代，他讲述的民间故事既有录音整理本，也有手抄本。当时，刘守华、刘锡诚等学者已经开始关注傅英仁，他们一致认为他不同于过去典型的传承型故事家：傅英仁兼具创作型传承，且以书写为主。我们知道，书写的习惯一旦形成，书写思维便很难改变。傅英仁用三年的时间实现了从口头讲述向书写的转换，他之后的讲述带有知识分子的、书写的思维方式。现已出版的文本仅为整理本，无法比较同一文本书写与口述的差异。

虽然，马亚川有非常出色的口头讲述能力，但传至今日的文本都有写定本，若没有马名超、孟慧英留下的资料，我们可能会认为马亚川更擅长书写而非讲述。马亚川讲述或笔述的底本，就是《女真谱评》。20世纪80年代，马亚川50岁出头，正是精力旺盛之时。他还曾自己创作民间故事，而且也进入了学者的视野。

第三，文化政策的影响。

20世纪80年代，在"三套集成"的搜集整理过程中，马亚川和傅英仁崭露头角，都成为故事家。彼时，富育光还是搜集整理者，赵东升还未曾关注满族说部，何钧佑还在其他岗位工作，杨久清尚忙于生计。与其他人相比，马亚川和傅英仁引起了多方关注，如访萨采红团队、哈尔滨师范大学中文系的教师团队，宋和平、王松林、孟慧英等学者。可惜马名超过早离世，宋和平整理《东海窝集传》后开始转向神歌译注，孟慧英则转到赫哲族"伊玛堪"研究及萨满教研究等方面。依托于21世纪初的非物质文化遗产保护运动，马亚川和傅英仁再次引起关注，此时马亚川已经过世，傅英仁身体状况不佳，富育光、赵东升在其他领域获得了极高声誉后转而成为故事讲述者。这些故事讲述者因多年接受书面传统的教育，成为故事讲述者后也自然带有他们几十年文化修养的痕迹。与口头讲述相比,他们更擅长书写故事,讲述时必然受书面文化思维的影响,两相权衡之下,书写满族说部成为必然趋势。

帕里·洛德认为,"一个初具写作能力的口头诗人,在搜集者的要求下,可能会把自己经常演唱的歌以书面形式写出来。这样的文本可以称作'自撰的口述'文本"①。"当歌手把书面的歌看成为固定的东西,并试图一字一句地去学歌的话,那么,固定文本的力量,以及记忆技巧的力量,将会阻碍其口头创作的能力。……口头传承的死亡并非在书写被采用之时,而是在出版的歌本流传于歌手中间之时。但是,我们的歌手并不一定能够成为一位书面诗人。通常他会成为……一个废物。"②

典型的故事家大多以口述为主,那些非典型的或曰书写型的故事讲述者,他们分属不同民族、承继不同的叙事传统。马亚川、傅英仁等故事家还有独特的故事库,形成了非常鲜明的个人特质,既能讲述,又能书写。他们并没有如洛德所言成为"一个废物",而成为"书写型传承人"。

许钰总结故事讲述家需具备三个条件:故事讲述家都能讲较多的故事,在这方面,一般以能讲 50 个故事为起码的条件;故事讲述家讲述的水平较高,所讲的故事结构完整、生动有趣,具有一定个人的特点;在群众中有一定影响。③ 多数故事家为人正派、性格随和,能为邻舍排难解纷,讲故事既是他们业余的文娱活动,也是他们广泛联系群众的方式。故事讲述家大多在少年时代有接受口头故事的机会,并由此培养出对民间故事的浓厚兴趣,很多人在以后的生活中继续有聆听学习故事的机遇。他们的记忆力较强,青少年时期听过的故事能长期不忘。有的人从青年时代就讲故事,反复记述也有助于他们对故事的记忆,使他们掌握大量故事,他们被群众称为"故事篓子"。他们的口头表达能力很强,长期讲述更锻炼了他们的讲述才能。有些人除积累了丰富的口承故事知识之外,还喜爱并参与歌谣、谚语、谜语、说唱、戏曲等民间文艺的演唱与传播活动,有的故事讲述家接受过说唱文艺的专门训练,本来就是职业艺人。因此,关于千则故事家傅英仁的特质,我们做如下分析。

1. 传承兼创作型的故事家

在《口承故事论》中,许钰根据故事家传承故事的情况,将他们分为

---

① 〔美〕阿尔伯特·贝茨·洛德:《故事的歌手》,尹虎彬译,中华书局,2004,第 187 页。
② 〔美〕阿尔伯特·贝茨·洛德:《故事的歌手》,尹虎彬译,中华书局,2004,第 187 页。
③ 许钰:《口承故事论》,北京师范大学出版社,1999,第 230~231 页。

"传承型"和"传承兼创作型"两类。通过梳理傅英仁的几百则故事，我们认为傅英仁应属于传承兼创作型的故事讲述家。

> 傅英仁从小爱讲"瞎话"，后又当了萨满，有机会从老萨满那里得到很多神话，而他自己又有相当的文化水平，因此得以把这批神话故事记录出来，使之免于失散。①

琳达·戴（Linda Degh）归纳了民间故事存在的三种基本要素：传统，或者说传统持有者的共同贡献；当前的故事讲述社群；讲述者。三种因素的共同作用是民间故事创造的本质。她认为，传统通过民间故事被讲述的那一刻的个人贡献的链条得以产生。个人贡献包括了一个指定的社群的实质以及直接的形势。成为潜伏状态的传统继续存活，作为社群的财富发生作用，并且在当前的时刻中决定着创造者和听众的行为。傅英仁之所以能够成为传承兼创作型的故事讲述家，是因为他不仅仅受从小生活的地域及家庭影响，更是因为其坚持不懈地搜集整理讲述民间故事。他为满族民间故事传统的存续做出了突出贡献。

2. 傅英仁故事的传承路径

傅英仁自陈：今天能讲一百多个萨满神话，三百多个满族民间故事，会讲四五部满族说部，会跳几个萨满舞蹈，不是我瞎编的，都是他们（奶奶、父亲、母亲、三爷、姨夫、舅父、三舅爷）传给我的。我就是他们的真传弟子。②

家族传承与社会传承不是截然对立的，两种方式传承下来的篇目常有彼此转化的情况。家族传承多由长辈向孩子讲述，传承内容富有教育性与知识性，多为本民族的神话传说、本家族先辈的传奇故事，或为取材于人们日常生活的童话及生活故事，具有较为严肃庄重的风格。家族传承的内容与形式较为稳定，那些讲述孝顺父母、家庭和睦、恶人遭灾、好人得济的故事占了很大比重。

傅英仁的家族传承是他终生浸淫于满族文化的最主要的精神来源：

① 金天一：《在民间文学编辑部召开的故事讲述家座谈会上的发言》，《民间文学》1986 年第 2 期，第 63 页。

② 荆文礼：《老树发芽逢春雨　硕果生辉压满枝——访问满族说部传承人傅英仁》，载周维杰主编、荆文礼副主编《抢救满族说部纪实》，吉林人民出版社，2009，第 219 页。

奶奶、母亲、父亲和三爷都是当时讲故事的能手。尤其是我奶奶，她讲的故事就像天上的星星，数也数不完。她若讲起故事来，没完没了，从天上到地下，从神到鬼，无所不包。冬天夜长，街坊邻里的男男女女都到我们家来，在炕上围着火盆团团而坐，边搓苞米边听奶奶"扯瞎话"，听的人越听越入迷，一点都不困。奶奶讲故事闻名于宁安西半城，人们都叫她"故事妈妈"。①

我小时候听母亲说，在我三岁以后，有时哭闹，母亲就把我送到奶奶怀里。奶奶一讲故事，或者唱个小调，我立刻就不哭不闹了。现在看来，从那时起，我就和满族文化结下了不解之缘。

我父亲很有学问，他经多见广，专门给我讲一些宫廷见闻，官场轶事，文人雅士方面的故事。我母亲姓郭，即郭合乐氏，是个大萨满，她经常给我讲一些萨满的传说和生活方面的故事。母亲讲故事有根有蔓，很吸引人。

要说对我影响最深的，还是三爷傅永利。三爷是族中三太爷的儿子，一辈子没结过婚，孤身一人，后来成了我家一员。三爷会七八样手艺，种地、木匠、编织、泥瓦匠、厨师等。他知道的东西太多了，他会讲长篇说部、民间故事、萨满神话、历史传说、风土人情，简直无所不通，无所不晓。我小时候把他当成了圣人。从七岁以后，三爷就照顾我。13岁时，我跟他一起下地干活，跟着他到处讲说部《萨布素将军传》《红罗女三打契丹》《东海窝集传》。三爷到外村讲说部，有时背着一把宝剑，人们都管他叫"三将军"，有时还叫他"傅三云"，因为他讲的故事扑朔迷离，让人感到云山雾罩似的神奇。我三爷爱说爱唱，是远近闻名的"故事篓子"。三爷用全身心地说部，我在一边就仔细听，用心记。到17岁时，我已能把三爷讲的几部说部通讲一遍。现在回想起来，三爷对扩大我的眼界，增长满族文化知识，使我热爱满族文化，有着不可磨灭的功绩。我今天所掌握满族文化知识的五分之二都是三爷口传心授的珍品，我就是三爷的直传弟子。②

---

① 荆文礼：《老树发芽逢春雨　硕果生辉压满枝——访问满族说部传承人傅英仁》，载周维杰主编、荆文礼副主编《抢救满族说部纪实》，吉林人民出版社，2009，第216~217页。

② 荆文礼：《老树发芽逢春雨　硕果生辉压满枝——访问满族说部传承人傅英仁》，载周维杰主编、荆文礼副主编《抢救满族说部纪实》，吉林人民出版社，2009，第217页。

从家族中傅英仁得到了民间文学的滋养，长辈们传授给他大量的民间故事、萨满神话、满族说部。

社会传承是指在一定社会生活范围内，由共同生活、劳动的伙伴彼此讲故事。中心人物是会讲故事的人，他们与听众的关系是平等的。这些故事富有趣味性和娱乐性，因来源广泛，所以内容和形式更富于变化，显得更为活泼。社会传承的故事更鲜明地表达了劳动人民对旧社会强烈不满与愤怒抗争的情绪，如那些讲述某一机智人物巧妙捉弄财主县官，令人开怀大笑的故事。这类故事的风格如同野外草台班演出的民间小戏那样，大胆泼辣，无所顾忌。

傅英仁的社会传承较为复杂，总的来说就是他走到哪里，都能找出空闲、想出办法来搜集民间故事和其他资料。他总结过自己的社会传承，除平素接触的讲述者之外，对他有影响的约有 30 多位。

> "黑妃娘娘"后人——吴喜廷；
> 都统后人关墨卿，他讲了《红罗女比剑联姻》；
> 将军后人（伊犁将军）关亚东；
> 乾隆师傅的后人，宁安县张育生；
> 努尔哈赤开国大臣后人——郎庆寿；
> 外县的有九个人，汪清县骡子沟老郎头讲《红罗女占山为王》等。①

他直接列举过的有 14 位，应该还有十余位，但我们未在相关资料中查到。他在不同场合介绍了自己搜集故事的情况。

> 1945 年，参加翻身队，走到哪里，都和群众爱瞎扯，用不多少时间便扯到故事上去了。
> 土改当中，又搜集到 50 多篇故事。
> 1957 年被打成右派分子，勒令下乡劳动改造。不管怎么劳动改造，我始终忘不了满族文化，搜集民间故事。有一天我听到一个老太太讲鹿神的故事，我怕忘了，晚上躺在被窝里，打着手电筒，把听到的故事记在纸条上。第二天刨粪，掏手巾擦汗时不慎这个纸条掉出来，被别人捡到后举报了。②

---

① 马名超：《满族民间故事家傅英仁访问记（1986.7.18 至 7.19 两个晚上的笔记）》，载傅英仁讲述、张爱云整理《满族萨满神话》，黑龙江人民出版社，2005，第 331~332 页。

② 荆文礼：《老树发芽逢春雨 硕果生辉压满枝——访问满族说部传承人傅英仁》，载周维杰主编、荆文礼副主编《抢救满族说部纪实》，吉林人民出版社，2009，第 219 页。

1958 年 4 月 13 日，决定我下放劳改。先到平安公社丰产大队，这是我选的地方，因丰产大队满族人多，是老伴的娘家（赵姓）。第二个点，是宁西公社长胜大队。第三个点在海浪公社教东大队。三年改造，每评都在"下游"，差点没送去教养！我从下去就没停止在老农中偷摸地整民间故事。当时，我正在 40 多岁年纪，满族人，都尊敬"姑老爷"，给我编进老头队里使"耘锄"（一种用牲口拉的锄头），一歇气就讲故事。"他姑父，你给我们讲老赵家神是咋回事？"我一讲，就引出来了。又一次，一讲讲到后半晌。右派都互相监督，汇报了，说我偷懒，在丰产挨过批判。①

到长胜，接触了原汉军旗的后人老于家，还有新满洲老葛家（他们是赫哲族），从中得到了《黑瞎子》《英雄故事》，和咱一模一样的，语言不同，情节一样。最难得的是老察玛达也在一起，得到了他们关于神的传说。②

待到教东以后，山东人多了，三年里共搜集 70 多个故事，那些多是外地人的民间故事。到这时，我有 280 余篇满族故事，加上别的长篇故事又摘出 40 余篇，总共 320 篇。神话有 142 篇。③

20 世纪 80 年代前后，傅英仁因民间故事家的身份为人所知，他的《满族神话故事》收入了 17 则神话故事，而他讲述的大量的民间故事都散见于各种故事集、故事选中。而 21 世纪初才是他个人神话专集、故事专集及大部头满族说部的出版高峰期。

我们发现傅英仁讲述的满族说部多曾以民间故事的形式出现，满族故事更应该说是满族叙事传统，神话、传说、故事这三个文类在傅英仁的故事集中并没有特别清楚的分别。我们在这一章延续了第一章的做法，借用民间文学中传说和故事的分类标准对傅英仁的故事重新予以界定。

傅英仁因出色的表现引起了刘守华、刘锡诚等人的关注，他们都发现傅英仁不同于过去典型的传承型故事家，他兼具创作型传承，且以书写为主。

---

① 马名超：《满族民间故事家傅英仁访问记（1986.7.18 至 7.19 两个晚上的笔记）》，载傅英仁讲述、张爱云整理《满族萨满神话》，黑龙江人民出版社，2005，第 332 页。
② 马名超：《满族民间故事家傅英仁访问记（1986.7.18 至 7.19 两个晚上的笔记）》，载傅英仁讲述、张爱云整理《满族萨满神话》，黑龙江人民出版社，2005，第 332 页。
③ 马名超：《满族民间故事家傅英仁访问记（1986.7.18 至 7.19 两个晚上的笔记）》，载傅英仁讲述、张爱云整理《满族萨满神话》，黑龙江人民出版社，2005，第 332 页。

刘守华将知名的故事讲述家的数字增加到 141 人，傅英仁就是其中一位较为著名的满族故事讲述家，还有马亚川、李马氏、李成明、佟凤乙等。马亚川从小就跟着当厨子的外祖父走乡串屯，傅英仁则在青少年时代远离家乡求学。

> 能读书写字的故事讲述家，一方面接受口头传承的故事，同时又不断吸收来自书面的历史和文学素材，来充实既有的口头讲述内容。马亚川讲述的满族传说故事，有一些是从他当厨子的外祖父口头听来的，还有许多是从一位晚清秀才抄写的《女真谱评》这部书上看来的。这部手抄本包括 1500 个故事，后来书散失了，立体的故事传说却在他的记忆力和口头上一直保留到尽头。另一种更为普遍的情形，是间接吸收书面文学的影响。中国民间广泛流行吟诗联对，故事主人公并不是什么读书人，而是农家小伙子或巧姑娘，他们却以巧妙的诗对压倒了自以为了不起的秀才或官吏。①

傅英仁之所以能够成长为一位故事家，是因为他年轻时出于个人兴趣及自发的民族情感爱好民间文学，并自觉不自觉地做了些记录，搜集了一些文化资料。解放后，他接受了革命思想，逐渐懂得了如何从中区别精华和糟粕。他在 30 多年身处逆境的日子里置身在普通民众之中，听故事、讲故事，又以民间文化工作者的身份四处采录故事、研究故事。这样的人在中国民间文艺研究会的会员中有一大批。其中有些人除口头讲述传统故事外，还能改旧编新参与文学创作活动。这样的新型故事家产生在旧中国向新中国转变的特殊历史文化背景下，是中国特有的民间文学现象。在他们身上，民间文学活动的自发性显然已被自觉性所取代。②

书写的习惯一旦形成，不是那么容易改变的。傅英仁在 20 世纪 50 年代前，已经熟练掌握了书写民间文化的技能。所以，傅英仁讲述的民间故事既有录音资料，也有文本资料。

---

① 刘守华：《中国民间故事的传承特点——对 32 位民间故事讲述家的综合考察》，载林继富主编《中国民间故事讲述研究》，中国社会科学出版社，2013，第 70 页。
② 刘守华：《中国民间故事的传承特点——对 32 位民间故事讲述家的综合考察》，载林继富主编《中国民间故事讲述研究》，中国社会科学出版社，2013，第 77 页。

第三章　傅英仁与满族说部

　　傅英仁堪称多面手，是极具个人魅力的传承人。前两章我们分析了他在满族神话、满族传说故事方面的成就，本章进入他最引人关注的成果——满族说部。傅英仁掌握的说部有《东海窝集传》《比剑联姻》《红罗女三打契丹》《金世宗走国》《两世罕王传·努尔哈赤罕王传》《满族神话》《萨布素将军传》《金兀术传奇》8 部。如果将每部都在十几万字以上的满族说部纳入他的故事库中，我们会不由地被这逾百万字的文本所折服，更会感叹这位当之无愧的"民间故事家"。《满族神话》文本与其他神话在第一章已经多有分析，本章仅以傅英仁讲述的其他 7 部满族说部作为研究对象。

第一节　从《东海窝集传》到《萨布素将军传》

　　这 7 部说部展现内容的时间跨度很大，从反映处于奴隶社会女真生活的《东海窝集传》到清初名将萨布素将军的故事，跨越几千年。

一　母系社会到父系社会的斗争

　　从史料记载可知，东海窝集部居住的乌苏里江流域和锡霍特山区，显然不是近古以来才同海外有了交往。《后汉书》、《三国志》等史籍中对沃沮以东大海的情况已有记载。如《后汉书·东夷列传》中有："又有北沃沮……其耆老言，尝于海中得一布衣，其形如中人衣，而两袖长三丈。又于岸际见一人乘破船，顶中复有面，与语不通，不食而死。又说海中有女国，无男人。或传其国有神井，窥之辄生子云。"这些记载虽有传言的色彩，但为我们提供了古昔东海人与海外往来的线索。舒乙认为："《东海窝集传》在地域上比较清晰地描绘了野人女真的生息范围，以宁安为中心，南至图们江，东至日本海，北至小兴安岭以北，远至黑河，这么大一片土地全是满族人繁衍生息的祖地，重要的是，在这片土地上，当时并没有其他的民族。"① 宋和平指出，该说部主要流传于宁安地区的深山老林之中的野人女真族群之中②。在满族共同体形成之前，这些被称为"野人女真"或"林中之人"的族群，还处在"野蛮时代"，有的还处在"蒙昧时代"。故此，说部较多地保留了这一族群的历史风貌。

《东海窝集传》由宋和平根据傅英仁的讲述录音整理而成（录音磁带 20盘），共 30 回，19 万字，每一回都有目录。该说部又称为《东海传奇录》《东海勿吉传奇》《东海窝集部》《东海窝集传奇》等，讲述了在连绵的部落战争和部落联盟形成的大背景下，古代东海女真人即书中所写的"巴拉人""窝集人"，亦即"野人女真"人的氏族社会情况、民俗风情、民族特性以及氏族社会解体的初期过程，反映了北方原始社会母权向父权过渡时的变革过程，是一部研究满族共同体形成之前的原始氏族社会的难得的口述资料。③

大概在 1944 年，傅英仁搜集到该文本，他还听过傅永利、关墨卿、关振川、关玉德、傅万全等多位老人的讲述，最后形成了手抄本。④ 1957 年年末，在劳动改造期间，傅英仁借病抢救和整理了该说部的内容提要。1985 年 7 月，在宁安家中，傅英仁讲述了该说部，并将相关资料交付宋和平，后由宋和平和王松林一起整理成书。傅英仁的姨夫是东海窝集部人，他讲述过东海窝集部的故事。⑤ 除了傅英仁讲述的版本外，该说部还有三种版本，分别为三爷傅永利讲述的版本；关墨卿、关振川、关玉德的讲述提纲；无名氏的纲要本。它们的内容大致相同，具体情节和各章回的名称有些不同，各有特点。

在整理时，宋和平参照傅永利、关墨卿等人的讲述和无名氏的纲要本，

---

① 舒乙：《说部是绝唱，是最后一息》，载周维杰主编、荆文礼副主编《抢救满族说部纪实》，吉林人民出版社，2009，第 327 页。
② 宋和平：《〈东海窝集传〉版本与流传》，载傅英仁讲述，宋和平、王松林记录整理《东海窝集传》，吉林人民出版社，2009，第 5 页。
③ 刘锡诚：《满族先民社会生活的历史画卷》，载周维杰主编、荆文礼副主编、《抢救满族说部纪实》，吉林人民出版社，2009，第 317 页。
④ 手抄本见附录二。
⑤ 荆文礼：《老树发芽逢春雨　硕果生辉压满枝——访问满族说部传承人傅英仁》，载周维杰主编、荆文礼副主编《抢救满族说部纪实》，吉林人民出版社，2009，第 218 页。

尽量保持原文和情节未动，保留了原讲述使用的满语和东北口语，只对文理不通、句子不通的地方做了修改，改正了一些错别字。

因本书下编将详细分析该说部，此处不赘述。

二 渤海国女英雄——红罗女

渤海国（698～926 年），还有"靺鞨国""渤海靺鞨""高丽国"等别称，是东亚古代历史上的一个以靺鞨人为主体的政权。713 年，唐玄宗册封大祚荣为"渤海郡王"并加授忽汗州都督，始以"渤海"为号。762 年，唐朝诏令将渤海郡升格为国。渤海都城初驻旧国（东牟山一带），742 年迁至中京显德府（今吉林和龙），755 年迁至上京龙泉府（今黑龙江宁安），785 年再迁东京龙原府（今吉林珲春），794 年复迁上京龙泉府。渤海国政权存国 229 年，其都城在宁安达 162 年，由此很容易理解为什么在宁安保留了大量关于渤海国时期的故事传说。

赵君伟曾撰写过《招抚宁古塔》及《大祚荣传奇》，主人公就是大祚荣。

红罗女是满族（包括其先民）按照自己意愿塑造出来的一个文武双全、爱国爱民、美丽脱俗、屡立奇功的女英雄，是一个理想化的真善美人物形象。傅英仁讲述的说部《比剑联姻》（与关墨卿共同讲述）和《红罗女三打契丹》都与渤海国的女英雄红罗女有关。

红罗女故事在东北地区，特别是在黑龙江宁安，吉林敦化、珲春等满族聚居地区流传广泛。

在黑龙江宁安地区，红罗女故事流传极为广泛，异文有 15 种之多。傅英仁、马文业、关玉玺、宋德胤、马继华等人都掌握这一故事。《红罗女三征契丹》《红罗女比剑联姻》《红罗女伐契丹征黑水》是已经成形的长篇故事。傅永利是镜泊湖一带《比剑联姻》的传承人之一。傅英仁曾回忆红罗女故事有南派和北派："《红罗女》的流传分南北派，老关家传的《红罗女》，是说书式的，有《红罗女比剑联姻》等情节，分红罗绿罗。到唐朝与十三太子成亲，又到西凉，与契丹交战，后战死。南派就是我三爷传的，即三打契丹。据说老关家门上供红罗绿罗，还摆小桌子，供奉十三太子。"[1] 而荆文礼访问傅英

---

[1] 于敏：《〈萨布素外传〉、〈绿罗秀演义〉传承情况》，载关墨卿讲述、于敏整理《萨布素外传 绿罗秀演义（残本）》，吉林人民出版社，2007，第 4 页。

仁时，他的讲述则更为具体：

> 在我十四五岁的时候，一进腊月门，跟着三爷到各屯讲红罗女的故事，当时三爷已六十多岁了。红罗女的故事在牡丹江一带流传很广，可以说家喻户晓。那时在宁安讲红罗女分南北两派，北派主要是宁古塔副都统的后人关墨卿的老叔关福锦，他讲说部有点像评书的形式，讲红罗女到唐朝与十三太子成亲，后来又回到西凉，与契丹打仗，死在战场。关福锦主要在城北一带讲《红罗女三打契丹》。我三爷是南派，在缸窑沟、西园子一带讲《红罗女三打契丹》。北派讲的笑话多，说一段就换换场，南派讲的很严肃，在一个村子讲，一讲就是二十来天。当时三爷和关福锦时常争论起来，他说他讲的对有根据，他说他讲的故事是老祖宗传下来的，各说各的理，互不相让。后来我父亲摆了一桌席，把双方都请来，举杯交谈，才平息这场争论，从此各说各的，互不干涉。①

在黑龙江省阿城市实地调查时，马名超发现，"在该地区内有关女真人先世，诸如靺鞨人先祖功业的传说等，尽管相隔历史如此久远，却至今仍未完全消失。以当时所采集到的颂赞'红罗女'的十数种古老传说异文的存在为例，即足以说明这一点"②。

在珲春当地一提起《白马传书》（红罗女的故事），满族老阿玛都能讲上一段，郎佰君家族长期口头传承了《白马传书》。"日伪"时期，日本人在珲春采录的《白马银鬃》传颂了红罗女的忠贞爱情。在该地搜集到的和新中国成立以来陆续录记、征集的《红罗女》《红罗女三打契丹》《红罗与绿罗》《二十四块石传奇》等，都属于这一主题。③

傅英仁讲述的红罗女故事已出版的有《红罗女三打契丹》④、《比剑联姻》⑤，而《红罗女伐契丹征黑水》未见相关资料。

《红罗女三打契丹》共24回，28万字。该说部讲述了红罗女从长白圣母

---

① 荆文礼：《老树发芽逢春雨　硕果生辉压满枝——访问满族说部传承人傅英仁》，载周维杰主编、荆文礼副主编《抢救满族说部纪实》，吉林人民出版社，2009，第220～221页。

② 马名超：《阿城地区民间文学考察报告》，载《马名超民俗文化论集》，黑龙江人民出版社，1997，第113页。

③ 富育光：《满族说部的传承与保护》，《社会科学院战线》2007年第5期。

④ 傅英仁讲述，王宏刚、程迅记录整理《红罗女三打契丹》，吉林人民出版社，2009。

⑤ 傅英仁、关墨卿讲述，王松林整理《比剑联姻》，吉林人民出版社，2009。

处学艺回来，承担起抗御契丹入侵的重任，在爱侣被害的情况下忍辱负重，三打契丹、智除奸相、保卫家国，最后投湖殉情。该说部反映了渤海时期广阔的历史画卷，包括契丹、新罗故事，具有浓郁的满族神韵。

《比剑联姻》又名《红罗女隋唐演义》，共 83 回，62 万字。以红罗女与大唐王子比剑联姻的传奇故事为主线，展示了渤海国时期渤海郡王大祚荣为开拓疆域分三路东征的故事。

关纪新曾建议将《比剑联姻》与满族叙事文学史（不仅包括民间口承的相关部分，也包括清代以降满族说部文学中异常丰富的长篇小说创作）的大背景和总脉络联系起来相互观照，有可能获得某些新的学术创见。①

《比剑联姻》所据史实是唐玄宗开元元年（713 年），朝廷派郎将崔忻为使臣，册封大祚荣为左骁卫大将军、渤海郡王，置其地为忽汗州，加授大祚荣为忽汗州都督。大祚荣遣朝唐使赴长安谢恩。崔忻返唐。戴宏森认为："就凭发生在两三年间的这点儿史实，佐以民间传说，说书人借树开花，因缘生法，硬是编出一整套威武雄壮的活剧来。这部说部虽然浪漫地表现了渤海国粟末靺鞨人的历史与社会生活，但它显然受到了汉族说书与汉族文化的强烈影响，疑是汉族说书人或深谙汉族书艺的满族说书人参与了编纂。这一点，与基本保存英雄史诗风貌的《红罗女三打契丹》相比，是很不一样的。《比剑联姻》的人物结构、情节结构、细节和套话的串用，与汉族说书的程式是一致的。"②

关墨卿最早用文字记述了《比剑联姻》，1982 年，他完成搜集记录的初稿。1995 年去世前，他将此初稿转交给好友傅英仁。因傅英仁年事已高，体力不支，便将此稿搁置下来。1998 年，王松林从傅英仁手中接过关老残缺断章的遗稿。2003 年 3 月 22 日，傅英仁将《比剑联姻》书稿交给荆文礼，该书稿比较全。

三 金代英雄、帝王说部

马名超曾指出，"盛传于阿什河流域的金代始祖阿骨打与完颜宗弼（金兀

---

① 关纪新：《满族说部是中华文化的瑰丽珍宝》，载周维杰主编、荆文礼副主编《抢救满族说部纪实》，吉林人民出版社，2009，第 332 页。
② 戴宏森：《满族说部艺术管窥》，载周维杰主编、荆文礼副主编《抢救满族说部纪实》，吉林人民出版社，2009，第 322 页。

术）的传说，更形成一个广阔的传布区，从中也大体足以透视出七八百年的演变过程"①。"关于金兀术的传说，其所涉及的地域，南起双城、五常诸县，西抵呼兰、肇东、绥化等地，北达松花江下游直至'三江'（黑龙江、松花江、乌苏里江）汇流地段。其所反映的题材，盖可分为两类：一为战争的；另一为其亲族轶闻的。这些资料，普遍地带有原始军事战争色彩的、历史性和渗透着对始祖功业赞颂、崇敬的观念。作品大都较为简括、粗略、语焉不详。"②

傅英仁传承的说部是傅永利讲述给他的，而岳飞因与满族人的英雄金兀术立场上的对立，不被重视甚至被敌视。他曾回忆说："我听过'岳飞传'，我三爷听说，骂我混蛋。他给我讲金兀术，讲阿骨打，说那是祖宗，是老祖先。我听完，一点都不带落的，一天能背二十行书，'给多少，装多少'，'学甚么会甚么'，'见啥会啥'。"③ 傅英仁 27 岁时，已能将该说部讲下来，但没有傅永利那么流畅自然。"《金兀术传》……三爷讲的不全。我访问了赫哲族的傅万金，他给我讲了金兀术的片段，北方金兀术、《九尾狐》、《九沟十八寨》、招兵买马，还访问了河北完颜氏家族王氏兄弟，他们讲了祖传的金兀术传，补充了许多细节。"④ 1981～1989 年，傅英仁采录了京八旗老人，河北遗留下来的完颜氏后代，阿城完颜氏、赫哲族傅万金老人讲述的故事。其中傅万金给他讲了三天有关金兀术的传闻，傅英仁觉得这些口头资料，"再加上书面记载材料，经过初步整理，可以写成三十回长篇或三十集电视连续剧"⑤。关振川同傅永利一样善讲满族故事，为丰富《金世宗走国》起了很大作用。⑥ 马亚川手中也有部分《金兀术传》手稿，但我们无法断言两部说部的差异。

《金世宗走国》由王松林整理，以傅永利的讲述内容为蓝本，吸收当地民间艺术的传述内容整理而成。该说部反映了女真人勃兴建国的过程，可分三

① 马名超：《民间文学田野采集方法论——中国东北冰缘区人民口头创作的综合性社会考察》，载《马名超民俗文化论集》，黑龙江人民出版社，1997，第 334～335 页。
② 马名超：《马名超民俗文化论集》，黑龙江人民出版社，1997，第 118 页。
③ 马名超：《满族民间故事家傅英仁访问记（1986.7.18 至 7.19 两个晚上的笔记）》，载傅英仁讲述、张爱云整理《满族萨满神话》，黑龙江人民出版社，2005。
④ 荆文礼：《老树发芽逢春雨 硕果生辉压满枝——访问满族说部传承人傅英仁》，载周维杰主编、荆文礼副主编《抢救满族说部纪实》，吉林人民出版社，2009，第 220 页。
⑤ 傅英仁《自传》，见附录一。
⑥ 王松林：《〈金世宗走国〉传承概述》，载傅英仁讲述、王松林整理《金世宗走国》，吉林人民出版社，2009，第 1 页。

个时期：一是大约 7 世纪时的渤海国，二是 12 世纪的金王朝，三是 16 世纪的清帝国。《金世宗走国》表达的主要精神有四点：崇武尚英、提倡侠义；以善为本、知恩图报；吏治改革、唯才是举；反抗礼教、民族融合。

据傅英仁讲，黑龙江省宁安地区的满族中过去有不少人家都会讲述《金世宗走国》。1998 年 7 月，傅英仁在家中向王松林讲述了《金世宗走国》的部分内容，并将录制好的开篇七盘录音磁带交给王松林。傅英仁每次在讲述满族说部之前，都按祖制礼规，先洗手、漱口，然后上香叩头，方坐在火炕上讲述满族说部。

贾德臣认为，傅英仁讲述的《金世宗走国》具有较高的艺术价值：

> （《金世宗走国》讲述）公元 1135 年至 1161 年金朝的一段历史往事。就金朝史实而言，这是一段波澜壮阔的史实故事，它如诗如画，堪称诗史。具体而言，该说部虽讲的是世宗称帝之前的往事，然而即便如此，而"走国"在批判海陵王荒淫无度，弑君、害弟、残害忠良的同时，每对世宗德高望重，文才武略，为人善良和出类拔萃的帝王才德，尤其是对其注重继承祖先基业的美德进行了多方面、多角度的赞誉。该说部在历史事件、历史史实，乃至人物、地点、年代、时间，甚至矛盾焦点、冲突高潮，或甚至在情节的纠葛与结局等方面，都严格遵守着"尊重历史真实"。同时作为一部艺术的说部之作，它又极富迷人的艺术魅力和艺术特色。①

傅英仁讲述该说部时，"感情丰富，滔滔不绝，记忆力超强，讲至激情处，手舞足蹈，还要唱上一段说词"；书写时，"有头有尾，有主线有主轴，而且一线到底，总的艺术结构、布局，谨严、缜密"②。一位讲述家，能够熟练掌握书写和讲述的技能是很难得的。

四 清代王侯和将军说部

在宁安一带，有关清代历史人物、事件的传说、故事比较丰富。其中，数量最多的是努尔哈赤和康熙、雍正、乾隆、宣统等帝王的传闻，还有抗俄

---

① 贾德臣：《满族说部是稀世佳作》，载周维杰主编、荆文礼副主编《抢救满族说部纪实》，吉林人民出版社，2009，第 337 页。
② 贾德臣：《满族说部是稀世佳作》，载周维杰主编、荆文礼副主编《抢救满族说部纪实》，吉林人民出版社，2009，第 337 页。

名将萨布素将军的长篇说部。

傅英仁掌握并讲述的清代王侯将相的说部为《两世罕王传·努尔哈赤罕王传》和《萨布素将军传》。《萨布素将军传》是他讲述的最为重要的说部，也是他最早习得的说部，该说部经过录音整理而成，在傅英仁反复讲述和三次大的书写文本资料的过程中，保留了极为浓郁的民间故事风格。

"两世罕王"是指在辽东苏子河崛起的女真建州部两位英雄人物——盖世枭雄王杲和清太祖努尔哈赤。《两世罕王传》在北方民族中广泛传颂，分为《努尔哈赤罕王传》和《王杲罕王传》两部，大约形成于清初，是最早用满语讲述的长篇大故事。满语为"朱录汗额真乌勒本"或"朱录汗玛法朱奔"，汉意为"两世罕王传"或"两世大玛法故事"。

《两世罕王传》分别由傅英仁和富育光讲述，两部说部都有抄本，傅英仁从富育光处得到《努尔哈赤罕王传》文本。《努尔哈赤罕王传》因其特殊的传承路径，早早经过了文人的抄写而文饰化了，经过傅英仁的书写成文，又带有傅英仁独特的风格。20 世纪 80 年代，富育光到北京郊区采访得到这部《两世罕王传》的文本，在《满族著名传统说部〈两世罕王传〉传承概述》中，富育光自述得到该说部的过程："《两世罕王传》的传承，由居住在北京怀柔、十渡和西山诸屯的陈姓家族传承。清代和民国年间，族中长辈常在小院请来满汉齐通的色夫，办着塾学，说着家常，或者请本家族德高望重的叔爷爷，讲他最擅长拿手的《两世罕王传》，消磨时光。"[①]"民国 26 年（1937）秋末，叔爷爷夜晚让他儿子从西墙凹里，将他收藏的《两世罕王传》书匣取下，叔爷爷怀抱书匣无疾而终，终年八十。"[②]

在傅英仁的回忆中，"三爷给我讲过老罕王传，但讲的半拉喀唧的，讲的不全。后来我在北京访问了陈老，过去他在黄大衫队里讲过这部说部，这样就使努尔哈赤传这部说部完整了"。根据傅英仁《自传》，这期间他被发配到"五七"干校养鸡、种地，后来被分配到蔬菜公司工作。他利用到全国各地调运种子、蔬菜的机会，接触、调查了很多人，补充、充实了三爷所讲说部内容的不足。若依据《自传》的提法，他访问的时间应在 1970～1979 年，但我们知道，1981 年，中国社会科学院少数民族文学研究所宋和平、孟慧英邀请傅英仁参加了满族萨满研讨会，所以，极有可能是他利用这段时间去了陈老

---

① 傅英仁讲述、王松林整理《两世罕王传·努尔哈赤罕王传》，吉林人民出版社，2017，第 2 页。
② 傅英仁讲述、王松林整理《两世罕王传·努尔哈赤罕王传》，吉林人民出版社，2017，第 3 页。

那儿。对于此事，富育光有清晰的记录：1984 年，傅英仁将富育光保留的努尔哈赤部分卡片资料拿走，并与富育光简单分工，他回宁安整理《努尔哈赤罕王传》，由富育光整理《王杲罕王传》。据此我们推测，陈老给傅英仁讲述了家传的《努尔哈赤罕王传》，而手写资料本早就交给了富育光。这段时间，傅英仁撰写了几大本资料，但并无该说部。2001 年，傅英仁将该卡片资料交给王松林，让其整理《两世罕王传·努尔哈赤罕王传》，该说部最终于 2017 年出版。

20 世纪 80 年代，傅英仁曾给孟慧英介绍过该说部，孟慧英应该看到了卡片资料，对此她有较为直观的印象：

> 傅英仁介绍该本原为满清宫廷讲述本。这些手抄本显然比口头文学文饰化了。有的已初具作家文学面貌。如《南北罕王传》就有回目，故事前后连贯，有的地方甚至铺张渲染得相当明显。但是它们还没有脱离民间文学母胎。民间口头文学的种种迹象在那里还很容易看到。母题类型、民间描写手段，以及作品的传播形式都说明它们源于民间口头创作，即使经过个人加工，可最终还流传在民间范围。①

的确，《努尔哈赤罕王传》从形式和内容方面具有明显的文人创作痕迹，我们来看它的回目：第 26 回为"讨外兰聚义联盟　惧尼堪加害罕王"，第 27 回为"施巧计罕王脱险　栖鹰阁罕王斗敌"等，它把不同时期的努尔哈赤故事连缀起来，使它初具章回小说的整体性、连贯性特点。孟慧英回忆道："傅老闲时还会讲上几段，忙时就把自己讲述的底本给我看，让我自己去琢磨。他的底本并非完整的故事记录，而是只有章回目录和几个故事线索的简单提示。这使我相信，讲述说部口传才是真功夫。"②

不过，2017 年出版的《两世罕王传·努尔哈赤罕王传》的第 26 回为"为谢恩进京朝明帝　施仁义罕王脱险情"，第 27 回为"救巴图重返长白　得秘方大振国威"。孟慧英提到的 26、27 回出版时为 12、13 回。可见从手稿到出版其实有很多变化，这也许是傅英仁自己的修改，也许是王松林整理时做了处理。

通过傅英仁的讲述，"黄大衫队"为更多人所知晓：

---

① 孟慧英：《满族民间文化论集》，吉林人民出版社，1990，第 11 页。
② 孟慧英：《回忆满族说部的发现》，载周维杰主编、荆文礼副主编《抢救满族说部纪实》，吉林人民出版社，2009，第 204 页。

清末宫廷中有一个专门为帝王讲述故事的讲评班，曾祖就在此班中。这些讲述者 15 岁被选入宫，20 岁还家。入宫时在训练班里学习三个月，然后分成南北两派，南派讲汉族的历史传奇故事，北派讲努尔哈赤的故事。傅先生的曾祖属北派，和其曾祖同讲这部书的，还有现在河北的一位老人的祖父。讲评班的人在政治上的待遇很高，一进宫就穿皇帝赏赐的黄马褂，时人称之为"黄大衫队"。当傅先生曾祖他们给慈禧太后讲述时，宫廷内府大臣奏本，让她不要再听此书，因为它是"乾隆爷"的禁书。①

傅英仁与这位河北老人有过接触，并亲自调查过他，他的前辈与傅英仁的前辈共事于朝廷，两位传承者均属家传。他们还曾在一起回忆、补充说部内容，河北老人认为若讲努尔哈赤的说部会对不起祖宗，但具体原因无资料可寻。

傅英仁在其他场合也提到过"黄大衫队"。如在 21 世纪初荆文礼拜访他时，他又提起：

在慈禧掌权的时候，北京宫廷里成立了"黄大衫队"，专门讲各氏族的英雄故事。我三太爷会讲《萨布素将军传》和《红罗女》，就把他选上了。因为《萨布素将军传》这部书挺长，他怕忘了，就在宁古塔副都统衙门的公文纸的背面用毛笔记下简要的提纲。②

曾祖和三太爷辈分一致，此处应指同一人。不过讲述的内容不太相同，前者讲努尔哈赤的故事，后者专讲《萨布素将军传》和《红罗女》。也许两者不矛盾，这几部书都讲；也许跟他提到努尔哈赤的故事被禁有关。那么，乾隆为何禁讲这类故事呢？孟慧英曾做过分析：

乾隆年间官方对努尔哈赤时期史料做了三件大事。第一，裱糊装订太祖太宗两朝的史籍《满文老档》，用无圈点老满文和有圈点新满文重抄，去除重复之处，重新分段，分册统一按年月编排。第二，乾隆四十三年（1719 年）奉敕撰《满洲源流考》。第三，太宗天聪九年（1636

① 孟慧英：《回忆满族说部的发现》，载周维杰主编、荆文礼副主编《抢救满族说部纪实》，吉林人民出版社，2009，第 204 页。
② 荆文礼：《老树发芽逢春雨 硕果生辉压满枝——访问满族说部传承人傅英仁》，载周维杰主编、荆文礼副主编《抢救满族说部纪实》，吉林人民出版社，2009，第 218 页。

年）撰成《太祖实录》，康熙年间重修此部史书，乾隆朝为此书定本，即《高皇帝实录》。清王朝从皇太极始，就对太祖一朝史实有所避讳。如他们抹杀后金同明朝的隶属关系，篡改对汉人杀戮的历史，忌讳大金国号的称谓。乾隆朝虽保持了《满文老档》的基本面貌，但在它编订的《满洲源流考》《高皇帝实录》中明显改动、歪曲乃至删除了原来的某些记载。很可能这些史书的编订，使统治者对太祖一朝的记事、传闻多加注意。

《南北罕王传》集中讲述了努尔哈赤的史绩，其中多有帝政忌讳之事，对它进行限制禁止是很可能的。如果此书在乾隆时被禁止，其成书一定很早。就我所见到的《南北罕王传》故事核心来说，还是满族民间文学创作。这是因为：首先，《南北罕王传》中的故事本身具有民间文学特点，它是由许多努尔哈赤小故事组合而成，还没形成铺张点染一个人物、一个事件的书面文学风格。这些小故事也表现了口语化，情节单纯等民间文学特点。其次，统治者对该书的扼杀反证了它是民间创作的结果。如果是御用文人创作，那么它的内容绝不会表现那么多与统治者需求不同的内容。第三，如果是先创作成书，然后在民间流传，那么这种创作必定在充分接受汉文化影响之后。这同全部作品表现的风格不那么相符。我们或许可以说《南北罕王传》是在搜集民间传说的基础上经过文人修饰而成书的。《南北罕王传》形成之后，由它的传承人保存下来，并在民间传播。①

若说《努尔哈赤罕王传》涉及皇家忌讳，被禁是有可能的。那么后来傅英仁的前辈改为讲述《萨布素将军传》《红罗女》就顺理成章了。

《萨布素将军传》又称《老将军八十一件事》，其中有几则故事已收入《傅英仁满族故事》一书，分别为《萨布素训牛》《萨布素护病得兵书》《苏穆夫人》《萨布素收李坤、魏海》《窝古台的遭遇》《萨布素与巴尔图》《萨布素去镜泊湖》②，前四则故事在《萨布素将军传》中分别题为"南马场训牛""护病得兵书""苏木夫人集军粮"③ "私放李昆魏海"。傅英仁曾说过，《萨

---

① 孟慧英：《回忆满族说部的发现》，载周维杰主编、荆文礼副主编《抢救满族说部纪实》，吉林人民出版社，2009，第203页。
② 见傅英仁口述、张爱云整理《傅英仁满族故事》，黑龙江人民出版社，2006。
③ 1984年马文业在宁安搜集的故事名为"萨布素买军草"，讲述者为孟大娘。《萨布素将军传》中有一节为"萨公愁粮草"。

布素将军传》"故事是本家的老人们讲给他的。他们曾郑重地告诉他，萨布素将军本人就是富察氏人，是他们的嫡系祖先，关于萨布素的故事，无论如何都要传下去"①。另外，同为富察家族的富育光传承的说部为《萨大人传》，关墨卿掌握的说部为《萨布素将军外传》，关于它们之间的区别笔者曾做过分析。②《萨布素将军传》以萨布素从一个放牛娃成为抗俄名将的一生业绩为主线，广泛地反映了顺治至康熙年间东北地区各族人民抗击沙俄侵略者的英勇斗争，对收服东海部、康熙东巡、松花江战役、兴建瑷珲城、雅克萨自卫反击战、签订《尼布楚条约》、征噶尔丹、修嫩江大堤等重大历史事件进行了生动描述，全景式地展示了满族等北方民族鲜为人知的生活场景与爱情方式。《爱辉县志》中记录有萨布素将军的生平：

> 满族原系吉林、宁古塔两域驻防。康熙二十二年，因罗刹（俄罗斯）犯顺，钦派宁古塔副都统萨布素帅军征伐，水陆并进，不十余日两路齐集爱辉沿江，进剿至乌鲁苏牡丹地方，与罗刹接仗获胜，即尾追至雅克萨，大获全胜，逐定尼布楚条约六条。揄升萨布素为黑龙江将军。驻扎于江左爱辉，康熙二十四年始移驻江右爱辉，二十八年移驻墨尔根（嫩江），三十九年又移驻卜奎（齐齐哈尔）。龙沙记略，龙城旧闻所记亦同。再据《呼兰县志》记载：满族皆吉林、宁古塔两域驻防，征罗刹有功，逐留爱辉，再迁墨尔根，三迁齐齐哈尔，四迁始移驻呼兰。以此推算，满族居住在这些地区，至今已有二百多年的历史。③

魏克信在《萨布素将军传》的审稿意见中肯定了该作品重要的历史价值：

> 作品生动形象地描写了我国少数民族特别是满族人民的生活情况和风俗习惯，包括祭天拜地、祈祷丰收、孩子出生、治病讨药等，无不跃然纸上，展现出一幅鲜活的满族生活风景画，具有珍贵的民俗学价值。作品的民间文学特色鲜明。保留了大量的群众语汇。北方方言和满族语汇，翻开作品，满族人的生活情景和气息扑面而来，宛如置身满族人的

① 王树本：《老树开花春雨时——记满族民间故事家傅英仁》，载《黑龙江民间文学》第7集，中国民间文艺研究会黑龙江分会，1983，第282页。
② 高荷红：《满族说部传承研究》，中国社会科学出版社，2011，第130～133页。
③ 《民族问题五种丛书》黑龙江编辑组：《黑龙江省满族朝鲜族回族蒙古族柯尔克孜族社会历史调查》，民族出版社，1987，第5页。

炕头上，和他们一起对话交流。保留了口头讲述的语言结构和句法，虽然不如书面文字规范，但确可感到口头文学的口语化和原汁原味。这是这部作品不同于其他说部的显著特点。①

傅永利走乡串村讲《萨布素将军传》，傅英仁一直跟着他。日本占领东北的时候，警察署就不让三爷讲了，他只好在家种地。这也是促使傅英仁书写故事的极大的契机。在当教师期间，傅英仁一边教书，一边利用业余时间给乡亲们讲《萨布素将军传》和《红罗女》。这两部说部都被记录整理下来。

第二节 满族说部的传承路径

在已出版的三批满族说部中，富育光掌握的说部最多，傅英仁次之，赵东升、马亚川也是掌握多部说部的传承人。在这些传承人中，马亚川于2002年去世，傅英仁于2004年去世，富育光于2020年去世，笔者与马亚川、傅英仁未曾谋面，唯有从前人的调查访谈中查找蛛丝马迹。幸而笔者听过傅英仁讲述《东海窝集传》的录音带，感受到傅英仁讲述故事的口才，他作为千则故事家实至名归。笔者对傅英仁讲述说部的传承方式的探讨，也多依仗前辈学者的调查研究，与我们谈及满族说部当下的传承时略有差异。与神话、传说、故事等短小叙事的传承方式不同，作为长达十几万到几十万字的鸿篇巨制，满族说部的传承路径有其特殊性。因笔者未能亲自采访傅英仁，所以仅从三个方面进行探讨：分析有详细录音资料的《东海窝集传》《萨布素将军传》《红罗女三打契丹》的文本情况；讨论王松林搜集整理的三个文本《努尔哈赤罕王传》《金世宗走国》《比剑联姻》；讨论前辈学者与傅英仁表述矛盾之处等问题的处理。

一 录音整理本

傅英仁讲述的八部说部中有四部说部是经由录音整理而成的，对此，整理者宋和平、王宏刚和程迅都详细介绍过录音情况。

---

① 周维杰主编、荆文礼副主编《抢救满族说部纪实》，吉林人民出版社，2009，第203页。

　　王宏刚和程迅最早得到傅英仁的录音资料，并整理了《萨布素将军传》和《红罗女》。20 世纪 80 年代初，吉林省社科院院长佟冬和负责科研事务的王承礼副院长、马万礼处长等，很重视流传在黑龙江省的清康熙朝抗俄名将萨布素英雄传和流传在黑龙江宁安与吉林珲春一带的渤海时期镜泊湖传奇故事《红罗女》，认为它们对于我国古代史、边疆史、民族史研究，具有代表性。在吉林省社科院的重视与支持下，该团队派出专人长时间在宁安录音采访，即"访萨采红"团队。1981 年，王宏刚和程迅遵照佟冬"要像挖萝卜，挖一窝得一窝，不可摊得太大"的叮嘱，采取了先易后难、循序渐进的方针。他们先将傅英仁家传的《老将军八十一件事》（《萨布素将军传》）抓紧记录下来。在整理完初稿后，为考察传承故事的科学性和准确性，他们还把傅英仁请到了长春，在吉林省社科院文学所召开专题研讨会，核实和校定故事的出处和引证内容，这样五十余万字的整理初稿由此基本完成。

　　1984 年初春，傅英仁一连十几天给王宏刚讲述了长篇说部《红罗女三打契丹》。该说部以红罗女的爱情故事为主线，反映了渤海时期广阔的历史画卷，包括契丹、新罗故事，而且具有浓郁的满族神韵。他们采用录音、听录音回放并解说补充的方式整理出文字，再继续录音，如此反复，这样他们用半年的时间完成了录音整理本。

　　1984 年秋以后，佟冬院长退休，因院里经费短缺及其他原因，这一项目被迫中断，傅英仁的《老将军八十一件事》《红罗女》等整理文稿，都遗憾地被存放起来。[①]

　　1985 年 7 月，宋和平在宁安县傅英仁的家中，听了他讲述的《东海窝集传》，共录制了 20 盘磁带。但直至 1999 年，该录音才被整理出版。

　　1998 年 7 月，傅英仁向王松林讲述了《金世宗走国》说部的部分内容，并将《比剑联姻》残稿交给王松林，这两部说部后来都由王松林整理成书。

　　1981～1998 年是傅英仁讲述满族说部并形成录音整理本的主要时段，我们来看这几部说部的特点。

　　《萨布素将军传》是傅英仁讲述的说部中第一部被录音整理的。该说部经过他反复打磨、讲述和书写，一个故事一个章节，共 90 个章节，每一章节的命名仍保留了民间故事的特点，如"南马场训牛""护病得兵书""断

---

① 富育光：《一段难忘的回忆》，载周维杰主编、荆文礼副主编《抢救满族说部纪实》，吉林人民出版社，2009，第 5～6 页。

案结良缘""萨公求粮草"。

《红罗女三打契丹》的章节都用四个字的小标题，如"将军之死""圣母授艺""下山探母""射虎救女"，但该说部并未按照章回体编辑目录，而是直接以数字为序编排。

《东海窝集传》由宋和平与王松林共同整理，开始出现章回体的形式，从第一回到第三十回，小标题也非常用心，如"长白二祖争上下　东海双王联姻缘""祭神树男女成婚配　老萨满跳神道玄机""首次出征卧楞部　万岁楼前险丧生""万路妈妈救二祖　兄弟大破万岁楼"等。不过，根据手抄稿判断，小标题并不是整理者添加的。

二　录音 + 手稿整理本

黑龙江省海林县的关墨卿用文字记述的《比剑联姻》不同于民间故事，《比剑联姻》的目录与《东海窝集传》相似，用章回体的小标题，如"一男三女悉心学艺　只手托天全力授徒""狼烟忽起渤海国边塞被侵吞　智退敌兵红罗女出山立首功""红罗女劝父迎唐使　大祚荣巧得二常侍""姐妹俩女扮男装瞒天过海　大祚荣潜派使臣赴唐谢恩"等。

1998 年 7 月，傅英仁讲述了《金世宗走国》，并把 7 盘录音磁带交给王松林整理。该说部同样有回目，前三回题目为"为诌媚　秉德晋献三角羊　欲篡权　完颜亮结党营私""遭责骂　完颜亮假装悔过　尽慈心　完颜雍诚心规劝""网罗亲信　耶律巴金甘效力　多次拜访　肖欲献计施阴谋"。与《比剑联姻》类似，之后的每一回都是用章回体的小标题，如"完颜亮培植尚武军　醉熙宗误斩完颜袁""完颜雍被贬守辽阳　完颜亮弑君登金殿""拜满章京替主死节　完颜雍奔逃遭追捕"等。

有学者认为《金世宗走国》符合说书的技巧：

> 依说书者行话而论，该说部是有梁子、柁子，有扣子，有规模，有气势，有布局和讲笔法（叙述方式）的；同时，该说部作为说书者的底本，它也是基本具备了"四梁"（书根、书领、书胆、书筋）和"八柱"（男、女、老、少、精、憨、正、邪）的要求的。①

---

① 贾德臣：《满族说部是稀世佳作》，载周维杰主编、荆文礼副主编《抢救满族说部纪实》，吉林人民出版社，2009，第 337 页。

同时，这部说部也引发了说部与汉族说书不同的讨论：

> 满族说部与汉族说书的主要区别在于说部是通过讲唱者讲史和颂英雄，在族人中讲述战争史、创业史、建国史、发展史的同时，也从诸多方面渗透着古风古韵，和文化的、生活的知识，体现着本民族以至氏族与家族之间的凝聚力、亲和力。从这个意义上讲，说部是政治的、军事的、经济的、文化的，也是本民族不见文字，口耳传承的百科全书。而汉族说书，虽然有《东周列国》《东西两汉》《三国》《大隋唐》《水浒》等等，但主要还是在书场或茶社面对观众卖艺。[1]

戴宏森论及《比剑联姻》的艺术品格："全书关节与汉族相应的书目《隋唐》《月唐》等基本上是契合的。"[2] 此书的人物结构也采用"四梁八柱"的模式。[3] "此书的情节结构，前 15 回是串珠式结构，后 68 回是卡栲式结构。此书中大量移用汉族说书中的俗语、熟语、艺谚，说明艺术交流过从甚密。"[4]

1998～2000 年的每个周末，王松林都要去宁安傅英仁家中采访，想来傅老也给了他足够的信任，将几部说部都交由他整理。2001 年，王松林与傅英仁合作整理《努尔哈赤罕王传》。该说部经整理后，其回目也同其他两部说部一样，有着很浓郁的文人修饰特点。

三　独特的《努尔哈赤罕王传》

东北三省关于努尔哈赤幼时的传说，即小罕王的传说很多，如《大清马》《乌鸦救主》《义犬救罕王》《老罕王进北京》等。满族的很多习俗，如不吃狗肉、不戴狗皮帽子、背灯祭、敬重乌鸦等都与努尔哈赤有关。傅英仁讲述的《努尔哈赤罕王传》介绍了努尔哈赤从十三副铠甲起家，经过 43 年近百次

---

[1] 王兆一：《满族说部　石破天惊》，载周维杰主编、荆文礼副主编《抢救满族说部纪实》，吉林人民出版社，2009，第 367～368 页。

[2] 戴宏森：《满族说部艺术管窥》，载周维杰主编、荆文礼副主编《抢救满族说部纪实》，吉林人民出版社，2009，第 322 页。

[3] 王兆一：《满族说部　石破天惊》，载周维杰主编、荆文礼副主编《抢救满族说部纪实》，吉林人民出版社，2009，第 322 页。

[4] 王兆一：《满族说部　石破天惊》，载周维杰主编、荆文礼副主编《抢救满族说部纪实》，吉林人民出版社，2009，第 323 页。

战争，终于推翻明朝的统治，统一了东北女真各部，壮大了后金的力量，给入主中原打下牢固的基础。

傅英仁曾提到"黄大衫队"在他所传承的满族说部中的作用：

> 在慈禧掌权的时候，北京宫廷里成立了"黄大衫队"，专门讲各氏族的英雄故事。我三太爷会讲《萨布素将军传》和《红罗女》，就把他选上了。因为《萨布素将军传》这部书挺长，他怕忘了，就在宁古塔副都统衙门的公文纸的背面用毛笔记下简要的提纲。那还是同治年间的事，公文纸都是毛头纸，正面有的写着汉字，有的写着满文。后来，我三太爷根据这些提纲经常给我三爷讲这几部说部，这个提纲过去用黄布包着，现在还有。①

傅英仁在此处并未提到《努尔哈赤罕王传》，但前文已提过傅永利讲的不全，他留下的手抄本中也没有《罕王传》。傅英仁在《自传》中提到："从十三岁起，就和三祖父在一起劳动……农闲时他领着我到各屯说《将军传》《红罗女》《东海窝集传》《罕王出世》《金兀术》几部长篇。""五七"干校劳动时，傅英仁结识了张玉生，两人经常一起讲故事，他"发挥自己的特长，大讲老罕王（努尔哈赤）"②。在此期间，傅英仁装病整理的文本为《萨布素将军传》《红罗女三打契丹》《东海窝集传》《金世宗走国》。1985 年，栾文海提到，"老罕王——努尔哈赤的众多传说，在广大民间妇孺皆知，但过去从未听他（傅英仁——笔者注）细谈过。不久前他因公来省，当面告诉我，在《红罗女》和《萨布素》基本脱手后，他已在开始写《两世罕王传》了，计划仍为 80 万字"。可以确定，傅英仁此时应该能够讲述多篇关于老罕王的故事了。但是前一章我们专门介绍过傅英仁讲述的民间故事，并没有与努尔哈赤有关的。那么，这些故事是未能进入故事集，还是极少对除张玉生之外的他人讲述呢？

在 1984 年后十多年的时间里，傅英仁已比较熟悉老罕王的故事了，但并没有专家学者采录该部说部，直到 2001 年，王松林才开始与傅英仁合作整理《努尔哈赤罕王传》。

---

① 荆文礼：《老树发芽逢春雨　硕果生辉压满枝——访问满族说部传承人傅英仁》，载周维杰主编、荆文礼副主编《抢救满族说部纪实》，吉林人民出版社，2009，第 218 页。

② 栾文海：《野火春风——记满族故事讲述家傅英仁》，载傅英仁口述、张爱云整理《傅英仁满族故事》，黑龙江人民出版社，2006，第 791 页。

那么，老罕王故事在民间是如何流传的呢？1984 年，马名超提到在阿城地区流传的老罕王故事的独立节段至少包括："（1）《罕王出世》（2）《王杲救主》（3）《沃什妈妈救罕王》（4）《清朝国号是怎么来的》（5）《满洲人为啥祭乌鸦》（6）《满洲人为什么不吃狗肉》（7）《罕王放山》（8）《祭唐李子树的来历》（9）《供索罗杆子的习俗怎么来的》（10）《老罕王过浑河》（11）《罕王坐北京》（12）《罕王和吴三桂划分南七北六》（13）《打虎山和公主岭》"①。阿城满族故事讲述家关永林口述的《罕王的故事》，包括《满洲人为什么不食狗肉》《祭唐李子树》《索罗杆子》《打虎山》《影壁》《吃油炸糕是怎么来的》《寒食节不动烟火的传说》《王杲石》《老鸹滩》等一大串别具特色并与民间习俗相联系的讲述。②

2017 年，吉林人民出版社出版了《两世罕王传·王杲罕王传》《两世罕王传·努尔哈赤罕王传》。《王杲罕王传》由富育光讲述，共 28 回；《努尔哈赤罕王传》由傅英仁讲述，共 41 回。

对比两本《两世罕王传》与老罕王故事的 13 个独立情节，貌似没有相似之处。马名超提到的 13 个独立片段及关永林讲述的《罕王的故事》都保留了民间故事的特质，而《努尔哈赤罕王传》中的回目标题都变成了对仗工整、文字修饰强的章回体小标题："情殷殷 乌拉特奋勇救人 意切切 佛库伦知恩图报""怜英雄 白哩许芳心 治三姓 雍顺开基业""富尔察险误祖先业 塔克世走马古埒城""努尔哈赤被救 学习汉文化 努尔哈赤救人 偶得夜明珠"。

在《两世罕王传·努尔哈赤罕王传》的后记中，整理者王松林提到：

> 整理的过程中，……摆脱了一般民间文艺学者的世俗观念和偏见，既忠实于传承人的讲述，保持民间口头文学的原生态，又秉承思想解放、勇于创新的精神，把满族说部及其艺人们的文化创造，从几近被淹没的历史和社会的边缘，带入到一种学理探讨的主流话语之中。

现出版的傅英仁讲述的满族说部文本，有他个人的语言及思维特质，也有整理者依附"主流话语"意识的体现。

---

① 马名超：《民间文学田野采集方法论》，载《马名超民俗文化论集》，黑龙江人民出版社，1997，第 334 页。
② 马名超：《阿城地区民间文学考察报告》，载《马名超民俗文化论集》，黑龙江人民出版社，1997，第 123 页。

第三节 从讲述到书写：傅英仁的个人特质

傅英仁从小就是个故事家。"九一八"事变前夕，傅英仁"觉得比幼小年代知道的更多了"。他"招揽一些小朋友形成一个课外聚集的故事圈。（我们）这帮小家伙，不知天高地厚，组成一支镶黄旗小牛录（清代军队基层组织）。专门给种田人家看地，或者拉弓射箭，游山玩水，弄得越来越大。以后被父亲知道了，他吓得不知如何是好，禁闭我三天不许出屋。虽然'组织'解散了，我们还是好朋友，以后都成了学习舞蹈、参加秧歌的主要力量"。在他的影响下，"会讲故事的人越来越多"。①

有多位学者留下了傅老讲述故事或说部时的情形，如王宏刚详细描述了《老将军八十一件事》的采录过程：

> 1981年春，在宁安县结识了傅英仁，当时傅老年近六十，只要一提起老将军的故事，他的脸庞立刻神采飞扬。我们便在傅老家边听他讲边录音，回到旅社就听着录音抄录下来。因为在这部原名《老将军八十一件事》的长篇说部中，涉及到清初许多重大历史事件与一般人不了解的满族习俗以及相关满语，不及时抄录，事后不易理解，所以我们在近两个月的时间内，几乎天天跟傅老在一起。在听讲中，我们逐渐感受到，满族说部不是一般的娱乐性的民间故事，而有着凝重的英雄崇拜的文化情愫，是进行氏族自我教育的庄严形式，所以，傅老在讲到萨布素成功时，会开怀大笑；讲到萨布素厄运时，会哭泣悲哀，甚至几天都难以自拔，因为老将军说部的命运已与傅老的生命融为一体。②

2002年8月，荆文礼等人聆听傅英仁讲述《萨布素将军传》，体会颇深：

> 傅英仁讲述他三爷傅永利传给他的歌颂先祖萨布素抗俄入侵，保卫疆土的英雄故事。傅老讲述说部慢声慢语，绘声绘色，充满了泥土的芳香，吸引着听众聚精会神地听着。当讲到萨布素年轻时机智勇敢，用计

---

① 傅英仁《自传》，见附录一。
② 傅英仁讲述，王宏刚、程迅整理《萨布素将军传》，吉林人民出版社，2007。

谋打败罗刹进攻时，逗得大家哈哈大笑。①

　　傅英仁一生浸淫在满族文化之中，多位学者都曾提到他受到家族中亲人的影响从而掌握了多种满族民间叙事传统，还有他多次整理的手抄本。在《自传》中傅英仁提到他整理资料的契机有二，一是对满族文化资料的渴求而不得，二是"日伪"时期傅三爷被禁讲说部。

　　　　有关满族文化方面的书刊根本买不到，这使我产生了一种新的想法：何不把几年得到的知识用文字记录下来，比那些"三侠剑""青城剑侠""啼笑因缘"等市民文化要好得多。整理满族民间文化的想法有了萌芽。

　　　　我 18 岁那年，春节期间我和三祖父到卧龙屯说《萨布素将军》，被当地警察署抓去严斥一顿，并下令不许再讲此类评书。再加之政治犯、经济犯两支铁爪紧紧地盯着每个人，自从考上教员以后（彼时傅英仁 20 岁——笔者注），我和三祖父一商议再不能四处乱讲了。好在我有了职业，在屯里我当教员，三祖父和父亲种点地也能维持生活。三祖父同意用文字记录这个想法，一再督促我用文字写下来流传后代。从此我一边教书，一边和三祖父整理所有的满族民间文化。②

　　正因为有这样的契机，傅英仁整理出的手抄本堪称巨量，到 1944 年三祖父去世，他已经写出六大厚册资料本，估计有 300 万字左右。在不同场合，傅英仁反复叙说着这段历史。2002 年 6 月，傅英仁已经 80 多岁了，荆文礼听到他再次讲述了这段历史。

　　　　日本统治东北的时候，警察署不让三爷讲《萨布素将军传》，只好在家种地了。那时我已 18 岁，当上了教员。三爷对我说，你识文断字，把这些说部记在纸上，将来好传给后代。我同意三爷这个想法，一边教书，一边和三爷整理说部。整整用了七八年的时间，直到 1949 年三爷去世，我已初步记录了六大本的资料，足足有 300 多万字。③

---

① 荆文礼：《抢救说部只争朝夕　保护传承人刻不容缓》，载周维杰主编、荆文礼副主编《抢救满族说部纪实》，吉林人民出版社，2009，第 209 页。
② 傅英仁《自传》，见附录一。
③ 荆文礼：《老树发芽逢春雨　硕果生辉压满枝——访问满族说部传承人傅英仁》，载周维杰主编、荆文礼副主编《抢救满族说部纪实》，吉林人民出版社，2009，第 219～220 页。

以上两段叙述内容大致相同，不过有两处不同。一是整理说部的原因略有差异，《自传》中提议书写整理说部的是傅英仁本人，而荆文礼采访资料中为傅三爷。二是三爷去世的时间，一说为 1944 年，一说为 1949 年。不过，《自传》的撰写时间为 1992 年，荆文礼的采访是在 10 年之后，傅英仁的记忆出现偏差也是正常现象。

傅英仁的学历是本科毕业，他的文化程度足以支撑他用文字书写民间文化的想法，而这也是他与大字不识或粗通文墨的故事讲述家的不同。此外，他整理资料的历程很值得我们思考：

> 开始整理资料很困难，把口头文学变成文字材料，很不容易。尤其用文言写惯了，再用口头语言写材料难度更大了，所以头一年进度不大。到第二年才摸到门路，速度加快了，质量也提高了。①

由口语转化成书写，这个过程值得我们关注。讲述者完成了书写，是否会影响之后的口头讲述呢？"用文字的形式来记录史诗，这个动机并非来自荷马，而是来自外在的力量。歌手并不需要书面的文本，也不会担心他的歌会失传，听众也不会觉得有这个必要。"② 傅英仁完成书写的转化时，年纪尚轻，到 1979 年后他成为知名故事家，虽然以讲述见长，但也有研究者认为他是非典型的故事家，但这也是傅英仁的独特性吧！遗憾的是，傅英仁 1944 年形成的 300 万字六大厚册的资料本，没能躲过反右运动：

> （1957 年）村里干部说我搞复辟，逼着我把所有材料都交出来。这是我十几年的心血啊，让我交这些材料就像要我命一样，我抱着六大本材料往江边走，就想跳江，和这些材料一起飘走。这时我被在后边偷偷跟着的妻子死死抱住，我们夫妻俩在江边大哭一场。我眼睁睁看到村干部把这些材料烧掉，心里十分痛心。回到家以后，我一病不起，让妻子在外边站岗，我偷偷将这些材料的纲要追记下来，一连抱病三天，我记了三天。我这几年讲述、整理的《萨布素将军传》《红罗女三打契丹》《东海窝集传》《金世宗走国》等就是根据那时记的纲要，又重新回忆、

---

① 傅英仁《自传》，见附录一。
② 尹虎彬：《古代经典与口头传统》，中国社会科学出版社，2002，第 98 页。

整理的。现在回想起来，没有那个纲要，也没有今天这几部说部，早就被忘得一干二净了。①

反右后，傅英仁的大厚本变成了纲要，而这纲要何时又变成了大厚本呢？傅英仁在《自传》中提到：

> 1979～1984 年……我又整理出《萨布素》《隋唐演义》《红罗女》《金世宗走国》《东海窝集传》5 部长篇说部初稿（其中《隋唐演义》是和关墨卿老先生合作），共 180 多万字。②

从 300 万字到纲要再到 180 万字，从 1940～1944 年到 1957 年再到 1979～1984 年的先后三次书写，字数的变化可能是记忆的细节发生了变化，第三次书写还有关墨卿的加入。

1982 年初春，栾文海在傅老家炕头上的一堆材料里，"发现一本他从未提起过的手订本《满族故事》，那发黄了的宣纸上写满了小草体的毛笔字，开篇的目录上列了六十多个故事题目，里边是一篇篇语言或简或繁、文白间杂的各种传说故事，古代满族人名地名触目皆是"③。栾文海对此追根刨底：

> 原来，从解放前开始，他日积月累，到解放后，共积累了这样四大本故事、民俗和历史人物传说。1957 年 2 月，县里的民主人士关玉恒（满族人，当时省政协委员、省民革委员，旧中国东北军爱国军官，有名的中村事件的指挥者，后被错划为右派，已故，改正）邀他到某训练班讲课，无意中把此事宣扬出去。反右时，上面责令他把四本材料交出后，被确认为"毒草"，当即付之一炬。傅英仁剜心般的疼痛，这是他多少年的心血啊！现在的这个手订本，就是当时上交前慌忙从四大本中摘录下来的一个"节本"。我仔细翻了翻，发现这些故事互不重复，互不雷同，各具特色，十分新鲜。④

---

① 荆文礼：《老树发芽逢春雨　硕果生辉压满枝——访问满族说部传承人傅英仁》，载周维杰主编、荆文礼副主编《抢救满族说部纪实》，吉林人民出版社，2009，第 219～220 页。
② 傅英仁《自传》，见附录一。
③ 栾文海：《野火春风——记满族民间故事讲述家傅英仁》，载《黑龙江民间文学》第 14 集，中国民间文艺研究会黑龙江分会，1985，第 269 页。
④ 栾文海：《野火春风——记满族民间故事讲述家傅英仁》，载《黑龙江民间文学》第 14 集，中国民间文艺研究会黑龙江分会，1985，第 269 页。

关于这些被火烧毁的材料，有三种说法。傅英仁和荆文礼都坚持说有六大本，而栾文海认为是四大本。从回忆的三个时间点——1985 年、1992 年、2002 年来看，我们认为傅英仁年轻时留下的信息更为可靠。

傅英仁的求学道路相对坎坷，历经辛苦拿到了本科文凭，本来有机会成为大学老师，却被时世影响，最终依托从小接受的满族民间文化的熏陶成为千则故事家，获得了极高的声誉。经过多位学者的采访调研和长期的录音记录，他所讲述的长篇说部在 21 世纪初得以出版，他由此成为名副其实的满族说部传承人。这些说部的传承，经过傅英仁不间断的讲述以及三次大的整理，完成了从口述到书写。值得庆幸的是，这些叙事传统得到了传承，傅英仁本人作为故事家也具有了独特性，傅英仁用三年的时间提高了自己的书写能力，在一定程度上也影响了其口头讲述的风格。

第四章　满族民间叙事传统的承继

　　傅英仁为满族文化的收集、整理、弘扬做出了不可磨灭的贡献。他承继长辈的文化遗产，不仅为满族留下了丰富的神话传说故事以及北方民俗史料，而且他在晚年仍然坚持学习，搜访民间流传的民俗古话。傅英仁从未放弃过向周边的家人、亲戚、朋友搜集民间文化，也从未放弃过将所掌握的满族文化以书写的方式保留下来。他坦承追寻满族民间文化是其"平生之癖"。

第一节　局内：满族民间叙事传统的传承

　　年轻时，傅英仁就对民间文学产生了浓厚兴趣。他十分注意搜集整理民间故事、风物传说和满族民俗，他可以滔滔不绝地讲述很多神话、故事乃至长篇说部，是名副其实的超级故事讲述家。1949 年前，只有少数人调查过宁安当地的民间文学，他为其中一分子；1949 年后，宁安当地少数人自发性地搜集整理这里的民间文学宝藏，而只有他矢志不渝地坚持下来。1948 年末，傅英仁被调到温喜第四完全小学任教导主任，到 1953 年暑期，他先后升转到四所完全小学校任领导工作。那几年虽然他校务繁忙，对满族文化的搜集整理有些荒废，但是接触了很多当地老户和农村的汉族群众，他们大部分是跑关东的后代，会讲述很多故事，如《梦里团圆成事实》《东山有宝》《小毛驴找家》《挑筐说话》等。这些故事反映了那些逃荒人悲惨苦难的生活和强烈追求美好生活的愿望。①

---

　　① 傅英仁《自传》，见附录一。

　　傅英仁一直坚持搜集整理满族民间文学，在"三套集成"时期，1980 年 6 月，宁安县民研小组第一次有组织有计划地搜集整理满族故事时，40 篇故事中的大部分都是傅英仁提供的。① 无论是土改期间还是在"五七"干校劳动时，他都是积极主动的民间文学搜集者及讲述者。打倒"四人帮"后，他在政治上抬起了头，心情开朗，壮心不已。特别是参加了 1979 年搜集整理镜泊湖民间故事之后，他老当益壮，对民研工作异常热心，为抢救民族民间文化遗产，做出了突出贡献，引起了省内外一些民间文学工作者的重视。在 20 世纪 80 年代"三套集成"的搜集整理过程中，他脱颖而出，成为著名的"民间故事家"，在多部民间文学选集中，傅英仁讲述的文本占有重要篇幅，之后他出版了故事集和神话集。

　　当然，他不乏学术同道，尤其是富察氏本家的富育光。20 世纪 80 年代初，他便同富育光一起，在吉黑两地最先倡导民族文化的抢救。他时常强调，要抓紧时机，不遗余力地在满族老人谢世前，抢救、挖掘、征集已濒危的满族说部艺术文化遗产。富育光曾回忆道：

　　　　我们邀他到吉林省社科院参与文化抢救工作，他欣然接受，还奔走在黑龙江、吉林、北京之间，访问全国著名的学者杨堃、王钟翰、秋浦、贾芝、马学良、刘魁立、郎樱、汪玢玲、马昌仪、布尼阿林和傅杰先生等，以得到他们的指导和鼓励，抓紧对满族民间说部实施抢救措施。傅英仁在吉林省社科院的帮助下，决定整理他从 60 年代当"右派"时，利用劳改之余，就偷偷整理祖传的《老将军八十一件事》，王宏刚先生住在宁安，协助他整理说部。他工作之余，又动员昔日的老友关墨卿、隋书金等先生，组织收集、吉林散在各地的满族说部和满族民间"玛虎戏"（面具舞）文化遗迹，成果斐然。傅英仁与其友在东北各地，收集到满族说部《红罗女》《宁古塔小传》《张坦公外传》《比剑联姻》《金兀术传》（合作）等数十部之多，并独立完成了《老将军八十一件事》《金世宗走国》两部说部。②

　　在傅英仁的光辉之下，很多学者虽然注意到了关墨卿，但对他单独录音

---

①　栾文海：《牡丹江地区是怎样培训骨干、建立队伍、开展民研工作的?》，载《黑龙江民间文学》第 6 集，中国民间文艺研究会黑龙江分会，1983，第 272 页。

②　富育光：《再论满族说部传统艺术"乌勒本"》，《东北史地》2005 年第 1 期。

采访者较少。王宏刚较早发现了他：

> 后傅老介绍相识了另一位满族说部的传承人关墨卿，请他在讲红罗
> 女的故事时，他说他的故事叫《比剑联姻》，是讲红罗女与大唐太子比剑
> 联姻、保家卫国的故事。我请他讲一段，他开拍就讲，史诗般的气势一
> 下子吸引了在场的人。我录下这段开场白后，请他笔录下这部说部。一
> 年以后，一部 40 万字的满族说部《比剑联姻》的手稿完成了。从上述调
> 查来看，傅老所讲的卫国女将红罗女的形象更接近原始形态。①

幸而关墨卿将其掌握的说部笔述下来，临终前将《比剑联姻》《萨布素外
传·绿罗秀演义》交给了傅英仁，又由其转给了富育光，才使关墨卿讲述并
笔述的说部得以出版。傅英仁曾回忆过关墨卿去世前将《绿罗秀演义》交给
他的情景：

> 关墨卿对我说，我的身体一天不如一天了，这个绿罗秀演义是我年
> 轻时老叔讲给我的。咱俩整理完《比剑联姻》后，我又用两年多的时间
> 整理的，但没整理完，现在就给你吧，日后如能利用，就由你处理吧。
> 关墨卿比我大六岁，"五七"年时他也被打成右派分子，摘帽后在海林县
> 长汀林场当会计。我们俩志同道合，经常在一起研究满族民间故事。他
> 整理的这本《绿罗秀演义》已在我手里保存十四五年了。今天就交给吉
> 林省满族说部编委会吧。你们如果能用，也算我对关墨卿老先生有个交
> 代。至于《三打纳因部》和《安珠湖传奇》没有现成的材料，整个故事
> 都在我脑子里，光《三打纳因部》就有 20 多万字。②

傅英仁搜集整理的"玛虎戏"后由王松林整理为《满族面具新发现》，
于 1999 年出版。富育光回忆中的《宁古塔小传》、《张坦公外传》及傅英仁提
到的《三打纳因部》和《安珠湖传奇》不知何因未能面世，甚至在以往的资
料中也未留下蛛丝马迹，也许《宁古塔小传》已散落在关于宁古塔的民间传
说中了。

傅英仁从小听着故事长大，十几岁时就有意识地记录了傅永利讲述的

---

① 王宏刚：《田野调查视野中的满族说部》，《社会科学战线》2007 年第 5 期。
② 荆文礼：《老树发芽逢春雨　硕果生辉压满枝——访问满族说部传承人傅英仁纪实》，载周维
杰主编、荆文礼副主编《抢救满族说部纪实》，吉林人民出版社，2009，第 221 页。

《小蛟龙》《刺猬为什么长一身刺》《十二属相为什么老鼠打头》，郭鹤龄讲述的《快活林》，傅梅氏讲述的《彩云》《田鼠选婿》《白鹿额娘》，傅郭氏讲述的《西山泪——泼雪泉的传说》，这些故事后来被他再次讲述纳入《傅英仁满族故事》中。

在家族外，他记录了关三炮讲述的《熊再也不敢吃动物了》《老虎和豺狼子》《老狼学抽烟》，关隆奇讲述的《大黑虎与小黑蛇》，关振川讲述的《采参阿哥》，这些故事又充实了傅英仁的故事库。

1958～1961 年，傅英仁被打成"右派"，参加劳动改造。他因眼睛近视不能独自除草，便与老农民一起使用除草机，劳动相对自由，也与老农民成了朋友。他们"互相讲故事传说、讲风俗、讲清朝历史、偷看各家家谱"。虽然受过三次大会批判，但他搜集了"六七十个故事、17 份满族家谱、50 多则民俗、三家满族家祭仪程。同时，还了解了汉军旗的来历和三家老民的情况"。①

平反后，傅英仁开始动笔写第一篇故事时，许多朋友特别是他的家属，再三提醒他："好不容易平了反，再搞一些四旧东西，重犯错误那可没救了。"他也为此担忧，于是只拣出两个无关大局的故事。但是故事专集印刷后，在省内外颇受欢迎，还引起了省民研会的重视。他心里有了底，这是他有生以来首次发表作品，心情很激动。②

傅英仁与关墨卿、马亚川、富育光一样，他们"能说也能写，出版了自己的故事专集。他们的故事来自亲属、邻里、朋友的口传。他们自幼受到这种熏陶，自然熟记了它们。当然其中一些是他们特意搜集的"③。

20 世纪 80～90 年代，傅英仁出版了《满族神话故事》，还有大量故事被收入《黑龙江民间文学》《宁安民间故事集成》《牡丹江民间文学集成》《满族故事选》《黑龙江满族故事选》中。

栾文海在《野火春风——记满族民间故事讲述家傅英仁》中记录了傅英仁的调查情况：

> 在承德西陵，他搜集到关于《蟒式舞》的新的历史资料；在牡丹江、宁安，他搜集了关于满族"八部神"（长白山部、东海部、格阿里部、穆

---

① 傅英仁《自传》，见附录一。
② 傅英仁《自传》，见附录一。
③ 孟慧英：《满族民间文化论集》，吉林人民出版社，1990，第 15 页。

里罕部等）的传说；在宁安江富采访到关于满族祭祀的详细程序和规矩等，这些新的收获都使他感到特别高兴。①

在宁安古城，他结交了胡、卜、吴、吴、傅、关、赵、汪八位老人。年轻的 64 岁，年长的 86 岁，有民国时代的记者、伪满的教员、旧时的萨满等，他们都有丰富的社会阅历和民族民间文化知识，如今都是他的老参谋、老顾问。他同八个老头经常接触、偶尔聚会。关于几近失传的尼桑萨满的十三支歌，他就是在他们当中寻找到一部分的。②

傅英仁不仅自己不间断地调查，还给其他人提供线索。在采录了《萨布素将军传》后，王宏刚依照傅老的推荐，采访了当地的文化工作者马文业、栾文海、宋德胤等人，据他们调查，萨布素故事在宁安、牡丹江、敦化等地广为传播。他们还根据《老将军八十一件事》的故事发生地，与傅老共同考察十里长江（宁安境内的牡丹江）、泼雪泉、镜泊湖、渤海古城等。该说部的录音、抄录、考察、考证工作前后花费一年半时间。③

傅英仁不仅搜集整理了大量故事，还先后主编了《宁安县民间故事集成》《牡丹江市民间故事集成》《黑龙江省满族民间故事集成》。傅英仁用毕生的精力承继了满族民间叙事传统。

第二节 局外：被发掘的传承人

1979 年，傅英仁开始有组织地搜集民间文化之后，他一直与地方文化人、学者、故事家保持着密切的联系，也吸引了多位学者的目光，如以马名超为代表的哈尔滨师范大学的调查团队，以王士媛为代表的黑龙江省民间文艺家协会，以宋和平、孟慧英为代表的中国社会科学院少数民族文学研究所的科研人员，以王宏刚、程迅为代表的吉林社科院"访萨采红"的学术团队，以富育光、荆文礼为代表的吉林省中国满族传统说部艺术集成编委会，张爱云

---

① 栾文海：《野火春风——记满族民间故事讲述家傅英仁》，载《黑龙江民间文学》第 14 集，中国民间文艺研究会黑龙江分会，1985，第 276 页。
② 栾文海：《野火春风——记满族民间故事讲述家傅英仁》，载《黑龙江民间文学》第 14 集，中国民间文艺研究会黑龙江分会，1985，第 276 页。
③ 王宏刚：《田野调查视野中的满族说部》，《社会科学战线》2007 年第 5 期。

也对他进行了跟踪采集。

一 省内成名

20 世纪 50 年代末到 60 年代初，马名超及其团队多次到宁安县区（旧称）调查满族民间文学的分布与流传概况。他们发现宁安县存在满洲十二氏族原始神话群、先祖崇拜传说群，包括上起母系氏族社会的多种类型沉积物序列。[①] 傅英仁讲述的神话涉及 13 个哈拉、5 个旗。

石文展客观地评价了傅英仁能够"合众家之长"的若干重要因素：

> 对傅英仁老人掌握的满族神话、故事的发掘与记录，也经过一个相当长的工作过程。起初，对他还只局限在某些地方传说的采集，多半由他来讲述，别人记录。由于他本人是知识分子出身，后来便自己动手整理，取材范围也由传说扩大到历史故事直到神话、歌谣。如果不是有多年以来，特别是"文革"以后的民间文学工作的长足发展，我们很难想象从他那里采集到如此丰富、如此别具一格的民族民间文学作品来的。[②]

傅英仁在其《自传》中如此看待自己在满族文化搜集与研究中的作用：

> 1979 年以后，全国尤其是北京和东北三省掀起一股研究满族文化的热潮。他们都缺少第一手材料，因此，我成了引人注目的人物，来访的人源源不断地登门拜访，大部分人都得到满足，写出一些文章。[③]

1981 年，王士媛在《中国民研会黑龙江分会 1981 年工作简介》中提到，傅英仁整理了两篇约 3 万字的长篇故事。具体是哪些长篇故事？我们可从其《自传》中得知。至 1984 年，傅英仁整理出了 5 部长篇说部初稿，即《萨布素》《隋唐演义》《红罗女》《金世宗走国》《勿吉国传奇》。截至 1991 年上半年，傅英仁已完成《隋唐演义》《红罗女》《金世宗走国》初稿，《金兀术》

---

① 马名超：《黑龙江省民间文学采集史及其文化层次概观》，载《马名超民俗文化论集》，黑龙江人民出版社，1997，第 317 页。
② 石文展：《让座座丰碑闪光传世》，载《黑龙江民间文学》第 6 集，中国民间文艺研究会黑龙江分会，1983，第 392 页。
③ 傅英仁《自传》，见附录一。

的资料稿也归纳完毕。① 傅英仁自述 5 部说部整理后有 180 多万字的篇幅；《萨布素将军传》整理后为 64 万字，《比剑联姻》整理后为 62 万字，《东海窝集传》整理后为 19 万字，《金世宗走国》整理后为 22 万字，《红罗女三打契丹》整理后为 28 万字，共 195 万字。两者相差 10 余万字，我们无法获知其中增加的 10 余万字的情况。

1979～1984 年，傅英仁录制了 260 多盘磁带。其中，《东海窝集传》有 20 盘磁带；《萨布素将军传》有 160 余盘磁带；《红罗女三打契丹》有 20 余万字，若按照《东海窝集传》19 万字 20 盘磁带的算法，《红罗女三打契丹》大概也需 20～25 盘磁带；《比剑联姻》未介绍录音磁带情况；王松林介绍傅英仁交给他录好的《金世宗走国》磁带共 7 盘。

通过查找各种故事集，我们发现 1982～1984 年，王士媛根据录音整理出版了傅英仁讲述的近 10 则故事，它们是：《织布格格》《鸡尾翎》《双石岭》《鲫鱼贝子》《朱舍里格格》（1982 年 8 月 3 日）；《石虎精》《三音图隆格格》《巴隆色被斩》（1983 年 10 月）；《母子山的故事》（1984 年初春）。也许还有其他的故事，限于我们掌握的资料，目前只能得出这样的结论。

20 世纪 50 年代末到 60 年代初，马名超、隋书金等人在宁安进行了大量的调查搜集工作。其间，马名超整理了傅英仁讲述的《郭合乐巴图鲁》。1986 年，傅英仁在民间故事的讲述方面已有较高声望，马名超便于 1986 年 7 月 18 日、19 日的两个晚上，采访了傅英仁。马名超采访后撰写的《满族民间故事家傅英仁访问记（1986.7.18 至 19 两个晚上的笔记）》详细叙述了傅英仁的家世、出身、成长以及社会活动，他所讲述的大量故事以及神话的传承关系等，是一份有着重要研究价值的不可多得的资料。②

此外，赵君伟撰写的《试析〈满族神话故事〉的民族特色》③、王树本的《老树开花春雨时——记满族民间故事家傅英仁》④、江林的《努力做到人格美与艺术美的统一——谈傅英仁的民间传说故事》⑤、栾文海的《野火春

---

① 傅英仁《自传》，见附录一。
② 傅英仁讲述、张爱云整理《满族萨满神话·附录二》，黑龙江人民出版社，2005。
③ 栾文海编《黑龙江民间文学》第 22 集，1989，内部印刷。
④ 《黑龙江民间文学》第 7 集，中国民间文艺研究会黑龙江分会，1983。
⑤ 《黑龙江民间文学》第 7 集，中国民间文艺研究会黑龙江分会，1983。

风——记满族故事讲述家傅英仁》① 等访谈或论文，为我们展现了傅英仁立体的、鲜活的故事家的形象。

傅英仁讲述的大量故事由宁安当地的文化人王树本、马文业、赵君伟、谢景田、张爱云等人整理而成。王树本整理了《喜风泉》《折子的故事》《菱角花》《三格格》等故事，傅英仁与王树本合作整理了《阴乎石》《桦皮篓》；赵君伟整理了《金铃格格——响水的传说》《副都统和巴尔图》《取灯》等故事，傅英仁与赵君伟共同整理了《老穆昆达和小蛤蟆》；谢景田整理了《鼻烟壶》《落叶松的故事》《鲫鱼格格》《兔子坟》《窝古台的遭遇》（《窝古台的故事》）《萨布素将军夫人的故事》；余金整理了《珠浑哈达的故事》；王风江整理了《王大胆儿和李大胆儿》《五音碴子的故事》。

1985 年 3 月 28 日，王士媛在中国民间文艺研究会黑龙江分会会员代表大会上所作的题为"大鼓劲 大团结 为我省民间文学事业的大繁荣而奋斗"的工作报告中指出："从 1979 年春季举办民研培训班，深入基层采风，夏季从组织搜集镜泊湖满族民间故事开始，到 1984 年末，先后四次以公开《征文》和层层组织力量的办法，对 11 个民族的民间文学遗产进行了科学的考察和采集。满族是中华民族大家庭中的重要成员，有着自己灿烂的民族文化。但解放以来，在'满汉融合论'的讨论中，曾出现过'满族文化已经消亡'的看法。事实证明，并非如此。我们先后挖掘了大量具有鲜明满族特色的神话、故事、传说，包括流传很广的《红罗女》《黑妃》《珍珠门》以及老罕王的传说、萨布素的传说，其中一部分已经陆续发表和出版，使丰富生动的满族故事得以与广大读者见面。"②

1990 年，《黑龙江民间文学》的最后一期即第 23 期出版，在之后很长一段时间里，黑龙江省对傅英仁的关注度都不太高，黑龙江民间文学的搜集整理工作陷入沉寂。

2005 年、2006 年，黑龙江省宁安市的张爱云出版了她整理的《满族萨满神话》和《傅英仁满族故事》。张爱云并没有介绍她何时开始跟傅英仁接触，根据吉林省中国满族传统说部艺术集成编委会的资料，2002 年之前张爱云已与傅英仁有过长期接触。这几十万字神话故事的整理，应在 2002 年 8 月前就已完成。

① 傅英仁口述、张爱云整理《傅英仁满族故事·附录3》，黑龙江人民出版社，2006。
② 《黑龙江民间文学》第 15 集，中国民间文艺研究会黑龙江分会，1985，第 291 页。

张爱云整理的傅英仁讲述的故事和神话，是研究傅英仁非常重要的文本资料，也是非常完整的文本资料。与张爱云同一时期关注傅英仁的还有吉林省中国满族传统说部艺术集成编委会的相关学者了。

二 墙里花香，墙外远飘

1979 年以后，傅英仁迅速成名，得到了众多学者的关注，黑龙江省内外到宁安采访他的人络绎不绝。下面我们从研究团队和个别学者两个方面来谈其香之远。

1. "访萨采红"团队

在 1978 年吉林省社科院创建民族文化研究室之初，富育光便掌握了黑龙江一带满族说部的流传情况。民族文化研究室成立后，他先是访问了辽宁大学满族著名学者赵志辉、徐智先，后赴黑龙江省宁安地区访问了傅英仁、赵君伟、傅义、马文业诸先生。从随后的调查来看，傅英仁明显是调查对象中的重中之重。

1981 年春，在不到两个月的时间内，傅英仁一鼓作气录制了 160 余盘录音带，"访萨采红"团队中的程旭、王宏刚抄录的文字在 50 万字以上。1984年初春，一连十几天，傅英仁给王宏刚讲述了《红罗女三打契丹》，王宏刚后整理出 20 万字的《红罗女三打契丹》初稿。

20 世纪 90 年代初期，傅英仁给王宏刚讲述了《东海窝集部传奇》《金世宗走国》《金兀术传奇》等长篇说部的梗概，此外，他讲述的 85 则满族萨满教神话也具有重要的人文价值。后王宏刚、程迅整理了傅英仁讲述的故事，如《黑水姑娘》《双刀山》《花莫利》《嘎拉哈》《鹰城与海东青》《贝勒爷下乡》《冰滑子》《射柳》，这些故事都被收入《黑龙江民间故事选》。

"访萨采红"团队整理出版了《萨布素将军传》《红罗女三打契丹》，其他说部虽有梗概，但后均由他人整理。该团队最主要的贡献就是在傅英仁身体健康、精神亦佳、记忆力比较好的情况下录音整理了他讲述的重要说部。

2. 吉林省中国满族传统说部艺术集成编委会

从 2002 年 6 月 15 日荆文礼第一次到傅英仁家中采访他，到 2004 年 10 月5 日傅老驾鹤西去，在两年多的时间里荆文礼先后采访傅英仁七次。

2002 年 8 月 15 日，吴景春、荆文礼来到傅英仁家中，上了炕，按过去讲说部的方式围着傅英仁盘腿坐好，听他讲述《萨布素将军传》中的一小段故事。听众有傅老的女儿傅永平、姑爷张广才、外孙媳妇、重孙子、孙女及赵君伟。①

2003 年 3 月 22 日，傅英仁给荆文礼讲述了《红罗女三打契丹》《比剑联姻》的流传情况，并将《比剑联姻》手稿交给荆文礼。

2003 年 10 月 9 日，傅英仁将傅永利写在宁古塔衙门公文背面的《老将军八十一件事》讲述提纲交给荆文礼，由他交给吉林省中国满族传统说部艺术集成编委会，以此证明该说部的传承关系。②

2003 年 12 月 20 日，荆文礼和富育光又去宁安看望傅英仁。傅老把《红罗女三打契丹》的部分手稿交给荆文礼，希望老祖宗传下来的说部能够保持原样，不要改为小说。③

吉林省中国满族传统说部艺术集成编委会对傅英仁讲述说部的整理进度如下：

> 2003 年，已讲述、记录、整理完《东海窝集传》（15 万字）、《金世宗走国》（25 万字）、《老罕王传》（30 万字）及《比剑联姻》（60 万字）。
>
> 2004 年，要讲述、记录、整理《老将军八十一件事》书稿。
>
> 2008 年记录整理完《红罗女》《宁古塔传奇》《金兀术传》。④

2007 年，《东海窝集传》《萨布素将军传》出版；2009 年，《金世宗走国》《比剑联姻》出版；2017 年，《两世罕王传·努尔哈赤罕王传》出版；2018 年，《金兀术传奇》出版。

3. 其他学者

王松林应是整理傅英仁说部最多的学者。他与傅老相识虽晚，但在相识之后的几年中，他每周都与傅老相见，得到了傅老的很多资料。1998～2001年，傅老讲述了说部《金世宗走国》，并交给王松林 7 盘录音带；傅老将关墨卿《比剑联姻》的遗稿也交付他整理；2001 年，王松林与傅英仁合作整理了《罕王传》。

---

① 荆文礼：《抢救说部只争朝夕　保护传承人刻不容缓》，载周维杰主编、荆文礼副主编《抢救满族说部纪实》，吉林人民出版社，2009，第 209 页。
② 荆文礼：《老树发芽逢春雨　硕果生辉压满枝——访问满族说部传承人傅英仁纪实》，载周维杰主编、荆文礼副主编《抢救满族说部纪实》，吉林人民出版社，2009，第 221 页。
③ 荆文礼：《老树发芽逢春雨　硕果生辉压满枝——访问满族说部传承人傅英仁纪实》，载周维杰主编、荆文礼副主编《抢救满族说部纪实》，吉林人民出版社，2009，第 222 页。
④ 《省委书记王云坤在抢救满族说部的工作汇报上作了重要批示》，载周维杰主编、荆文礼副主编《抢救满族说部纪实》，吉林人民出版社，2009，第 58 页。

20 世纪 80 年代初，辽宁大学金天一教授也曾搜集整理过傅英仁讲述的故事。孟慧英提到金天一"比较早地搜集整理了傅英仁的故事，他整理的故事集也即将出版"①。这一消息得到了栾文海的证实，大约在 1985 年，他从黑龙江省民研会听说，辽宁大学一位讲师为教学和研究需要，已编辑了一部《傅英仁民间故事选》，收集了他讲述的故事近 200 篇，其中大部分是他直接提供的新作，已交上海文艺出版社。② 1986 年，金天一在《民间文学》编辑部召开的"故事讲述家座谈会"上，介绍了傅英仁从小爱讲"瞎话"，后又当了萨满，有机会从老萨满那里得到很多神话，而他自己又有相当的文化水平，将《满族神话故事》搜集整理出版③。

金天一的发言佐证了傅英仁书写那六大本的可能性。在《满族神话》的后记中，傅英仁提到"1988 年上海文艺出版社出版了由金天一整理的《傅英仁满族故事集》，其中有十几篇是满族神话"④。20 多年后，当张爱云整理《傅英仁满族故事》时，金天一将他 20 世纪 80 年代录制的磁带提供给张爱云作为参考。

大连民族大学郭淑云教授也曾多次拜访傅英仁，但目前未见到该学者的相关资料，此处无法多言。张爱云曾提到郭淑云在 20 世纪 80 年代采访傅英仁时留有大量的录音资料，也许她后来没有时间整理吧。

傅英仁、马亚川、关墨卿等故事家，成为黑龙江、吉林、辽宁三省学者共同关注的对象，那时的学术生态相对和谐，富育光曾说"当年，我们同黑龙江和辽宁朋友，相互间有些默契和分工"⑤。三省学者的努力，跨越了省的界限，使得这些故事家成为传承民间文化的"宝贝"。

三 全国闻名的故事家

傅英仁"文革"之后的"奋斗成果"，除了其身份的不断变化外，他还受邀参加了一些全国性的满族学术讨论会，如先后参加了在黑龙江、辽宁、吉林、北京等地举办的七次学术会议，发表了七篇论文。我们查阅多种资料，

① 孟慧英：《满族民间文化论集》，吉林人民出版社，1990，第 13 页。
② 栾文海：《野火春风——记满族故事讲述家傅英仁》，载《黑龙江民间文学》第 14 集，中国民间文艺研究会黑龙江分会，1985，第 273 页。
③ 傅英仁搜集整理《满族神话故事》，北方文艺出版社，1985。
④ 傅英仁讲述、荆文礼搜集整理《满族神话》，吉林人民出版社，2016，第 281 页。
⑤ 富育光：《栉风沐雨二十年》，载周维杰主编、荆文礼副主编《抢救满族说部纪实》，吉林人民出版社，2009，第 126 页。

将傅英仁的活动列举如下：

1979 年，傅英仁成为宁安县民研会理事。

1980 年，傅英仁先后参加了黑龙江省和全国民研学术会议。

1981 年，傅英仁成为黑龙江省民间文艺研究分会会员；成为中国民间文艺研究会黑龙江分会第二届理事；到中国社会科学院参加萨满会议。

1982 年 1 月 2 日，傅英仁成为中国民研会成员。

1984 年 4 月，中国民间文艺研究会黑龙江分会授予傅英仁同志民间故事家称号。

1984 年，傅英仁成为中国民间文艺协会理事。

1984 年 12 月 15 日，在首届全国民间文学优秀作品授奖大会上，傅英仁搜集整理的民间故事《快活林》获得三等奖。

1986 年 8 月，傅英仁参加国际古民俗会议。

1987 年，傅英仁参加了由中国社会科学院少数民族文学研究所在海拉尔举办的"阿尔泰语系民族叙事文学与萨满文化"学术研讨会。

1989 年，傅英仁参加在丹东举办的"首届满族文化学术讨论会"。

1991 年，傅英仁被评为全国老干部先进个人，并参加全国表彰大会，受到党和国家领导人接见。

1981 年，东北三省之外的学者们开始关注傅英仁，他参加了在北京召开的会议，跟北京的学术圈建立了联系。1984 年，孟慧英到东北三省十多个县实地调查之后发现傅英仁为故事大家，她回忆道：

民间故事搜集工作时，接触了许多故事讲述者，并对其中近 20 人进行了重点调查。如黑龙江省双城县五家乡民和村的张德长、蒋本荣、赵德福、吴永礼，黑龙江省五常县的郎志新，吉林省永吉县乌拉街满族乡的关荣森及乌拉街满族乡北兰村的关世英、罗世中，黑龙江省宁安的满族故事家傅英仁，双城县的关树山、马亚川等。他们之中既有当地人们公认的故事能手，也有只会讲几个一般故事的传承人。在故事能手中，发现了两个故事大家：傅英仁和马亚川。[①]

---

① 孟慧英：《回忆满族说部的发现》，载周维杰主编、荆文礼副主编《抢救满族说部纪实》，吉林人民出版社，2009，第 203 页。

　　1985 年，宋和平专程到傅英仁家中，听他讲述了《东海窝集传》并录了音。傅英仁讲述的故事引起了刘锡诚和刘守华的特别关注。傅英仁用三年的时间将自己的口头讲述转化为书写，这样的转化反过来也影响了他的口语表达。刘锡诚到傅英仁家，采访过后得出结论，认为傅英仁不是典型意义上的故事家。刘守华将傅英仁视为新型故事家，他统计过全国知名故事家的数量，将知名故事讲述家的数量增加到 141 人，他认为傅英仁、马亚川、李马氏、李成明、佟凤乙是其中较为著名的满族故事讲述家。马亚川从小就跟着当厨子的外祖父走乡串屯，而傅英仁在青少年时代则远离家乡求学。那么，这个新型故事家在刘守华看来是怎样的呢？

　　　　满族故事家傅英仁就是一个突出例子。他生长在一个故事之家，"年轻时对民间文学的爱好主要还是出于个人兴趣和自发的民族情感。他自觉不自觉地做了些记录，搜集了一些文化资料。解放后，他接受了革命思想，逐渐懂得了对于继承民族文化遗产，对革命事业都是很有意义的工作，并且懂得了如何从中区别精华和糟粕"。他在 30 多年身处逆境的日子里置身在普通民众之中，听故事，讲故事，又以民间文化工作者的身份四处采录故事，研究故事。这样的人在中国民间文艺研究会的会员中已有一大批。其中有些人除口头讲述传统故事外，还能改旧编新参与文学创作活动。这样的新型故事家产生在旧中国向新中国转变的特殊历史文化背景上，是中国特有的民间文学现象。在他们身上，民间文学活动的自发性显然已被自觉性所取代。[①]

　　笔者认为刘锡诚和刘守华两位专家的意见非常中肯，特别是刘守华将其界定为新型故事家，这种肯定也为我们研究"书写型传承人"提供了珍贵的资料。2006 年 7 月，郎樱为《傅英仁满族故事》一书撰写序言，高度评价了傅英仁在满族神话、传说、故事及满族说部方面的极大成就。[②]

　　中央民族大学的赵展教授、日本中部大学关系学部的教授也采访过傅英仁，因为我们没有掌握更详细的资料，故不做展开。

---

①　刘守华：《中国民间故事的传承特点——对 32 位民间故事讲述家的综合考察》，载林继富主编《中国民间故事讲述研究》，中国社会科学出版社，2013，第 77 页。

②　郎樱：《满族民间文化的记忆——傅英仁及其〈傅英仁满族故事〉》，载傅英仁口述、张爱云整理《傅英仁满族故事》，黑龙江人民出版社，2006。

第三节 "平生之癖"——承继满族文化传统

傅英仁经历过生活的大起大落，有得意之事，有心中的追求，但失落时都未忘初心，他一直以搜集整理满族文化为己任。所有这一切，使他不断充实了满族文化知识，收集整理满族文化已成为他的平生之癖。傅英仁讲述的神话、传说、故事、满族说部基本已经出版，但是他曾花费心思想撰写的满族民俗文化、他掌握的大量满族家谱、民俗资料、祭祀仪程等都未成文。这也是他的憾事吧。本节我们从《自传》以及王树本、马名超、栾文海、荆文礼、王松林、富育光等人对他的采访资料中找寻相关信息，希冀能够展现傅老对满族文化的热爱。

一 满族萨满舞蹈及秧歌

傅英仁在其《自传》中提到，他曾传授过 5 套舞蹈，指导过 4 部满族舞蹈和戏剧。他掌握的舞蹈深受三舅爷梅崇阿的影响，栾文海曾回忆梅崇阿"职业为中医，却是宁安有名的大萨满，大高个，长挂脸，白须白发，飘逸潇洒。年轻时在吉林衙门里学过舞蹈，领过舞班，光绪年间，曾应召进京教过舞蹈"。傅英仁曾回忆说：

> 三舅爷从小就在旗务学堂学习满汉文化，同时学会了八套古代流传下来的满族舞蹈。西太后六十大寿时，他奉旨进宫教舞蹈。民国以后，靠行医维持生活。三舅爷满肚子学问，对满族民俗、萨满教都有研究，他本人又是宁古塔的三大萨满之一。他担心满族古代的舞蹈失传，自己出钱，向 12 名满族子弟传授技艺，我和表姑、表兄也参加了学习。这 12 个人中有的没坚持学完，有的去世了，最后只剩下我一个人了。前几年黑龙江省艺术研究所搞舞蹈集成，他们听说我会跳满族古代舞蹈，让我教给文化馆的干部，后来他们录了像。这些舞蹈总算记录下来，传承下去了。①

---

① 荆文礼：《老树发芽逢春雨 硕果生辉压满枝——访问满族说部传承人傅英仁》，载周维杰主编、荆文礼副主编《抢救满族说部纪实》，吉林人民出版社，2009，第219页。

在傅英仁《自传》中，相关的文字是这样的："我和表姑梅素琴参加学练。因年景慌乱，迁徙无常，只有三个人（表姑、表兄和我）坚持学完，而表姑、表兄又早于我去世，能保留到今天只有我一人了，大概关墨卿老人也略知一二。"①

马名超在《满族民间故事家傅英仁访问记》中也曾提到：傅英仁奶奶的三舅爷叫梅崇阿……他曾教给傅英仁七个舞蹈（萨满舞），这是傅英仁跟他六姑在一起学的，他是在正月教的。他对满族萨满舞蹈知道得挺全，他也会"升纸"②。

另据傅英仁《自传》所记，1988 年，他培训了 50 多名满族秧歌演员，还录了像，并被纳入《中国民间舞蹈集成》黑龙江省卷本中。

12 ~ 18 岁时，傅英仁得到了满族舞蹈和秧歌的传授。他记得比较完整的有《蟒式舞（九折十八式）》《五奎舞》《扬烈舞》《猎熊舞》《起喜舞》五种。

1979 年秋，丹东满族歌舞团专程向他请教。他用一个月的时间，传授了《蟒式舞》《扬烈舞》《拍水》《野人》四个舞蹈，培训出 20 名舞蹈演员。在第二年秋举行的全国少数民族文艺会演中，该歌舞团受到党中央、国务院及文艺界有关领导的接见。

1980 年，他又传授给沈阳歌舞团九折十八式的全套蟒式舞，根据他讲述的故事《珍珠门》改编排演成全新的满族舞剧《珍珠湖》，轰动了北京。

1983 年秋天至 1984 年春天，《红罗女三打契丹》经张来仁、王宏刚、程迅编剧，被吉林省扶余县新城戏剧团搬上舞台。傅老担任该剧顾问，他亲临排练现场，教演员满族礼节与风俗。这是源自满族八角鼓的新城戏的第一个满族剧目，由此，新城戏冠名为满族新城戏。浓郁的满族风格，使该剧于 1985 年在全国少数民族优秀剧目会演中获"孔雀杯"奖，并被国家民委、文化部授予"民族团结奖"。为此剧做出重要贡献的傅老得到一件礼物——一件风衣。③

这些舞蹈的来源很早，傅英仁曾将这些舞蹈中的动作与渤海出土文物"六面石雕"（现存黑龙江省博物馆）上的舞蹈动作进行对比，发现蟒式舞里的动作在文物中都出现过。对于这些舞蹈的传承，傅英仁曾谈道：

---

① 傅英仁《自传》，见附录一。
② 傅英仁讲述、张爱云整理《满族萨满神话》，黑龙江人民出版社，2005，第 330 页。
③ 王宏刚：《汗水入土悄无声——忆满族文化传承人傅英仁》，载郭淑云主编《萨满文化研究》（第一辑），吉林大学出版社，2007。

满族秧歌又名鞑子秧歌，除技巧与一般秧歌不同外，其反映的内容也有女真人反抗辽国统治者"打女真"、抢女人的反压迫的精神。总之这些舞蹈能够传下来，是我平生一件快事，我觉得来自于先民，传授予后代，是我神圣的职责，是我恩师再三嘱托的大事。①

二　满族民俗

傅英仁完成过多篇阐释早期满族文化遗产的文章，如《满族的祭天习俗考》《谈满族婚姻的演变》②《满族生育习俗研究》《满族萨满信仰中的祭祀活动》③。据他自己统计为 8 篇，但我们目前仅找到了这 4 篇。而这相较于他原来的计划来说，是微不足道的。在《自传》中，傅英仁介绍了从 1953 年到 1958 年，他正处于"春风得意马蹄疾"的好时光：

> 我计划写三部书——《满族神话故事》《满族文化概述》《满族民俗》，以此作为到大学的见面礼。
>
> 为三部书奋斗，为大学讲师奋斗，是当时我的主导思想。
>
> 正当这平步青云的时候，突然乌云压顶，一场反右斗争把一切希望化为泡影，20 多年大好时光白白浪费，昨天是文教战线上的主要领导，今天突然变成阶级敌人。④

1961 年到 1966 年，傅英仁在业余教育办公室负责发展农业中学工作，到大学任教的愿望化为泡影，出版作品也不可能，主要以本职工作为主。

1970 年到 1979 年 6 月，傅英仁在蔬菜公司工作，其间他几乎走遍了半个中国，也对北方民族文化更为熟悉：

> 接触了很多北方少数民族文化，如鄂温克族的萨满、赫哲族的水上生活习俗。我发现这些民族有许多被满化的遗迹，如语言、文字、衣着、清代行政组织，等等。满族也吸取了一些他们的习俗，我理解到长期以来各民族互相交往、互相学习，才拼成各民族习俗，既有本民族特点，

---

① 　傅英仁《自传》，见附录一。
② 　《黑龙江民间文学》第 8 集，中国民间文艺研究会黑龙江分会，1983，第 271 页。
③ 　傅英仁讲述、张爱云整理《满族萨满神话·附录三》，黑龙江人民出版社，2005。
④ 　傅英仁《自传》，见附录一。

又有各民族共性。①

傅英仁摘掉"右派"帽子后，还是走到哪里，采录到哪里，栾文海曾提到过傅英仁的这一特点。

> 在依兰、勃利、桦川等县，他寻访了早年的葛、胡、郎"老三姓"，了解到了那里的古代祭祀习俗，得到了一个关于老家宁安天桥岭的传说。
>
> 在哈尔滨，他专访了一位本族老人，老人用满语向他讲述了松花江北部的满族关于敬神、交往、家庭礼仪等方面的习俗。
>
> 在齐齐哈尔、嫩江等地，了解到当地一直保存在清朝中叶的一种奇异的风俗：树葬，即人死后将棺木高悬在树上。②

与满族说部讲述有关的习俗之一就是"讲古"，傅老讲道：

> 满族有一个习惯，经常要举行祭祀或者抄谱，当祭祀完了的时候，总要讲一下故事。我们家呢，就讲老将军的故事。因为萨布素是我们富察氏家族的祖先。过年、过节啦，或者没事的时候都讲故事。我讲这一段，他讲那一段。这就是说，在我们傅氏家族中讲将军的传说已经成为一个习惯。在满族中，"讲古"是族教的主要方式之一，容易形成世代传递的传人。③

王宏刚曾撰文提到《老将军八十一件事》：

> 傅老的萨布素故事主要是从其三爷（伯父）傅永利那里传承下来的，傅永利因善讲萨布素故事被称为"三将军"，他持有该氏族在同治三年抄录的《老将军八十一件事》的文字提纲，后传傅英仁。该氏族最早的讲述者是傅老的第四代祖乌勒喜奔，他雍正年间在萨布素的儿子常德的将军衙门里当笔帖式，对萨布素的一生很熟悉，能把萨布素的故事成套讲出来，一代一代传承，到同治年间已成规模。傅老还讲道，虽然满族并

---

① 傅英仁《自传》，见附录一。
② 栾文海：《野火春风——记满族故事讲述家傅英仁》，载《黑龙江民间文学》第14集，中国民间文艺研究会黑龙江分会，1985，第276页。
③ 王宏刚：《田野调查视野中的满族说部》，载周维杰主编、荆文礼副主编《抢救满族说部纪实》，吉林人民出版社，2009，第196页。

不刻意培养传承人，但有时族中老人在临终时嘱托："你们得注意啊，把我们老将军的故事流传下去，不要到咱们这一代就停止了。"所以传承说部故事成为氏族的集体意识。[1]

满族说部的讲述是神圣的，傅英仁曾说过："过去讲萨满神话、讲说部，不是随便讲的。解放前萨满文化还处在一种封闭状态，萨满神话只能在萨满中流传，其他人是不知道的。我当了萨满，就严守萨满的规矩，不能随便讲。萨满在讲之前，都要焚香、洗手、漱口、梳头，这是非常虔诚、恭敬的事情。"傅老幼时经过锲而不舍的学习，成为一名小萨满。傅英仁的姨夫关寿海收他为小萨满之后，给他讲了许多萨满神话。1938年，关寿海病危前，嘱托傅英仁一定要记住萨满祭祀仪式和神的来历。栾文海还提到傅英仁将"满族旧时祭神时的祭词——神曲，包括祭星（祭七星、北极星、满天星）、祭天、祭祖先神、祭求子神、祭喜神、祭闭灯等共十一个段落，约三千字的满文本，拿与有关同志反映整理"[2]。傅英仁家藏有多年前的满族萨满神本子，还收藏有许多弥足珍贵的萨满神面具谱图。

正因这样的积累，傅英仁有着深厚的满族文化功底，参与了多次拍摄工作：

> 1984年初秋，傅英仁、富育光与王宏刚从河北（清）西陵到承德避暑山庄，连续几天探索与筹划满族文化的立体保护问题，提出了拍摄满族民俗文化专题纪录片的计划，常常彻夜不眠。
>
> 1985年初春，在共同策划与组织下，在香港导演邓鹏腾的支持下，在松花江上游地区拍摄了《海东青》《满族瓜尔佳氏萨满祭礼》《满族陈汉军张氏萨满祭礼》《宗谱与神偶》等4部专题片，可以说这是我国最早的满族萨满教与民俗的纪录片，著名宗教学、民俗学学者任继愈、钟敬文、贾芝、王钟翰、马学良等高度评价了这些纪录片，指出它不仅是满族文化研究的重要的第一手资料，而且对宗教学、民俗学有重要的价值。中央电视台新闻联播报道了这个消息。
>
> 1995年，民俗片《海东青》获文化部一等奖。这4部纪录片的拍

---

① 王宏刚：《田野调查视野中的满族说部》，《社会科学战线》2007年第5期。

② 栾文海：《野火春风——记满族民间故事讲述家傅英仁》，载《黑龙江民间文学》第14集，中国民间文艺研究会黑龙江分会，1985。

摄，开创了用现代科技手段保存民族文化的新途径，此后，富育光与傅英仁共同拍摄了十余部满族民俗纪录片。

1995 年，已年近古稀的傅老，亲赴延边汪清县，与王宏刚、于雷、陈景河先生共同拍摄了专题片《满族鹰祭》。这些纪录片的拍摄成功，傅老是奠基人之一。

1985～1986 年，傅英仁担任电视剧《努尔哈赤》《荒唐王爷》的民俗顾问。

马名超如此评价傅英仁，笔者深以为是，特引用于此，以总结本节的论述：

> 傅英仁同志所掌握的神话、故事，有很突出的特点：它的民族性和地方性，是众所公认的；他不仅知道得多，而且他把口头文学和民俗事项、民间歌舞乃至民族历史等综合在一起，即将文学置于"民间文化"这一广阔基地上来加以传述。正因如此，我们从傅英仁这位故事家那里继承下来的民族传统文化遗产，才更具有除了文艺学以外的多学科的研究价值。①

---

① 马名超：《给民间口头文学以"第二次生命"——记满族故事家傅英仁》，载《马名超民俗文化论集》，黑龙江人民出版社，1997，第 293 页。

结　语

　　傅英仁作为民间故事家中凤毛麟角的千则故事家，与大多数民间故事家不同，因此不能用以往研究故事家的方法来研究他。傅英仁在 20 世纪 80 年代中国民间文学三套集成黑龙江省卷本、县卷本的搜集整理工作中异军突起，并引起了东北三省乃至北京等地学者的极大关注，如以王士媛、马名超为代表的黑龙江省民间文艺团体、哈尔滨师范大学以及张爱云、郭崇林等人；富育光带领的"访萨采红"团队、吉林省中国满族传统说部艺术集成编委会，以及王松林、郭淑云和辽宁大学的学者金天一；而中国社会科学院少数民族文学研究所宋和平、孟慧英对他的调查采访，使他蜚声全国。此外，他还得到了刘锡诚、刘守华等故事研究专家的关注。

　　傅英仁的求学道路相对坎坷，他拿到了本科文凭，本来有机会成为大学老师，却因时事影响，最终依托从小接受的满族民间文化的熏陶成为一名千则故事家，获得了极高的声誉；又经多位学者的采访调研，长期地录音记录他所讲述的长篇说部，成为名副其实的满族说部传承人。这些说部的传承，经过傅英仁不间断的讲述以及三次大的整理，才完成了从口述到书写。值得庆幸的是，这些叙事传统得到了传承，傅英仁本人作为故事家也拥有了其独特性。傅英仁用三年的时间提高了自己的书写能力，这在一定程度上也影响了其口头讲述的风格，使其与绝大多数故事讲述者截然不同。

　　他的《傅英仁满族故事》《满族萨满神话》由张爱云整理而成，《满族神话》由荆文礼搜集整理，《东海窝集传》由宋和平、王松林整理而成，《萨布素将军传》《红罗女三打契丹》由程迅、王宏刚整理而成，《两世罕王传·努尔哈赤罕王传》《比剑联姻》《金世宗走国》由王松林整理。研究满族神话时，学者大多谈及了其与萨满教的关系。满族神话乃至满族文学的确与萨满教有着密切的关联，但并非所有的神话都是萨满神话，《天宫大战》中的创世神话、洪水神话就是例证。我们不仅要关注满族神话与其他民族神话的共性，还要关注其满族文化特质，在比较的视野下勾勒出满族神话的整体性，相信由此可以绘制出一幅满族神话的总图。傅英仁能够团结周围的故事家，如关墨卿临终托稿，将大部头的《比剑联姻》与《萨布素外传》、《绿罗秀演义》残稿交给傅英仁。

与傅英仁相似的满族说部传承人，还有关墨卿、马亚川、富育光、赵东升等人。正因有了这些仿若璀璨群星般的故事家、国家级传承人，才使得满族说部、满族民间文化从被焚毁、被淹没、被忽视的境遇中一次次地被拉回到民众的视野中。

傅英仁以对满族文化的满腔热忱，不仅严格要求自己，还尽力团结周边的民众。成名之后，他的生活变得忙碌起来：接待来自省内外的学者，录制巨量的录音带，向不同的人讲述神话、故事、满族说部，有的文本还会被重复讲述。也正因如此，他讲述的文本在甲处未得到发表，在乙处也会有所收获。总的来说，他神秘的故事"篓子"中的大部分故事都得以出版。不过，我们看到还有几部因各种原因未能出版，如《三打纳因部》《安珠湖传奇》《张坦公外传》等。

他积极参加学术研讨活动，提交论文发表意见。他不仅是单纯的故事讲述者，与富育光、赵东升等一样，他有着大学本科学历，还自学日语，自觉将传承满族文化提升到文字、理论层面。

傅英仁掌握的满族舞蹈、萨满祭祀以及相关知识在 20 世纪 80~90 年代都有了用武之地，他为满族民间文化的保护与承继做出了突出的贡献。

下　编

引　言

　　《东海窝集传》由傅英仁收集并讲述，经宋和平、王松林整理，于1999年出版。这是一部反映北方民族（主要是满族）由母系氏族社会向父系氏族社会过渡时男女争权的长篇说部。

　　《东海窝集传》具有深厚的文化内涵，多侧面地反映了北方民族的社会制度、经济、生活、信仰、民俗、民族关系以及军事等内容。笔者认为，应就其所反映的诸内容进行研究，从而观其价值、意义及其在人类文化史中的地位。

　　讲述人傅英仁的祖先，清代一直为官。据他所知，先祖曾救过皇太极，之后世代做官，最高封官为"头等侍卫"，其父傅明玉还被封为六品云骑尉。康熙三年（1664年），傅英仁的先祖奉旨到宁古塔（今为宁安市）为官并落户迄今。清朝垮台以后，全家靠父辈务农维持生活。

　　1919年，傅英仁出生在宁安城的红城村。兄弟姐妹共五人，傅英仁是男孩中的老二。他7岁上学，学习成绩优秀，仅在校读过五年书，高小毕业时已是12岁的少年了。同年傅英仁考入了吉林四中的初中班，名列第六。但因为家里穷，交不出当时的现大洋28元钱的学杂费而被除名。这对于年少、豪气满怀、志向远大的傅英仁来讲，无疑是一个沉重的打击。也正像他在《自传》[①]中豪气盎然地说的："满洲巴鲁图（勇敢之意——笔者注）不许哭！"他擦干眼泪毅然回家务农，种地打柴，从此走上了艰难的自学道路。

　　13岁至18岁（1932～1937年），傅英仁学完了中学课程，读完了《论

---

　　① 傅英仁撰写的《自传》未出版。《自传》用标有"政协牡丹江市委员会稿纸"的稿纸撰写，笔者于1999年前往傅英仁处调查时，老人将《自传》送与笔者。

语》《中庸》《大学》和《孟子》，练习了书法，学习了日语和满族的民间文学艺术等。这5年的自学，不仅为他以后参加工作打下了良好的文化知识基础，还接受了先辈们关于满族的传统文学艺术知识和技术。

18岁至28岁（1937～1947年），傅英仁一直在宁安城里或附近地区任小学教员，有时还办立私塾，靠教书养家糊口。同时，他更加努力地讲述、记录和搜集故事，自觉参与满族的传统文化工作。

1947年东北解放，年近30岁的傅英仁参加了革命工作，直至1956年，傅英仁曾先后在几所小学中任教导主任、校长等职务。

1953年，傅英仁考入东北师范大学中文系专修班，后以优异的成绩于1956年毕业。他准备继续努力自学，向东北师范大学讲师的岗位努力，但好景不长，此计划被社会运动终止。同时，在这几年中，他利用业余时间更加努力地学习民间文化艺术。

1956～1961年，他因主张在宁安成立满族自治县而被打成"右派"到农村劳动。

1961年，被"摘帽"后，他被分配到县里业余教育办公室负责发展农业中学工作。他工作任劳任怨，积极努力。在"文化大革命"中，他由于当过"右派"被批斗，后又被派到"五七"干校劳动改造，专门养鸡。后来他被调到县蔬菜公司工作，直至1979年。

1979年，傅英仁彻底平反。正像他在《自传》中所说的："终于一洗过去的冤案，彻底平了反。"此时的傅英仁虽已60岁，但他自己感觉像年轻了20岁一样。在党的十一届三中全会精神的照耀下，在充分贯彻党的"百花齐放，百家争鸣"的方针、全面落实党的民族政策、发扬挖掘民族传统文化的背景下，他被调到县志办撰写《宁安县志》，这是他几十年的夙愿。此时的他积极搜集材料、撰写县志，他一生的爱好——整理满族传统民间文化艺术也得以实现。花甲之年的他由祖国东北大地走向了全国甚至全世界，成了著名的满族民间文化艺术家。80多岁的傅英仁还在讲述、录制他所搜集并掌握的满族故事，据说仅萨满神话就有40多个，还有100多个其他故事。

这位民间文化艺术家是如何在崎岖坎坷的道路上成长起来的呢？

（一）从家族汲取民间文化养料

傅英仁几乎在襁褓中就耳闻目染着祖母说古唱曲，正像他在《自传》中说的："大概从那时候起就和满族民间文化结下了不解之缘。"傅英仁在闻名四方、号称"故事妈妈"的祖母的故事堆里渐渐长大，今天她讲个《蛤蟆阿哥报恩》，明天又讲个《小鲫鱼救主》，后天又讲个《石头蛮尼》等。傅英仁在《自传》中写道："她老人家用故事讲古论今，用故事教育后人。老人家的故事对我影响太深太深了。"

傅英仁的母亲是一位方圆百里有名的老萨满。她专讲生活故事、萨满的传说等。

傅英仁的父亲傅明玉传授给他一些宫廷见闻、官场逸事、文人雅事等故事。

傅英仁的三祖父傅永利，人称"三爷"。他终身未婚，是傅英仁的家庭成员之一，傅英仁对他既恭敬又佩服。正如《自传》中所述："长篇说部、民间故事、萨满神话、传说历史、风土人情，（他）简直无所不通。"傅英仁说他的故事"有五分之二都是他老人家心传口授的"，他是三爷的"直传弟子"。可见傅永利对他影响的深远，傅英仁视他为"无所不通的圣人"。

那么，傅永利到底传授给了傅英仁什么呢？他不仅向傅英仁讲述了萨满教中有关天地形成、人类来源的神话传说和萨满斗法的故事，还传授给他几部长篇说部。第一部是《将军传》，写黑龙江将军萨布素一生的英勇抗俄事迹；第二部是《罕王传》，写努尔哈赤由十三幅兵甲起兵到统一满族的英雄业绩；第三部是《红罗女》，写渤海时期女英雄红罗女抗击外敌侵略的英勇不屈的故事；第四部是《金兀术》（片段），写金朝名将金兀术的生动事迹。由此看来，傅英仁未出家门就已学到了不少满族民间故事和长篇说部，当地人有个顺口溜：

> 西园子①，故事窝，
> 装吧装吧，一大车，
> 老一窝，小一窝，
> 不老不小，又一窝。

这老小之窝，指的正是已被当地众人所承认和认定的故事窝老傅家。这样一来，傅英仁更是酷爱和积极努力接受民间文化艺术内容了。因为傅永利在当地讲故事出色，众人送他一个绰号"三云"，意思是说他讲起故事来云山雾罩的，神秘、奥妙得让人看不透、摸不着。傅英仁不仅向他学习讲故事，

---

① 西园子，宁安市红城村的别名。——笔者注

还向他学习农活，从 13 岁起他就与三爷朝夕相处，白天在农田干活，夜间走街串巷，在各屯说唱满族说部《将军传》《红罗女》等。17 岁时，傅英仁已经把三爷的故事窝掏得差不多了。说唱故事是老人家的嗜好，三天不讲古就受不了，同时还能靠此挣米粮养家糊口。直至 1937 年，18 岁的傅英仁与三爷在某屯说唱，竟被当时的警察署抓去训斥了一顿，此后讲唱停止，傅永利也于 1940 年离开了人世。

傅永利等人对傅英仁的教导和熏陶，已经足以使他成为当地著名的民间故事家了。但是，他又接受了非傅姓人家，即姨父、舅父、舅爷和社会上民间故事艺术家的真传和培养，这就使他更上一层楼，使他的视野更加广阔远大，文化艺术更加丰富多彩，底蕴更加丰实了。

傅英仁的姨父关振川是满汉皆通的清朝末年的秀才，曾当过宁古塔副都统衙门的六品笔帖式（清代官员，相当于现代的文书之类）。清朝灭亡后，又成为吉林、黑龙江一带著名的大萨满。他传授给傅英仁萨满祭祀仪规和 150 多位（傅英仁会讲 120 位）萨满神灵来源的故事。老人家于 1938 年故去，临终时称傅英仁是他的"直传弟子"。

舅父郭鹤龄（傅英仁母亲的哥哥）也是满汉皆通的人物，是郭姓的大萨满。他主要传授给傅英仁有关请神咒语和黑龙江省北部地区萨满的活动情况。

对傅英仁影响更深远的是祖母的弟弟，即他的三舅爷梅崇山，又称梅崇阿公，他是当地有名的舞蹈家。13 岁时，傅英仁参加过梅崇山自出资金招收了 12 名男女少年的学习班，主要学习满族历史上流传下来的、梅崇阿公少年时学会的八套古代舞蹈，其中包括满族蟒式舞。傅英仁是当时学生中的佼佼者。

即使是在反右斗争中，傅英仁在农村劳动改造时，他也未忘记对满族文化的搜集，几年的劳动改造，他竟收集了"六七十个民间故事，17 份满族家谱，50 多则民俗，三家满族家祭义程，同时，还了解了汉军旗的来历等"。正如他在《自传》中所述："别人改造赤手空拳，而我却满载而归。对我来说，劳动改造坏事变成了好事。"劳动改造为他的民间文化艺术宝库增添了不少内容和色彩。

在县志办工作期间，他不仅努力编写县志还在各级领导的关怀下出版了大量民间故事，并参与指导了多部电视连续剧，如《努尔哈赤》、《荒唐王爷》和满族民俗片等。即便已经取得如此成就，傅英仁仍在伏案或面对录音机不知厌倦地工作着。

（二）笔耕不辍

常言说：好记性不如烂笔头。从 13 岁到花甲之年近 50 年的时间，傅英仁是如何记住这么多的故事和说部，还有满族面具等民间艺术的呢？答案是他有勤奋的笔头。他讲述的故事、说部和搜集的民间艺术品都有手稿。在《自传》中，他说从 1935 年至 1944 年，"已经写出六大厚册资料本，估计有 300 万字左右"。在笔者调查傅英仁时，他说这六册民间故事手稿用什么样的笔写的都有，每本都有 1 寸多厚，所用纸张大多为新闻纸。六册书为：《努尔哈赤罕王传》、《两世罕王传》、《萨布素将军传》、《红罗女三打契丹》① 各一册，《满族神话》一册，五个中篇故事为一册。傅英仁呕心沥血地写完后，深感欣慰，正如《自传》所述："终于把老一代保存的珍品记录下来，内心感到很充实。"

1953 年至 1956 年，傅英仁在东北师大函授学校进修和任宁安县干部学校副校长期间，抓紧时间整理出"四大函"的民间故事。凡是外出、干活、探亲访友，傅英仁总带着笔和书。他抓紧一切可用的时间学习，若遇民间文化艺术，如谁家的房梁、门扇上有什么雕刻木画或是神偶等，他都随时画下或记录下来。被划为"右派"下放农村劳动时，他把听到的新故事都偷着记录下来，有时在被窝中放在肚皮上书写。下乡劳动中，他搜集到的六七十个民间故事和满族的面具，都是这样记录下来的。每当笔者请教傅英仁问题时，他总是翻箱倒柜拿出那些破旧、黄色的厚本子，仔细翻阅后再回答我的问题。

傅英仁视如珍宝地保存着这批民间文化艺术资料，但在 1957 年末这批资料全部被焚烧，这如同烧掉了傅英仁的心肝宝贝。这位酷爱本民族文化艺术的老人，不甘心资料如此被毁，他铁了心似地要把这批烧掉的材料再抢回来。于是在 1958 年春，他装病在家不分白天黑夜地书写，困急了只睡两个小时，睡醒了爬起来再写。就这样，他提纲挈领地记录了两大本故事概要。我们从傅英仁处听到的神话故事及满族说部等都是那时他舍命抢救回来的。

傅英仁不仅是满族民间文化艺术家中的出类拔萃者，也是全国，甚至世界知名的人物。他卓越的民间文化艺术成就，首先是他几十年来自强不息、奋发图强、锲而不舍努力的结果。他仅仅是读过五年正规学校的高小生，但他知识渊博，四书五经、日语、绘画、书法、舞蹈、谱曲等他都会。这一切

---

① 这六册书名以吉林人民出版社出版时确定的书名为准。

知识的获得都来自于自学。若用学历来衡量，他的文化水平至少也是大学程度，因为他曾为当东北师大讲师而奋斗过。当然，天资聪明、勤奋好学是傅英仁成为民间艺术大师的自身条件。其次，他有满族传统文化也就是民间文化艺术的家庭和社会环境，他的民间故事和说部不仅来源于傅姓家族的传授，还有其他姓氏亲朋好友的传承和栽培。再次，傅英仁笔头勤奋，随时随地地学习和记录。他记录故事说部等的记录本，都是用 16 开的纸张，累计厚度近1 米，可谓惊人。最后，老骥伏枥，志在千里。傅英仁一生的志趣和愿望，全在传授和弘扬民族文化上，他十三四岁时就在小朋友之中讲述故事，这也是他团结朋友和同学的手段。因为讲故事，他在高小时还组织过一个"小牛录"（清代军队的基层组织）故事团，遭到父亲的打骂才停止。"文化大革命"之后，他出版了不少的故事和说部，指导过电视剧及舞蹈，发表过 4 篇论文。笔者调查时，80 多岁的傅英仁仍在不知疲倦地录写故事，等待出版。

第一章　傅英仁的民间叙事文本

1986 年 7 月，傅英仁在宁安市的家中，向笔者讲述了《东海窝集传》，笔者录制了 20 盘磁带带回北京。由于忙于其他手稿的整理，《东海窝集传》拖至 1999 年才出版。为此，笔者很内疚。不过还好，傅英仁终究见到了期盼多年、历经磨难的长篇说部问世了。

几十年来，傅英仁为满族及民族文化辛勤耕耘着，他不辞辛苦，跋山涉水，在东北尤其是宁安地区的山山水水、村村寨寨，访老问人，搜集了内容丰富的长篇说部和神话故事。十一届三中全会后，他埋头苦干，整理自己手头的民间文化资料，向有关部门和出版社投稿。他的辛勤耕耘结出了硕果：出版专集《满族神话故事》，又在《满族民间故事选》和《黑龙江民间文学》等书中发表民间故事和论文等。据傅老说，他能讲述 130 个故事、8 部长篇说部。笔者整理了傅老已出版的故事 103 篇（重复出版的不列入），列表如下（见表 1-1、表 1-2、表 1-3、表 1-4）。

表 1-1　《满族神话故事》① 故事名录

编号	故事名称	编号	故事名称
1	他拉伊罕妈妈	7	恩图色阿
2	多龙格格	8	朱拉贝子
3	阿达格恩都哩	9	昂邦贝子
4	鄂多哩玛发	10	神石
5	石头蛮尼	11	鄂多玛发
6	突忽烈玛发	12	沙克沙恩都哩

---

① 傅英仁搜集整理《满族神话故事》，北方文艺出版社，1985。

续表

编号	故事名称	编号	故事名称
13	三音贝子	16	绥芬别拉
14	抓罗妈妈	17	乌龙贝子
15	托阿恩都哩		

表 1－2　《满族民间故事选》（第一、第二集）① 故事名录

编号	故事名称	编号	故事名称
1	桦皮篓	18	鲫鱼贝子《龙7》
2	北极星（上选）*	19	朱舍里格格《龙7》
3	童阿里阿哥	20	鸡尾翎《龙7》
4	牡丹江的传说	21	镜泊公主《龙3》
5	珍珠门	22	核桃格格《龙7》
6	快活林	23	彩云《龙7》
7	泼雪泉（上选）	24	三格格《龙7》
8	拜满章京的孙子（上选）《龙1》**	25	菱角花《龙7》
9	瓜尔佳格格	26	大黑虎与小花蛇
10	萨布素驯牛（上选）	27	萨布素与巴尔图
11	临阵逃脱	28	苏穆夫人的故事
12	手鼓的传说（上选）	29	窝古台的遭遇
13	年息花（上选）	30	老穆昆达和小蛤蟆《龙7》
14	传家宝（上选）	31	放牛沟《龙1》
15	珠浑哈达的故事（上选）	32	赛音伊尔哈
16	织布格格《龙7》	33	朱图阿哥《龙7》
17	白鹿额娘《龙7》	34	郭合乐的巴图鲁《龙7》

* "（上选）"指除收录于《满族民间故事选》（第一、第二集）外，还收录于《满族民间故事选》（上海文艺出版社，1983）中的故事。特此说明，以下不再一一注释。

** 《龙1》指除收录于《满族民间故事选》（第一、第二集）外，还收录于《黑龙江民间文学》（第1集）中的故事。《龙3》《龙7》等以此类推，不再一一注释，特此说明。

---

① 中国民间文艺研究会辽宁、吉林、黑龙江三省分会编《满族民间故事选》（第一集），春风文艺出版社，1981。中国民间文艺研究会辽宁、吉林、黑龙江三省分会编《满族民间故事选》（第二集），春风文艺出版社，1983。

表 1-3 《黑龙江民间文学》（第 1、3、7、14 集）① 故事名录

编号	故事名称	编号	故事名称
1	黑妃《龙 1》	22	千年参《龙 14》
2	蚌蛛姑娘《龙 1》	23	三音图隆格格《龙 14》
3	小花蛇《龙 3》	24	巴隆色被斩《龙 14》
4	将军石《龙 3》	25	石虎青《龙 14》
5	仙泉水《龙 7》	26	梅赫哈达《龙 14》
6	七大萨满《龙 7》	27	落叶松的故事《龙 14》
7	西山泪《龙 7》	28	桦皮小篓和桦皮威虎《龙 14》
8	阴乎石《龙 7》	29	金铃格格《龙 14》
9	喜风泉《龙 7》	30	鸳鸯窟《龙 14》
10	活吊《龙 7》	31	母子山的故事《龙 14》
11	三箭缘《龙 7》	32	该死的放山搭《龙 14》
12	萨布素将军夫人的故事《龙 7》	33	白山第一
13	副都统和巴尔图《龙 7》	34	三访贝勒府
14	窝古台的故事《龙 7》	35	晒网场的故事
15	烟囱碴子《龙 7》	36	鸭蛋包子
16	觉罗城《龙 7》	37	借宿破案
17	双石岭《龙 7》	38	三探鬼门关
18	取灯《龙 7》	39	乌拉大豆腐
19	巫医窝克托《龙 7》	40	三箭定纷争
20	乌扎布和阿吉塔《龙 14》	41	高铃果
21	采参阿哥《龙 14》	42	一亩三分地

表 1-4 《满族民间故事选》② 故事名录

编号	故事名称	编号	故事名称
1	天和地	5	珍珠门
2	山和岭	6	桦皮篓
3	药草毒草	7	阿尔达巴图鲁罕
4	萨布素废除恶俗的传说	8	天桥岭的传说

① 《黑龙江民间文学》，中国民间文艺研究会黑龙江分会，1983~1990。
② 乌丙安编《满族民间故事选》，上海文艺出版社，1983。

四张表中，列出了 101 篇故事，另有《小乌蛇的故事》和《五马闯三关》是别人在论文中提到的，加上这 2 篇，共 103 篇。

傅英仁搜集到的长篇说部共七部[①]。

1.《东海窝集传》，又叫《窝集国》《东海窝集部》《东海窝集传奇录》等，1999 年由时代文艺出版社出版。

2.《红罗女》，又叫《三打契丹》，满族民间故事家傅英仁根据他的舅祖父梅崇阿公口传的长篇说部《红罗女》创作而成[②]，所以这一部既有民间文学的成分，又有作家文学的因素。1999 年由时代文艺出版社出版，2007 年又以《红罗女三打契丹》为题名由吉林人民出版社出版。

3.《萨布素》，又叫《将军八十一件事》，讲述康熙年间萨布素为抵御沙俄帝国侵略，于雅克萨城血战罗刹、收复失地的英雄事迹。2007 年由吉林人民出版社出版。

4.《比剑联姻》，写红罗女的爱情故事。2007 年由吉林人民出版社出版。

5.《罕王传》，又叫《两代罕王传》，2019 年以《两世罕王传·努尔哈赤罕王传》为题名由吉林人民出版社出版。

6.《金兀珠》，2018 年以《金兀术传奇》为题名由吉林人民出版社出版。

7.《金世宗走国》，由吉林人民出版社出版。

傅老先生不仅掌握满族丰富的故事和长篇说部，撰写了几万字的学术论文，如《满族的祭天风俗考》[③]、《谈满族婚姻的演变》[④] 等，还掌握其他满族文化艺术形式，如舞蹈有 "《蟒式舞》（九折十八式）、《五奎舞》、《扬烈舞》、《猎熊舞》、《起喜舞》等五种"[⑤]，其中有的已搬上舞台表演，很受人们欢迎。

第一节　民间叙事分类

傅英仁掌握的满族故事，其内容和价值如何呢？笔者根据民间文学的分

---

① 应为八部，不过此处尊重宋和平的表述，不做改动，说部名称依照旧名，也不做改动。
② 王松林、傅英仁：《红罗女》，时代文艺出版社，1999。
③ 《黑龙江民间文学》第 8 集，中国民间文艺研究会黑龙江分会，1983。
④ 《黑龙江民间文学》第 8 集，中国民间文艺研究会黑龙江分会，1983。
⑤ 《黑龙江民间文学》第 14 集，中国民间文艺研究会黑龙江分会，1985。

类标准来具体分析其神话、传说、故事的内容。

一 傅英仁讲述的神话

我们采用狭义的神话定义，"专指上古神话，确实是兴起自原始社会，直到封建社会初期就逐渐衰竭"① 的民间作品。

神话的产生、发展、流传都与社会性质和地域有着密切的关系。民间文学中的神话，是很有特点和价值的作品。它主要是"远古时代的人民所创造的反映自然界，人与自然的关系以及社会形态的具有高度幻想性的故事"②。茅盾对神话有一段精辟的论断："神话是'一种流行于上古民间的故事，所叙述者，是超乎人类能力以上的神们的行事，虽然荒唐无稽，但是古代人民互相传述，却信以为真'。"③ 总之，神话是反映人和宇宙的关系并以高度的幻想手法，反映人类上古时期创造并在民间流传下来的神的事情。

原始社会时，满族的祖先就以非凡智慧，创造了丰富的神话，不仅有关于开天辟地、宇宙万物形成的神话，还有部落民族形成中英雄创业的神话，更有各种反映人与自然、动植物密切关系的祖先神神话。傅英仁出版的神话内容丰富多彩，文化内涵及价值都很珍贵重要。笔者仅以自己的微薄学识，谈点粗浅看法。

已出版问世的满族神话不少，如《天宫大战》④、《满族古神话》⑤ 以及零散收集在书刊中的，如《天池》《白云格格》《恰喀拉人是怎样来的》⑥ 等，这些神话不仅详细、具体地反映了满族的原始生活、社会制度、习俗、审美、信仰、原始思维等，而且它们的产生和演化有其规律性，自成体系。傅英仁讲述的神话内容独到，他讲述的神话共 22 篇，包括《满族神话故事》中的 17篇，《满族民间故事选》中的 3 篇，还有《北极星》《七大萨满》。

我们根据神话内容分门别类地论述傅英仁讲述的神话。中国的神话学者们未形成统一的分类法，现列举几位学者的观点。陶阳、钟秀编辑的《中国

---

① 袁珂：《袁珂神话论集》，四川大学出版社，1996，第 19 页。
② 钟敬文主编《民间文学概论》，上海文艺出版社，1998，第 166 页。
③ 茅盾：《神话研究》，百花文艺出版社，1997，第 3 页。
④ 富育光、王宏刚：《萨满教女神》，辽宁人民出版社，1995。
⑤ 爱新觉罗·乌拉希春编著《满族古神话》，内蒙古人民出版社，1987。
⑥ 陶阳、钟秀编《中国神话》，上海文艺出版社，1990。

神话》① 把中国神话分为十二类，有宇宙起源神话、人类起源神话、洪水神话、族源神话、天婚神话、天体天象神话、英雄神话、部落战争和古帝王神话、治水神话、文化神话、生命与死亡神话和其他神话。茅盾在《神话研究》② 中按照内容归纳出六类中国神话，即天地开辟神话、日月风雨及其他自然现象的神话、万物来源的神话、记述神或民族英雄的武功的神话、幽冥世界的神话和人物变形的神话。在《神话研究》③ 中，黄石认同加特纳（E. A. Gardner）神话的十二类分法，又将神话分为哲学、科学、宗教、社会和历史五类。

笔者不准备研究所有满族民间神话，仅分析傅英仁讲述的 22 篇神话，按照内容可分为以下四类。

1. 天地开辟神话共 4 篇，为《天和地》《山和岭》《北极星》《药草毒草》。

2. 英雄（各氏族、部落的祖先神）神话共 12 篇，分别为《他拉伊罕妈妈》《阿达格恩都哩》《突忽烈玛发》《朱拉贝子》《沙克沙恩都哩》《鄂多玛发》《昂邦贝子》《三音贝子》《抓罗妈妈》《乌龙贝子》《绥芬别拉》《阿尔达巴图鲁罕》。

3. 文化神话共 5 篇，为《多龙格格》《恩图色阿》《鄂多哩玛发》《托阿恩都哩》《神石》。

4. 萨满神话共 2 篇，为《七大萨满》《石头蛮尼》。

学者们发表或出版的相当数量的著述成果精辟论述了神话的起源、意义、定义等，如《神话论文集》④《袁珂神话论集》⑤《神话研究》⑥《中国神话研究》⑦《神话研究》⑧《神话学 ABC》⑨《东巴神话研究》⑩ 等。

笔者认为，茅盾所论神话的定义有其合理性和科学性。神话的核心是上古时代神们的行事，并以丰富的想象、幻想的手法、形象具体地解释了自然

---

① 陶阳、钟秀编《中国神话》，上海文艺出版社，1990。
② 茅盾：《神话研究》，百花文艺出版社，1997。
③ 黄石：《神话研究》（影印本），上海文艺出版社，1988。
④ 袁珂：《神话论文集》，上海古籍出版社，1982。
⑤ 袁珂：《袁珂神话论集》，四川大学出版社，1996。
⑥ 茅盾：《神话研究》，百花文艺出版社，1997。
⑦ 谭达先编著《中国神话研究》，商务印书馆，1980。
⑧ 黄石：《神话研究》（影印本），上海文艺出版社，1988。
⑨ 谢六逸：《神话学 ABC》，上海书店出版社，1990。
⑩ 白庚胜：《东巴神话研究》，社会科学文献出版社，1999。

的变异、万物的无常以及社会的发展和变化规律等。古代人民"信以为真"的真正含义在于，他们认为神话反映了自然界和人类社会真实的事件，便世代讲述并将其传承下来，企图继承和发扬神们的英雄行为和精神，或传承某种生产技能等，这其中也包含着征服自然力和社会力的愿望。

傅英仁讲述的 22 篇神话，表达了满族人民战天斗地的英雄精神和愿望，在满族神话中占有重要地位，可与专门记述满族神话的各姓萨满神本和《天宫大战》① 相媲美。

1. 开天辟地神话

在傅先生讲述的《天神创世》② 中，天是至高无上的天神阿布卡恩都哩住的地方，地是天神创造的石罐子，人是天神照着自己的样子创造出的，最初只有一男一女。"天神造地"是指因人类的繁衍过多罐中住不下，天神用土做了地，把地放在水面上。"地震"因天神命三条大鱼驮着放在水面上的地，大鱼晃动身子产生。

《天神创世》还解释了世界上有各色各样人类的原因，即"地上的人越来越多，又住不下了"，天神就把"天上的一棵最粗最大的树砍倒了，接在土地的边缘上"，人们就沿着树枝发展起来，各色人种和民族由此产生。

《天神创世》讲述了地上的山和岭的由来，"最初，地是很平很平的"，天神为了让子孙能平平安安地生活，派了大弟子刺猬神来到地上保护人类。耶路里知道此事后偷下人间，残害人类。天神派小弟子多隆卑子来到人间，多隆卑子力气很大，"一枪把作恶多端的耶路里刺死了"。耶路里的尸体散落在大地上，"变成了一座座高山和峻岭"。

那么如何辨别人世间的药草呢？满族先民发挥丰富的想象力，幻想有一位为人类自我牺牲的神纳丹威虎里，天神派他来到人间。耶路里被刺死后，他的灵魂引起天花、麻疹、伤寒等病，还播种下七种毒草。纳丹威虎里来到世间用"通明透亮"的肚子去体验草药，他一样一样地尝试。每尝到耶路里播种下的一种毒草，他的一种内脏就会被毒坏。当尝到第六种时，他的肝、胆、脾、心、胃、肾就都被毒草毒坏了。临终前，他让弟子们继续寻找第七种毒草，为人类行医治病。

天上的星辰是怎么来的？《天宫大战》③ 中提到，"大嘴巨鸭"用巨嘴啄

---

① 富育光、王宏刚：《萨满教女神》，辽宁人民出版社，1995。
② 乌丙安编《满族民间故事选》，上海文艺出版社，1983。
③ 乌丙安编《满族民间故事选》，上海文艺出版社，1983。

了千千万万个洞出现了日月星光，火神便将自己身上的"光毛火发"抛到天空里化为了三星、七星、千星、万星。傅英仁讲述的《北极星》说明了"北极星"的由来。在宁古塔的部落里有个八十多岁的善良老人，天天助人为乐。一天放牧时，他救活了将要干死的小泥鳅，将它放进了河沟里，小泥鳅为了报恩变作小伙子。小伙子告诉老人三个时辰内要发大水淹没这个村寨，让老人逃命，并不让他泄露此消息。可是老人宁可化为"青烟"也要告诉全寨的人们去逃命。于是老人化为青烟冲上了天空，变为"北极星"。

其他民族解释星星的作用和来源的神话，还有藏族的《星星的由来》、彝族的《北斗七星》、鄂伦春族的《欧伦神的传说》、汉族的《石头星和灯草星》① 等，它们都是用本民族的生活习惯和表现方式创造的丰富多彩的星辰神话。满族的《北极星》不仅反映了满族先人受到过严重的水灾之难，还反映了满族历史上也有放牧的经济生活。

2. 英雄神话

英雄神话主要叙述了满族各姓祖先神及民族神的来源。其历史可追溯到母系氏族社会的鼎盛时期，反映了满族女真时期，较建州女真和海西女真落后的东海女真东海窝集人（密密森林深处的女真人）的社会生活。如《他拉伊罕妈妈》讲述了一位常年住在神树上，力大无穷、武艺高强的四十八个部落联合部落的酋长的故事。她专管各部落的一切事务，她做事公平、聪明能干。部落中的各种纠纷，请她一断，保管是非分明，众人心服口服。分猎物和祭肉时，她就算闭着眼睛也分得公平合理。她带领全部落的人战胜了狼群的残害，保卫了部落安全，同时为部落里培养了九个著名的大萨满，保护着世代子孙的平安。他拉伊妈妈成为满族郭姓的第一代祖先神，主管断事。

在《阿达格恩都哩》中，阿达格神神通广大，他靠豹父人母给他留下的金钱豹皮衣搭救了不知多少黎民百姓，与耶鲁哩手下的妖魔战斗过九十九次。为了保护一方百姓，他放弃升天成神的机会变作金钱豹留在世间，成为满族萨满教祭祀的一位著名动物神。

在《突忽烈玛发》中，人们觉得突忽烈是"浑身长着闪闪发光的鳞片，两只脚像鸭子爪一样"的怪物，一心要害死他，但是他不与众人们为仇，反而千方百计地搭救他们。他带领海龟运水灌田地，还战胜恶魔耶鲁哩，后来回到海里永远保护着满族人民的平安。他成为东海窝集即"野人女真"捕鱼

---

① 陶阳、钟秀编《中国神话》，上海文艺出版社，1990。

狩猎的保护神。

《朱拉贝子》中的朱拉是为人类指点行船，保佑人类打鱼丰收的保护神。

《沙克沙恩都哩》中的沙克沙是人头鸟身子的"人头鸟"，他是一对老夫妻向满族的始祖母女神佛托妈妈祈求而来的孩子。他不仅为部落预报吉凶，还从耶鲁哩手中救出了五十多人的性命，成为一方黎民的保护神。

《鄂多玛发》中的鄂多出生时就是可变男身又可变女人的怪人，他力大无穷，有一身好武艺。他带领全部落人迁移到水草丰美、猎物丰足的地方，为开路他使自己变成人不人、兽不兽的，长着钢铁般又尖又长的嘴巴、鸭子爪的手般的怪物。他是某姓的第一代祖先神，也叫蛮尼（英雄之意）神。

《三音贝子》讲的是射日英雄的神话，三音贝子用五彩天绳和弓箭射掉了七个太阳，留下的两个成为今天的太阳和月亮。

此外，还有为救部落人脱险的鹿神抓罗妈妈、带兵打仗的乌龙贝子，也都是超凡出奇的英雄。

3. 文化神话

文化神话不仅仅表现了满族先民战天斗地的英雄精神，更重要的是解释了人类生活和生产中的各种器物和工具的来源和使用方式等。《多龙格格》中的多龙格格用神箭战胜妖鹏，成为东海窝集中杨姓所供奉的弓箭神；天神的弟子鄂多哩玛发搭救了深受黑熊、野猪和狼群残害的人们，又教导他们用巧妙的方法狩猎，后成为满族古代使鹿部和使犬部所供奉的狩猎神；托阿恩都哩是看管天火的天神，为了改变人们茹毛饮血、吃生肉的生活，他历经磨难将天火装入石头中带给人们，后成为满族祭祀的火神；《神石》中的一位老者指点人们利用山石制造各种器皿和玩物，并教他们摆石头阵战胜了敌人，老者被后人供奉为祖先神。

4. 萨满神话

《七大萨满》和《石头蛮尼》都是赞扬萨满用神通救护一方黎民百姓的神话。

二 傅英仁讲述的传说

傅英仁发表的传说共 39 篇，有人物传说、历史传说、地方风物风俗传说。传说往往与历史的或实有的事物相连，包含了某种历史的、事实的因素，具有一定历史性的特点。

1. 人物传说

人物传说共 19 篇，即《白山第一》《三访贝勒府》《晒网场上的故事》《鸭蛋包子》《借宿破案》《三探鬼门关》《乌拉大豆腐》《三箭定纷争》《高铃果》《一亩三分地》《萨布素驯牛》《萨布素与巴尔图》《副都统与巴尔图》《苏穆夫人的故事》《萨布素将军夫人的故事》《窝古台的遭遇》《窝古台的故事》《萨布素废除恶俗的传说》《黑妃》，具有历史的实有性。其中《萨布素与巴尔图》和《副都统与巴尔图》相同，《窝古台的遭遇》和《窝古台的故事》相同。

人物传说主要表现康熙和萨布素。康熙的传说为康熙私访东北树碑立传、歌功颂德。如康熙私访到吉林省乌拉街，看见一家饭馆门前挂着"白山第一"的大字，康熙皇帝即刻手挥御笔书写了更为精彩的大字，得到众人称赞，成为"白山第一"（《白山第一》）。康熙为求贤学艺，在乌拉街三访贝勒府，终于学到了绝世武艺（《三访贝勒府》）。还有康熙为民除害、严惩贪官污吏（《晒网场上的故事》）；私访中借宿时为一妇女破案申冤、惩办恶官（《借宿破案》）；三箭平息了民间纠纷与争霸（《三箭定纷争》）等传说。

萨布素是清代康熙时的一位将军，1683 年 10 月，他由宁古塔副都统升为黑龙江将军，驻守瑷珲。任职期间，萨布素积极抗击沙俄侵略，在其奏折中称"若不速计剿抚、则赫哲、飞牙喀、奇勒尔人民必被残害"。他是签订《尼布楚条约》的使团成员之一，"新组成的清朝使团仍以领侍卫内大臣索额图为首，成员有……黑龙江将军萨布素"等。他是历史人物，有关他的民间传说也很多，已问世的相关传说有 8 篇。《苏穆夫人和窝古台》从不同角度和侧面表现了萨布素爱民如子、勤俭奉公的优良品质；《窝古台的遭遇》表现了他大义灭亲、大公无私的精神；《萨布素废除恶俗的传说》反映了清代初期活人殉葬的事实和风俗；《萨布素驯牛》《萨布素与巴尔图》直接表现了萨布素的优秀品质。

由此可见，傅英仁讲述的传说反映了人类历史上曾经发生和存在过的社会现实，传说的价值也正在于此。

2. 历史传说

傅英仁讲述的历史传说仅有《朱图阿哥》和《朱舍里格格》两篇。《朱图阿哥》讲述了满族历史上母系氏族社会后期，女人反对男人掌权的故事；《朱舍里格格》讲述了一位女部落长带领部落人与狼群斗争的故事。这两篇传说都反映了满族原始社会女人当家时的母系氏族社会生活。

3. 地方风物风俗传说

傅英仁讲述的地方风物风俗传说，主要解释和说明了黑龙江省宁安地区、牡丹江以及长白山一带的山山水水、满族风俗习惯的来源及其形成等内容。此类传说共 19 篇，即《桦皮篓》《牡丹江的传说》《珍珠门》《泼雪泉》《鲫鱼贝子》《鸡尾翎》《三格格》《菱角花》《将军石》《西山泪》《阴乎石》《烟囱砬子》《天桥岭的传说》《手鼓的传说》《年息花》《母子山的故事》《赛音伊尔哈》《双石岭》《落叶松的故事》。

笔者将这 19 篇传说分为五类。

第一类，解释当地山石的来历。《珍珠门》解释了镜泊湖中珍珠门的来历，一对相亲相爱的年轻夫妻苏东阿和蛤蜊精姑娘，他们在与贪心的贝勒斗争中牺牲了，后来湖中出现像门柱子似的两座小山就是今天的珍珠门。《将军石》讲的是一个又穷又苦的放猪娃得到大青石的帮助后当上了将军，他因贪心死在长白山脚下，这块石头被称为将军石。《阴乎石》讲述了一位阴险多诈的箭手死后变成了黑石，这块黑石就是阴乎石。《双石岭》和《赛音伊尔哈》内容相同，讲述了赛音伊尔哈和青梅竹马的小阿哥为救本部人而牺牲，他们的坟变成了长白山脚下的两座石头山，这就是双石岭的来历。同时又解释了满族每年打春时门框上抹猪血和鸡血，就是为了纪念伊尔哈姑娘。《烟囱砬子》讲的是一位在与恶魔的战斗中牺牲的善良勇敢的老人变成了上杵天、下杵地的石柱子。《母子山》讲的是宁古塔东山上的母子山是由两只母子熊被猎人射死后变成的。

第二类，解释泉水江河的来历。《牡丹江的传说》讲述了一位恶魔因仇视鞑靼人的幸福生活，变为一棵大榆树牢牢实实地压在水源上。穆丹阿哥求天神帮忙，泉水才喷发而出成了一条大河。为纪念穆丹阿哥，这条河被称为牡丹江。《泼雪泉》讲述一位年青善良的小伙子变成了宁安市西山脚的泼雪泉。《西山泪》讲述了一对年轻夫妻被贪官害得家破人亡，他们的鲜血流入宁古塔城西的石桥下，河水由此变成了红色。

第三类，解释人、兽、植物间的关系。《鲫鱼贝子》讲述镜泊湖西岸某部落的姑娘嫁给了鲫鱼贝子，因此该部落不吃鲫鱼。《鸡尾翎》讲述了一位寄养在他人家中的苦工受到神灵送给他的鸡尾翎的保护，因此满族人家为寻求神灵保护习惯在帽筒、掸瓶里插上鸡尾翎。《菱角花》讲述了菱角花是由美丽善良的姑娘变成的。《三格格》解释了某屯三姑庙的来历。

第四类，解释萨满祭器的来历。桦皮篓、手鼓和年息花都是萨满祭祀时必须准备的祭物。盛装萨满祭品的桦皮篓是一位白须老者送给善良、忠厚的哥儿俩的礼物;手鼓是一位善良勇敢的小阿哥为救老者上悬崖摘梨而不慎堕崖,他所摘之梨变作神鼓,树枝变成了鼓槌;满族萨满祭祀必用的年祈香,是年息姑娘被邪恶势力残害死后变化而来的。

第五类,其他。只有《天桥岭的传说》和《落叶松的故事》2 则。《天桥岭的传说》既讲述神的故事,又解释了天桥岭因其山势陡峭、直插云端,人登上此岭就可以见到天神、参加天宴而得名。《落叶松的故事》是讲很早以前,落叶松因为犯了天条,天神罚它冬天不穿衣服,所以它就从不落叶变成落叶了。

总之,傅英仁讲述的传说内容丰富且价值珍贵。

三 傅英仁讲述的故事

民众不分所谓文类,经常说的是"讲瞎话"、"讲古"、"说古"或"说段古语"等。笔者将幻想色彩很浓的,讲述天上、地下,自然和人类社会中产生的"神们的行事"称为神话;将说明或解释地方风物、民间习俗、禁忌、信仰的来历或渊源的文本都列入传说;将虽具有幻想色彩,但主要叙述人类社会人们的心愿和自然界中各种现象等内容,从而表现人们善恶是非、习规及观念的民间文学形式称作故事。

傅英仁已发表的满族民间故事共 40 篇,分为十类:部落战争的故事(英雄故事)、人参故事、爱情故事、宗教故事、动植物故事、机智故事、风趣幽默故事、洪水故事、工匠故事和其他故事。

第一类是部落战争故事,也是英雄故事。

这类故事有 9 篇,即《瓜拉佳格格》《喜风泉》《仙泉水》《觉罗城》《三音图隆格格》《郭合乐的巴图鲁》《拜满章京的孙子》《珠浑哈达的故事》《石虎精》。《瓜拉佳格格》赞扬了在努尔哈赤起兵征讨各部落时,某部落老将军被囚在五龙泡中,他的女儿瓜拉佳格格历经千辛万苦在仙人的帮助下救其出狱的英雄行为;《喜风泉》《仙泉水》讲述了年轻人历经磨难寻找泉水治疗窝子病的故事;《郭合乐的巴图曾》《拜满章京的孙子》《珠浑哈达的故事》讲述了英雄们为了本部落的利益进行厮杀并取得胜利的故事,展现了他们的射柳、打猎等比武活动,表现了满族人民追求幸福和英勇奋斗的事迹。

第二类是人参故事。

傅英仁的故事覆盖面广而丰富，不过人参故事仅有《采参阿哥》《千年参》《巴隆色被斩》3篇。这3篇故事都是围绕采参人因采到宝参、千年参和母子参被封官而荣华富贵的线索展开的，但那些贪心、忘恩负义的人却会命送黄泉。

第三类是爱情故事。

爱情是人类永恒的主题，民间文学中也自然少不了它。傅英仁讲述的爱情故事主要表现了满族青年男女的纯真情感、婚姻习俗和制度等内容。他讲述的传说除了解释和说明山石、风水、民俗等的渊源，也常常会表现男女青年真挚爱情的内容，如《鲫鱼贝子》《三音图隆格格》《仙泉水》。

傅英仁讲述的爱情故事内容丰富，共有11篇，即《鸳鸯窟》《快活林》《镜泊公主》《彩云》《蚌珠姑娘》《大黑虎与小花蛇》《小花蛇》《梅赫哈达》《核桃格格》《乌扎布与阿吉塔》《小乌蛇的故事》。这一类故事主要有两大内容。第一，表现了满族历史上男女青年纯真、执着的爱情。《鸳鸯窟》《快活林》《镜泊公主》表现了男女青年纯真、执着的爱。《鸳鸯窟》里的两位主人公青梅竹马，他们在鸳鸯的帮助下战胜了作恶多端的喇嘛，两人幸福地结合；《快活林》讲述了诚实、勇敢、善良的神箭手战胜众人的嘲讽和议论，与一位丑陋的哑巴结婚；《镜泊公主》讲镜泊公主从水里走到陆地上，历经千辛万苦终于找到了自己心爱的人。第二，表现了人与异类的婚配，如人与鲫鱼、蚌珠、小蛇和核桃等异类结为夫妻。无论异类化男还是化女，都要经过艰难的磨难，才能与自己心爱的人成为夫妻或是再见面。其中，《蚌珠姑娘》讲蚌珠经过真火烧炼后，烧掉了身上的蚌壳，与自己心爱的人幸福完婚；《小花蛇》讲小花蛇经过开肠破肚的痛苦又学好武艺救姑娘脱险，与自己心爱的人幸福完婚。但是，《梅赫哈达》中的小白蛇和《核桃格格》中的核桃姑娘虽经过重重磨难，但因小伙子太善良、无坚强意志而失败，只能做半辈子夫妻；《彩云》《乌扎布与阿吉塔》讲主人公虽历经磨难，却未能实现梦想，没有与心爱之人婚配，他们有的为救自己的丈夫化作彩云，有的化作山中声音，回荡于山谷间。

第四类是宗教故事。

傅英仁讲述的这类故事只有《巫医窝克托》1篇。这篇故事内容虽简单，但讽刺性很强，通过声称"治病顾不了命"的巫医窝克托用大石磨压死福晋的故事，抨击了民间装神弄鬼的神汉巫医的迷信行为。

第五类是动植物故事。

傅英仁讲述的动植物故事有《白鹿额娘》《老穆昆达和小蛤蟆》《放牛沟》《该死的放山搭》4篇，主要表现了动物与人类互相帮助、息息相关、不可分割的密切关系。《白鹿额娘》讲述了一只白鹿用奶水哺育了小男孩，当男孩的父亲去世后，它便与男孩相依为命。男孩的媳妇因嫌弃白鹿而被男孩赶回娘家，从此男孩与白鹿额娘终身为伴。《老穆昆达和小蛤蟆》讲述了老穆昆达与小蛤蟆互相帮助的密切关系。《放牛沟》讲述了一个放牛倌得到神牛的帮助渡过难关的故事。在《该死的放山搭》中，主人公不仅得到了海东青的恩惠，还得到了老虎的帮助，但放山搭不知报恩，最终被老虎害死。

灵禽慧兽对人类的帮助和恩惠的情节，不但在民间故事中得到了充分地体现，还在神话和传说中表现得更为突出。神话《阿达格恩都哩》的主人公得到金钱豹的帮助才战胜了敌人；《沙克沙恩都哩》的主人公得到了喜鹊的帮助；《三音贝子》的主人公得到了蟒蛇、喜鹊、乌鸦等动物的帮助。传说《泼雪泉》中的喜鹊、《三格格》中的大柳树、《菱角花》中的鹿阿哥等都展现了人类与动植物的亲密友好关系，反映了远古时代人类与动植物甚至宇宙和谐相处的重大问题。

第六类是机智故事。

《金铃格格》《活吊》《童阿里阿哥》3篇，讲述了正直、善良、勇敢的人们战胜魔鬼和恶人，救下了全部落的人。故事的主人公都有超人的智慧和勇气，如童阿里阿哥骗取魔鬼的魔棍、镇山宝石和魔袋，战胜了魔鬼。

第七类是风趣幽默故事。

《临阵逃脱》不仅嘲讽了慈禧的无知，还用爱国画家的谐音画《仙童献桃》辱骂了慈禧临阵逃（桃）脱（托）的卑劣行为。故事风趣而幽默。

第八类是洪水故事。

《桦皮小篓和桦皮威虎》讲述了古时善良机灵的阿哥在森林中救活了一位生命垂危的老太太，老太太送给他桦皮小篓和桦皮威虎（船之意），当洪水来时小船忽地变成了大船，全部落的人都得救了。

第九类是工匠故事。

有《织布格格》《取灯》《三箭缘》3篇。故事内容虽简单，意义却很大，它标志着满族社会已向文明社会迈进了。这3篇故事都是反映人类社会生活中不可缺少的用品的。《织布格格》是说两只喜鹊用自己的羽毛织成布献给人类，满族才有了织布技术。《取灯》讲述了一位勇敢善良的姑娘到京城取火柴从而照亮了部落的黑暗，部落才有了制造火柴的技术。《三箭缘》反映了人类历经磨难，最终发明了炼铁技术并制造出箭头、犁铧和刀枪剑戟，使部落发展起来。

第十类是其他故事。

这类故事内容独特，只有《五马闯三关》《传家宝》两篇。笔者未查到《五马闯三关》的出处，不知内容如何，只好列入此类。《传家宝》讲述了一位老人临终前交给三个好吃懒做的儿子一个小红匣子，匣内有纸条，让他们照纸条上的话做，他们因此开垦出大片土地，种上庄稼获得好收成，日子越过越红火的故事。

综上所述，傅英仁发表的民间故事内容丰富多彩，涉及社会的方方面面，历史跨度也很大。可以说，满族民众用自己的智慧和丰富的想象，用民间故事编织并记录着自己的历史和文化。

第二节　故事的历史性

傅英仁讲述的故事，反映了人类从蒙昧时期到文明时期的文化现象的蛛丝马迹。

女人掌权当家做主仅仅是人类社会中的一个时期，其后便被不断发展起来的男性势力所代替。《他拉伊罕妈妈》《多龙格格》《朱图阿哥》《朱舍里格格》等故事都反映和歌颂了女人治理社会和管理社会的才华。《他拉伊罕妈妈》记述了双刀妈妈掌权管理氏族内一切事务的情形；《多龙格格》记述了多龙格格降服妖鹏救了部落的人，她武功超人，"长得跟小伙子似的，行事大方，长相虎势……骑马、射箭、狩猎、捕鱼，那是样样精通"。

已出版问世的《东海窝集传》和满族民间故事中都反映了男人代替女人掌权的过程和方式。傅英仁讲述的民间故事中，大部分反映了男人掌权的部落生活，如《三音图隆格格》《郭合乐的巴图鲁》《珠浑哈达的故事》《拜满章京的孙子》《鸳鸯窟》《老穆昆达和小蛤蟆》都反映了部落战争和男人掌权的英雄精神。

当战俘成为奴隶且其他私有财产大量出现时，这代表着满族已进入了奴隶社会。戴逸主编的《简明清史》中说："努尔哈赤时期，正是由家内奴隶制向庄园奴隶制过渡。奴隶主要来源于战争中的俘虏。"① 傅英仁讲述的《喜风泉》记述了两个部落征战后战俘的悲惨生活。

傅英仁讲述的故事反映了封建社会方方面面的内容，特别是反映了皇帝、官员的好与坏、清与贪，主要涉及康熙和萨布素将军，《巴隆色被斩》《千年参》《临阵逃脱》《传家宝》等都反映了封建社会的内容。

傅英仁讲述的故事有几个特点。

首先，历史性很强，反映了满族从原始社会到清末八国联军进北京这一很长历史时期的社会生活。

其次，反映了满族先人尚武的英雄精神和惩恶扬善的高尚品质。骑射是满族英雄尚武精神的体现，《他拉伊罕妈妈》《郭合乐巴图鲁》《拜满章京的孙子》《珠浑哈达的故事》中的英雄都是身怀武艺的神箭手；《阿达格恩都哩》的主人公战胜了耶鲁哩，托阿恩都哩偷了天火给人间；《桦皮篓》《牡丹江的传说》《鲫鱼贝子》《三格格》《瓜拉佳格格》《郭合乐的巴图鲁》《拜满章京的孙子》《仙泉水》《鸳鸯窟》《快活林》《镜泊公主》《小花蛇》《核桃格格》《将军石》的主人公以忠贞不渝的情感和善良的行为感动了神灵，在他人和动植物的帮助下实现了愿望，从而表现了满族先人善良、忠厚、助人为乐、舍己为人的高尚品质和战胜一切邪恶势力的坚强意志。

再次，充分反映了满族原始狩猎的经济生活，如《鄂多哩玛发》提到 27 个寨子的人都是"以打猎为生"，"冬天穿兽皮，夏天赤身露体"；《抓罗妈妈》中的人以"打猎捕鱼为生"，"穿的是鱼皮或牲口皮做的衣服"；《朱舍里格格》记述了"部落的人都以打猎为生"；《菱角花》中老猎手"打了一辈子的猎，百八十里内，没有人不佩服他高明箭法"。

满族先民长期与动物打交道，并与其建立起了不可分割的密切关系，甚至是血肉关系，他们互相帮助、互相依附甚至跨越种族建立婚配关系。傅英仁讲述的神话中，大多提到了人类得到动物的帮助，如《阿达格恩都哩》《突忽烈玛发》《鄂多玛发》等都有动物帮助人类解决困难的内容；《沙克沙恩都哩》的主人公不仅给人们预报吉凶祸福，还带领全部落的人战胜了恶魔耶鲁哩；《老穆昆达与小蛤蟆》中蝙蝠帮助阿吉塔姑娘脱险；《白鹿额娘》中的白鹿是一位任劳任怨、善解人意的慈母。

叙述满族先人与动物的婚姻关系的，有《菱角花》中的小鹿变小伙儿与姑

---

① 戴逸主编《简明清史》，人民出版社，1980。

娘婚配,《鲫鱼贝子》中鲫鱼变成小伙儿与姑娘结婚,《小花蛇》中小花蛇变成小伙儿与姑娘结婚,还有《蚌珠姑娘》中蚌珠变成姑娘与小伙儿结婚等。叙述满族先人与植物结为夫妻的,有《核桃格格》的主人公变姑娘与小伙子结婚,《三格格》的主人公与柳树变成的小伙儿结婚等。这些故事不仅反映了满族先人与动植物的密切关系,而且还反映了满族原始的狩猎经济生活。

最后,充分反映了满族历史上的风俗民情。傅英仁讲述的故事反映了满族历史上的居住、婚姻、丧葬和祭祀习俗。

傅英仁讲述的故事从不同侧面反映了满族先人原始生活的画卷,真实地展现了他们的居住生活,如树居、洞居、窖居和撮罗子。《他拉伊罕妈妈》的主人公"住在神树上"就是树居。《多龙格格》中既有树居的内容,如"那时候野兽多飞禽也大,人们害怕野兽,都像鸟一样把房子搭在树上。大房子利用四棵或六棵,临近的大树做架子搭起连二或连三的房子,叫连桥。也有的在一棵大树上搭个小屋,叫马架子",也有洞居的内容,当妖鹏强占了人们"树上的房子"时,多龙格格带着他们"躲到山洞中"居住。《鄂多哩玛发》描述了古代宁安地区寨子里的男女老少都骑在马上到处为家,而现在只有顶好的人家住在地窖子里,大部分人都是冬住山洞,夏住撮罗子(在野外临时搭的小屋)。

傅英仁讲述的故事中的婚姻习俗同样丰富多彩,除了群婚制外,还有血缘婚、普那路亚婚、对偶婚、一夫一妻制等婚姻形态。

第一类,劳役婚,是对偶婚的残余。故事反映了满族先人用野鸡翎向姑娘求婚的习俗,也有男方到女方家干活的劳役婚,而且这种婚姻离异也很容易,只要男方说一声即可,也可以说这种婚姻是原始的、很不稳定的对偶婚。《白鹿额娘》中白鹿领着儿子到一位姑娘身边,让他拿着野鸡翎插在姑娘头上,这就是订婚了,但"那时候男女结婚是男方先到女方家干三年活"才能成婚。婚后儿媳妇嫌弃额娘是头白鹿,并打骂她。小伙子指责媳妇说:"你这样冷酷无情,你回你的娘家去吧!"姑娘就收拾东西离去了。这样,二人的婚姻关系也就结束了。《朱拉贝子》中的朱拉必须答应三个条件才能与姑娘结婚,其中一条是朱拉变成一头牛,在姑娘家干一年苦工。《鲫鱼贝子》的主人公也是要先为部落人除旱情和妖魔等,才能与姑娘结婚。

第二类,男嫁女婚。《朱图阿哥》记述了朱图20岁时嫁到"牛祜禄哈拉……家为婿",给另一部落里的姑娘做丈夫。

第三类,考婚制。人与动植物的婚姻体现了这种考婚制,如《珍珠门》

《小花蛇》《蚌蛛姑娘》《核桃格格》《梅赫哈达》。通过比武考验男方的武功来招婿也是考婚制，如《仙泉水》《拜满章京的孙子》等。

第四类，一夫一妻制，如《昂邦贝子》《喜风泉》《双石岭》《乌扎布和阿吉塔》等都有相关内容的记述。

在以上四类婚姻形式中，劳役婚、男嫁女婚和考婚制是原始社会群婚制度的残留，或是对偶婚的表现，都是由群婚制向一夫一妻制过渡时，男女双方对婚姻的一种反抗的表现。

满族历史上的丧葬形式很多，有树葬、土葬、火葬、山间葬等。傅英仁讲述的故事中反映的满族葬俗有树葬、土葬和山间葬。往山洞里或树丛中一扔的葬俗为山间葬，也是一种很原始的树葬，如《昂邦贝子》记述了二贝子把老贝勒活活给闷死后将其尸体扔到山涧里，让老虎吃掉的葬俗。树葬还有把棺材吊在树枝上、架尸于枝干上和将尸体置于大树洞内的三种方式。《他拉伊罕妈妈》的主人公选择以桦皮为棺的树葬，她临死前叮嘱大家："我死后，千万把我用桦皮包好，挂在东山口的大松树上。"《朱拉贝子》的主人公牺牲后被土葬在西山脚下。《白鹿额娘》中的老猎人去世后，白鹿在小山下刨了一个坑埋葬了老猎手，白鹿去世后"在猎手坟地上又添了一座新坟"，这里已明确指出是土葬。《西山泪》中儿女们在"坟上哭得死去活来"，说明也是土葬。

人死后还有陪葬之俗。人类社会的不同历史时期有不同的陪葬物，从石器、青铜器、铁器到现实生活中的所有生活用品都可以作为陪葬品，如装饰品、食品、用品、猪、羊、马等，甚至还有活人陪葬。满族历史上的活人殉葬在民间叙事文本中也有体现，如傅英仁讲述的《萨布素废除恶俗的传说》就记述了满族先人活人殉葬的习俗，一位有钱人家的老人去世让其小妾陪葬，萨布素借此机会设计谋救下了这位妇女，破除了这种恶习。

傅英仁讲述的《满族神话故事》中的17篇故事文后都有小注，注明了神灵的祭祀仪规、供品，由哪一姓氏、氏族或部落供奉等信息，这些注释信息详细、具体地论述了萨满教祭祀之俗。《他拉伊罕妈妈》的小注中写道，"是郭合乐族（郭）供的断事神"，"在秋天的第一天午前，在大树下摆供，并在树上挂一个桦皮盒"。《多龙格格》的主人公是杨姓的弓箭神，每年秋天祭祀时，要摆上糕、米酒和一对野鸡。《石头蛮尼》则明确指出，"满族人有个习俗，凡是生前神通广大的，给人做好事的萨满死后，都尊称为蛮尼"并受祭祀。此外，在其他故事中，如《桦皮篓》提到满族举行萨满祭祀时，要把祭肉先放在桦皮篓中，以示恭敬之意。满族先人将柳树称为佛托妈妈（柳枝祖母），对其尤为恭敬。

傅英仁讲述的故事内容极其丰富，是研究人类社会制度、历史演变在使用考古资料外的有益补充，也是分析满族的精神生活、物质生活、审美观念、宗教信仰等的重要资料。

第三节　民间叙事的艺术巨匠

傅英仁称得上是民间文艺大师、艺术巨匠，他讲述的故事所表现的艺术成就是惊人的，无论是他对人物性格、形象的刻画，还是对语言运用、叙述技巧、情节结构等的把握均堪称一流，值得称赞。

首先，神话中神灵性格的塑造。傅英仁对神灵非凡性格的塑造主要是通过人和神们的行事来展现的，但民间文学一般很少有细致的外貌刻画和高谈阔论的记述，并且多半按故事情节先后顺序展开，个别时候有插叙和倒叙。

我们以《他拉伊罕妈妈》为例来分析傅英仁的超凡表现力。他拉伊罕妈妈出现在部落战争频频发生的年代，她的出现制止了部落间的拼杀。傅英仁通过对其形象、外貌、穿戴的描述，将一位满族历史上飒爽英姿的女英雄展现在听众（观众）眼前。她的形象："从南方跑来一匹枣红马，马上端坐着一员女将，双手使刀，威风凛凛。"接着，故事又具体、细致地刻画了她的外貌："看上去有二十几岁，一双古核眼，两道柳叶眉，长得很俊俏"，以及她的穿戴："身穿淡蓝裤褂，头扎翠兰手帕。"而运用比喻性的语言是傅英仁讲述的神话的突出特点，如部落人看见她后，便有人说："天上的大雁不在半路落脚，过路的行人不管途中的闲事"，她用"一头小鹿跑来跑去，还是要回到额娘（即母亲）身边，树上松子终究要落到树根旁边"来回复。当他拉伊当上了部落长后，神话通过对其行动和语言的描绘突出了她办事公道和大公无私的牺牲精神。她武艺超人，通过比武打败了本部落的大力神；她管理才能出众，把部落事务安排得妥妥当当，部落在她的领导下人畜两旺，生活美满；她把人集合起来练习弓马刀叉，教妇女种麻织布、编篓织筐；她具有高超的处事技巧和自我牺牲的精神。当本部落的人在外打猎讹来其他部落的三只鹿时，他拉伊不仅出面向对方部落赔礼道歉，还主动替犯事人受惩罚，她说："大雁乱群治头雁，部落出事怨头人，我甘愿领五十皮鞭。说完脱下外衣跪在大众面前。"

神话中提到的众神个个有非凡的武艺、怪诞的形象、神奇的行事，其神性突出，神格完美。多龙格格"行事大方"、"长像虎势"；半人半兽、人面豹身的阿达格恩都哩，"喊一声能震动山谷"；有时变男人，有时变女人的鄂多玛发，不但心灵手巧，还力大无穷，敢和黑熊摔跤，同花鹿赛跑，他使的弓谁也拉不开，他用的刀谁也抬不动，他脾气粗暴，但为了救部落人脱离危险，他变成了一个长着"像铜铁一样的又长又尖的利嘴"和"一双鸭子爪"，人不像人、鸟不像鸟的怪物游荡在森林中；射日英雄三音贝子和给人间送火的托阿恩都哩给部落人指明方向，为他们谋福利；《神石》中的老者"个头不太高，干干巴巴的骨架"，但"长得倒很结实"，每当部落人遇到困难时，他总是"笑嘻嘻地走到他们跟前"。

其次，故事中人物形象、个性的塑造，其艺术效果同样鲜明突出。如《萨布素将军夫人的故事》通过夫人安抚逃跑的三百户新满族人和把协领早已丢失的战袍送还给他的行为，表现了她爱民如子和艰苦朴素的作风。瓜拉佳格格女扮男装去寻找多年在外参与战斗的父亲，通过颇有寓意的语言"瓜儿离不开秧，孩儿离不开爹娘"说明了她寻找父亲的理由，并最终经过长途跋涉见到了父亲。行为描写和语言的描述都起到了突出人物个性的艺术效果。如《将军石》中放牛娃因为贪心最终死在石头旁；《三音图隆格格》中格格受后母虐待被迫离家出走，终靠自己的善良和勤劳得到幸福；《童阿里阿哥》中阿哥智斗魔王；《临阵逃脱》中慈禧太后的卑劣行为等。

最后，故事中动植物的形象与个性也通过对其行为的记述表现得淋漓尽致。如蚌珠姑娘为了与自己相爱的人在一起，不怕真火烧炼；小花蛇、梅赫哈达、核桃格格为了纯真爱情，都不怕火炼锅煮。在这些故事中，表现动物性格最完善鲜明的，莫过于《白鹿额娘》中的白鹿和《母子山的故事》中的小熊。白鹿额娘不会说话无法表达自己的情感，却比人还善良，她吃苦耐劳、无私奉献、善解人意等，都是至善至美的。她用奶水抚养不足一个月的孩子，用舌头为孩子舔净屎尿等。当孩子的父亲去世后，白鹿哀叫了三天三夜。当孩子应娶妻时，她给儿子找了一个称心如意的媳妇。通过白鹿额娘的件件行事，刻画出一位勤劳、善良、伟大的母亲形象。《母子山的故事》通过小熊为母亲老熊报仇，表现了它的英勇，最后它守在母熊坟前死去，母子俩化为两座山，感人肺腑。

傅英仁讲述的故事，在人物性格塑造和艺术手法上都有其独到之处。他的故事听起来或读起来，如同山涧流水，清澈透明。故事情节自然舒畅，语言明快准确，形象逼真，行事真实可信。人物活灵活现，栩栩如生，如见其人，如闻其声，脍炙人口。有的一件事或一个人物，即一篇故事，短小精悍。每个人物都有自己的特性，神人有超人神力，凡人有独特高超的武艺，颇具传奇性和幻想性。这些故事产生并流传于宁安一带，如在镜泊湖、长白山、牡丹江、松花江等地，处处都留下了满族古代神们和英雄们的事迹。

满族人民勤劳、勇敢、有智慧，用自己的双手创造了灿烂的民族文化。近几十年来，满学研究专家们不辞辛苦，奔走于祖国的大小兴安岭和僻乡边陲之地，搜集和抢救了用满文记录的大量萨满神本、满族说部和民间故事等。许多民间艺术家和故事家也涌现出来，如傅英仁、富希陆、马亚川、穆晔骏、赵德富、关世英、李成明、李马氏和佟凤乙等，而傅英仁可谓其中的佼佼者。

第二章 《东海窝集传》版本及内容

第一节 满族说部《东海窝集传》的版本介绍

满族说部作为满族人民喜闻乐诵的民间口头文学遗产，反映了历史上发生过的重大事件和人物的英雄业绩。富育光在《满族传统说部艺术——"乌勒本"研考》中详细探讨了说部的内容和价值，他认为"说部艺术形式多为叙事体，以说为主，或说唱结合，夹叙夹议，活泼生动，并偶尔伴有讲述者模拟动作表演，尤增加讲唱的浓烈气氛。说唱时多喜用满族传统的蛇、鸟、鱼、狗等皮蒙的小花抓鼓和小扎板伴奏，情绪高扬时听众也跟着呼应，击双膝伴唱，构成悬念和跌宕氛围，引人入胜"①。

满族说部在民间被称为"乌勒本"和"朱本西"等，它是说唱艺术，有唱有说，有的说唱兼用，有的只说不唱。"乌勒本"（ulabun）在《清文总汇》中解释为"经传之传"，其含义不仅有记述某人传记之意，还有神圣之意。那么，"乌勒本"有什么特性呢？

富育光将满族说部分为三类。第一类是"窝车库乌勒本"，也称"神龛上的故事"，它反映了萨满祭祀时所祭祀的神们及萨满世代祖师们的事迹及其他内容。这些祖师们为人类英勇奋斗，祈祷太平丰收，前仆后继。富先生提到的《尼山萨满》②（或《音姜萨满》③）流传在满族、鄂伦春族、鄂温克族、

① 富育光：《满族传统说部艺术——'乌勒本'研考》，《民族文学研究》1999 年第 3 期，第 4 页。
② 富育光、王宏刚：《萨满教女神》，辽宁人民出版社，1995。
③ 富育光、王宏刚：《萨满教女神》，辽宁人民出版社，1995。

达斡尔族和锡伯族的民众中。主人公尼山被称为萨满祖师,她是集萨满神术于一身、法术高超的萨满,她有着使人死而复生、百病皆治、百魔能驱的神通。《天宫大战》① 《乌布西奔妈妈》② 也都赞颂了萨满祖师和神们的功绩。

第二类是"包衣乌勒本",指家内、氏族的故事。这类的典型代表是傅英仁讲述的《萨布素将军传》、《两世罕王传·努尔哈赤罕王传》和《金世宗走国》。

第三类是"巴图鲁乌勒本",指满族历史上的英雄们的故事。其内容丰富,篇目众多。

富先生将《东海窝集传》③ 归为"包衣乌勒本",笔者则认为应将其归为"巴图鲁乌勒本"。《东海窝集传》表现了满族先人由母系氏族社会向父系氏族社会过渡时,男人不屈不挠、顽强地从女人手中夺取政权的激烈流血斗争的过程。该说部不仅在傅氏家族中流传,也流传于关、宁、吴、许等家族,甚至在赫哲族民众中也有部分人会讲述该说部,所以将《东海窝集传》归为"巴图鲁乌勒本"更合适。

从满族说部的内容来看,它主要反映的是满族历史上发生过、经历过的重大事件、英雄业绩、历史变革、民族兴衰,以及社会生活中生产资料的发明创造等。满族历代民间艺人将满族的重大历史事件和伟大英雄人物的业绩进行幻想性的创作和艺术加工,形成结构完整、内容雄伟的长篇文学作品。所以,满族说部一般有三个特性:传奇性;神秘性和严肃性;理想性。满族说部结构完整,一般按事件发生、发展、结尾的时间顺序记述,个别情节有倒叙和插叙,其结尾常常是理想化的圆满结局。

与汉族话本不同,满族说部最早用满语演唱,后来才有用汉语演唱的。满族说部说唱都有固定的曲调,如《尼山萨满》中的曲调"德扬库德扬库"、"埃库勒也库勒"和"克库克库"。据傅英仁讲,傅永利会说唱《东海窝集传》,唱起来悠扬顿挫、激情满怀,说起来也是铿锵有力、形象动人。

傅英仁讲述并录音的《东海窝集传》是以傅永利的讲述内容为蓝本,在吸收关墨卿等人所讲述内容的基础上,再加入自己的创作而完成的。他在录音中说:"这次录音是根据我当时的提要记录整理的,有些人物和风俗,是关老(关墨卿)给我讲的,但有些错误,我作了些修改、补充。有些清朝末年

---

① 富育光、王宏刚:《萨满教女神》,辽宁人民出版社,1995。

② 富育光、王宏刚:《萨满教女神》,辽宁人民出版社,1995。

③ 傅英仁讲述,宋和平、王松林整理《东海窝集传》,时代文艺出版社,1999。

的事，我也把它剔出去了。""这部说部还是比较准确，全面。当然，由于四十年来未正式讲述过这个故事，也有些生疏，讲时也有些间断，还需要认真地进行整理。"笔者依照此意认真整理，还制定了以下四条整理原则：保持原文内容、情节不动；保留说部中所用满语、东北地方方言和习惯用语；仅修改文理、句子不通顺者和错别字；尽量保留傅英仁所讲故事的特色。

傅英仁讲述的《东海窝集传》依据了三种版本，我们依次介绍。

第一种版本即傅永利的讲述本，使用"库存材料明细账"装订而成①。全本共42页，记录了32个章节的《东海窝集传》，还有满文字母中的6个元音和21个辅音②，其反面还有音谱等内容。在封面上③傅英仁写有"东海传奇录""原名东海窝集部""东海勿吉传奇"三个名称。第二种版本无封面，所用纸张是白色新闻纸，用圆珠笔书写，共33页，有34回的章节内容。第一页开头就是人物介绍④，傅英仁告诉笔者，这是关墨卿、关振川、关玉德的讲述提纲。第三种版本也本无封面⑤，使用的是300字一页的上有"宁安市财贸经济贸易总公司"字样的纸，共14页，其中还有两张用水笔书写的图画纸，只有第六、七、八、九、十和十一回共六回的内容提要。

这三种版本都用16开的纸张，内容大致相同，具体情节和各章回的名称有些不同，各有其特点。最终出版的《东海窝集传》在这三种版本的基础上，经过互相补充整理而成。笔者根据录音共整理了二十九回，第二十九回是关墨卿等讲述的三十四回的内容。经与傅英仁商讨后，笔者将《东海窝集传》定为三十回。

第一种版本，傅永利的讲述本。该版本与我们出版的《东海窝集传》内容完全相同，就连每章回的题目都大致相同，在章回开头前有一段"故事来源"⑥。该版本的题目，第一回是"说长白二主争上下，讲东海双王联婚姻"；第二回是"祭神树男女成婚配，老萨满堂上道空玄"；第三回是"首次出征窝

---

① 此本用圆珠笔书写。
② 从笔迹看，似为笔者给傅英仁提供的，但不知什么时候写的了。——笔者注
③ 笔者在封面上用圆珠笔写了傅永利讲述等内容，以注明讲述人。
④ 笔者怕资料损伤，故加一封面和底页，在封面上注明了《东海窝集》。笔者又注明了"1999年5月18日，傅（付）先生送于宋"。
⑤ 笔者为了保存加了封面和底页。
⑥ 傅英仁补充的内容如下："1940年，我在官地教书时，有一位姓关的老人，满洲名是色隆阿，当时已78岁。"1946年，又见到色隆阿的弟弟关隆棋，他又讲述了一些内容，又"做了一些补充"，才形成1957年前的记录本，其中也有三爷讲述的内容。

伦部，三探乌苏险丧生"等。录音整理本的章回题目与该版本的题目完全相同，我们在出版《东海窝集传》时对题目做了微小修改，但其意思相同。在每一章回题目中还有内容提要，如第一回中共列出五个要点：1. 长白山描写；2. 佛托妈妈和乌申阔（乌克伸——笔者注）玛法交代；3. 两人展开争论；4. 游七十二部看风情（其中也查看了中原风貌）；5. 双方发誓分道扬镳，各自为自己理由到人间物色人物……提要有多有少，有详有略。从第二十七回到第三十二回只列出了章回题目，无内容提要。

该版本的第一页上也是《东海窝集传》的内容，只是从第一回记到第八回就结束了，文学形式与我们出版的版本完全不一样。开头是"各位大爷阿哥格格们"，下面注明"第一回"，题目为"万水千山都有源"，内容是"大鹏飞千里也有个起脚之地，诸位落座，听我给大家讲讲东海窝集争权记，我的乌春说起来"。

第一回：万水千山都有源
第二回：喜鹊乌鸦怎么也不能成婚配，美鹿仙鹤怎么灵也不能成夫妻
第三回：说什么祖传法制不能改，到什么河里行什么船
第四回：小燕虽小飞千里，人在智多不在多
第五回：恶习出鬼，出鬼动干戈
第六回：都说打仗靠兄弟，我看也不然，情投意合也能两肋插刀
第七回：人生事总是真真假假，假似真来，真似假；虚虚实实，虚中实来实中虚
第八回：要想成大业，必须有大智本领，真本领苦中来

以上八回全部是从第一种版本的第一页上抄录的，内容更富有民间趣味和韵律感。笔者向傅英仁了解此事，他说："原打算像那八回这样写下去，后来我病了，写不下去了，那八回是唱的，是我三爷说唱的本子，也是1957年烧毁的文学形式。又因为我不会唱，只会讲述，所以才写了出版的那种文学形式。""我的乌春说起来"说明《东海窝集传》本是说唱文学。

第二种版本，关墨卿、关振川、关德玉讲述的提要本。该版本的第一页是东海窝集部和拂涅部的主要人物表。该提要本分为两部分。

第一部分是各章回题目。第一回是"说东海两王成姻戚，娶女婿双王显威风"；第二回是"神树祭男女成双配，老萨满堂内道姻缘"；第三回是"首次出征窝伦部，三探乌苏险丧生"；第四回是"万鹿妈妈救二主，兄弟大破万

水楼”及"兄弟双双立战功，姊妹双双生妒心"两种①……直到第三十四回都清清楚楚地列出了题目名称；第三十五回是"保赤拥兵战日珠，老军师计服拂涅部"；第三十六回是"东海大业成一统，父系王位定乾坤"。

第二部分是提要内容。第一回的提要内容是"订婚，长白山两位神主闹分歧。……东海无儿，拂涅无女。儿子武艺很高，两下定亲……"，这是提纲式内容。第二回是"神树祭，神树祭情景，杀鹿，摆牲、火把、跳皮子、插羽、幽会……"。第三回是"介绍窝伦部，女酋长是女王表妹，因偷去托力（即铜镜）宝，闹分裂……"。提要内容有多有少，有详有略，直到第三十四回都有提示性内容。

第三种版本，无名氏讲述本。该版本是傅英仁对前两种版本内容的补充。该版本无章回题目，仅有第六回到第十一回的内容。第六回是"人头大祭，二位公主有病，高明萨满集会疹病，抢魂，杀女奴……"。第七回是"出征木伦，大格格挂帅出征，假败阵前，兄弟失踪"。第八回是"太白山恩都哩指玄机，石龙洞授新技艺"……还有乌克伸九大弟子神名表，丹楚兄弟献计表等。此外，还有"电视专题片目录"：一、朝祭，二、夕祭，三、背灯祭，四、祭天……十、野神祭。这是傅英仁为某单位录制萨满祭祀的计划，但未实现。

从上述《东海窝集传》的三种版本及内容梗概可以看出，我们已出版的《东海窝集传》综合了各版本的内容，而且有不少内容是傅英仁再创作的心血劳动的结晶。

据傅英仁讲，这部满族古代英雄史诗的说部流传在宁安地区"巴拉人"②中，"巴拉人"都住在宁安地区周围的大山里。"巴拉人"也就是"窝集"（weji）③人，在宁安地区曾存在大量窝集部落，如"毕捋根窝集，在宁古塔东北二千六百五十九里，又北三百里为格楞窝集"等。《曹廷杰集》中提到，"野人卫也，为东海窝集部之一，曰呼尔喀部，亦曰虎尔喀部"，"呼尔喀部即今牡丹江上下各地，其源出于宁古塔西南瑚尔哈河"。"宁古塔"即宁安地区，也是牡丹江流经之地。宁安地区周围的深山老林中生活着满族的先人。《满族

---

① 傅先生在讲述第四回时，采用了前一种。
② 在《清文总汇》中，巴拉（balai）是指"胡乱、胡行之胡行，妄，放肆等"，巴拉人的意思是不很文明的人们。
③ "窝集"是"稠密森林之处"，或是"密密森林之处"，窝集人也就是历史学界所说的"林中之人"，即"野人女真"。

发展史初编》①指出了区分野人女真的两项标准，"一是居处边远地区，一是朝贡不常。看来，这两项划分标准并不一定是同时兼有的……由于他们居处偏僻，或部落仇杀，造成交通阻遏……可举'古洲地面野人'为例"。"古洲，今宁安一带"，说明宁安地区的确曾有"野人女真"。"窝集"部应属"野人女真"，"野人女真"又是东海女真的一部分。《东海窝集传》中所说的"野人女真"，不是上述历史文献中和历史学家们所指的"野人女真"，他们是从未"朝贡"过，仍处于原始森林深处、宁安地区边缘，在大山里的"林中之人"，即巴拉人。在满族民族共同体未形成之前，这部分"野人女真"人仍过着文明社会之前的、原始人类的"野蛮时代"的生活，有的还处于"蒙昧时代"的人类社会。《东海窝集传》中的"野人女真"只是宁安地区的一小部分东海"窝集部"中的"野人女真"人。《东海窝集传》应是在满族民族共同体形成之前产生的，距今已有几百年的历史。

《东海窝集传》何以能够流传至今呢？

首先，产生《东海窝集传》的"巴拉人"深居窝集，进入父系社会后，虽与清代朝廷有联系和来往，但未受到外界文化的影响。

其次，《东海窝集传》仅流传于宁安地区的深山老林之中。宁安四周环山，中间是盆地和河谷平原，历史上交通很不方便，与外界来往很少。解放后，经济文化发展缓慢。更何况居住在宁安周围的"林中之人"，与外界来往更少。这一切为满族古代神话、传说、故事、中长篇说部的保存和流传，提供了客观条件。

最后，满族先人——女真人由黑龙江的北岸或沿岸向南迁徙与汉族人接触后，他们的社会飞速由氏族社会发展到文明社会。从努尔哈赤起兵到辽沈地区，几十年间满族社会就由狩猎经济飞跃为农猎兼有的经济，它飞跃的条件就是居住地域的转移。这种飞跃是疾风暴雨般的飞跃，也是其他少数民族少有的社会现象。在满族聚居区里，有一部分人仍保留着古老的传统文化，他们认为，那是"根基"，是满族的"生命"，也是他们的精神支柱。通过"讲古"弘扬先人的英雄业绩，他们激励着子孙后代不断奋进。《东海窝集传》就在满族的社会背景和宁安独特的地理环境中保留至今，并作为他们祖先的神圣业绩而被传颂。正如傅英仁向笔者讲述的："我三爷，每讲唱《东海窝集传》时，首先洗手、漱口、上香叩拜后，才能讲唱。因为，是满族的祖

---

① 腾绍箴：《满族发展史初编》，天津古籍出版社，1990。

先之事，又有许多满族崇拜的神灵。"

第二节　母系制的生产生活

《东海窝集传》中母系制社会后期的生产力是与当时的社会制度相契合的。母系制社会的后期是母系制氏族社会最繁荣的时期，此时，新石器的生产工具已很发达，除木骨、兽皮制作的工具外，还有石斧、石刀、石箭头、石锤、毒石、石雷、石桌、石碗、石锅等石器。

托力是萨满用的铜镜，是镇邪之物，东北少数民族萨满文化中都将这种铜镜视为镇宅、除邪之宝。满族也很看重托力，并将其视为神圣之物，但《东海窝集传》中的托力不是铜制品，而是雕刻得非常精美的石制品，上面还刻有太阳、月亮和大海。因卧楞部偷走了东海女王的石制托力，东海女王便讨伐卧楞部。当东海女王拿到托力时，"她们看见金光闪闪的托力宝，上边画刻有日头、月亮、大海，这些图案都跟着发光"。

石斧在《东海窝集传》中多次出现。石斧不仅是很锐利的生产工具，还可以用来传递消息。如在第三回"首次出征卧楞部　万岁楼前险丧生"中，为了得到东海窝集部的托力宝，两位阿哥必须要到卧楞部的万岁楼中去取。但是，到万岁楼又必须经过卧楞部几代人精心设置的四道关口，而这四道关口是千军万马也无法进去的。两位阿哥在无计可施之际，忽听森林中传出石斧的声音，哥儿俩得到了老人的帮助。第十二回"熊岩洞二兄弟归顺　盘蛇岭梅赫勒投诚"中兄弟二人所使武器都是"板门石斧"。

石刀和石锤主要用作兵器。当时被认为最先进的就是"青石宝刀"，只有有身份、有地位的人才能使用这种青石刀。青石刀和黑色石凿，据说是用玉石制成的。女王们一般都使用青石刀，卧楞部的女将使用四十多斤重的青石刀，先楚和丹楚则使用老石刀，其他人使用石刀、石锤、石杵等兵器。第十六回"帝乌豪出师东海　他斯哈率虎立功"中有丹楚等人准备兵器的情节："打制石头兵器，大家磨的磨，凿的凿，准备好了兵器。"在第十八回"囚丹楚举大丧　石鲁力救新王"中，丹楚再次被抓回到东海窝集部殉葬时，手艺高明的四个石匠来拯救丹楚，他们"会使更锋利的黑金凿凿石头，别人凿石用几天，他们一会就凿完"。在第二十一回"一十八路英雄聚会　三十二路阿哈从军"中，向两位阿哥先楚和丹楚报仇的东海女王的侄女婿是四个"黑脸庞的人",他们都使用"双石锤"。第二十回"对头崖九虎拦路 双石寨三女遇夫"中的双石妈妈"手握两个大石锤,这石锤,不用说女子,就是大男子汉也难以摆弄的",因为双石妈妈使用双石锤,所以其村寨叫双石寨,部落叫双石部落。

《东海窝集传》中的殉葬工具都是石棺,如第四回"万路妈妈救二祖 兄弟大破万岁楼"中的万路妈妈就是被"装进石头棺材里,送到树林里停放起来了,那时的石棺无盖"。第十八回"囚丹楚举大丧 石鲁力救新王"中有"把石头棺材,重新挖出来"。

石制工具已很精致了,很多也被用于战争中。卧楞部的人不会使刀,但他们的绝招就是使用毒石和滚动石雷。石雷是圆形的,没有很高的打磨技术是无法制造出来的。

在石制工具中最精致的应是石箭头。因为有了弓箭,猎物便成了日常的食物,而打猎也成了日常的劳动。《东海窝集传》中用弓箭狩猎的内容有很多,如在第一回"长白二祖争上下 东海双王联姻缘"中,东海女王在赞扬佛涅部女王的两个儿子箭法优秀时说:"射猎真是百发百中。"在第二回"祭神树男女成婚配"的祭祀神树大会上,东海女王为女儿准备婚宴时说:"事先,东海老女王就派出大批人马到处狩猎。"在第十三回"五人大战母猪河 丹楚被俘受磨难"中,东海女王让驯虎兽奴石鲁与一只猛虎撕打,在老虎将要撕吃石鲁时,丹楚父亲"连射三箭,把老虎射死"。弓箭技术也多被用于作战,如第十七回"爱坤女王挂帅亲征 乌苏城丹楚被擒"详细记述了东海女王有二百多名弓箭手,专门习武弓箭,战斗时使用火军,就是用点着火把的弓箭射向对方,射到哪里,哪里就是一片火海。

其实弓箭技术在人类社会的远古时代就已经产生了。恩格斯指出,人类社会的蒙昧时代的高级阶段,就是从弓箭的发明开始的[①]。《东海窝集传》中的野人女真人也应早已发明了弓箭技术了。

一 繁荣的驯养业

《东海窝集传》在充分反映满族古代社会的渔猎生活和石器制造的同时,还反映了满族驯养家畜的生活。各民族由于历史条件、所处地理环境、自然

---

① 参见《马克思恩格斯选集》第四卷上,人民出版社,1976,第18页。

条件的差异，驯养的家畜也会有所不同。历史上以狩猎为主要生活来源的满族，其先人不仅驯养了猪和狗，还曾驯养过虎、熊等猛兽。"兽奴"就是专门训练野兽的阿哈，有驯熊的、驯老虎的等。不过，兽奴生活悲惨、生命无保，女王有时会让兽奴与野兽格斗取乐，野兽甚至会把兽奴咬死、撕成肉片。当时的驯兽技术已很成熟，可以驯服大量野兽为人们所食用和服务，或服务于人类生活，或用于战争，如野猪兵、虎兵、狗兵等。

第三回"首次出征卧楞部　万岁楼前险丧生"中有野猪兵。丹楚等人对战卧楞部，一时无法取胜，突然在丹楚眼前出现了一个彪形大汉，他说："我手下有一百五十多只训练多年的野猪，它们身上都涂有松油等保护层，任何兵器都射不进去，只要听到我的口哨，它们即刻勇猛地用大獠牙杀向敌人，敌人只要碰到就没有命了。"他向丹楚等人介绍丹楚的父亲曾救过他们全家人的性命，他曾是东海女王手下的兽奴，实在受不了那个罪，才跑到野猪沟来训练野猪。这位彪形大汉将鹿角号一吹，"山沟里窜出了黑压压一层长着獠牙的大野猪"。丹楚等人用采来的野味请这些猪兵猪将饱餐了一顿，等待第二天的战斗。战斗开始后，卧楞部的女王用黑石刀指挥着她的五百大兵冲向了丹楚这边，迎接她们的都是猪兵："一百多头大黑野猪冲了上来，每只野猪都有一尺多长的大獠牙，红着两只眼睛，把女王的五百大兵冲得不知东南西北，死伤了百八十人。"卧楞部的女王失败了。

说部中多处出现虎兵，如第十五回"虎头岭收服他斯哈　兴安部落备战大练兵"、第十六回"帝乌豪出师东海　他斯哈率虎立功"等。笔者从野虎、驯虎和虎神三方面来论述虎兵战绩。

满族与东北虎结下了不解之缘，《东海窝集传》中帮助"莫北新王"打天下的战将"他斯哈"（tasha）的名字，就是"虎"之意。"他斯哈"生在"只知其母，不知其父"的时代，但以虎为名，表明了满族先民与虎有着血肉关系。"他斯哈住在什么地方，是什么样的人？说法不一，有的说，他斯哈只知道母亲，不知道父亲。也有的说，他的母亲和老虎结了婚生了他。也有人说，他父亲在山里打猎时，父亲被老虎吃掉了，其母亲武功很高，就准备把吃掉他父亲的老虎抓住，并杀死报仇。当抓住老虎时，老虎却流着眼泪求饶，后来他母亲就把老虎放在家中，帮助他照料孩子。"

野虎是山中之虎，未经过人们的训练，随时都可能伤人。在第五回"胜利归来大受封赏　二兄弟虎群救姑娘"中，穆伦部的四位格格打猎时，"二十几只猛虎，直奔四位姑娘而来"。姑娘们立即爬上树躲起来，老虎们用利牙啃树，正在危急的时候，两兄弟狩猎路过此地救了姑娘们。

驯虎是经兽奴和山中之人训练过的，听人使唤的老虎。在第十三回"五人大战母猪河 丹楚被俘受磨难"中，丹楚的战将石鲁曾是东海女王的驯虎兽奴，他训练老虎的技术很高并能指挥虎兵。第二十回"对头崖九虎拦路 双石寨三女遇夫"充分表现了石鲁驯虎的本领。在两山夹一沟的对头崖中，他忽听到"吼吼地叫了几声，震天动地"。石鲁马上断定是老虎的叫声，因为司空见惯，石鲁没有理会。结果"九条斑斓猛虎把路给拦住了"，石鲁看见老虎们用爪子刨地，还点了点头。他"知道是什么意思，就走在前面。不料九条虎一见他来，领头虎往中间一蹲，左右各蹲四条，像似迎接贵宾，给让出一条道。石鲁说：'老虎是来迎接咱们的'"。在其他民间文学作品中很少见到老虎迎接贵宾的情节，所以生活于关内的孙真人感慨地说："东海人驯兽的本领可是高超啊！连虎都列队迎接。"

驯虎本领高超的是他斯哈，他训练出的几十只老虎战绩非凡。"九虎接贵客"的虎就是他斯哈所驯之虎。石鲁是驯虎兽奴，懂得老虎行为的意思。在第十五回"虎头岭收服他斯哈 兴安部落备战大练兵"中，丹楚等人经过重重困难把他斯哈收为战将。在第十六回"帝乌豪①出师东海 他斯哈率虎立功"中，他斯哈率虎军参加了征讨东海女王的战斗。丹楚一方首先遇到了东海女王的下属部落呼尔哈部女王的军队，他斯哈率领了十几只老虎第一个出战，打得呼尔哈部女王"丢盔解甲，鬼哭狼嚎地跑回城内"了。这次战斗，他斯哈与他的老虎们立了头功，但为丹楚等人打江山牺牲了二十几只老虎兵。

满族萨满教祭祀虎神有两个原因：满族先人和东北虎等野兽为伴，与它们结下了不解之缘，关系密切到可能有血缘关系，从而产生虎神崇拜；老虎为"莫北新王"新政权的建立、男人掌权社会的实现立下了汗马功劳。第二十五回"比高低老女王败北 设埋伏智取东山城"讲述了祭祀虎神的来由。丹楚等人打败了东海女王的军队，东海女王就跑到山势险峻、建筑牢固、设有机关的东山城去了。在攻打东山城时，孙真人很有把握地说："各种机关设置，在中原我都学习过，我心里有底，东山的十八道机关是中原十八家机关战术。据我的分析，东海人设置的机关，一般是仿五台山派。"孙真人设计好攻打东山的方案，但是东山城周围的山势很险峻，有的地方人不能上也不能下。孙真人想利用他斯哈的二十多只虎兵帮忙，他斯哈起初不答应，他说：

---

① "帝乌豪"一词，据傅英仁讲是很早以前的地名，现在已找不到它的位置。

"二十个人、二百个人我舍得,二十只考虑我舍不得,那是虎兵虎将。"经过多次动员,他斯哈终于同意放出二十只虎兵,帮助丹楚等人攻打东山城,这些虎兵全部牺牲于战场上了。在"莫北新王"上任时,第一件事就是让"各姓氏将老虎作为虎神来祭祀,因为老虎也打过江山","满族有祭祀虎神之风俗,也就是由此而来"。

说部中还讲到有熊兵参加战斗。丹楚手下战将色楞和胡楞就是熊岩洞中的驯熊英雄,第十二回"熊岩洞二兄弟归顺　盘蛇岭梅赫勒投城"记述了丹楚收服二兄弟的经过。后来二兄弟跟随丹楚来到了虎头岭,其熊群也跟随而来。熊群与虎群展开了战斗:"自古以来,熊见了老虎,是非打不可,见面后就交了手,打得难解难分,开始谁也不敢咬伤谁,非得把对方打趴下,才能吃掉对方,没有打趴下,是不能吃掉的。"熊与老虎撕打了一阵子后,老虎觉得这样打下去,不能战胜熊群,领头的"老虎一下子就窜到石砬子上了,黑熊瞎子呢?不会窜,嗷嗷地在底下叫,想上去,笨的又上不去"。熊群没招了,老虎却来了劲了,老虎从石砬子上一个一个地往下跳,一砸就把黑熊瞎子砸一个跟头。这一回合,熊群失败了。二兄弟领着熊群回到了驻地。第二天,熊群与虎群开始第二次战斗。丹楚想法让每只熊身上都驮着十几根,共有"几百根柞木尖桩,奔向虎头山了"。他们将柞木尖桩埋伏在山下,熊群蹲在山下等待老虎。老虎一看熊群来了,"就呼地往下跳,这次可遭了,有五六只老虎都受了伤,一个个刺的直叫,就告诉上边的老虎,不要再往下跳了"。于是老虎不再继续战斗了,熊群取得了胜利。

这种动物战术在其他民族的民间文学作品中很少能见到,这应是《东海窝集传》所特有的情节。

在人类社会发展史上,专家学者们都把养狗与驯狗归纳为母系氏族社会的"家畜饲养和游牧经济"[1],或是"畜牧的起源"[2] 等,并从民族学、考古学等的角度详细论述了家畜的起源、作用等内容。林耀华主编的《原始社会史》指出,"狗是人类饲养的最早的家畜之一","狗也是人类普遍驯养的动物,人们用狗来帮助狩猎,看管畜群和房舍,有的地方用于交通运输,在亚、欧、美三洲北极地带各族中,发展了用作驾乘的养狗业"。恩格斯在《家庭、私有制和国家的起源》中强调驯养家畜代表了社会生产力的发展,指出在野

---

[1]　宋兆麟、黎家芳、杜耀西:《中国原始社会史》,文物出版社,1983。
[2]　林耀华主编《原始社会史》,中华书局,1984。

蛮时代的中级阶段，"在东大陆，是从驯养家畜开始，在西大陆，是从靠灌溉助栽培食用植物以及在建筑上使用干砖（用阳光晒干的生砖）和石头开始"①。

在《东海窝集传》中，狗不仅能狩猎和护家守院，还是社会生产力的发展程度和社会权势、社会政治力量高低的表现。在第十回"焚火林丹楚遇险　母女河二次招亲"中，母女河部落里有四条完全通人性的猎狗，它们不仅为主人捕获野鸡、兔子等，还一口不动地交给主人。在它们狩猎时山林起火了，丹楚用旁边湖中之水救了这四条狗。在第二十一回"一十八路英雄聚会　三十二路阿哈从军"中，乌苏部"每家每户都养狗，用狗拉爬犁从事生产，谁家权势大，谁最富，也是看谁家养狗大、狗多，这个部落头人家就养了一百多条大狗。他们的吃、喝、住、打围、抓个山鸡啦，截个狍子啦，全都用狗"。乌苏部还驯养狗兵"伊达浑超哈"护寨看家。部落长驯狗时，几百条狗都集合在广场上，各家养狗数量不等，有二十条的，也有三十条的。部落长站在台上，"下边还有四个老妇人拿着各色旗帜，有豹皮旗，有鹿皮旗和兽皮旗"等。部落长发号令后，四个手拿旗帜的妇女举什么旗，各家的狗就做什么动作，有爬高的，有又跳又蹦的，有匍匐前进的。部落长告诉大家"不要小看这些狗，真要是来个百八十人，我们的狗一哄而上，谁也对付不了，任何人休想进寨"。第二十一回中还介绍了乌苏部只能养狗驯狗的原因，即东海女王怕乌苏部女王强大，只许她们养狗。只有女王才能多养狗，其他人家不能超过女王家的狗数，这也是原始社会时的等级制度的体现。乌苏部还以养狗数量的多寡论贫富。母系氏族社会时，家畜业不仅表示社会生产力的发展程度，反映社会的经济繁荣情况，还与社会权势地位联系在一起，代表了一定的原始政治势力。

对于驯养家畜在人类社会生活和经济中所起的作用，恩格斯有很深刻的论述："畜群的形成，在适于畜牧的地方开始了游牧生活。"畜牧业的形成以及游牧民族的生活从原始驯兽养兽开始。北方游牧民族蒙古族就在广大辽阔的草原上驰骋，满族虽不是典型的游牧民族，但是其祖先在驯兽养兽方面却有着特殊的方式和内容。

从前文所述的动物战术和驯兽中，我们得到如下启示。

首先，原始人先从弱小的、温顺的野兽驯起，如鸡、狗、羊等，然后是

---

① 《马克思恩格斯选集》第四卷上，人民出版社，1976，第20页。

较大的牛、马、猪的驯养和养育。《东海窝集传》对驯马养马着墨不多，也没有表现马的性格。在主人公先楚和丹楚行万里路寻找诸位英雄时，神人开铺玛法送他们两匹神马，神马为他们引来了一群野马作为军队战马。而对于更凶猛的野兽如熊、虎，能够驯服它们的也只有驯熊英雄色楞和胡楞兄弟、驯虎英雄他斯哈和东海的驯兽兽奴了，这些猛兽在说部中也主要被用于战争。

其次，动物与人和谐相处的自然法规让人深思。说部中的动物与人们共处于同一环境中，如在第十二回"熊岩洞二兄弟归顺　盘蛇岭梅赫勒投诚"中，动物们都是成群结队的，熊岩洞有熊群，盘蛇岭有蛇群。说部对蛇群的描写："来到一座光秃秃的山地，山势险峻，实在难行，更厉害的是往山上一看，满山遍野都是蛇，大蛇小蛇一盘一盘的，树上、石头缝里，全都是蛇。迈一步就得踩上几条蛇，简直就是蛇山。"那时候，人们生活简单，对食物的要求不高。丹楚从殉葬墓中逃出来行走在深山之中，"好在那个时候人们生在山里，住在山里，也吃在山里，所以出门也不带什么干粮，只带点食盐，饥了顺便打点野味烤烤就吃，习惯了。渴了就趴下喝山泉水，什么也不在乎"。

最后，人与森林的和谐相处，说明原始人与自然、宇宙的密切性，体现了"天人合一"的观念。在《东海窝集传》中，战斗时所用的毒石雷、毒药、迷药等都取自大森林；人们使用的抬鼓由很粗的整树挖制而成；丹楚从墓葬中逃出来后，后有追兵，他竟在一片荆棘丛中躲过追兵，可见荆棘之密；丹楚躲在大树洞中，洞口还有一只熊堵着，可见树洞之大。

总之，《东海窝集传》主要表现了人类如何适应"天意"，这种"天意"是指宇宙中、自然界中的自然法则。人类要在适应自然的前提下，开发、改造、利用自然的一切物质为人类服务，这样人类、植物、动物等一切生命才会生活得更好，这才是"天人合一"的自然法则。

二　家庭结构及社会形态

《东海窝集传》所反映的社会形态、家庭形态是丰富多彩的。下面我们通过具体分析说部的内容，探讨其所表现的家庭结构和社会形态。

（一）家庭结构

《东海窝集传》中讲述的家庭是原始时代的、带有氏族性质的集体大家庭，但也有个别的小家庭。第十一回"白雪滩头四人被困　万路妈妈再指迷津"讲到丹楚等人"到了一片地窖子边，地窖子上边像坟堆似的，也没有门，丹楚他们被领到了其中一个最高的坟堆边"，这说明地窖子有大小屋及主次之分。当时人认为男女应该分居，只有夫妻才可以住在一个屋子里，说明东海窝集人已有家庭观念，并有了家庭结构。在第二十二回"整寨营兵分四路竖大旗立誓出征"中，东海女王害死四个侄女嫁祸给丹楚。东海女王告诉四个额附："你们不信，就跟人到你们各家看看如何。"这里的"各家"实际上就是"家庭"。

首先，《东海窝集传》中讲到的家庭以母系血缘关系为基础，明确了父母与子女间的关系，已初步形成家庭结构。在母系制社会，人们是重女轻男的，如东海女王很早就确定了大女儿为继承人，后因女儿早逝才选择侄女继承王位；兴安部女王的八个女儿相互争夺王位；佛涅部女王的两个儿子却无法继承王位。东海女王与丈夫，她的四个侄女与丈夫，兴安部女王与六个丈夫都是夫妻关系，只有有了个体的夫妻关系，才能有个体的家庭，夫妻关系是形成家庭的组织基础。但是这种家庭是对偶家庭，很不稳定。恩格斯说："群婚就被对偶家庭排挤了。在这一阶段上，一个男子和一个女子共同生活。"[1] 一个男子和一个女子共同生活，形成"不断缩小的对偶家庭"，这种"对偶家庭"很不稳定。恩格斯说："这种对偶家庭，本身还很脆弱，还很不稳定，不能使人需要有或者只是愿意有自己的家庭经济，因此它根本没有使早期传下来的共产制家庭经济解体。"丹楚手下一位女将色勒安楚，曾娶过一个丈夫，后来因为看上了丹楚就把丈夫杀死，偷偷尾随丹楚等人。当遭到丹楚拒绝后，她便娶了熊岩洞二兄弟中的色楞为夫婿。当她当了女王后，又看上了丹楚手下的英雄佛勒恒，于是就把佛勒恒找来对他说："我看中你了，你看我已当上了女王，你要是嫁了我之后，咱们俩共同打天下，我也绝对不像东海老女王那样，把男人不当人看。"由于佛勒恒拒绝了她，色勒安楚把丈夫色楞放到一边，与手下格登保在神树下结了婚。色勒安楚杀夫后又娶过两次丈夫，这绝不是偶然的男女关系问题，而是社会习俗，是不成文的社会道德规范所允许的。她娶了熊人色楞后，不需要任何法律手续和社会习俗的准许，就又可以与另一个男人结合。在第十四回"群雄误入兴安部落　傻胡楞嫁个野格格"中，兴安部的女王先后娶过六个丈夫，但"都被她赶跑了，其实也不完全怪她。六个男人中，有四个是骗财而逃，尤其是最后一个，老太太更恨得不得

---

① 《马克思恩格斯选集》第四卷上，人民出版社，1976，第 42~43 页。

了。……，有一天，最后的这位男人，实在无活路了，就准备在夜深人静的时候，把老太太杀死，正准备杀她的时候，老太太发现了，老太太也有点功夫，老太太一狠心，杀了自己的丈夫"。在母系制社会中，对偶家庭是很不稳定的，而且夫妻关系有的还是对抗的、你死我活的关系。这种对偶家庭由对偶婚形成，经济基础在其中也起着决定性的作用。家庭的出现是以血缘关系为基础的，而且父母、子女、祖母（如万路妈妈）、姨母（丹楚姨母）、外甥女、侄女等称谓的出现，也说明家庭中的成员已有了辈分。家庭的权利与义务、夫妻的分工也已经变得明确。夫妻共同建立的部落由妇女管理部落并掌权，夫妻共同教育子女，父亲负责教授儿子武功。佛涅部女王塔斯丹德的家庭就是如此，"两个阿哥的父亲伯克兹，在年轻的时候，曾经南征北战，与塔斯丹德一起打下了江山，建立了佛涅部，夫人当了波吉烈额真，哥儿俩自小跟其父亲学了一身好武艺，尤其是射箭和使刀，学会了东海刀法"。在家庭中，妇女是指挥一切、决定一切的，例如，伯克兹虽然坚决反对丹楚、先楚与东海女王的女儿的婚姻，"人家是阿木巴波吉烈额真，咱们是一个小部落，和人家结亲不合适，孩子们嫁过去，会受苦的"，但当时女人当家做主，男人无权决定，塔斯丹德女王便将这门婚事定下来了。

（二）原始社会形态

从《东海窝集传》来看，满族母系制社会形态是复杂而丰富的。说部涉及的十五个部落主要分为属于东海女王管辖和不属于东海女王管辖两类。属于东海女王管辖的部落有佛涅部、穆伦部、卧楞部、东山部、珲春部、菲沃部、呼尔哈部、乌苏部；不属于东海女王管辖的有兴安部、母女河部、母猪河部、双石部、萨哈连部、呼尔哈部、白雪滩部。此外，说部还涉及不属于东海女王管辖的五个地区，即熊岩洞、虎头岭、盘蛇岭、对头崖和兴安沟，这五个地区都是宁安周围的山林之地、辽阔之地。这些部落虽都处在母系氏族社会，但它们处在该社会形态的不同历史时期，有的是中期，有的比后期更早一些，有的是后期。总体来看，属于东海女王管辖的部落是当时社会中经济和政治最发达、最强盛的部落，但也是最反动、最残忍的部落。

属于东海女王管辖的八个部落，都处于母系氏族社会的后期。他们与东海女王既有血缘关系，也有亲信关系。卧楞部女王是东海女王的表妹，珲春部女王是东海女王的外甥女，她们是由东海部落分裂出来的胞族。此外，部落间因为争夺财产或扩大领地不断发生战争，如佛涅部、乌苏部、东山部等部落或被东海女王征服，或主动归顺投靠东海女王。

东海女王管辖的部落都有自己的武装力量，但多寡不等。东海女王的奴隶和兵丁最多，其部落人员超过千人。在第六回"四位姑娘力救知己　正义女奴惨遭杀戮"中，东海女王竟一次杀死五十名女奴。为了教育、警告奴隶们，女王把所有的"男奴女奴都召集来，当时东海奴隶最多，因为他们总打胜仗。三百多的男女奴隶跪着"。在第十七回"爱坤女王挂帅亲征　乌苏城丹楚被擒"中，东海女王带了一千多名兵丁。这些奴隶属于家奴，仅用于战争和家庭或是氏族、部落。

东海女王管辖的八个部落的社会形态兼有氏族、部落、部落联盟的性质，每个部落都是以血缘关系为基础组织起来的，而东海女王统辖了东海窝集部的九川十八寨就是部落联盟性质。

不属于东海女王管辖的部落，是先楚和丹楚为建立父系氏族社会所动员和争取的力量。关于他们的社会形态，具体分析如下。

第一，人兽同居的社会形态。驯虎英雄他斯哈、驯熊英雄色楞和胡楞、驯野猪英雄黑大汉（此人无名无姓）等英雄都有两面性：身为人类英雄，他们身怀绝技、武功高强，是帮助丹楚等人打天下的英勇战将；他们又都具有一定的兽性。例如，他斯哈的母亲为了让他成为刀枪不入的英雄，"每月都在他身上涂一层松油，一来二去，身上的松油没有五六寸厚，也有几分厚了。再加上他每天在山上又奔、又跳、又滚、又爬，身上的松油子，经过十几年涂抹，已经成为松油盔甲"。"他斯哈以老虎为伴。那时的人们都住在山里，人少野兽多。"他斯哈不仅熟悉老虎的脾气、生活习气，还听得懂老虎的叫声。他与虎的关系很密切，"虎就是他的亲兄弟，哪天见不到虎，就像缺了魂似的"。色楞和胡楞的行为举止、饮食习惯都与黑熊无异，他们的动作、性格像熊，他们穿熊皮和熊掌靴子，他们什么都吃，到了盘蛇岭后，他们见到满山遍野的都是蛇，高兴得不得了，说："这下可有吃有喝了，我们不想走了，……，说着两人抓起两条大蛇，脚踩蛇脑袋，手一扒，剥了皮，烤着大口大口地吃起来。"有时还吃人，"如果前边是人的话，你可以分给我一半吃，如果不是人，是动物，那随你去吃吧"。训练野猪的黑大汉训练了一百五十多头野猪，他帮助丹楚等人打败了卧楞部女王。

虎群、熊群、野猪群与人同居，人兽同群。他斯哈只"知其母，不知其父"，他没有家庭，见了万路妈妈和老年妇女都叫额娘。他住山洞，与虎同穴。他斯哈过的是很原始的群居生活。熊岩洞二熊和驯野猪的黑大汉没有家庭，只认同辈亲属，只知道叫"哥哥"和"弟弟"。他们连姓氏都没有，色楞和胡楞的名字也是丹楚所起，黑大汉原是兽奴，生活悲惨。

原始群居就是学者们所说的"普那路亚家庭"，恩格斯说："如果说家庭组织上第一个进步在于排除了父母和子女之间相互的性交关系，那么，第二个进步就在于对于姐妹和兄弟也排除了这种关系。"① 说部中的兽奴和驯兽英雄就是如此，他们所处的社会应是母系制社会的早期形态，比东海窝集部的母系制社会更早，社会习俗也更野蛮落后。

笔者认为，人兽一体实为人类原始社会的形态，为合乎人类文明社会观念上的需要，就演化出了驯兽英雄。

第二，白雪滩和双石寨的群居的社会形态，集中表现在第十一回和第二十回中。第十一回"白雪滩头四人被困 万路妈妈再指迷津"介绍了白雪滩人的住处，"地窨子上边像坟堆似的，也没有门，丹楚他们被领到了其中一个最高的坟堆边，踩着梯子下去九级便到底了"。白雪滩的衣装不分男女，他们"披着头发，脑袋上扎着鹿筋做成的脑箍，光着膀子，腰里围着一圈兽皮，脚上穿的更热闹了，都是熊皮靴"。他们吃生食、不会用火，不知辈分和亲属称谓，所以丹楚等人教他们做熟食、烤肉，分清部落内的辈分及亲属间的称呼。丹楚的老婆格浑说："据我的曾祖父讲，以前咱们那里也是男女不分的，现在咱们已经有别了，可见他们还落后。"白雪滩不仅男女同居且舅甥可以结婚，婚姻还是血缘婚。在第二十回中，双石寨的住房是地窨子，就是挖个坑，上面用树枝和树皮盖上；饮食是吃半生不熟的肉，带着血就吃，完全是半野蛮的生活。

《东海窝集传》以东海女王所管辖的社会为主题，以民族、部落为核心内容，表现了母系氏族社会中的部落联盟。这些部落有共同的信仰萨满教，有共同的始祖母女神佛多妈妈，使用同一种语言满语。《原始社会史》指出："部落联盟是以共同的民族为基础和核心，以共同语言为范围建立起来的。从某一部落分裂成的几个独立的部落，领域相邻接，有共同名称的氏族，使用同一语言的不同方言，当它们需要的时候就能够联合为部落联盟。"②

人类社会的文化是丰富的，人名、地名等都有一定的意义，《东海窝集传》中的十几个部落名称就是如此。

① 《马克思恩格斯选集》第四卷上，人民出版社，1976，第33页。
② 林耀华主编《原始社会史》，中华书局，1984，第280页。

（三）部落名称的含义

《东海窝集传》又叫《东海窝集国》，丹楚等人推翻了东海女王的统治后，建立的父系制新政权就是东海窝集国。这里的"国"并非现代意义的"国家"之"国"，而是原始社会时期"氏族"与"部落"文意。刘小萌在《满族的部落与国家》中指出，《满洲实录》中"定国号为满洲"的"国""泛指部落集团"①。丹楚等人建立的东海窝集国实为氏族或部落，最多是部落联盟，并非实质性的国家。因此，与东海女王所管辖的部落一样，丹楚等人建立的男人掌权的父系制社会也是以氏族为核心，以部落为社会组织的部落联盟。

部落的名称与其所处的地理位置、生态环境、特殊景物和特产有关。我们来探讨东海窝集部、佛涅部、穆伦部、卧楞部和菲沃部等部落名称的含义。

东海窝集部。窝集指兴安岭一带无边无际的密密森林，东海窝集就是宁安地区的密密森林，东海是地名，说部借用而已。

佛涅（feniyen）部。在《清文总汇》中，feniyen为"一群"。"佛涅"指满族古代时生活在某地方的一群人，他们为一个氏族。

穆伦（menggun）部。menggun，"银子"之意，据了解，黑龙江省的穆棱市地区古代出产银子。"穆棱"与"穆伦"音同字不同。据傅英仁讲，这一部落最早叫"蒙文部"，后来才称"穆伦部"，穆伦是"蒙文"的音变。丹楚结婚时，老婆告诉他"姓氏是穆隆哈拉"，这里的"穆隆"就是"穆伦"，也就是"蒙文"。所以，该部落因当地的物产银子得名，掌权妇女的姓氏也因物产而姓"穆隆"。

卧楞（weilen）部。weilen是"造作，工程"②之意。据傅英仁讲，古代的卧楞部在现宁安市南的卧龙乡地区。在新中国成立前，卧龙乡就盛产麻布。该地有山有水，与说部叙述丹楚等人学习洗麻并织布的环境有些相似。作战时，丹楚等人突然被一阵旋风卷到某地，两匹神马把他们带着飞向正南方向去了。不久遇见一群人，有老有少，在水泡子③旁边捞东西。有人唱着很好听的歌在弄着什么。两位阿哥向路边的人打听，这是弄的什么东西。那位老太太说："这是麻，能织布。"老太太就是"佛勒玛法"，"佛勒玛法"是"纺织

---

① 刘小萌：《满族的部落与国家》，吉林文史出版社，1995，第3页。
② 季永海、刘景宪、屈六生：《满语语法》，民族出版社，1986，第525页。
③ 水泡子，东北土话，指水塘、小湖泊等。

神"或"麻布祖师"。纺织神帮助两位阿哥学会了纺线和织布。

菲沃部。"菲沃"在满语中没有完全相对应的词，但有近似而意义又恰当的词，即"菲牙阿"（fayangga），是灵魂的"魂"之意。菲沃部是佛涅部女王塔斯丹德的姐姐、丹楚的姨母学习萨满神术的部落。在第二十八回"先楚三让亲生母 护女权老母丧命"中，丹楚之母为争女王权力把姐姐赶走，姐姐"一气之下就出走了，从此佛涅部就成了塔斯丹德的天下，老太太出走后也未成婚，孤身一人来到菲沃城的菲沃部，在那认识了一位当地的老萨满达"。萨满达神术高强且是萨满中的领头人，丹楚的姨母在菲沃部不仅学习了高强的萨满神术，还经过老萨满达的推荐，向一位年过半百的老太太学习了武功。在远古时代满族先人的观念意识中，"灵魂"占有重要的地位，所以才会有表示神术广大、武术高强的部落，即菲沃部。菲沃部以灵魂命名，是产生萨满的部落，他们的萨满神术高强、神通广大。该部落的出现，说明了我国北方民族对萨满教和灵魂的重视。

萨满部是专门培养萨满的部落。在第六回"四位姑娘力救知己 正义女奴惨遭杀戮"中，穆伦部的四位姑娘劫水牢救丹楚二位兄弟，却惨遭失败。四位姑娘武艺高强免遭杀害，她们逃到了一个萨满部落。东海一带的所有萨满都由这个部落产生，人们对这个部落毕恭毕敬，连女王也不例外。在这里，四位姑娘找到了她们的远房叔叔萨满达而得救。

此外，双石部落因现宁安市东边大王山上有两块竖立的大石头而得名；母女河部落因全都是妇女且海林北边的头道河古时候叫母女河而得名；白雪滩部因当地地面上浮现一层如同白雪一样的霜，又盛产熟皮水而得名；萨哈连部因黑龙江而得名；乌苏部、呼尔哈部等都因河流而得名。

综上所述，部落含义与部落名称有着密切的关系，名称有以下来源：第一，以部落的特点命名；第二，以部落的特殊功能命名，如菲沃部是因有神通高超的萨满而得名；第三，以部落的特殊物产命名，如卧楞部盛产麻布、穆伦部盛产银子；第四，以部落所居地的山林、河流的特征而命名，如双石部、母女河部、萨哈连部、白雪滩部等。

第三节 由盛转衰的母权制

满族的社会发展和其他民族所经历的社会发展是一致的，也先后经过了原始氏族社会、奴隶制社会和封建社会。本节仅涉及满族母系氏族社会及母系氏族社会向父系氏族社会过渡时的内容。

　　世界民族大多经历了原始社会中母系氏族社会的女人当家做主的时代，《中国原始社会史》① 提出了母系制度的五个特征：世系按母系血缘计算；妇女在生产中起主要作用；财产由氏族集体继承；实行母方居住制；妇女是氏族的管理者。郭沫若在《中国古代社会研究》② 中提出"母权中心"论，吕振羽在《史前期中国社会研究》中列举了大量反映"知其母而不知其父"和"母系制的传说"的史料，如"圣人皆无父，感天而生"、"王者之先祖，皆感太微五帝之精以生"、"女节梦接意感而生少昊……，简狄吞玄鸟之卵而生契，弃母履巨人迹，感而生弃"等。《原始社会史》③ 大量引用世界民族中母系制社会的实例，得出了"母系氏族制是整个人类社会发展过程中普遍经过的历史阶段。一切民族古代历史都存在过母系氏族公社制度，有些社会发展缓慢的落后民族直到近代以至现代还停滞在这个阶段"的结论。云南省境内永宁纳西族④即处于女人管家掌权的阶段，当地人传说的"女儿国"即"母权制"社会。恩格斯在《家庭、私有制和国家的起源》一书中，评价著名学者巴霍芬的功绩时说："就在于他第一个发现了这一点。他把这种只从母亲方面确认世系的情况和随着时间的进展而由此发展起来的继承关系叫作母权制。"摩尔根的《古代社会》一书也以大量的史料指出上古世系是女性世系。毫无疑问，人类社会的上古时期是母权制社会。

　　我国东北地区的少数民族，如鄂伦春族、鄂温克族、蒙古族和满族等，同样经历了母权制的社会。《北方民族原始社会形态研究》⑤ 一书曾指出："从鄂温克人流传下来的神话、传说以及风俗习惯来考察，完全可以证明，鄂温克人经历了母权制时代。"《原始社会史》⑥ 指出："额尔古纳河的鄂温克人……，从婚姻习俗上找到他们经历过母系制的根据。例如，他们严格地实行氏族外婚，在几十年前还盛行过姑舅表优先婚配；直到解放前还有夫兄弟婚，妻姐妹婚的习俗……"鄂伦春人保留结婚时丈夫拜访妻子的形式，婚礼

---

① 宋兆麟、黎家芳、杜耀西：《中国原始社会史》，北京文物出版社，1998。
② 郭沫若：《中国古代社会研究》，人民出版社，1977。
③ 林耀华主编《原始社会史》，中华书局，1980。
④ 请参看严汝娴、宋兆麟《永宁纳西族的母系制》，云南人民出版社，1984。
⑤ 吕光天：《北方民族原始社会形态研究》，宁夏人民出版社，1981。
⑥ 林耀华主编《原始社会史》，中华书局，1980。

前新郎必须到女方氏族去和新娘同居一段时期的习俗，这都是母权制的残留。

满族的神话传说和习俗充分证明了满族母权制社会的存在。《满洲实录》中的《三仙女》记述了仙女因吃了喜鹊含来的朱果而受孕，生下了满族的祖先，这也是"知其母不知其父"的母权制社会的反映。傅英仁讲述的神话传说也说明了满族曾存在母权制社会：《他拉伊罕妈妈》反映了母系制社会的生活、组织、分配原则等；长着双翅的多龙格格是女酋长；人面豹身的阿达格恩都哩的父亲为金钱豹；朱舍里格格是由老一辈女酋长三音妈妈选定并培养的女酋长接班人；朱图阿哥嫁到女方家并在前一代女酋长的指定下，接替成为部落长，但是受到反对男人掌权的妇女们这一保守势力的坚决反对，朱图用自己的实力验证了男人具有掌权的能力后，政权才得以稳定。

满族婚姻制度中母权制的残留，主要表现在劳役婚、考婚制和比武招亲等方面。《白鹿额娘》中的丈夫在妻子家中干活三年，《朱拉贝子》中的朱拉为娶姑娘要变成牛在姑娘家干活一年，这都是劳役婚的体现。《珍珠门》《核桃格格》《梅赫哈达》《拜满章京的孙子》《小花蛇》则反映了原始社会母权制时群婚和对偶婚的残留。《东海窝集传》中的"妇女守家不外出"，说明母权制只能在深山老林偏僻、交通不便、人烟稀少的地方残留着，而一旦出林入外乡就是父权制社会了。《曹廷杰集》一书中提到的"《后汉书》北沃沮海中有女国，北沃沮，今宁古塔东北之地"的内容，具体、明确地指出了《东海窝集传》产生和流传的宁安东北地区存在母权制社会。

《东海窝集传》是满族民间文学中反映母权制社会最为直接，内容最为丰富完整的作品。

《东海窝集传》全书共三十回，每回都有精练明晰的题目。

    第一回：长白二祖争上下　　东海双王联姻缘

    第二回：祭神树男女成婚配　　老萨满跳神道玄机

    第三回：首次出征卧楞部　　万岁楼前险丧生

    第四回：万路妈妈救二祖　　兄弟大破万岁楼

    第五回：胜利归来大受封赏　　二兄弟虎群救姑娘

    第六回：四位姑娘力救知己　　正义女奴惨遭杀戮

    第七回：大格格带兵出征　　二兄弟临阵失踪

    第八回：回东海献策兴大业　　护女奴阴谋害忠良

    第九回：强制活人去殉葬　　二阿哥死里逃生

第十回：焚火林丹楚遇险 母女河二次招亲

第十一回：白雪滩头四人被困 万路妈妈再指迷津

第十二回：熊岩洞二兄弟归顺 盘蛇岭梅赫勒投诚

第十三回：五人大战母猪河 丹楚被俘受磨难

第十四回：群雄误入兴安部落 傻胡楞嫁个野格格

第十五回：虎头岭收服他斯哈 兴安部落备战大练兵

第十六回：帝乌豪出师东海 他斯哈率虎立功

第十七回：爱坤女王挂帅亲征 乌苏城丹楚被擒

第十八回：囚丹楚举大丧 石鲁力救新王

第十九回：隐仙山上拜军师 苦读兵书再出征

第二十回：对头崖九虎拦路 双石寨三女遇夫

第二十一回：一十八路英雄聚会 三十二路阿哈从军

第二十二回：整寨营兵分四路 竖大旗立誓出征

第二十三回：连夺三城十八寨 老女王败兵提条件

第二十四回：大萨满跳神参战 双双比武决雌雄

第二十五回：比高低老女王败北 设埋伏智取东山城

第二十六回：女超哈奇袭新政权 新王兵将奋战抗敌

第二十七回：出降书东海归顺 母子夺权起纷争

第二十八回：先楚三让亲生母 护女权老母丧命

第二十九回：举大军横扫宇内 定乾坤四海归附

第三十回：东海大业成一统 父权王位定乾坤

从上述回目中，我们能大致了解《东海窝集传》的内容，它全面、详细地反映了满族母系制社会后期的社会状况和父系制社会建立的全过程。《东海窝集传》中反映的母系制社会的状况如下。

在《东海窝集传》中，除个别小部落是男人掌权外，其他大部落、主要部落都是女人掌权，女人是各个部落的"波吉烈额真"①或"阿木巴波吉烈额真"②，或被称为女王。

东海窝集是当时最大的窝集，其部落长称为"东海女王"，叫爱坤沙

---

① 满文写作 wejiri ejen，即深山中的主子。

② 满文写作 amba wejiri ejen，即大深林中的主子，或大窝集头领。

德，五十多岁，武功高强。

佛涅部：在东海窝集的西南方向，女王是塔斯丹德。

穆伦部：在佛涅部的东北方向。女王名字不详。

卧楞部：在宁安市的南边卧龙乡地区，女王为东海部落老女王的表妹。

东山部：女王为东山玛法，又名得尔给玛法。

珲春部：东海窝集老女王的外甥女所管辖的部落。

菲沃部：女王名字不详。

呼尔哈部、和乌苏部都是女王掌权，但名字不详。

上述所有部落都在东海窝集女王的管辖之下，而那些不属于东海窝集部管辖的部落，如兴安部、母女河部、双石部、呼尔哈部和白雪滩部等，也都由女王掌权。

在母系社会中，妇女不仅很自由，且受到高度尊敬。满族说部就具体、详细记述了当时社会的领导人、掌权人都是妇女，妇女还主管军政大权。在《东海窝集传》中，东海女王便有极大的权势。第一回"长白二祖争上下　东海双王联姻缘"中说："当时东海窝集部有个总头领，叫阿木巴波吉烈额真，她是个女王，叫爱坤沙德。她五十多岁，很有能力，统辖了东海窝集部九川十八寨。所有的部落王都归她领导。老女王很有魄力，每年九月初九都要召集各个波吉烈额真，到她的府上开一次全体东海窝集部祭神树大会，并一起商量些部落军政大事。"

《东海窝集传》中卧楞部使者拜访东海女王时被杀，显示了东海女王权势的威力和高高在上的地位。老女王对两位使者说："这是卧楞部我表妹她们派来的人，我表妹是卧楞部的波吉烈额真……她们每年理应来这里进贡，现在她也不来了。把我气得不得了，所以我就宣召表妹来，她却派来了两位使者。"使者回答得不好，老女王很生气地说："杀掉这两个人，杀了后再出兵。"

第五回"胜利归来大受封赏　二兄弟虎群救姑娘"更为详细、具体地表现了东海女王的权贵和威武。因为卧楞部女王偷了东海女王的镇国之宝托力①，再加上她不向东海女王进贡，东海女王就派女婿先楚和丹楚出征讨伐卧

———————————

① 托力：满语，即萨满所用的铜镜。

楞部，最终东海女王获得胜利并夺回了托力宝。当两位阿哥得胜归来时，《东海窝集传》中有如下描述：

> 哥儿俩打着得胜鼓，举着对方的白桦木投降牌子，拿着国宝班师回朝。先锋队先回到东海窝集部，告知老女王两位驸马爷得胜消息，老女王高兴地带领她的手下将领出迎十多里地。迎接阵容也非常雄壮，前面列有二十四马队，随后是熊头旗队，熊脯旗、豹尾旗。紧接着又是十八个侍卫骑着马，拿着大刀，最后是老女王骑着马，后边还跟着文武百官。当看到凯旋的队伍时，按古代风俗，熊头旗队摆动九次，豹尾旗转三圈，表示庆贺和欢迎，这是最大的王爷，也就是阿木巴额真①才享受的礼节。

这一段描写充分表现了女王享有崇高的地位和众人的尊敬，其场面是何等的威风。女王指挥一切、决定一切。女王见两位阿哥功高盖世，于是既赏地又封爵，还封赏了那些帮助阿哥们夺回托力宝和取得战斗胜利的其他人员：

> 老女王听后也很高兴，马上免除了她们阿哈②苦役，可以在宫内自由行走，也可以教练宫内的女兵。……，两位阿哥也不再是额真③头衔，晋升为骑督将军，每人分给三个部落作为领地，部落内的一切奴隶和财富都归他们所有。

女王们大权在握，她们掌握着氏族、部落成员的生杀权，执行着古老的、不成文的、残忍野蛮的刑罚权。关于刑罚，说部中有多处描写。如两位阿哥因与东海女王两个女儿的感情不好，他们就被女王打入水牢中关起来。还有女王割去使者的耳朵、让活人殉葬、杀害女奴等内容。第六回"四位姑娘力救知己　正义女奴惨遭杀戮"中叙述了两位阿哥被关入水牢后，和他们订终身的穆伦部女王的四个女儿设法搭救他们，串联了五十个女奴起义，不料事情败露，东海女王把砸水牢的女奴全部抓了起来：

> 他们被捆在东西配房的柱子上，每个柱子上绑着一个。女王出来冷笑说："你们做奴隶的还想造反？还想劫牢，休想！告诉你们，今天就是

---

① 阿木巴额真（amba ejen）：大主子、大主人。

② 阿哈（aha），原指奴才，后引申为奴隶。

③ 额真（ejen），即主子、主人。

你们的祭日。……"女王讲："从第一代创业大玛法①至今已是六辈子了,原来第五辈玛法时,就应该举行大祭,今天正好用你们的人头,为第六辈玛法举行大祭。咦?你们不是五十个人吗?还有五个呢?缺的人就从阿哈中选取五个吧……"五十人都一起砍了头。那院中真是血流成河,惨不忍睹。这时,又挖了九个人的心来,和猪头摆在一起,用来祭祀他们的第六代大玛法。从此,东海窝集部的女王,在历史上第一次开了人头祭的先例,同时,也流传下了用人头祭旗、祭天的习俗。此时,女王又说:"第五个阿哈提一个死人头,挂在自己的住处,以示警诫。没有我的命令,谁也不能取下来,看谁还想反抗。"从此阿哈们被管制的更严格了,干活都由女兵押送着。

这段记述,充分显示了母系制社会后期刑罚的残酷性和原始性,也反映了女王统治已不得人心,女奴们已开始反抗女王的统治了,还反映了满族远古时有人头祭的习俗。

第九回"强制活人去殉葬 二阿哥死里逃生"中提到的殉葬方式与后来的活人殉葬方式大不相同。东海女王的两位格格自从娶了两位阿哥②后,本来多病的她们很快病情恶化而病亡了,东海女王就让两位阿哥殉葬,在格格的坟墓旁修了埋活人的墓地,让殉葬人活活饿死在坟墓中,还准备了万年灯、石床、豹皮等殉葬品。

女王领导军队发动并指挥战斗,这样大大小小的战争有多次。战斗时,两位阿哥这一方由男人指挥,东海女王这一方的军队领导和指挥员全都是女王和女将。在第七回"大格格带病出征 二兄弟临阵失踪"中,东海女王兴兵征讨穆伦部时就是大格格带兵。在第十七回"爱坤女王挂帅亲征 乌苏城丹楚被擒"中,爱坤女王即东海女王,她亲自指挥军队进行战斗,她还"带了十八位太太"在军营中为她出谋划策。

《东海窝集传》中所有的妇女都参加战斗。为维持女王的统治,妇女们还组织了反扑力量奇袭男人掌权的父系制政权。在第二十六回"女超哈奇袭新政权 新王兵将奋战抗敌"中,就有女兵四百多人向丹楚等人的新政权发动进攻:

---

① 玛法:祖辈、老翁。
② 娶了两位阿哥:在远古时期的母系氏族社会中,都是女人娶男人,《东海窝集传》中就有娶丈夫、娶女婿等内容。

约四百余人偷偷地跑到西山内，而且全部是女的……她们摆下了用石板做的牌位，中间是老女王之位，两边竖豹皮大旗，四百多人怀抱石碑痛哭起来，哭了一阵子后，每人便脱掉了全身衣服赤条精光，后来每人围上一块遮盖布，把左臂割开口，以血当酒，并发誓，宁死也要为老女王报仇。……，临行前她们每个人都摆起了土堆，代表她们的坟，表示誓死不回的决心。……，也不用指挥，因为大家都不要命了，就砍杀起来，这就是软的怕硬的，硬的怕横的，横的怕不要命的！她们深知江山已完，只求多杀些丹楚的人马，为老女王出气罢了。

上述论述，不仅表现了妇女为保卫女王统治而不怕牺牲一切，也说明母权制的被推翻是女性的具有世界历史意义的失败，同时证明了最初的阶级压迫是与男性对女性的奴役同时发生的①。《东海窝集传》中的妇女们无比地仇视和痛恨丹楚的新政权，为了反抗男人的奴役，才死命地反抗丹楚的新政权。第二十三回"连夺三城十八寨　老女王败兵提条件"详细、具体地记述了东海女王与两位阿哥的争权之战。东海女王不仅亲自带兵指挥战斗，还用了死奴组成火龙术这一残忍野蛮的战术："想当年咱们建朝时，也是用火攻占领了东海城，……，这一种战术叫火龙术。东海女王亲自挂帅上阵，并使用了二百多人的火龙兵。"

女王们在经济领域掌握着分配权，妇女们可以利用手中掌握的私人财产进行封赏，如第五回"胜利归来大受封赏　二兄弟虎群救姑娘"中就有"封赏"的相关内容。

母系制社会的继承人大多是女王的女儿，女人受重视的程度也比男人高，"生女则喜，因为女子可以传家，还可以招赘丈夫从而增加一个劳动力"②。第一回"长白二祖争上下，东海双王联姻缘"中交代了东海女王"有两个姑娘，没有儿子。当时都是女的继承王位，谁家有了姑娘就是事业有了传人，都很高兴"。而属于东海窝集部的佛涅部的女王，"五六十岁的人了，跟前没有姑娘，只有两个儿子，谁来继承王位，她很犯愁，儿子将来要嫁出去的，可总是得不到安慰"。她的两个儿子就是《东海窝集传》的主人公先楚和丹楚，也是建立父系制社会的带头人，是被祖先神乌克伸玛法确认的"莫北新王"，是智勇双全的英雄。

---

① 《马克思恩格斯选集》第四卷上，人民出版社，1976，第52、61页。
② 林耀华主编《原始社会史》，中华书局，1984，第289页。

在母系制社会中，当女王年老在世时，就要确定安排好女王继承人。继承人一定要跟女王有血缘关系，若没有血缘关系，可以收养其他女子。《东海窝集传》中东海女王首先安排了大女儿即大格格继承王位，又安排"二格格接任佛涅部的女权。众人都认为这是件大事，可是二位格格都在夜间子时病亡了。情况突然，即刻召开文武百官，商讨继承王位的事情。找来找去，找到了女王的侄女当了王位"。第十四回"群雄误入兴安部落 傻胡楞嫁个野格格"中兴安部老女王有八个女儿，她们为争夺王位而战。在第十回"焚火林丹楚遇险 母女河二次招亲"中，丹楚从殉葬墓中跑出来到了母女河部，这里的女王是穆伦部女王的小女儿四格格。母女河部的老女王因没有女儿，便和部落的几位老太太商议，收养了四格格为女儿并让其继承女王王位。

总之，《东海窝集传》详细、具体地反映了东海窝集部处于母系制社会的后期，也表现了它由繁荣走向末路的过程。

第四节　母系社会向父系社会的艰巨变革

《东海窝集传》反映了母系社会变革为父系社会的种种情形。

一　母系社会向父系社会的变革

《东海窝集传》的第一回"长白二祖争上下 东海双王联姻缘"讲述了男女争权斗争及其发生的主要原因。

在神界，首先提出母系氏族社会需向父系氏族社会变革的是满族男性祖先神乌克伸玛法。他对满族女性祖先神佛多妈妈说："咱们还是女人当家，用的还是石头、木头，这哪行？女人是治理不好天下的，她们不敢大力发展。"乌克伸玛法提出让男人当家掌权，使社会大力发展。但是代表妇女势力的佛多妈妈是不可能同意的，她坚决反对，"人类从来不就是女人当家做主吗？你在什么地方看到过男人当家做主的。男人当家做主，天下会大乱，会成天互相争斗的"。乌克伸玛法周游了"七十二个部落和中原大片国土"，"深感到东海窝集部的生活、经济太落后，而且也看到靠近尼堪人的一些部落，都有些进步了"，"中原一带的部落都已经使用上了铁器工具耕地、狩猎"。因此，他坚决提出要男人当家做主掌权，建立父系制社会。两位神灵争执不下，"互不相让，谁也说服不了谁"。乌克伸玛法提出到人间去看看，问大家看谁当家好。二位神灵来到了人间，因为当时都是妇女掌权，大家都坚决反对男人掌权，乌克伸玛法一看，说："从现在的势力来看是斗不过佛多妈妈的。"他们的"争论越来越激烈，越争论越来火"。两位祖先神重新商定，各自到人世间培养自己的代理人。

二 丹楚十项改革措施的失败

两位祖先神商定后分手，"到下面去培养各自的力量"去了。乌克伸玛法的接班人是佛涅部女王的儿子先楚和丹楚，被他定为"莫北新王"。在神人的指点和协助下，祖先神完成了对莫北新王的培养、教导和锻炼。

第三回"首次出征卧楞部 万岁楼前险丧生"出现了第一位神人——白须老者，他送给丹楚哥儿俩两件宝物，即护体大衫和山里红那么大的羊骨头，这使他们在攻打万岁楼时身体未受到损伤。

第四回"万路妈妈救二祖 兄弟大破万岁楼"出现了第二位神人——皮包骨的呼乐海玛法，丹楚兄弟在攻打卧楞部，向万岁楼进攻时走进了"迷魂岭"，遇到了他。呼尔海玛法给他们"蒸了十个像黑瞎子模样的饽饽，又蒸了四个像野猪似的饽饽"，又用干草熬了一锅水，让他俩吃完喝光。哥儿俩睡到半夜，"躺在炕上，他们全身骨头节噼啪地响，浑身向外涨，很难受。可是到了后半夜全身都是劲，而且觉得炕也短了，头高出炕好多，心里奇怪怎么炕会缩小呢？"他们吃了这些饽饽后，不仅长高了，力气也增加了。吃什么动物，人体内就有这种动物的力气是原始巫术，是原始形式的转移法，是古代人常用的法术。哥儿俩吃了动物饽饽、喝了干草水，增加了五千斤重的力量，为他们之后参加战斗，以及和萨满比武做好了准备，更增加了他们参与社会变革的勇气。

第三位神人是给两位阿哥喝智慧水的开铺（kaipi）玛法。Kaipi，《清文总汇》解释为"柳条编的有盖子和底的箩筐，盛针线等物者"，即柳编筐子。开铺玛法是造船祖师，是工匠神。开铺玛法让丹楚哥儿俩到一棵歪脖松树下边的泉井，用石臼子舀水喝。开铺玛法告诉他们"这是智慧水，让你们开智慧，见什么就会什么"。开铺玛法带领两位阿哥来到了船上，告诉他们船是"用木板所制，是用钉子、刨子、锤子等制造"的。造船须有炼铁技术才能生产。丹楚他们因为喝了智慧水一见便会，从而学会了造船技术。开铺玛法还送给他们两匹神马。

第四位神人是教他们学习纺线织布的佛勒玛法，他是麻布祖师、纺织神。"foro"和"weilen"，是"纺线"或"制造"之意。佛勒玛法对两位阿哥说："我知道你们是有人指点来的，会有人帮助你们的。"佛勒玛法教他们学会了纺线、织布和做衣服。

第五位神人是阿尔法（arfa）玛法。丹楚哥儿俩骑神马来到三间草房，阿尔法玛法请他们喝米酒，教他们制作米酒和用荞麦、谷子等制作饽饽等食物。"阿尔法"是"燕麦、铃铛麦"之意，所以阿尔法玛法是农业神，他帮助他们学会了农业技术。

第六位神人是色勒（sele）玛法。他是炼铁、制造铁工具的祖师，也叫"铁神爷"，这位神教会了丹楚哥儿俩炼铁和打制铁工具。

第七位神人是色其布（secibu）色夫（sefu）。"色其布"是色其布毕（secibumbi）的命令式，《清文总汇》中解释为"使用小刀割破划开，使犁田地做沟"，是"割开，划开"之意。色其布色夫是木工祖师，两位阿哥向他学习了木工制造术。

第八位神人是蒙文勒（menggun）窝陈（wecen），他是开矿祖师。

开铺玛法、佛勒玛法、阿尔法玛法、色勒玛法、色其布色夫、蒙文勒窝陈这六位神灵，使两位阿哥学会了造船、纺织、农业、打铁、木工和开矿技术。两位阿哥应具备的智慧、勇气和各行各业的技术，都通过上述神灵的指点和帮助得到了。但是还缺少为他们指明方向、树立目标的神灵，那就是第九位神人。

第九位神人就是他们的祖母万路妈妈。万路妈妈首次出现在第四回"万路妈妈救二祖　兄弟大破万岁楼"中，万路妈妈走南闯北，到过中原，所以见多识广、经验丰富。遇见了她的孙子们，她便向他们宣传外边的社会如何先进、生活如何富有等，并向他们提出"要招兵买马，推翻女王统治，建立新的大贝勒王朝"，也就是建立部落联盟。在祖母的指导下，两位阿哥推翻了女王的统治，建立了男人掌权的社会。此外，其他神灵对两位阿哥的帮助也很大，我们将在萨满教文化部分论述这些内容。

总之，通过各种场地和行为，莫北新王丹楚等人具备了自身应具备的一切条件，如力大无穷、武功高强、智勇双全、身体强壮等，他们又树立了远大的奋斗目标，即推翻女王统治，建立男人掌权的父系制社会。

《东海窝集传》是满族先人的卓越作品，符合中华民族也是人类一般的思维方法，即事物由简单到复杂、由浅入深，逐步进行发展的规律。推翻东海女王的统治也遵守了这一规律，即先改革社会、生产，若失败，再进一步通过战争推翻东海女王的统治。所以，丹楚等人向东海女王提出了十项改革内容，想发展生产，改善奴隶们的生活。如果十项改革内容实现，即能实现男人掌权的目的。其改革内容如下。

1. 兴农业，耕种五谷。
2. 种麻织布做衣服。
3. 兴木工、铁匠、开矿炼铁，制造器具。
4. 各部落和睦共处。
5. 整顿兵马，兴邦安国。
6. 多养家禽牛、羊、猪等。
7. 不分男女论功赏罚。
8. 人畜分流。
9. 废除女王制度，男人掌权。
10. 废除兽奴，男女都一样。

这十项改革的内容定会有民间艺人的附会和修改，但基本还是符合母系制的情况的，所以，我们必须认真对待。

"人畜分流"基于当时社会人畜同住一个地窨子里的情况提出，丹楚等人有了追求美好生活的愿望，提出了"人畜分居"。"男女都一样"是针对母系社会中男人受压迫、没有地位提出的，尤其是兽奴的生活更是悲惨，所以，丹楚等人指出应废除兽奴制度，男女都一样。

从这十项改革措施中可以看出，东海窝集部还没有农业，没有耕种事业。所以，丹楚等人的第一项改革就是"兴农业"，从第六项"多养家禽牛、羊、猪等"，可以看出那时的原始人已认识到发展畜牧业的重要性了。总之，这十项改革措施若能实现，东海窝集部落会通过不流血的方式，过渡为男人掌权的社会。

东海女王召开了"各部落达的会议，让他们讨论，大家以为，九、十项老女王一定不赞成，其他还好说"。经过议论，决定先让两位阿哥试着干一下，因为有些内容是发展生产、改善生活的，对于女王的统治未伤筋骨，还有好处。

在信仰萨满教的满族，许多事情都是萨满说了算。"一百多岁的女萨满，能看天文地理，赞同女王让阿哥们试着干一下。"于是，两位阿哥就开始了他们的炼铁工程，"铁神爷"也来帮助他们。

但由于自然条件恶劣，生产又不发达，少医缺药，每年春天时东海窝集部落都闹瘟疫，且死亡率很高，有时一寨之人剩不了几个。原来就反对丹楚他们十项措施的四个萨满和八个老臣，乘机出来极力反对，又用萨满巫术制作木头人陷害两位阿哥，称他们谋害了东海女王的两个女儿。两位阿哥立即被抓起来，打入了水牢，他们的十项改革措施也随之宣告失败。

三　变革形式

改革失败使东海女王的统治更加残忍和野蛮。如五十个起义的女奴惨遭杀害，女王说："每五个阿哈提回一个死人头，挂在自己的住处，以示警诫。……，从那以后，阿哈出宫干活，都由超哈押送着，管理更严了。"兽奴的生活更是惨绝人寰，这更表现了女王的反动性和腐朽性。

改革遭到各种保守势力的坚决反对。一是女王的反抗势力很大。其中除了东海女王坚持统治外，丹楚的母亲也宁死不放手中的权力，还有卧楞部、珲春部、东山部等，凡是东海女王所管辖的部落，都是死抱着女权不放的人，她们形成了强大的女权势力。二是萨满和大臣们的坚决反对，尤其是萨满的反对，对丹楚等人更是不利："老女王这边，四个萨满和八个老臣商量了一夜，认为这样干对自己太不利。"于是他们极力宣扬"两位阿哥是恶鬼，……，没有安好心"等。

这些人为保自己的既得利益，极力保护、拥护女王的统治。但丹楚等人在万路妈妈的指引、鼓励下，坚决要推翻东海等女王的统治，矛盾已尖锐化，也就是到了必须用武力、用战争解决矛盾的时候了。《东海窝集传》中母系社会向父系社会的变革，最终采取了激烈的战争，经过流血斗争的方式进行。

前文已经提到，说部在展开故事情节时，是由浅入深，层层深入的。十项改革措施的失败，深深教育了丹楚等人。于是，他们在万路妈妈的指引下，到处招兵买马，访贤纳士。丹楚他们先建立了自己的兴安部落，有了根据地。同时，他们收服了将领他斯哈、熊岩洞二兄弟、梅赫勒、石鲁、佛勒恒等。不久，他们已有了六百多人的兵马。这时，丹楚认为，时机已成熟，不仅人力、物力都具备推翻女王的实力了，更主要的是丹梦急着从坟墓中救出其兄先楚："哥哥在坟里，要报仇雪恨。现在应该整顿兵马，进攻东海部，夺取王位。"但丹楚手下人，包括其妻在内，都反对丹楚这样做，因为没有军师指挥，没有把握取胜。

丹楚一意孤行，最后大家勉强同意出兵攻打东海女王。于是，丹楚把六百多人的兵马编为四个队伍，都由大将军带领。丹楚在无军师的情况下，第一次向东海女王发起军事进攻。

丹楚首先遇到的是呼尔哈部女王的抵抗。丹楚使用了他斯哈和十几只老虎上战场，暂时打了大胜仗，但是由于东海女王亲征，她带来了两千大军，其中有死军、火军、弓箭手等，还有十八位老太太和十八位萨满，随时出谋献策并祈祷天神保佑。死军是必须战胜，不战胜回来后也要被女王杀死的敢死队。

从军事力量和作战经验来说，丹楚这方远远不如东海女王，所以第一次进攻失败，丹楚又被东海女王抓回来，举行了第二次殉葬。其他的兵员将领也被打得七零八散，各奔出路，最后有的又回到了丹楚他们的根据地——兴安部落，有的在其他地方招兵买马，积蓄力量，准备再次兴兵攻打东海窝集部。

丹楚第二次被殉葬出现在第十八回"囚丹楚举大丧 石鲁力救新王"中。说部详细、具体记述了丹楚被殉葬的经过，同时又记述了石鲁等人千方百计救出丹楚和其兄先楚（第一次被殉葬时，只救出了丹楚，先楚未救出），但此时先楚已是奄奄一息了。

丹楚第一次攻打东海女王失败后，吸取了教训和经验，祖母万路妈妈也严厉地批评了他："你一享福把什么都忘了，你到了母女河与格浑结婚是应该的，我也高兴，可是后来你只顾享受，忘掉了招兵买马、访英雄、集俊杰。你为什么忘了我的话呢？"丹楚也因此痛下决心："从现在开始要走万里路，寻访高人。"于是，他经过万里行程，千辛万苦地来到了隐仙山，几经周折终于拜见了孙真人，并苦读兵书，增长了军事知识和技能。

一切准备齐全后，在孙真人的领导之下，丹楚等人开始第二次攻打东海窝集部落。他们很快攻下了第一道关，镇守这道关的是东海女王的心腹女将，"也是第一流战将，这支马队专使用长硬木杆嵌上石锥，腰中还带着十八粒飞石，尤其是这飞石，在百步之内打鸟鸟中，打兽兽亡，百发百中，她带领二百多人把守"这一关。这一关虽然军事力量强大，是百战百胜的军队，但是她们抵不过丹楚他们的铁制兵器，飞石打在盔甲上也没用，"不像牛皮能成洞"。丹楚攻城用了当时看来已很先进的作战武器——云梯，很快攻下了这一关。"那时的战争很残忍"，丹楚的兵将进城（实为村寨——笔者注），把城内的"二百多人一个不剩地消灭了……杀光了城内的人马及老少",接着他们攻下了三关五寨。说部记述:"杀了不下五百多人,血流成河。"东海女王马上就要垮台失败了。但是,对当时信仰萨满教的满族原始先民来讲,战场上的胜利不算数,说部中所说的"凭真本事决定胜负",就是萨满比武。在当时的社会中,萨满是压倒一切、决定一切、指挥一切的神职人员。

通过萨满比武,东海女王失败了。但她是个很狡猾的人,当她看到丹楚他们占领了东海城以后,她便逃到东山部去了。

丹楚带人进驻东海王府,在孙真人的指导下,不再杀那么多人了,只把东海女王的亲信杀了三十多人,其他人有的被派去开荒种地,有的留驻城内。丹楚等人更重要的任务是捉到东海女王,彻底消灭以她为代表的母系氏族制度。他们再接再厉,继续向东山部兴兵进发。东山部落的东山城,"西边是山口,其他三面都是群山环抱,天然屏障,山崖陡峭,像利刀一样,想要从耸立的石砬子上往下跳,那是万万不可能的"。这种三面环山的天然屏障,给丹楚、孙真人他们进攻东山城带来了极大困难,更何况东海女王在西山进出口之地设置了十八道机关,更使进攻东山城难上加难。

若是没有军事家孙真人,丹楚就束手无策了,消灭东海女王定会半途而废。但孙真人对东山城的十八道机关了如指掌,最后活捉了东海女王,丹楚他们彻底胜利了,丹楚、先楚、浑楚都被封为王,主事王是丹楚,并封了其他官员等。

说部中以丹楚等人武力斗争、流血牺牲的方式,从诸位女王也就是妇女手中夺取权力,建立男人掌权的父系制社会,是牺牲了大量妇女和其他人员的生命换来的。这种以流血斗争建立父系制社会的形式,在我国其他民族中比比皆是。吕光天指出:"在由母系向父系过渡中,他们虽然中断了父系家族公社这一历史阶段,但在我国北方的鄂温克、鄂伦春族以及云南的苦聪人、拉祜族和独龙族的社会中却能看到这一形态阶梯形的继续。"[①] 这里论述了这些民族是"超越了父系家族公社阶段,而直接向一夫一妻制过渡"[②]。不管是直接过渡,还是"阶梯形",都说明这些民族由母系社会变革为父系社会时,是一种不流血的、未经过武装斗争的形式。当然这种变革也是很复杂的,主要表现为父系制社会中妇女社会权力、地位的残余影响,如舅权大、抢婚、

① 吕光天:《北方民族原始社会形态研究》,宁夏人民出版社,1981,第379页。
② 吕光天:《北方民族原始社会形态研究》,宁夏人民出版社,1981,第379页。

走访婚等。如鄂伦春族原始社会的母系制向父系制变革，就是一种未经过流血斗争的形式，"没有经过剧烈的产前阵痛"① 就实现了父系制社会。

《东海窝集传》中不仅记述了经过流血的武力斗争建立父系氏族社会，还记述了其他方式的父系制度的实现。未经过流血斗争实现的父系制社会有两种形式，一种是单一的父系制社会，一种是双系制社会。

未经过流血斗争就变革为父系制社会的，在第十回"焚火林丹楚遇险 母女河二次招亲"中有所记述。丹楚被四位姑娘从殉葬墓中救出后，来到了母女河部。不远处有两个强盗寨主，他们就是佛勒恒和索尔赫楚，是丹楚打天下的英勇猛将，从母女河部娶了两位姑娘："佛勒恒和索尔赫楚也在这里招了亲。这样一共搬出七个姑娘，这帮人在另外一个山口建立了部落，以佛勒恒和索尔赫楚为部落达。"这样就"出现了第一个男人掌权的部落，不过还只是一个二三十人的小部落"。这是在特殊条件下，未经过流血斗争所建立的父系制社会，即佛勒恒部。

还有母女河部、双石部、白雪滩部等属于丹楚等人领导并拥护他的部落和地区，都未经过流血斗争，就变革为男人掌权的父系制社会了。

双系制社会如兴安部。第十四回"群雄误入兴安部落 傻胡楞嫁个野格格"中讲到，兴安部的女王是一位七十多岁的老太太，她有八位姑娘六个儿子，儿子都嫁出去了。七个女儿都娶了丈夫。老太太临终时未安排接替女王的人选，于是八位姑娘厮杀起来。丹楚手下将领索尔赫楚，因能听懂鸟语才知道老太太早已安排好了，"继承我的王位的是小格格的女婿"。但小格格的女婿继承王位，"不要说是那七位姐妹，就是色布登（小格格——笔者注）也不答应"。于是大家决定由小格格当女王，其婿辅佐她。在这个部落里，男性虽然没有完全掌权，但有理政问事的权利，男女共同管理部落内的一切事务。这实际上是男人掌权的父系制社会的一种形式，我们称它为双系制社会。这种社会制度，在说部中仅一例，但它很有价值，说明满族远古时期，至少在东海窝集地区，曾有过双系制社会。

综上所述，《东海窝集传》较全面地记述和反映了满族远古时代母系氏族制向父系氏族制变革时的三种形式：一是不流血的变革，如佛勒恒部；二是双系制氏族社会，如兴安部；三是经过流血斗争、武装斗争才建立的父系制社会。这三种形式在其他民族中同样存在。前面列举的鄂伦春族应属第一类。

---

① 秋浦：《鄂伦春社会的发展》，上海人民出版社，1980，第18页。

双系制的典型实例是我国南方的"永宁纳西族的母系、父系并存家庭,简称双系家庭"①。这种双系制社会组织的形成,主要是由于妇女力量的强大,也就是"母系制的强烈影响"。

总之,无论是不流血的变革、流血的斗争,还是双系制,在父系制社会实现后,其社会中母系制的影响总是存在的。相对而言,在流血斗争中变革的父系制社会,妇女们遗留的权力相对少一些,但是变革中的矛盾对抗性更强。《东海窝集传》全面、完整地反映了满族古时候实现父系制的流血斗争,主要是通过两性婚姻和家庭中尖锐的、你死我活的矛盾表现的。这一内容在满族的其他民间文学(其流传地区大多是深山老林、边陲之地的部分满族先人作品)中也有所体现。笔者曾在拙著《尼山萨满研究》中,论证了尼山萨满的杀夫行为就是在满族特殊的历史条件下,母系社会向父系社会变革中,妇女们反抗男权的一种表现②。同时笔者还详细论证了在满族其他民间文学作品,如《佛多妈妈与十八子》《博赫勒哈拉》等故事中,母系制向父系制的变革多表现为男女两性对抗性的矛盾和杀夫行为,当然,满族文学作品中,也有许多是表现非流血斗争形式的变革,如《朱图阿哥》等。

世界各民族,不论人数的多寡、地域的大小,每个民族都有自己独特的历史和文化。这既是它们的各异性、不同性,也是每个民族独立存在于世界之林的先决条件。当然,各民族也有共同性,这是民族文化发展的必需条件。远古时代的社会,尤其是母系制社会以及父系制社会的实现,历来为学者们所重视,如恩格斯就曾充分肯定过摩尔根对古代社会的研究和巴霍芬的母权论③并极力给予赞扬。《东海窝集传》不仅详细、具体、全面地反映了满族远古时代父系制社会施政和建立过程中的流血斗争,也记述了父系制社会建立以后男人掌权、当家做主的时候,妇女们不甘失败,进行的长期复杂的斗争和反复。那种"认为母系向父系过渡是母系氏族发展为母系大家族或母系家庭公社,进而由于生产力的提高和男女社会地位的变化,母系家庭公社直接演变为父系家庭公社。而且认为上述转变是'很简单,很自然'的,不需要多费时日,事实表明并不那么简单"④。不仅是不简单,而且从满族说部所反

① 严汝娴、宋兆麟:《永宁纳西族的母系制》,云南人民出版社,1983,第260、283页。

② 宋和平:《〈尼山萨满〉研究》,社会科学文献出版社,1998。

③ 恩格斯:《家庭、私有制和国家的起源》,载《马克思恩格斯选集》第四卷上,人民出版社,1976。

④ 严汝娴、宋兆麟:《永宁纳西族的母系制》,云南人民出版社,1983,第298页。

映的内容来看，要想巩固父系制社会，即男人要牢牢掌握手中权力，仍需要付出流血的代价，其过程具有复杂性、尖锐性和长期性。《东海窝集传》详细记述了妇女们竭尽全力向丹楚等人所建立的父系制社会，即向男权反扑的内容。

第一是佛涅部女王塔斯丹德的势力，她利用与丹楚的母子关系，加紧练兵，不仅坚持女王统治，还要为东海女王报仇，以恢复她的王位。这一点在第二十八回"先楚三让亲生母 护女权老母丧身"中得到了集中表现。当丹楚等人建立了父系制社会以后，丹楚就极力劝说母亲放弃女权，正像丹楚姨母批评她那样："你现在不识大局，不识大体，一心保护着一个落后、陈旧的僵体不松手。"但丹楚姨母的劝说无济于事，塔斯丹德女王不但更加抓紧时间练兵，还"吞并了四周的几个弱小的部落，把东海窝集国安排去的男章京都赶了出来"，同时她扬言"我宁可不要儿子，也要把你们杀了祭典老女王，为老女王报仇"。由此可见，他们的矛盾已发展到了白热化程度：为了保护妇女的统治地位，母子已到了绝情之时。

丹楚等人为处理好这种特殊关系，彻底推翻女王统治，商定"强行把她接回来，把她软禁起来"。但还未等丹楚等人行动，佛涅部女王"就戴上她的用黑石做的帽子，向先楚撞去。这黑石帽子，一般女头目都备有，上头有尖，那是打了败仗又不服气时，就撞了过去拼命的，它可以将对方的肚皮穿透"。丹楚已看出母亲使出了歹毒拼命的招数，就让先楚急速闪开，结果其母撞死了。这种誓死不放弃妇女地位，坚持女王统治的行为，充分表现了妇女在父系制社会实现后，不愿退出历史舞台的殊死斗争。

第二是东海女王的旧部女兵奇袭新政权。这是在第二十六回"女超哈奇袭新政权 新王兵将奋战抗敌"中表现的。说部记述道："当丹楚建立王朝封赏之时，老女王手下的旧部，约四百余人偷偷跑到西山内，而且全部是女的，……，她们摆下了用石板做的牌位，中间是老女王之位，两边竖豹皮大旗，四百多人怀抱石碑痛哭起来。"她们每人腰间只围一块遮盖布，划开左臂，以血当酒发誓"宁死也要为老女王报仇"，以示决心。"临行前，她们每个人撅起了土堆，代表她们的坟，表示誓死不回的决心。""土堆"作坟，恐怕是后人附会的。说部中未涉及满族古时的土葬形式，当然后来有了，也是实事，这种附会也是符合满族风俗的。这段叙述充分表现了妇女对女王统治的拥护，对男人掌权，即丹楚新政权的仇恨。

说部还详细、具体论述了这四百余名女兵厮杀攻打新政权的经过："到了丹楚的兵堂所在地，也不用指挥，因为大家都不要命了，就砍杀起来，这就是软的怕硬的，硬得怕横的，横的怕不要命的，她们深知江山已完，只求多杀些丹楚人马，为老女王出气罢了。"后来她们被丹楚打败，还剩一百来人，仍进入山林中延续了很长时间，被当时当地人称为"女儿国"。

女兵的反抗及妇女反对新政权，不仅说明了人类历史上最早的尖锐对抗，是从男女两性矛盾开始的，而且说明这是一种殊死之战。妇女们反抗男权的行为，充分证明了"最初的阶级压迫是同男性对女性的奴役同时发生的"①，其原因是"母权制的被推翻，乃是女性的具有世界历史意义的失败"②。这种退出统治的历史性的失败，妇女们不甘心，必然反扑、反抗，这是事物发展的规律。

妇女们反抗男权的行为，不仅说明人们早已认识到权力的重要和作用，权力常与财富和经济联系在一起。同时，这一行为也表现了矛盾的尖锐性、长期性和复杂性。世界各民族的舅父权、双系家庭公社及婚姻中的劳役婚和《东海窝集传》中"女儿国"的长期存在等，都说明父系制度的建立和男权统治的巩固，还需要长时间的努力才能完成。

《东海窝集传》中讲述的母系社会的具体内容以及满族在母系制向父系制变革中的各种形态和流血斗争，不仅说明母系制的顽固性、野蛮性以及变革的残忍性，同时更表明"在人类原始社会时，母权制的瓦解，父权制度的确立，在某些民族中是一场巨大的变革，经过长期复杂和尖锐的流血斗争才能确立的。当然，不经过流血斗争，顺应历史规律过渡的民族，在人类历史上也不乏其例"③。

---

① 《马克思恩格斯选集》第四卷上，人民出版社，1976，第52、61页。
② 《马克思恩格斯选集》第四卷上，人民出版社，1976，第52、61页。
③ 宋和平：《〈尼山萨满〉研究》，社会科学文献出版社，1998，第261页。

第三章 《东海窝集传》中的婚丧与其他民俗

在前文中，我们论述了《东海窝集传》中的民族、部落等社会组织，其中起核心作用的应是婚姻家庭。也就是有什么样的婚姻，就有什么样的家庭，也就有什么样的社会组织。本章主要论述《东海窝集传》中表现的婚姻关系和其他满族民俗。

第一节 婚姻形式及婚俗

一 婚姻形式

《东海窝集传》主要表现了满族远古时期母系社会变革为父系社会时的社会文化现象，所以它表现的婚姻形式不是单一性的，而是多种形式并存的。人类的婚姻形式从远古到今天，大概来说共有三种，即群婚、对偶婚和一夫一妻制的婚姻。这几种婚姻形式在《东海窝集传》中都有所表现。

第一，群婚。远古时期的人类，由于对自然界、宇宙以及人类自身的结构、作用、变化等，都没有科学的认识或认识很少，对人类的繁衍更是知之甚少。那时的婚姻，还处在人类蒙昧时期的原始群婚阶段，即无婚姻规则时期。这种遥远时期的杂乱婚姻，在说部中也有它的影子。在第二十回"对头崖九虎拦路 双石寨三女遇夫"中，当穆伦部的三位姑娘逃跑到双石部落以后，"一看生活比东海窝集部还落后，尤其是婚姻上很乱，兄妹间、舅舅与外甥女之间都可以结婚"。三位姑娘开导双石部部落长道："兄弟姐妹都是您老生的，他们都是兄妹关系，不能结婚。"这种不论辈分、不论兄妹的血缘婚，在其他民间文学作品中实属少见。第十一回"白雪滩头四人被困 万路妈妈再指迷津"记述了白雪滩部"还没有男女之别，男女都住在一个地窨子里"。群居自然更是不分辈分和兄弟姐妹的群婚。

《中国原始社会史》指出："在旧石器时代初期结束的前夜，生产力有了新的发展；生产工具的改革，是这一发展的主要标志。"① 该书又指出这时"石球"已经被广泛使用了。但是在婚姻观上"仍然实行血缘内婚制。而内婚制在人类发展的历史进程中，所占的时间也最长"②。从白雪滩部和双石部的生活来看，两个部落都很落后，而且双石部还存在"杀人供祭"等。他们的生产工具和武器都是石锤、雷石、石刀、弓箭等，生产很落后。

传统观念、传统意识在人类社会的进程中是根深蒂固的，在一定程度上也是阻碍社会前进的阻力。正像双石妈妈那样，她到过中原，与汉族人接触过，她也想学习汉族人的生活方式，但她"又觉得我们这些风俗是老祖宗传下来的，哪能改动呢"？所以说部所反映的生产工具、人类生活，虽然到了新石器时期，但在婚姻制度上仍保留着比生产工具和生活更落后的群婚制，或是群婚制的残余。

《东海窝集传》不仅反映了血缘婚，即不分辈分、不论兄弟姐妹的原始群婚制，还反映了族外群婚制。这一婚制较前已进步很大了。这是自然选择的法则起主导作用的结果。《原始社会史》指出："由血缘家族内部同一辈分的男女成员互相婚配的血缘集团和内部的群婚，进一步发展到两个组织间的族外群婚，是一个极大的进步。"③《东海窝集传》中的族外婚制比白雪滩和双石寨的不论辈分和兄弟姐妹的婚配进步多了。在第十回"焚火林丹楚遇险 母女河二次招亲"中，实行族外婚制的母女河部生活很落后，使用的工具都是石制品："屋内三面都是炕，中间是用石头垒的石桌子。"看来母女河部的社会已是母系制的中后期了，即新石器时期的早期。

母女河部是一个寡妇部落，部落内全是妇女。这个"部落不大，人也不多，也就是八九十个人吧，没有一个男人，从老到小都是女的"。寡妇部落无男人的原因被认为是灵丹果，"在北山上有两棵灵丹果树，四季都结果，女人见到灵丹果就恶心，说什么也不吃，唯独男人见了灵丹果就像老猫见了老鼠一样，那是非吃不可，吃下灵丹果三年后非死不可"，这实属后人附会，我国

---

① 宋兆麟、黎家芳、杜耀西：《中国原始社会史》，文物出版社，1983，第 101 页。
② 宋兆麟、黎家芳、杜耀西：《中国原始社会史》，文物出版社，1983，第 101 页。
③ 林耀华主编《原始社会史》，中华书局，1984，第 172 页。

东北也无灵丹树啊！其真实原因是母系制社会中的族外群婚，或是男性成年后到其他部落去了，才形成了寡妇部落。这个部落不欢迎女人，只欢迎男人进寨。穆伦部的四姑娘逃跑到此敲门时，"开门的女主人一看是一位陌生的姑娘，心里不太高兴，因为她们欢迎外部落男的来，不愿意接纳女子"，但还是勉强收下了四姑娘。这种欢迎男性来的习俗就是族外婚制的习俗。

在母女河部不远的山外有一个只有男人的部落，他们在说部中被称为"强盗"，他们来母女河抢女人和东西，与他们结婚和不结婚的女人最终都会被送回母女河部。这种婚姻形式实为族外群婚。母女河部这种不欢迎女性来部落和被"强盗"部落抢女人的习俗，是她们实行族外群婚制的表现。寡妇部也需要繁衍之事，否则寡妇部早已不存在了。

此外，他斯哈"知其母不知其父"，也是族外群婚制的表现。

在第二十六回"女超哈奇袭新政权　新王兵将奋战抗敌"中，有四百多名女兵向丹楚新政权反扑，丹楚并未把她们全部消灭掉，剩下的女兵有"百十来人窜到山林中去了。据传这些人钻入森林延续了很长时期，成为女儿国，一直发展到清初后金时，才成立了一个朱色里部"。这个女儿国的延续必然存在繁衍问题，否则她们无法发展和存在下去。女儿国所实行的婚姻制度与寡妇部相同，也是族外群婚制。

《东海窝集传》涉及的许多部落，即使是在同一个氏族之内，婚姻关系也很混乱。我们认为白雪滩部实行血缘群婚制，这种血缘群婚已是后期，或是血缘群婚和族外群婚兼而有之。丹楚的妻子问部落长老太太说："你有没有儿子、孙子？"老人哈哈大笑说："我们这里不准和家人在一起，我自己单独在这里，我的老头子单独在西北。"部落长所说的"家人"就是指她的儿孙们，这里有成人节，儿孙们成人后就到其他兄弟氏族去了。她老头子在"西北"，也是指一个兄弟氏族，她老头子姓什么、叫什么也未回答。看来她也不知道叫什么、姓什么，只知道是允许通婚的两个氏族而已。看来，这也是族外群婚，或是走婚，但已有对偶婚的萌芽了。

群婚制度在《东海窝集传》中表现得不仅明确、清楚，而且也很丰富，在同一个氏族（或是部落）之内，有的表现为不论辈分、不论兄妹的血缘群婚，有的则是族外群婚，如白雪滩部。"族外婚制与族内婚制并不是对立的，从氏族来说是实行氏族外婚，从部落来说是实行部落内婚。"① 以上所说的并

---

① 林耀华主编《原始社会史》，中华书局，1984，第172页。

不矛盾，只是有些复杂和多样。当然说部中实行族外婚制的还有母女河寡妇部、朱色里部等。

第二，对偶婚。《东海窝集传》中表现对偶婚形式的有多处，这也是说部表现的主要婚姻形式。对偶婚"是一对男女在或长或短的时间内的比较固定的偶居，是可以轻易离异的个体婚"①。其最大特点，"第一，是一个男子与一个女子发生较固定的关系，这是前所没有的，也是对偶婚与群婚的重大区别；第二，男女平等，没有歧视妇女的现象，这是对偶家庭与一夫一妻制家庭相区别的特点"②。对偶婚的最大特点是男女在婚姻关系中相对稳定，很容易离异，同时男女关系平等。在《东海窝集传》中，很少有男人歧视妇女的现象，更多的是妇女们地位高，而歧视男人是常有之事，因为说部主要讲述的是母系制向父系制社会变革的内容，所以对偶婚是说部表现的主要婚姻形式，而且都是娶丈夫、随妇女而居。对偶婚形式多样。

一是色勒安楚的婚姻关系很复杂，具有多样性。在第十三回"五人大战母猪河 丹楚被俘受磨难"中，她被两个男人抢到家中"强奸"。其实那时不存在"强奸"一事，是后人为遮羞而附会的，因为在远古时代的母系制社会中，不存在男女之间生活作风的正与邪之分。那时的两性关系，是随个人意愿而为，没有形成像一夫一妻制那样严格的夫妻关系，在一夫一妻制之外，若发生两性关系，不会被视为生活作风不正派，更不会被社会习俗辱骂和唾弃。色勒安楚被"强奸"的情节是族外群婚性质的。这两位男人为什么抢色勒安楚呢？因为他们"想要她做媳妇"，简单的一句话表明这是在当时社会起法律作用的习俗所允许的，可以随便让一个女人做他的妻子，而且是兄弟两个，说部又交代了这两个男人有母亲、没有父亲。这更说明是族外群婚。

色勒安楚是有夫之妇，但其他男人可以随便抢走，这是当时的社会习俗所允许的。后来色勒安楚又看上了丹楚，她对丹楚的妻子说："你一个人跟丹楚结婚太孤单了，你跟丹楚说一说，我也和他结婚。"由于丹楚要实现男人掌权的社会，实现一夫一妻制的婚姻，她被丹楚拒绝了。

满族的妇女是很有个性的，色勒安楚为了跟随丹楚等人，杀了她的丈夫，丹楚问："你们是怎么回事？"她说："你们走后，他和我拼斗，要杀我，我一气之下，把他杀了，我跟你们走。"这种男女两性的仇杀，在《尼山萨满》中

---

① 宋兆麟、黎家芳、杜耀西：《中国原始社会史》，文物出版社，1983，第 211 页。
② 宋兆麟、黎家芳、杜耀西：《中国原始社会史》，文物出版社，1983，第 211 页。

也有类似情节。

色勒安楚没有娶到丹楚为夫，还不甘心，她想借祭神树之时"把丹楚拉到树林里，不成婚也既成事实了"。不过丹楚早跑了，此时丹楚手下将领色楞和胡楞就对色勒安楚说："我们都想嫁给你，你愿意娶哪一个？"结果她娶了色楞为夫。色勒安楚和色楞结婚后不久，色勒安楚又发起了婚变。她将色楞关进牢房后，开始追求丹楚手下的一个叫佛勒恒的将领。由于佛勒恒不愿意，她就把佛勒恒关在囚房中，又去和她手下的青年人格登保结婚了。当色楞的弟弟胡楞从囚牢中救出了色楞和佛勒恒时，色勒安楚对色楞说："我是你的夫人，他只是我的偏房罢了！"这里的"偏房"是指与色勒安楚结婚的格登保，说明当时社会允许一个女人同时与两三个男人结婚，就像前文所述一样。"偏房"一词是后人附会的。

从色勒安楚的婚姻关系来看，她先后三次结婚，同时又和其他男人发生两性关系，这反映了当时婚姻制度的不稳定性和多发性，是带有族外群婚性质的对偶婚。

二是《东海窝集传》中的主人公——莫北新王丹楚的婚姻。丹楚与其兄先楚同时与穆伦部的四个姐妹私自订婚，"穆伦部离佛涅部不远，每次先楚和丹楚带人狩猎时，穆伦部的四个姑娘也在狩猎。这样一来，四个姑娘和两个小伙子就成了好朋友，……，到了十五、六岁自然发生了爱慕之心"。丹楚与其兄为了逃避与东海女王两个女儿的婚姻，与四个姐妹商定在神树大会上"顺势在神树前宣誓结婚，我看老女王也不敢违背古传风俗的"！他们六人是"订下了蛤蟆之婚"。"蛤蟆之婚"是他们的自谦之说，实际上就是已经订婚了。

在第十三回"五人大战母猪河 丹楚被俘受磨难"中，色勒安楚执意要娶丹楚，丹楚说："我已经和格浑结婚了，而且和她三个姐也订了婚。"又说她们都"是我的妻子"。格浑是丹楚的妻子，三个姐姐也是丹楚的妻子，这是当时的社会习俗和婚姻制度允许的。《中国原始社会史》指出："这一阶段，既存在着一群兄弟共有其妻，又存在着一群姊妹共有其夫。"[①] 这六个人的婚姻就是如此。该论著指出，普那路亚婚姻形式是一种族外群婚的形式。每个民族都有自己独特的历史，有自己特殊的生态环境和社会生活，更有特殊的婚姻形式。《东海窝集传》中记述的婚姻，有自己的发展规律。具体到丹楚以

---

① 宋兆麟、黎家芳、杜耀西：《中国原始社会史》，文物出版社，1983，第106页。

及前文所述的婚姻形式，都有相对稳定的婚姻关系。所以，我们认为这应是对偶婚，当然其中也有族外群婚。

林耀华主编的《原始社会史》指出："我国云南省宁波滇彝族自治县永宁纳西的'阿注婚'已发展到早期的对偶婚阶段，但普那路亚群婚残余仍很浓厚"①，看来，说部中丹楚等人的婚姻形式也是如此。

在第十四回"群雄误入兴安部落　傻胡楞嫁个野格格"中，兴安部的穆昆达是一位七十多岁的老太太，"她先后娶过六个男人"。老太太把最后一个丈夫杀了，以后再不娶男人了，老太太的婚姻应是对偶婚。老太太除了儿子之外，还有几个姑娘，其中七个姑娘都娶了丈夫。七个女儿的婚姻，说部未详细记述，但根据所处远古时代的社会制度，也应为对偶婚。老太太的第八个女儿，名叫色布登，说部详细记述了她逼婚的经过。丹楚手下的将领索尔赫楚不仅武功好，而且懂得鸟语，小格格色布登就看上他了。正像说部中记述的，那时人的性格是"心里怎么想就怎么讲，不懂拐弯抹角"，于是小格格就直截了当地问清了对方的年岁，说："我想娶你为婿如何？"由于索尔赫楚不愿意，她就设计让索尔赫楚掉入她早已准备好的陷阱中。在不得已的情况下，索尔赫楚与小格格订了婚。他们的婚姻很像一夫一妻制，但实际上仍然是随女方而居的对偶婚。

这种逼婚形式只能在妇女有权力指挥一切的社会制度下才能发生。说部记述了小格格与杀夫逃跑的色勒安楚的对话，小格格色布登赞扬色勒安楚说："你比我还厉害，我只是把未来的女婿放入陷阱里，而你干脆把女婿杀了，咱们一个比一个厉害。"这种妇女比"厉害""权势"，只能出现在妇女掌权当家的社会中。同时，说部还表现了婚姻中的平等关系。兴安部的政权由小格格掌管，未婚夫索尔赫楚辅佐。杀夫又逼迫佛勒恒嫁给她的色勒安楚当女王以后说"咱们平分秋色，我当王，你也当王，咱们共同打天下"。这说明当时社会上有些地方和部落不是妇女一统天下，产生了平分政权的观念，有男女共同管理部落大事的行为了。这种男女平分秋色、男女政权上的平等，必然导致婚姻关系的平等。这也正是母系制社会转变为父系制社会时的表现。

所以，小格格与索尔赫楚的婚姻是对偶婚。其实在第十回中，索尔赫楚和佛勒恒已经定了亲，由母女河寡妇部落的部落长做主，将"两个姑娘就许配给你们两位吧"。于是他们便和这两位姑娘结了婚。当佛勒恒和索尔赫楚又

① 林耀华主编《原始社会史》，中华书局，1984，第186页。

遇到婚姻问题时，他们照样可以结婚。这说明了男女婚姻关系的不稳定性和两性关系的自由化，也反映了他们的婚姻是对偶婚。

对偶婚是母系氏族社会晚期的一种婚姻形态，是群婚向一夫一妻制过渡的中间环节。《东海窝集传》反映了由母系向父系过渡时社会的大变革，自然表现对偶婚的内容多一些。同时，我们前文列举的男女之间的对偶婚姻形态，不仅有妇女们权威和势力压倒一切的性质，而且还有男人在婚姻和家庭方面软弱无力和被奴役，甚至还有被其妻杀掉的内容。所以，对于这种对偶婚姻关系的脆弱性、不稳定性，说部表现得很充分。不过，这种对偶婚，有的带有浓厚的族外群婚和群婚的性质。

第三，一夫一妻制的婚姻形式。《东海窝集传》反映了当时社会变革的最终目的是实现男人掌权的父系制社会，所以，在家庭中要实现家长制，在婚姻方面要实现一夫一妻制。这种愿望和观念在说部中也有充分的表现。一夫一妻制思想的产生，应是受到汉族人即中原人的影响。如说部所述，万路妈妈在向她的两个孙子宣传先进生活和生产工具及先进婚姻时说："人家那里三媒六证，明媒正娶，愿意到男家也行，愿意到女的家也行，咱们还是抱着祖传的旧俗不放，是不行的。""人家"指汉族地区，其实在汉族地区早已是女人嫁到男人家去了。"愿意到女的家也行"的观念是符合当时的社会习俗的，这里主要提倡男人娶女人、男人掌权的一夫一妻制的婚姻。

一夫一妻制主要表现在东海窝集部的某些人物身上，其实东海窝集部无论是在军事、生产工具，还是在婚姻关系方面，都比其他部落先进多了。只是说部把它作为要推翻的对象，极力表现它在政治上的反动性、残忍性和野蛮性罢了。一夫一妻制的婚姻形式，在东海窝集部中已处于萌芽状态。

我们先来看丹楚、先楚与东海女王两个女儿的婚姻。哥儿俩与姐妹俩的婚姻主要表现为对偶婚，但已萌发着一夫一妻的婚姻关系了。在母系权势下的夫妻关系中，妇女同样要求男人忠诚。当女王的两个女儿知道丹楚哥儿俩与四位姑娘私订终身后，马上让人把他们绑起来，"打得遍体鳞伤"。由此看来，在父权制未建立之前，也就是未有"建立在丈夫的统治之上的"[1] 一夫一妻制之前，妇女们也迫切希望有稳定、巩固的婚姻关系。东海女王有四个侄女，各自娶了丈夫，分居于四个家庭。上述婚姻都有一夫一妻的婚姻形式的萌芽。

---

[1]　宋兆麟、黎家芳、杜耀西：《中国原始社会史》，文物出版社，1983，第225页。

一夫一妻制比较成型的是丹楚与穆伦部四姑娘格浑的婚姻。第十回"焚火林丹楚遇险 母女河二次招亲"中"二次招亲"就是指丹楚与四姑娘的婚姻。因为丹楚和四姑娘都是为建立父系制社会而奋斗的人,所以他俩一直保持着稳固的夫妻关系。同时在他们的家庭关系中,丹楚不仅一直指挥着部落内的一切事务,而且在家庭中,他也指挥妻子。如丹楚第一次攻打东海窝集部时,其妻认为他应先去"找军师",但这种反对无效,表现了妇女说话不算数,这时已无权力和地位,这与指挥一切的东海女王是一个鲜明对比。而男人手中的权力却越来越大,可以指挥一切。

男女在婚姻关系中的地位如何,从说部中所反映的内容来看,是谁娶谁,谁嫁到对方家去,这就决定了个人在家庭中的地位。《东海窝集传》在论述兴安部落的小格格色布登逼婚时,索尔赫楚说:"我们现在正在创立大业、建大功的时候,……,究竟谁娶谁,谁出嫁,在我们这里还没有定下来。"其意就是说,他们实行男人掌权之后,是娶妻到家中,不是男人嫁给女人了。这种观念是丹楚等男人所追求和希望实现的愿望和理想。

我们说一夫一妻制的萌芽状态,在丹楚的"二次招亲"中,表现得更明确了。但这种一夫一妻制还很不完善,还带有浓厚的对偶婚的残余。一方面,说部中的婚姻大多数是妇女们娶丈夫,男人嫁妻子。就连具有一夫一妻制婚姻关系的丹楚,也是嫁到他妻子的部落里。另一方面,婚姻形式多样化,既有群婚制,即血缘群婚和族外群婚,又有萌芽状态的一夫一妻制的婚姻关系,这也是说部主要表现的婚姻形态,即对偶婚姻,但是这种对偶婚在有的部落关系较稳定,有的则存在着浓厚的族外群婚性质。无论如何,说部向我们展现了丰富多彩的婚姻内容,是值得探讨的,说部中的逼婚形式,无论是男逼女,还是女逼男,都是婚姻中想独占对方的行为。看来,除了群婚之外,在其他婚姻形式中,男女之间都有相互占有的性质,这是婚姻的本质之所在,当然这也是由人类繁衍所决定的,其中还有财产所属的含义。

二 婚俗

本部分研究的婚俗仅指《东海窝集传》中的婚俗,以下从订婚、结婚及其他婚俗方面予以探讨。

首先,订婚。《东海窝集传》反映母系制后期满族在婚姻关系上的订婚环节的内容,实在太少了,即使记述了有些内容,也多为后人附会。

《东海窝集传》中的订婚内容有两种：一种是家长，即女王们为女儿订婚；另一种是妇女们以逼婚方式订婚。

女王们为儿女们订婚，如东海女王为女儿订婚："有一年神树大会上，这哥儿俩被东海老女王看中了，于是就备了厚礼，赶着二十头猪，拿着鹿皮制的衣物，到佛涅部求婚去了。"女王塔斯丹德很高兴地答应了这门亲事，并返送了很厚的回礼。这样丹楚与东海女王女儿的婚事就定下了，又定了"明年祭神树时，就正式娶他们过门"。

从订婚的过程来看，第一，双方的儿女们事先都不知情，也无权过问。丹楚、先楚兄弟虽然极力反对这门婚事，但都未成功，只能服从。第二，为儿女们婚姻做主、订婚事的只有双方部落的女王。这不仅表现出女王权力涉及了当时社会的方方面面，还反映了当时儿女们的婚姻之事是母亲的分内事务。

在第十四回"群雄误入兴安部落　傻胡楞嫁个野格格"中，色布登对索尔赫楚说："我想娶你为婿如何？"索尔赫楚不愿意，她便设陷阱逼婚，才与索尔赫楚订了婚。索尔赫楚说："哪有在陷阱里逼着订婚的事呢！没有办法只好答应了。"这种逼婚内容较为常见，色勒安楚也曾逼婚。这种逼婚形式与南方某些民族的"抢婚"有着同等重要的意义。不同的是，"抢婚"是妇女们在婚姻关系中不愿意从属父权制社会里的"奴役"，不愿意失去婚姻中的自由权等，而这种"逼婚"是一种权势之争，表现了男人对在社会和婚姻关系中长期以来被"奴役"和压迫的反抗。所以在《东海窝集传》中，反映男人反抗"奴役"的内容也有多处，如丹楚、先楚兄弟反对与东海女王女儿们结婚，与他人私订终身；还有丹楚手下大将石鲁等人"见了女人强奸后就杀"等。

其次，结婚。说部中反映男女结婚的内容，主要表现在每年（农历）九月初九祭神树的仪式上。祭神树的一个内容就是举行婚礼，青年男女"野合"。"野合婚"源于"氏族外婚制起初是集体的结合，没有固定场所，而是在野外的一种偶然结合"[①]，具有族外群婚的性质。

《东海窝集传》中的"野合"形式和内容有其特色。

说部详细记述了东海女王女儿的祭神树招亲仪式。在东海窝集部落不远的地方，"选择了一棵最大的神树"，又准备了丰盛的祭品，请了有经验的二十七位萨满跳神。说部首先表现的是青年男女的"野合"。当萨满"跳到一定

[①]　宋兆麟、黎家芳、杜耀西：《中国原始社会史》，文物出版社，1983，第200页。

的时候后，各部的牛角号手，随着东海老女王的牛角号声响起来。这时人们就明白了，择婚选偶时辰开始了，这时男的找女的，女的找男的，找各自心目中情投意合的伴侣，双方一对对都到东海女王面前去跳舞，意思是让女王认同。这样的话，有些男女平时就相互看中，就自然而然地凑到一起，有的是临时看中的，……，老女王都一一赏施，给点钱或给点物品，如鹿角啦，小刀啦，玉石等每人都能得到一份"。这段文字说明在当时的社会，男女婚姻关系的确立还必须经过女王的批准或"认同"，同时还要得到礼品。这是"野合"的第一阶段，即准备阶段。

当众人的"火把烧完了，篝火也灭了，这时候跳舞就更加紧张了，所有的鼓声响成一片，不分个数，此时男男女女双双对对，都到各自选定的地方成婚去了"。这时才真正进入了第二阶段，即"野合"阶段。

"野合"的第三阶段，即在野外临时搭起的帐房过夜并举行结婚仪式。当"第二遍火把烧起来，锣鼓一响，男男女女都戴着帽花出来了，说明都结婚了，此时萨满第二次出来给大家颂唱喜歌，大家向天向地向父母磕头，随后女的领着男的回到野外的帐房，过新婚之夜"。

东海女王的女儿与丹楚兄弟举行婚礼，有专人为他们打着火把跳舞，"东海女亲自拿着四个火把，交给两位阿哥和两位格格，意思是叫他们和大家一起跳舞"。他们的结婚仪式也是"野合"。

说部中表现结婚的内容还有丹楚的"二次招亲"，仪式不是在祭神树时举行的，而是由当地的部落长老太太做主成亲。"结婚典礼头三四天就把丹楚送佛勒恒部落去，到时候再由那个部落迎娶过来。"当时社会在婚姻方面严格遵守氏族之外的人或没有血缘关系的才能婚配的原则。同时，结婚时男女双方的部落互送礼品。丹楚被娶到了她妻子所在的部落。此外，色勒安楚等人的结婚仪式都比较简单，但都有一个共同特点，就是在祭神树时举行。

从以上分析可以看出，满族原始古老的结婚仪式，主要通过每年九月初九祭祀神树时的"野合婚"实现，"按照东海窝集祖传的婚俗，不管双方父母是否同意，男方女方必须在神树下自由结合，要不然的话，婚姻谁说了也不算数"。当然也有其他时间，如丹楚的"二次招亲"就不是在祭神树时举行的。仪式内容，有的送礼品，有的没有。结婚仪式和礼品随地位和权势而定。男女双方部落互送礼品，说明私有财产已在萌芽状态中。

野合婚制在满族的其他民间文学作品中很少有这样详细、具体的反映。

有关结婚的婚俗主要表现在莫北新王第二次招亲时采取的择日而婚的结

婚仪式中。老太太说："我为你们做主，今天就成亲吧！"结婚典礼分为互送聘礼、迎亲、暂留帐篷、入洞房及众人贺喜五个方面。

1. 互送聘礼

在结婚前的三四天，格浑就把丹楚送到其他部落去了。丹楚所在的部落送了"鹿、狗、熊等，又赶了一群活牲口作为礼物"。格浑部落送给丹楚所在的部落"一群猪、四件衣服"。这四件衣服是黄色鹿皮服、狍皮大衫、豹皮坎肩和牛皮铠甲，都是送给新郎丹楚的。

2. 迎亲

迎亲队伍由老太太带领，妇女们带着人马到了丹楚所在的部落。"丹楚见了老太太先磕头，然后老太太交给他一弓一箭，丹楚就朝天向女方来的方向射出三箭，老太太说：'行！'于是大家出发了。"新郎向女方来的方向射三箭，与现代民俗学者还能搜集到的满族婚俗中新郎向女方来的方向射三箭，其方向和意义是相同的。"向女方来的方向"射箭有保护迎亲人，也就是迎接新郎的人，在返回途中一路顺利、驱除邪魔之作用。

3. 暂留帐篷

当迎娶丹楚的队伍到了部落时，"女方大批人马敲打着迎出门外，在村外搭起一个帐篷，丹楚下马之后，见到女方的老太太就得跪下磕头，为了捉弄人，许多老太太都出来迎亲，丹楚没办法，只好一个一个地磕头"。这里的临时"帐篷"也有"野合"的性质，也表示男人的地位不是很高。

4. 入洞房

丹楚从帐篷出来，还不能直接入洞房，还需在"下房西屋"里等待"吉辰"的到来。"吉辰"一到，"紧接着冲出来十几位手持弓箭的女人，照着西厢房房顶每人射了三箭，意思是表示向男方示威，表示男人必须服从于我们"。这三箭与丹楚射的三箭意义不同，其意是在向男人示威，表示妇女们的权势是不可侵犯的。接着，丹楚被妇女们送入了洞房。

5. 众人贺喜

丹楚进入洞房后和新娘出来向南磕头拜天。此时来贺喜的人、萨满等不仅要送牛肉、猪肉、鹿肉等礼物，还要说些吉祥话表示祝福。新人入洞房，婚礼结束。

丹楚与东海女王的女儿结婚是野合婚，还有其他婚俗，如新郎"要戴白羽毛花，女的要戴红羽毛花"等，这应与当代满族尚白的习俗有关，也表现了狩猎的满族与鸟禽的密切关系。

　　丹楚及其兄先楚嫁给东海女王的女儿的婚姻也是一种劳役婚。东海女王告诉两位阿哥要"履行你们进门的基本义务，就是在这一年内，过好四道关"。这四道关，"每道关是三个月，共十二个月，第一道关是房道杂役关，学会打杂活，学会本族的礼节，怎样侍候两个格格；第二道关是喂猪、马关，……；第三是砍柴挑水关；第四道关是把守门庭关，看官、看屋、看寨"。这四道关，丹楚及其兄先楚完成得很出色，受到了东海女王的奖励。

　　最后，其他婚俗。说部表现了满族远古时代丰富的婚俗内容。如只要男女双方同意，即可成为夫妻，在第十回"焚火林丹楚遇险　母女河二次招亲"中，就有五个女人被其他部落的男人抢去成婚了。第十四回"群雄误入兴安部落　傻胡楞嫁个野格格"中胡楞与野格格的婚姻，只是向野格格的哥哥磕了个头，即表示成婚等。这种形式的成婚与东海女王的女儿成婚，形成了鲜明对比。这种鲜明对比的根本原因在于财富的多寡。东海女王的女儿家在当时社会中是富有、有权有势的，可以说是当时社会的贵族阶层。而丹楚第二次成亲的妻子格浑也是女王或部落长，自然也是有权有势的，所以订婚和结婚仪式烦琐，内容丰富。这说明在母系氏族社会尤其是母系制的后期，已有了私有制的萌芽。此外，还有其他婚俗。在结婚前，男人不能问女人的姓名，这是"那时的规矩"。所以，丹楚在第二次成亲，也就是与格浑结婚后，"就问四格格贵姓大名"。格浑不仅把自己的姓氏告诉了丹楚，而且还把三位姐姐的名字也告诉了他，这意味着三位姐姐也成为丹楚的妻子了。另，妇女们的杀夫行为，实为权势之争表现在婚姻中的突出内容。

　　《东海窝集传》中提到的婚俗，有的早已不复存在，有的仍流行于当代满族社会。《满族民俗文化论》中详细论述了满族古代"先人经历过'男就女家'的劳役婚、入赘婚、掠夺婚等各种婚俗"[①]。"男就女家"即妻子娶丈夫，《东海窝集传》中无一例是丈夫娶妻子的，就连要推翻女王统治的丹楚，也未逃出当时社会的婚俗，仍然被其妻格浑娶到她所在部落内。"转房婚""不究辈次人伦"，是"原始群婚制的一种残余"，并不讲求"同姓不婚"，这也是一种血族群婚。

　　满族其他民间文学作品也反映了不少婚俗的内容。《朱拉贝子》[②]中的朱拉为了与自己相爱的伊尔哈姑娘结婚，变成牛在姑娘家中劳动一年。《白鹿额

---

① 王宏刚、金基浩：《满族民俗文化论》，吉林人民出版社，1993，第155、158页。
② 《黑龙江民间文学》第7集，中国民间文艺研究会黑龙江分会，1983。

娘》中的小伙子结婚后，"先到女方家干三年活，然后再回到男方家"。这些都充分表现了父系社会一夫一妻制的劳役婚的内容。

第二节 其他民俗

《东海窝集传》全面展现了满族的古代生活、社会制度等内容，本节将探讨丧葬、战争、衣、食、住等习俗。

一 丧葬习俗

不像《尼山萨满》中的丧葬习俗那样丰富、具体、详细，《东海窝集传》中仅万路妈妈及她的两个孙子丹楚和先楚涉及了丧葬的内容。

万路妈妈并未死去，只是萨满的一种过阴状态，但人们以为她死了，便将她用石棺装殓起来放入野外树林进行野葬："他们将老太太装进石头棺材里，送到树林里停放起来了。那时的石棺无盖……她从石棺材中爬出来之后，就去周游各地了。"

当女王的两个女儿死去之后，女王决定让女婿丹楚和先楚"活人殉葬"。"在二位格格的坟墓之旁，又修了埋活人的墓地，又准备了殉葬品，如万年灯、石床、豹皮等为殉葬人所用。"在殉葬之前，萨满要跳神诵唱神歌，"萨满击鼓跳神，念诵着佛勒密①神歌，送到坟地上"。他们的坟墓在东海女王女儿坟墓的中间，并留有一个洞可与外边通风。他们在洞中生活，有人给他们送饭，送的饭不一定够吃。一年后，先楚被救出时已"骨瘦如柴，不像人样了"，饿得嘴里还直说着"饭，饭……"。这种殉葬导致人身失去自由，最后大多死在地洞中。活人殉葬还有用奴隶殉葬的，"两个挖墓的男阿哈②和八个女阿哈都被活埋了"。

丹楚被人救出，后又被抓回去进行了第二次殉葬。第十八回"囚丹楚举大丧 石鲁力救新王"记述了六个女萨满举行祭祀，供品是三个鹿头，丹楚"里里外外地换了一身新鹿皮衣裳"。东海女王把各个部落的头目召集起来，

---

① 佛勒密：萨满跳神中诵唱神歌的曲调。
② 阿哈：满语，即奴才或奴隶。

"一方面为姑娘再次举大丧,另一方面再次让丹楚殉葬,以示军威。各部落人都拿着吊礼:有牧口头、鹿头、猪头、牛头、豹头,围着石棺摆了一圈,成为一座兽头山"。丧葬仪式很隆重,用家禽兽头祭祀。仪式举行了三天三夜,然后女王把丹楚放进第二个女儿的坟墓中,顶上用大石条压上,不过留了个小洞口:"丹楚在坟墓中看天是黑洞洞的,看地是黑洞洞的,坟外只有一个送饭的小伙子陪伴着。"后来在其他人的帮助下,丹楚和先楚被救出坟墓。

活人殉葬是当时社会的陋习,遭到了多人的反对。丹楚的姨母就坚决反对地说:"咱们的阿玛①、咱们的玛法②不都是这样!……,人不能都被殉葬了。"

在《东海窝集传》中,活人殉葬已形成了一定之规:殉葬人首先向"亲生父母辞行",两位阿哥在八位随从人员的陪同下前往佛涅部拜见了父母;众人要向他们"道喜",当时认为殉葬是喜事、荣誉之事,殉葬人理应受到尊敬;殉葬人等于死人,若是从坟墓中逃跑出来,别人不能杀他。丹楚等人第一次攻打东海女王时惨遭失败,丹楚"拔出黑石刀就自刎",其他人阻止说:"你不能自杀,你是殉葬人,谁也杀不了你,为什么要自寻短见呢?"当有人想杀死丹楚时,东海女王阻止说:"这不行,咱们有祖传制度,殉葬人等于死了,不能再杀他。"也正是利用这一点,莫北新王丹楚与其兄保住了性命,推翻了女王的统治。

满族活人殉葬之俗,在其他民间文学作品和论著中也多次被提及。《萨布素废除恶俗的传说》讲述萨布素将军想方设法解救为其夫殉葬的少妇,并规定今后不能再兴起这种"恶俗"③。《满族民俗文化论》一书中列举了许多活人殉葬的实例,如"努尔哈赤死后,有大福晋纳喇氏等三人殉葬"④,"辽金女真贵族的活人殉葬恶俗后被清满族上层统治阶层所沿袭"。《东海窝集传》中的殉葬对象为满族的贵族阶层,处理殉葬者时,一般将活人放入殉葬墓中,活活饿死或是折磨死。而满族其他民间文学作品反映的活人殉葬是用箭将殉葬人射死,再把她与死去的男人埋在一起:"西炕上坐着一个年轻女人,浑身上下穿得新鲜鲜的,就像新媳妇一样,端端正正地坐着,……,全家人给她三拜九叩。"此时有人"朝着她的脑袋、胸前"连射三箭,有的还用火焚等殉

---

① 阿玛:满语,即父亲。
② 玛法:满语,即祖父。
③ 《萨布素废除恶俗的传说》,载《满族民间故事选》,上海文艺出版社,1983。
④ 王宏刚、金基浩:《满族民俗文化论》,吉林人民出版社,1993,第177页。

葬法。

总之,《东海窝集传》中的丧葬习俗,尤其是活人殉葬的形式,为研究满族葬俗提供了新内容。

二 战争习俗

《东海窝集传》叙述了战争场面、战争双方应遵守的道德规范以及战术方式方法等内容,反映出当时社会已形成战争习俗,而且这种习俗起着不成文的法律作用。由于当时社会是在过渡时期,战争习俗也融入了新旧两方面的内容。那时只要不是很亲密的朋友,稍有不如意就开打。为了本民族的利益或相关人的利益,人们会马上动手打起来。如丹楚等人在母猪河与兽奴撕打、丹楚手下战将胡楞与野格格的对打、野格格与丹楚手下战将索尔赫楚的对打、东海女王的四个侄女婿黑大汗见了丹楚举石锤就打等小型战斗。

《东海窝集传》中的大型战斗共有五次:一是东海女王兴兵攻打卧楞部;二是东海女王兴兵攻打穆伦部;三是丹楚兴兵第一次攻打东海窝集部;四是丹楚兴兵第二次攻打东海窝集部;五是东海女王手下的女兵奇袭丹楚的新政权。笔者按顺序一一论析。

第一次,第三回"首次出征卧楞部 万岁楼前险丧生"中的东海女王兴兵攻打卧楞部。

参加战斗的双方将大营设在相距二十里处,"在中间线上放一张桌子,各拿来三碗酒,各方出来九个人,由牛录头共同请安,宣读双方战术",战斗就开始了。战斗中有"三不":"一是不准抄后路,必须直上直下,直冲直上;二是对掉下马的人不能在马下刺杀;三是凡是战败的不能再追杀,只要跑出去一箭地,即使站着不动,你也不能伤害他了。"由此我们可以看出,古代无文字社会已经有了道德规范、法制观念和社会习俗(特别是战争习俗)。

丹楚代表了当时先进的社会制度,有着新思想和新观念,为了破除传统习规和树立新风尚,他用"偷袭战术"取得了战争的胜利,却被当时的社会指责为"不讲信誉","是可耻的,胜利了也不算数"。

第二次,第七回"大格格带病出征 二兄弟临阵失踪"中的东海女王兴兵攻打穆伦部。

东海女王要抓回穆伦部的四位格格问罪。四位格格是丹楚的妻子,她们接受了新思想和新观念,不会墨守成规地遵守古代传统战术的"三不"规定,而是用"伏兵"打败了对方。她们的做法同样遭到当时遵守战争习规的人的指责。

第三次，第十六回"帝乌豪出师东海　他斯哈率虎立功"和第十七回"爱坤女王挂帅亲征　乌苏城丹楚被擒"中的莫北新王丹楚第一次兴兵攻打东海女王。

说部中提到，"那时候打仗比现在人讲义气，是事先按规定好的规矩来打，双方同意，才能开仗"。在这次战斗中，莫北新王丹楚完全按照老规矩，也就是当时社会传统的作战习规进行，这次战斗自然是丹楚失败了。丹楚在东海女王面前不敢有越轨行为，说明东海女王还有很大威力。

在攻打呼尔哈城的战争中，由于他斯哈用了老虎战术，丹楚一方胜利了。"第二天呼尔哈的城主投降了丹楚。古时的战斗与今不同，古时只要对方投降，就是属于胜方管辖了，所以不一定进城占领，全由双方协定而定。"丹楚率兵并未进入呼尔哈城，但按照城主投降即归他方管辖的习规，该城即归属丹楚管辖，这也充分表现了古人讲义气，有极强的信誉感。

由于丹楚在第一次战斗中失败，其部下兵将被打得四处逃窜，丹楚之妻格浑也"不分白天黑夜，一口气逃出了东海疆界，那时候人们交战只要越出界线，就不再追杀了"。

第四次，第二十二回"整寨营兵分四路　竖大旗立誓出征"和第二十三回"连夺三城十八寨　老女王败兵提条件"中的莫北新王丹楚第二次兴兵攻打东海女王。

当丹楚攻打第一道关卡时，守关女将一看抵不过就退回到关里并关上了大木门，再也不出来了。"按过去老规矩，对方一关门，敌方就不能再进攻了。"丹楚作为革新派，自然不会遵守这一陈规，他们利用云梯占领了第一关。

当丹楚的将领打到东海城下时，"孙真人说：'这下已经打掉了老王的锐气，可以长驱直入到东海。'丹楚说：'不行，按我们祖训，既然对方打败了，必须宣布向我们投降、起誓，我们才敢进城。要不然我们进了城，东海部的乡亲们不服我们。'"作为孙膑的后人，孙军师为了笼络人心，这一次也不得不"入乡随俗"了。

第五次，第二十六回"女超哈奇袭新政权　新王兵将奋战敌"中的东海女王旧部女超哈奇袭新政权。

女兵们"把左臂割开口，以血当酒"，并发誓为女王报仇，她们相信誓言的作用。

《东海窝集传》中还有萨满直接参加战斗，由萨满比武来决定战争胜负的古老而重要的内容。"三不"规定、双方商定开战以及相信誓言等战争习规，对研究古代战争观念、意识、道德规范等都提供了珍贵材料。

三 衣、食、住等习俗

《东海窝集传》展现了满族古代社会丰富多彩的生活画卷，如衣、食、住、行和其他礼仪之俗。

《东海窝集传》反映古代满族服饰的内容有很多，我们按地区、部落、个别人物一一探讨。

1. 东海窝集部的服饰

在东海女王两个女儿的结婚仪式上，她们"打扮的倒挺好的，穿的是鹿茸皮紧身衣、鹿皮紧袖、用羽毛拼成的五颜六色的披肩，凡是袖口上、鞋口上、裤口上都嵌有非常好看的羽毛，脚步上带着脚步铃，手上带着手铃，双手上戴着双骨镯，头上梳的是双七辫子，盘在顶头，戴的是羽毛花"。这是典型的、历史悠久的满族古代民间衣饰。据傅英仁讲，直到 20 世纪 50 年代末，在宁安的山沟里还有脚铃和手铃的装饰。脚铃和手铃一般是铜制品，而在《东海窝集传》中是骨制品，且衣服多是皮制品或由羽毛制成，都是用自然界中的自然物来装饰人类。

《东海窝集传》并未直接记述东海窝集部中其他人的服饰，但我们可从其他民俗和外逃人员中了解一二。在丹楚被第二次殉葬时，"里里外外地换了一身新鹿皮衣裳"。从个别人物的穿戴上看，当时社会已有了贫富之分、高低之别。当丹楚手下两员将领被东海女王抓住并表示投降（实为假降）时，女王由于爱惜人才，便很高兴地把他们留在身边，"当时就给他们换上黄豹皮马褂，并给他们封了官，住进铺着熊皮的地窖子"。东海窝集部官员的服饰和住处都高于一般人，从东海窝集部逃跑出来的兽奴的服饰，便可看出其等级制度。"出现一个穿着豹皮裤子的人，当时的社会风俗是一般只许穿豹皮坎肩，他却穿着豹皮裤子，这是当王爷和女王的衣服，……。还有二位穿着半拉肩的豹皮裤子，是副角色，整肩的是正角色，当兵的是坎肩。"女王和王爷可以穿豹皮裤子，一般人只能穿豹皮坎肩。这种以豹皮制作衣服的不同式样为等级的方式，与后来的清代官员礼服以"补服绣有禽兽图案的品级徽识"①，有着相同的意义。这也说明《东海窝集传》中的社会，至少在东海窝集部已产生等级制度和私有观念。

2. 卧楞部的服饰

卧楞部是东海女王的表妹管辖的部落。其使臣应属官员品级，是当时社会的贵族。他们"满身穿着反毛衣服，鼻子上都穿着鼻环，满头是长发，不像这里的人，剃着留部圈，都是半发，来人是猞猁皮靴、皮帽、外边都是猞猁皮裤、皮袄、皮围裙"，可见他们的服饰用的是带毛的皮料。当时东海窝集部的发式是"留郎圈"，而卧楞部则"满头是长发"，鼻子上还戴环。

3. 母女河部的服饰

《东海窝集传》中提及母女河部服饰的内容只有两处。一处是丹楚逃跑至森林中遇见一帮女人，她们是"赤身露体，腰间围着一块皮子，披着用各色羽毛做的披肩"。这种仅能遮羞的皮子应该是夏天的穿着。另一处是丹楚第二次结婚时穿的礼服，丹楚与其妻从东海窝集部下属的部落、当时社会中生产和经济较为发达的地区来到母女河，他们的"四套衣服一套是黄色鹿皮服；第二件是狍皮大衫，那时不管是冬天还是夏天都穿毛朝外的裤子和大袄；第三件是豹皮坎肩；第四件是用牛皮做的铠甲"。这几件衣服应是当时社会的贵族阶层——女王和将领级别的人的穿着。

4. 白雪滩部的服饰

白雪滩部的服饰比母女河部的更原始一些，基本上是用皮制物直接披在身上，还不知道如何缝制衣服。"分不出是男是女，披着头发，脑袋上扎着鹿筋做成的脑箍，光着膀子，腰里围着一圈兽皮，步上穿的更热闹了，都是用熊皮靴。"部落长与丹楚等人谈话时说："你们都穿着衣服，我们都不会做，全光着身子呢。不知鹿皮怎么熟，怎么做。"丹楚等人就教给了他们如何做熟皮和做衣服的技术。

5. 母猪河部的服饰

母猪河部的人大多是从东海窝集部逃跑出来的兽奴，他们戴的帽子很有特点。"那时一般都戴狍皮帽，凡是戴熊头帽的，不是强盗也是恶人，再不就是散兵，只有这类泼皮才戴这种帽子，平常不戴。"从戴的帽子来分辨人的身份和善恶，说明当时社会已有明显的道德规范习俗了。

---

① 孙文良主编《满族大辞典》，辽宁大学出版社，1990，第351页。

6. 双石部的服饰

"为首的是一位老太太，个子不算小，鼻子戴鼻环，这种鼻环男的戴在左边，女的戴在右边鼻孔，是用玉石磨制成的。手上、脚上也都戴着手环和脚环，脖子上戴着脖环。丹楚一看就知道，这是北方靠海边的一位女头领，身穿鱼皮衣，用植物叶染成各种颜色，既柔软又好看。"鱼皮服饰与经济生活有着直接的关系，双石部与东海窝集部的服饰在制作、式样等方面可以媲美，艺术技巧不分上下。

7. 个别人物的服饰

杀夫逃跑的妇女色勒安楚"穿一身薄皮鹿衣鹿裙"；兴安部的小格格色布登"穿了一件鹿皮铠甲，腰缠鹿筋软锤"；娶胡楞为夫的野格格凡尔察，是"一个黄头发的女人，个头有五尺七，头发金黄，硬的像钢丝，……，穿一身狍皮上衣，鹿皮靴，头戴豹皮帽，帽顶插两根野鸡翎，后边搭着豹尾稍"。

8. 丹楚等人的战争服饰

丹楚向中原人学习了冶铁技术，在他征讨东海窝集部时，"用布做衣服和旗帜"，将领着铁制盔甲。"石鲁先锋带着二百多马队，身披盔甲，手握龟头刀耀武扬威地冲向第一道关卡。""盔甲"和"龟头刀"都是铁制品，自然比当时女王们所穿的战争服饰先进多了，更具战斗力。布匹和铁器都是丹楚等人用豹皮、人参等贵重物品到关内换来的。

满族古代服饰有如下特点。第一，其原料都是自产的豹皮、鹿皮、牛皮及鱼皮等皮质物品，当然丹楚等人所用的布是另外一回事儿。第二，各个部落的服饰不在同一历史时期，如东海窝集部与母女河部、白雪滩部等就相差甚远；某些部落的服饰已有等级制了，如东海窝集部就是等级分明的部落，他们认为"黄豹皮马褂"是最高贵的服饰，"豹皮褂子"是王爷和女王的专属服饰，其他人不准穿。第三，从各个部落的服饰来看，装饰品为骨质的各种铃器和各种羽毛拼成的披肩。东海女王的两个女儿结婚时不仅有合身得体的鹿皮衣服，还有手铃、脚铃、骨镯、五颜六色的披肩。可以说，服饰充分展现了满族古代社会的审美观念，学会用取自自然界的自然物来装饰自己，这也是人类社会发展中普遍存在的方式。

《东海窝集传》中的各个部落虽都是处于母系氏族社会，但所处具体历史时期不同。东海窝集部处在母制的后期，也是其全盛时期，母系氏族经济发达，使用青石器和弓箭，实行对偶婚制，还有一夫一妻制的萌芽。其他部落就不同了，使用石器，最多是新石器，实行族内群婚或族外群婚制，食品也相差甚远，他们"以渔猎为生，过着简朴的原始生活"。

东海窝集部的食品主要是肉类食物，主要表现在祭神树、婚礼和丧宴上。祭神树用了"八十一"只活鹿；"东海女王派出大批人马到处狩猎"得到各种食物用于婚礼，"最丰盛的招亲礼品，有天上飞的，地上走的，水里游的，样样俱全"；在丧葬宴席中，"各部落人都拿着吊礼，有牲口头、鹿头、猪头、牛头、豹头，围着石棺摆了一圈，成为一座兽头山"。

母女河部以肉类为食品，在丹楚婚礼上表现得最为充分："随后是左亲右故们送礼，牛肉、猪肉、鹿肉什么礼物都有，这些礼物都放进院内的两三口盛着水的大石锅内。等这肉煮熟后，大家都围着喝酒、吃肉。"这里不仅有狩猎之物，也有驯养之兽了，如猪、牛等。母女河部用狗狩猎，所获颇丰。"老部落达家有四条完全通人性的猎狗，……，这四条狗不仅能为主人捕获野鸡、兔子等，还一口不动的交给主人。"

白雪滩部以牛羊肉和奶类食品为主，其生产能力较为低下，他们利用本地区自然条件生产出一种含有硝和碱的熟皮水，但他们不知该水有何用。"我们这里叫白雪滩，这地方是寸草不生，专门生这样的白霜，这白霜如果经过熬制后，再兑上死猫烂动物之类，熬出的水喷出后，杀伤力很大，起码皮肉都得烂掉，……，我们用这些炼好的水，去蒙古草地去换取他们的牛羊。"他们的牛羊和奶类食物是从外边换来的，他们虽然能用"火熬熟皮水"，但不会用火煮熟肉吃，所以丹楚等人教他们"怎么熟食，怎么烤肉"等。

双石部以打鱼为生。双石妈妈从河里救出了丹楚之妻格浑的三位姐姐，"那天我还在河上打鱼，看到你们漂在河里，就把你们捞了上来"。双石妈妈"一勺一勺地喂她们马奶"，而三位姑娘也改变了双石部"带着血汁就吃，完全是一种半野蛮的生活"方式。双石部与白雪滩部的食品类型与制作技术相差不大。

乌苏部的食品是鱼类和肉类。乌苏部的最大特点是养狗，最多时有一百多条大狗，他们的肉类食物主要靠狗捕猎获取。他们也以打鱼为生，"这地方的人还算精干，就是生产、生活比东海部还差些，主要是以打鱼为生。每家每户都养狗，他们的吃、喝、住、打围，抓个山鸡啦，截个狍子啦，全都用狗"。

此外，一位神人般的老者用"荞麦面粉似的东西"，做成饽饽给丹楚等人食用。这种面制食品很可能是用一种野生的粮食制作的，但东海窝集部并不会种庄稼。

综上所述，《东海窝集传》中所有的部落都以渔猎和驯养为生，食其肉、穿其皮，有的部落会饮用牛羊马奶等。靠近河流、湖泊之地的部落以打鱼为生。但是，对于食物的加工和处理技术与中原人相差甚远。

《东海窝集传》中反映的满族人的住房形式多种多样，主要有地窨子、撮罗子、树上、帐房、山洞、草房等，还有汉族楼台大殿式的建筑。住房的建筑技术较为原始古朴，但是已出现了"城池"的概念，如有东海城、东山城、呼尔哈城以及乌苏城，还有"城主"、"进屋一看"或"进了房门"等。这应是后人附会的词语，也是讲述人、民间艺人在讲述过程中使用词语的一种技巧。

地窨子也就是史籍中常说的"凿穴以居"①的"半穴屋"，丹楚等人建立的兴安部落在汉族军师孙真人的指导下建了草房，其他的大部分部落都居住在地窨子里。东海窝集部在衣、食、住等生产生活方面，都比其他部落先进、发达，但他们的住房仍然是地窨子。在第十九回"隐仙山拜军师 苦读兵书再出征"中，东海女王抓住丹楚手下的两员将领将他们"关进了地窨子里"。为了使这两位将领归顺于她，东海女王给他们封了官，还让他们"住进铺着熊皮的地窨子"，这种铺着熊皮的地窨子应是上层人物所居住的。

母女河部也有地窨子，"十几个女人就把丹楚领到一个大房子的门前，所谓房子，其实就是地窨子"。进入地窨子后，"丹楚一看屋内三面都是炕，中间是用石头垒的桌子"。这里的"屋内"是指地窨子内部；地窨子三面都是炕，这与现代满族房屋中三面都是炕的结构相同。

白雪滩部也居住在地窨子里，丹楚被一阵狂风刮到白雪滩部后，又走了"两三个时辰，到了一片地窨子边，地窨子上边像坟堆似的，也没有门，丹楚他们被领到了其中一个最高的坟堆边，踩着梯子下去九级便到底了，虽然在地下，但都铺着皮子，不冷不潮"。由此我们看到，地窨子的内部铺了皮子，不冷也不潮；外部有大小不等的"一片地窨子"，像"坟堆"一样数量很多；部落长一般居住在最大的地窨子里。

满学专家很早就关注过地窨子，如《满族民俗文化论》中所述："勿吉、靺鞨人因'其地下湿，筑城穴居，屋形似冢，开口于上，以梯出入'。史籍又载：'筑堤凿穴以居，室形象冢。'"②"冢"就是"坟堆"，需"踩着梯子"，

---

① 王宏刚、金基浩：《满族民俗文化论》，吉林人民出版社，1993，第61页。

② 王宏刚、金基浩：《满族民俗文化论》，吉林人民出版社，1993，第61页。

共踩着"九级"梯子才能进到地窖子中,这说明已有很深很大的地窖子。

双石部住的大的地窖子里有隔间,穆伦部的三位姑娘被双石妈妈救活后,"苏醒过来一看,已是在一间地窖子里了"。建造地窖子需"筑堤凿穴","房子是堆起来的,在地上挖个洞,盖个盖就住人了"。"史籍上最早记载的满族先人肃慎人夏则巢居,冬则穴居"[1],这里的"穴居"就有山洞之意。双石部的居住场所也有冬夏之别,"原来这里的人一到冬天是躲在洞里过冬天的,所以这里的人口不兴旺,进洞若是二十人,第二年有十四五个活着出来就不错了"。

《东海窝集传》不仅描写了东山城的外部结构,还描写了城内的机关设施,这些机关设施也是东山城的特有之物。东山城有十八道机关、三大关口,最后还有火焚关,再加上三山环抱的天然屏障、山崖陡峭的自然山势,外人很难靠近。十八道机关是"机智妈妈"设计的,"机智妈妈"就是有智慧的奶奶或祖母,她是满族古代妇女们智慧的代表。丹楚等人的军师孙真人对这十八道机关了如指掌,因为它是"中原十八家机关战术"。在妇女指挥一切的母系氏族社会里,这十八家机关战术应是后人的附会。该战术应是男人掌权社会的产物,因为该战术所依托的冶铁等技术在父系制社会中才能出现。当孙真人破除这一道道关口和机关后,看到了东山城的地窖子:"进去后看到的是五层台阶深的地窖子,这大概是她们部落达住的地方。""前边有陷阱,直通第五层大殿,谁要一掉进去,第五层大殿里的人就知道了,人就从地道里跑出去。"这里的"层"是横向的、平面的概念,所以五层大殿的东山城不是现代意义上的纵向大殿,而是地窖子中的五个隔间,各个隔间之间设有地道和机关相联系,互通消息,并有陷阱保护。

丹楚等人在新建的根据地也是住地窖子,"那时候房子也好盖,向地下挖三尺深,再盖上一个顶,留个窗口、留个门,新房就盖好了"。丹楚手下将领胡楞之妻也住地窖子,胡楞来到了兴安沟后就噼里啪啦地砍树,"正好树底下有一个地窖子",从地窖子中钻出一个女人,这就是他的妻子。

除地窖子之外,需要较高盖房技术的草房在说部中出现过三次:丹楚等人在寻找神人时,"来到一个地方,看见三间草房",草房乃神人的居所;丹楚等人在寻找孙真人的路途中,在深山里迷失了方向,"突然发现前面有灯光,……,一看是三间草房",这是一直帮助丹楚等人克服困难的万路妈妈的

① 王宏刚、金基浩:《满族民俗文化论》,吉林人民出版社,1993,第61页。

居所；丹楚等人在军师孙真人的指导下，"为军队建立兵营，于是很快建立了不少草房，还有东西配房的王府"，由于丹楚等人住惯了地窨子，所以"新房建成后，大家都不敢进去，一是怕房屋倒塌，二是认为冬天不保暖，不像原来他们住的半地下窑洞方便"。

关于卧楞部存放传世之宝的万岁楼，说部中只记述了它的名字，并无具体建造的内容，恐是后人附会的。

撮罗子是在野外搭的帐篷，也是满族先人所居之处。如丹楚逃跑时到了一位老者居住的撮罗子里，求老人救他。

个别人居住在山洞中，如熊岩洞、虎头岭石洞等。说部提到虎头岭石洞的，仅有"平平安安地来到了山里石洞前"一句，并未记述洞内的情形，但对熊岩洞则记述得较为详细、具体。"熊人"就是色楞和胡楞，"洞"是指山洞，是他们的住房。"熊人请丹楚和格浑到他们的熊岩洞里去。洞子又黑又埋汰，里边放了些牲口肉等食物，甚至连大小便也在里边，烟熏火燎的不像个样子，……，这简直是牲口过的日子。"

中原地区的神人所居之处与地窨子有着天壤之别。丹楚等人对孙真人的住处——隐仙山赞叹不已，"有一座石头牌坊，牌坊上写着'隐仙山'三个大字，……，看到左面是石雕的仙鹤，右边是石雕的美鹿，真是美妙绝伦啊！走到半山腰有一平台，往远一看有五层大殿，金碧辉煌，山门矗立，山门前有两只大石狮子，……，每只石狮子的脖子上还套着铁环"。

满族先人的住房主要有地窨子、山洞和草房三种，都是他们利用当时当地的自然条件和物产建造并进行装饰的房屋。这些住房甚至在今天的满族聚居区内或在深山老林和祖国东北边陲之地还有它的残存。在《满族民间美术》①一书中，作者精心绘制了地窨子、草房、马架子房、树搭房、仓房等的示意图。地窨子与《东海窝集传》中提到的地窨子基本相同，草房与《东海窝集传》中记述的草房基本构造方式相似，但已有很大改进。

《东海窝集传》不仅反映了满族母系氏族社会的生产、经济生活、军事制度以及社会变革等方面的内容，并揭示了人类社会中的许多重大问题，如氏族制度等，还反映了满族社会在待人接物和行事中的道德规范和礼仪。

《东海窝集传》反映了权势传承即女王或部落长将权力传给下一代的礼仪。穆伦部的四格格格浑接管母女河部的权力时的仪式如下："在全部落的大

---

① 王纯信、王纪：《满族民间美术》，时代文艺出版社，2000，第76页。

会上，部落达亲手将祖传的鹿角（掌管部落权力的象征——笔者注）交到四格格手里，四格格高举起右手先向天行拜礼，然后对老部落达大拜了三拜，高高举起双手，接过鹿角，并举过头顶三次后，搁在石头桌子上。"

《东海窝集传》记述了迎接战斗中胜利归来者的古代礼仪，如东海女王带人迎接丹楚等人从卧楞部夺回东海窝集部的托力时的礼仪。迎接人员的组成、多寡、行动以及所打旗帜等都有一定的规范和等级。

《东海窝集传》还记述了人与人之间见面时的礼节。孙真人来到丹楚的部落时，"大家都一一见了礼"，他斯哈见了孙真人后喊了一声"孙真人"算是见礼。莫北新王建立政权后，孙真人给他讲述礼仪，他除了学习汉族人的"三跪九叩礼"之外，还进行了满族古代礼节——抱腰礼、抱见礼的训练。"孙真人给他们讲述了如何当王，然后对各个扎兰开国元勋召进王府，一一对其进行了礼节训练，从此有了抱腰礼、抱见礼和三跪九叩礼，分上下两级，上有王，下有臣，两往下是奴隶等。"

在妇女掌权的社会中，妇女的地位和权势高于男人，这在男人和女人的谈话礼仪中也有所体现。当兴安部的小格格要娶丹楚手下的一员将领为夫婿时，被那位将领拒绝，小格格很生气地说："我的话你还是应该尊重的呀！随随便便顶了回来是不行的。"将领却不这么认为，心想"那是你们部落的规矩，甭看我们人少，我们的规矩和你们可不一样"。虽然心里这样想，但他嘴里可没敢说出来，因为当时女人的权势还很大。

《东海窝集传》也记述了许多习俗方面的内容。

第一，认亲习俗。"那时候风俗是不管亲的，还是不亲的，只要磕了头，一律都是亲的。"这种人与人之间的纯朴、真诚的关系表现了当时社会的认亲习俗。丹楚等人收服熊岩洞二兄弟时，这一习俗表现得更为明显。兄弟"举起石刀咔嚓把自己的左胳膊划了道血口子，把血往天上滴了三滴，又往地下滴了三滴，然后又向丹楚的嘴里滴了三滴，自己也喝了三滴"，以示对丹楚等人的忠心。这里除了表示讲义气之外，还有原始宗教的含义。

第二，投宿习俗。丹楚之妻逃到母女河部时，天已经黑了，她投宿的经历表现了满族先人热情接待客人的习俗。"这个部落有个规矩，不论是男是女来投宿，只要敲第一家的门不开，你再去敲其他任何一家的门，也都不开了，你只好在野外露宿了。如果第一家接待了你，第二天你就是全部落的客人，他们会给你送各种吃的用的。"丹楚等人投宿到兴安部时，"当地的习惯是不论哪个部落里的，只要有人来投宿，都不往外推，而且热情招待。所以老部落额真（部落长——笔者注）一看来了一帮人，挺高兴，马上腾出了房子进行了安排，把自己酿造的酒拿出来招待，这一顿饭吃得最好"。

第三，社会习俗。满族有着以西为大、以西为尊的社会习俗，最忌讳妇女们靠近西炕，更不让妇女坐在西炕上。而在《东海窝集传》中却反其道而行之，如丹楚手下将领等人逃到乌苏部投宿到一家，"进去后看到有老两口，老太太坐在西炕上，老头坐在北炕上"。妇女们坐西炕之俗与当时的社会制度有关，这反映了妇女们尊贵的地位和权力。

第四，记年记事之俗。"草黄算一年"是满族先人的记年之俗，挂木牌记年龄之俗与汉族的"结绳记事"之俗相似。白雪滩部的部落长说："我们是巴拉人，只知道草黄了，就算一年。"丹楚手下人来到对头崖时，碰到一伙人，他们说："我们只知道是青草黄了三次了。"这就是说他们来这儿三年了。有人问白雪滩部的部落长："你是看到几次草黄了？"老人回答："那不是墙上有吗？"原来在墙上挂了七十四个木头牌，说明这位老人七十四岁了。

第五，投降书和战败习俗。东海女王写了投降书，代表母系氏族制度从此被推翻，社会迈入了一个新的历史时期。"在石桌子上留了块木牌子，牌子上刻着月亮、日头、星星都落入水中。这时先楚明白了：老女王投降了，这是投降书。"东海女王战败后，佛涅部女王决定以死表示她对东海女王的忠诚，"她就戴上她的用黑石做的帽子，向先楚撞去。这黑石帽子，一般女头目都备有，上头有尖，那是待打了败仗不服气时，就撞了过去拼命的。它可以将对方的肚皮穿透。……，塔斯丹德一头撞了过去，……，结果她撞在石柱子上，从此结束了生命"。

第六，夸狗之俗。以狩猎为主的满族先人与猎犬结下了不解之缘，满族自古至今不仅有养狗、夸狗之俗，还有敬狗、不吃狗肉之俗。当色楞四人来到乌苏部时，看到这家的狗非常可爱，便情不自禁地说："老妈妈，你养的狗可真好，又听话又能守家，我们从来也没见过这么高大雄壮的狗。"他们这么一说，"无意中的一句话，正好符合了当地的风俗，就是进门首先要夸主人的狗"，于是他们与这一家人"亲如一家人了"。可以说，民俗文化能够起到促进民族团结，使各民族和睦共处的作用。

说部中还记述了东北地区的特产三大宝，即人参、貂皮、乌拉草。貂皮是女王和将领等富户人家所用之物，乌拉草是盖草房的主要原料，人参是以货易货的主要物品。

总之，《东海窝集传》中记述的满族古代社会的生活习俗与社会礼仪等内容，有的已被历史淘汰，有的保留至今。特别是满族先人的婚丧和其他民俗内容丰富、全面，有其独到之处。如婚姻形式涵括了人类社会发展史中三种主要的婚姻形式，结婚时间大多选在每年祭神树时；丧葬习俗中有活人殉葬的做法；满族先人主要依靠渔猎获取生活资料，但不同部落各有特点；满族先人创造性地利用自然条件和地理环境建造的住房主要是地窨子，它非常适合当地靠山和寒冷的生态环境；满族妇女们的服饰中有特色的是披肩，制作技术最为高超的是东海女王的两个女儿穿的用各色羽毛编成的披肩，清代满族官员的官服"披肩领"① 就是由羽毛披肩演化而来的。

---

① 孙文良主编《满族大辞典》，辽宁大学出版社，1990，第393页。

第四章 《东海窝集传》与萨满文化

第一节 萨满的概念及其他

在母系氏族社会的早期，原始人在面对自然界、人类社会生活以及人类自身时，都有万物有灵的观念，他们对自然和社会形象进行加工模拟并表演代表各种动物的吼叫、动作以及人类社会中的各种行为的巫术性舞蹈，或行祭祀活动，这应是萨满教信仰活动的狭义定义，其广义的定义则涵盖了所有类似萨满的巫师的信仰活动。萨满教广泛流传于世界各民族地区中，在我国的东北和西北地区尤为盛行。世界三大宗教——佛教、基督教和伊斯兰教都是人为宗教，也叫"创生性宗教"。有学者认为萨满教是"原始宗教"，《宗教词典》称其为"原始宗教的一种晚期形式"①，但"原生性宗教"的提法更为合理。"人们通常所理解的原始宗教往往认为它们在时间上属于史前时代，而我们所说的原生性传统宗教都是从史前时代延续到近代。……，萨满教，……，就是原生性宗教的代名词。……，是原生性宗教的一个类别，……，是原生性宗教的一种。"② 萨满教随着人类历史的发展而发展，同时不断演化以适应人类社会生活的需要，但其适应性有一定的局限性、地域性和民族性。萨满教的属性为原生性宗教，与创生性宗教和原始宗教有着明显的区别。创生性宗教有明确的创始人，如佛教的释迦牟尼、基督教的耶稣、伊斯兰教的穆罕默德等。原始宗教"属于史前时代"，其内容和仪式没有萨满教规范。原

---

① 任继愈主编《宗教词典》，上海辞书出版社，1981，第930页。
② 孟慧英：《中国北方民族萨满教》，社会科学文献出版社，2000，第23页。

始宗教所不具备的又恰是萨满教最大特点的是神性和模拟性舞蹈，也就是唱、打（打击乐和武术）、舞三位一体的原始艺术以及地域性特点。

笔者在拙著《满族萨满神歌译注》① 前言中详细地论述了"萨满"一词的来源及含义，"萨满"一词仅在满语中能寻找到。满语属于阿尔泰语系，满－通古斯语族，满语支。按形态结构分类，属于黏着语类型。② 满语一般由词根（词干）和词缀（附加成分）组成，词根是"词在语音方面比较稳固的一部分，具有一定语义的单位，可以单独使用，表示事物，事物的特征、动作和语法关系等"。词缀是"依赖于词干的一部分，没有独立的意义，只有和词干结合在一起时才获得与词干统一的语义"③。满语词根有较强的派生能力，这种词叫派生词，词根加上词缀一般都与词根有相同的词义，很少变为新的词义。笔者在《满族萨满神歌译注》中指出，"萨满"由三个满语动词词根演化而来，并结合三个词的意义形成。其中起主要作用的词根是"萨"④ (sa)。"萨"的含义为"知道"（名词）；从宗教信仰的角度去分析，当"人"知道（宇宙、社会、人类等）后便要动起来，即"跳起"，这便是"萨满"一词的全部含义，即"知道""知晓""跳动"。后引申为"无所不知，并通晓人间、神间的一切事物"和"激动不安、狂呼乱舞"等含义。因此，"萨满"一词源于使用满语的民族，主要是满族。

萨满文化沉积着人类历史文化的宝藏，我们可以从中挖掘、探讨人类远古时期的许多文化内容。神灵崇拜是萨满文化中的主要部分，世界各地区的民族都有与自己生活、社会、历史等关系密切的神灵崇拜。我们可以探讨满族萨满神灵崇拜的内容和特点，观察其与《东海窝集传》中所反映的萨满神灵的关系。

萨满文化的保存和流传依靠口耳相传保存于民间艺人的记忆中，也保存在用民族语言记录的民间文学作品中。用满文记录的满族萨满文化的民间典籍，在民间被称为"萨满神本"，国外学者常称其为"萨满手册"。萨满教有三大崇拜内容，即自然崇拜、图腾崇拜和祖先崇拜。满族萨满教不仅有这三大内容，而且有地域性、民族性、仪式的完整性等特点。满族萨满文化的特点，主要体现在满族所独有的、最能代表满族民族性格和白山黑水特点的神灵上，那就是"瞒尼神"。瞒尼神的数量众多，多达几百位，《东海窝集传》

---

① 宋和平：《满族萨满神歌译注》，社会科学文献出版社，1993，第8、9页。
② 季永海、刘景宪、屈六生：《满语语法》，民族出版社，1986，第33页。
③ 季永海、刘景宪、屈六生：《满语语法》，民族出版社，1986，第97、99页。
④ samb 是满语单词，意为"知道"，其词根为"sa"，意义应不变仍为"知道"。

中也涉及了瞒尼神。此外，满族萨满文化中还少不了反映戎马生涯和狩猎等内容的神灵。

第二节 萨满教崇拜

萨满教产生的时期不仅自然条件非常恶劣，自然灾害时常发生，而且社会生产力非常低下，人们过着采集、渔猎的洞穴生活。

从《东海窝集传》反映的内容来看，那时的人们很少懂得药物，常有瘟疫发生，并严重地威胁着人们的生命。丹楚祖母万路妈妈为"救三个部落的瘟疫病人，三天三夜没有睡觉，就累死了"；萨满利用瘟疫病恐吓东海女王，"在我们这里不出三天，将有一场大瘟疫发生，要死许多人"，女王听后"吓得魂飞魄散"。此外，《尼山萨满》中员外之子也死于瘟疫。

野生动物也严重地威胁着人们的安全和生命。《他拉伊罕妈妈》中就有战胜狼群的情节；《鄂多哩玛发》中的主人公"难以忍受野牲口的气"，因为他受到了野生动物的威胁，这些野生动物"主要有三大群，一是熊群，二是猪群，三是狼群，每群都有上千头"。

天灾如水灾、火灾等都给远古时代人们的生活和生命带来极大危险，人们对于外界和内在的种种威胁自然产生恐惧感，而人们的生活和生命又依赖于外界的自然环境或生活条件。这种既依赖又恐惧的心态，长期控制着远古人们的心理，让人们感到有一股力量或神秘的灵物在制约着他们，使他们产生了超人、超自然、超越一切的幻想，这也是部分原始人的共同的神灵观念。

原始宗教中神灵观念的产生是原始人向人类社会、自然界中的一切现象、力量以及人类自身发出挑战的结果，也是原始人对于丰富人类文化史、思想史的贡献的重要体现。吕大吉说得好，"原始人头脑中产生出某种灵魂观念和神灵观念，应该说是人类思想发展史上一次质的飞跃，……，那是划破原始时代黑暗世界的一道曙光"。吕大吉在谈到原始人的神灵观念产生的伟大作用时说："孕育了人类关于人与超人，自然与超自然的思考，成了文明时代各种哲学思辨和科学探索的起点。"[1]

---

[1] 吕大吉、何耀华主编《中国各民族原始宗教资料集成》，中国社会科学出版社，1999，总序，第4页。

一 自然崇拜

原始文化中原始人在这种繁荣庞大的神灵世界里，首先幻想并崇拜的应是与他们生活直接发生密切关系的周围的生活环境，也就是萨满文化中三大崇拜之一的自然崇拜。《东海窝集传》中涉及自然崇拜的神灵占有重要地位。满族萨满文化中与自然崇拜相关的神灵可以说非常丰富，万物有灵的观念使满族先民认为自然体是神灵或是被神灵控制的。笔者把满族自然崇拜中的神灵按其属性和形态分为天体神、宇宙变化神、江河山林神、动植物神四大类。

1. 天体神

天体神包括天神、太阳神、月亮神和星神等。天神最早的形态表现在《天宫大战》[①] 中，"世上最先有的是什么呢？最古最古的时候是不分天不分地的水泡泡，水泡泡渐渐长，水泡泡渐渐多，水泡里生出阿布卡赫赫"。"阿布卡赫赫"直译为汉语是"天女人"或是"天妇女"，也可称为"天女神"。富育光认为"阿布卡赫赫"原为"朱赫他坦"，"朱赫"（juhe）意为"冰"，"他坦"（tatan）意为"窝铺、下处"，"朱赫他坦"应为"冰窝铺"。"冰窝铺"是北方民族在冰天雪地的环境里用冰搭起的透明的窝铺，从远处望去像"水泡泡"一样。在满族先民的观念中，宇宙原是混沌未开的整体即"水泡泡"；宇宙由许多物质组成；"水泡泡"变化成为"天女神"阿布卡赫赫，宇宙也由此形成。

满族原始人把从混沌未开的水泡泡里生出的阿布卡赫赫天女神视为整体宇宙的全部，同时把阿布卡赫赫视为上古时代孕育生命和力量的唯一源泉，又幻想着阿布卡赫赫有一种超人、超自然的生育方式——"裂生"法。"裂生"法比较形象、具体、通俗，是满族先人提出的众生及万物生育的新方法。阿布卡赫赫上身裂生出卧勒多赫赫（希里女神），"好动不止，周行天地，司掌明亮"[②]。"希里"（silin）在《清文总汇》中解释为"众兵内选取的精丁"，意为"精锐兵"，看来卧勒多是一位精明能干的女神。根据"卧勒多"女神的神职和功能，满文词语应为"额尔德"（elden），《清文总汇》中解释为"日月星火之光，光彩之光，凡物光亮之光，圣德之光明"，总之是"光明，

<hr />

① 富育光、王宏刚：《萨满教女神》，辽宁人民出版社，1995。
② 富育光、王宏刚：《萨满教女神》，辽宁人民出版社，1995。

光亮"之意，尤其是"日月星火之光"，更符合"卧勒多"女神的神性。"卧勒多"应为"额尔德"，"卧勒多"是音变，再加上"希里"的"精明能干"，卧勒多神的功能就更清楚了，她不仅精明能干，还是光明神。"卧勒多"不仅与阿布卡赫赫一样可以造人与万物，而且是阿布卡赫赫与恶魔耶鲁里战斗中的得力助手，她被耶鲁里打败后，"神光被夺走了大半，变为非常温顺的天上女神，除了背着桦皮星袋踹跚西行，默默无言"。阿布卡赫赫下身裂生出"巴那姆赫赫（地神）女神"。"巴"（ba）汉译为"地方"或是"土地"，"那"（na）汉译为"地"，"姆"应为"额莫"（eme），即"母亲"之意，"巴那姆赫赫"直译为汉语应为"土地母亲女神"，也可称为"地母女神"。

在满族原始观念之中的宇宙三大女神——阿布卡赫赫、卧勒多赫赫和巴那姆赫赫就产生了。在三女神中起主导作用的是阿布卡赫赫。她的神性和威力一直伴随着满族的原始文化的发展变化而发展变化，迄今仍存在于个别满族人的观念中。三女神使宇宙初步有了生命，也有了活力和能量，但天地仍未分开，人类与万物还未产生。阿布卡赫赫具有万能神力，她"小小的像水珠，她长长的高过宸宇，她大得变成天穹。她身轻能飘浮空宇，她身重能入水里。无处不在，无处不有，无处不生"。阿布卡赫赫"能气生万物，光生万物，身生万物，空宇中万物愈多，便分出清浊，清清上升，浊浊下降，光亮上升，雾气下降，上清下浊"。"万物"非具体实物，而是指空空的宇宙，实指宇宙中变化万千的各种观象。"清清上升，浊浊下降"寓意深远，不仅反映了满族先人的宇宙观、认识观、一分为二的原始朴素的哲学思想，而且反映了原为混沌未开的"水泡泡"因"清浊"变化而产生"好与坏"、"善与恶"的区别。分裂和裂生产生了新事物，满族原始思维发生了新的变化，宇宙万物与人类也开始产生了。

宇宙三大女神"同生同孕"，阿布卡赫赫"气生云雷"，"眼睛变成了日、月，头发变成了森林，汗水变成了溪河……"。宇宙三大女神合力造人，"原来三神生物相约合力。巴那姆赫赫嗜睡不醒，阿布卡赫赫和卧勒多两神造人，最先造出来的全是女人"。阿布卡赫赫让巴那姆赫赫去造男人，于是世上也有了男人。阿布卡赫赫裂生了一切宇宙万物及人类，是满族观念中的第一大神、万能神，也是人类社会母系氏族的产物。

宇宙三大女神在创造人的时候，由于巴那姆赫赫"嗜睡不醒"，阿布卡赫赫为了使地母神积极参加造人的工作，又从自己"身上揪块肉"做了个"敖钦"女神来帮忙。"敖钦"是"阿钦毕"（ailmbi）的命令式，《清文总汇》中解释为"驮着","阿钦"（aji）也是"驮着"，即驮着大地之意。"敖钦"是"阿钦"在历史中的变化或受方言土语影响所致，"阿钦"之意正符合阿布卡赫赫给"敖钦"女神的任务，即"驮着"地母神并摇动她。敖钦女神的神力是阿布卡赫赫天女神和卧勒多赫赫光明女神赋予的。她"生有九个头，有的头睡觉，有的头不睡觉"。天女神从光明女神"身上要了块肉，给敖钦女神做了八个臂、八只手"轮换着"推晃"地母女神，并让地母造男人。由于地母女神太烦敖钦女神了，"一气之下用身上的两大块山碴子打过去"，结果使敖钦女神马上变了神性，"成为一角九头八臂的两性怪神"。她能"自生自育"，繁衍出无数个敖钦女神，后又变化组合成一位神通广大的"九头恶魔——无往不胜的耶鲁里大神"。耶鲁里应是由"耶鲁毕"（irumbi）变化而来，笔者曾在《〈尼山萨满〉研究》①中论述过，此不赘述。由于耶鲁里的自沉下降才形成了满族萨满教文化中的阴间世界，而这也是争权夺利引起天宫中大战的主要原因。世上的一切恶魔都是由耶鲁里变化而来的，它主宰着阴间和鬼魔世界。

满族萨满教中天、地、阴间三界已形成，三界由耶鲁里的下沉以及阿布卡赫赫的变化而来，阴间是耶鲁里主宰的鬼魔世界，地界为人类所居，天界为神灵所居。地狱并不是萨满教文化中的原始词语，有关地狱的内容，应是借用了佛教文化的内容。阿布卡赫赫在水泡泡中的"裂生"，形成了满族"一生二，二生三，三生万物"的认识论。三界形成给我们的启示是：在三界之中，人是第一性的，他可以成神升天，成为天界居民，他又可以因为自己的作恶而堕入阴间，成为阴间成员。所以，天人原本就是合一的。"天人合一"是恢复宇宙原来面貌，再现宇宙为一个整体的形态。满族先人认为，水泡泡中的变化和运动使它发生分裂，并在一定条件下重新组合而形成光明女神、地母女神、日月星、人类和耶鲁里。这些物质之间既有共性又有个性，既能独立存在，又相互制约统一在整体宇宙中。

在萨满教文化中，阿布卡赫赫后来演化为阿布卡恩都里，即由天女神演化为男性神灵天神了，成为被人格化的万能神，这也反映了满族原始社会由母系制向父系制转化的历史。阿布卡恩都里是被崇拜并祭祀的对象，同时也是一位满族人有求必显灵、保护满族子孙后代繁荣平安的万能神。如在《天

---

① 宋和平：《〈尼山萨满〉研究》，社会科学文献出版社，1998，第173页。

神创世》①　中，天神"照着自己的样子，造了一男一女"；在《白云格格》中，天神是暴君式的人物，他使人类掉入暴雨、冰雹等灾难的深渊中，而天神最小的女儿白云格格救了人类；在《仙泉水》②　中，天神是位"白胡子老头"；在《天桥岭的传说》③　中，他又是一位"带着九个德德和随从们"巡视人间、体察民情的开明君王。

在萨满教文化中，凡有祭礼必诵唱歌词，而且都是用满语唱给神灵们听的，这种祭祀中唱给神灵们听的唱词，在民间被称为"神歌"。其内容有长有短，但大同小异。我们初步统计了已出版问世的祭天神歌，按诗歌体裁的句子数目可分为：吉林省小韩乡的石姓祭天神歌一篇74句④，杨姓一篇55句，关姓四篇72句，希林赵姓一篇82句，郎姓一篇67句，舒穆鲁姓两篇共95句，黑龙江省宁安关姓一篇29句。这些诗句长短不一，有的内容详细具体一些，有的简单一些。这些神歌中都清清楚楚地提到了天神的称呼，这些称呼在各姓中有不同说法，如关姓和舒穆鲁姓称其为"天神""九重天""浩浩青天"，有的姓氏称其为"上天老者"和"天汗"，还有称天女神的。

第一种称呼反映了无实体的天空和人类的生存环境，"此时祭礼天神是对他们居住的周围环境，浩浩苍天的直观崇拜，反映了人类思维还处于童年时代的朦胧状态，所以天神也无具体形体"⑤。这与《天宫大战》中的"水泡泡"形态，在性质上无差别。第二种称呼反映了满族原始先民已将天神人格化了，如"上天玛法"、"上天老者"、"高汗"和"天汗"，这也与中国社会的封建统治存在着某种关联。第三种称呼天女神是人类社会中母系制的产物，但她仍未失去万能神的神性。从这些称呼的变化来看，祭天神歌反映了满族不同历史时期的文化内容。这些神歌都是祭祀满族男性家神所用，这又说明父系制社会的天神为男神。祭天神歌中都强调了"选择了清洁祭天神杆"或"索莫杆"，说明通过索莫杆与天神沟通，索莫杆是祭天的唯一标志。

星祭也是萨满神本中的重要内容，在《东海窝集传》中往往与祭神树联系在一起，后文再述。

无论是在满族民间文学中还是在萨满教文化中，天神都占有重要地位，

---

①　乌丙安编《满族民间故事选》，上海文艺出版社，1983。
②　《黑龙江民间文学》第7集，中国民间文艺研究会黑龙江分会，1983。
③　富育光搜集整理《七彩神火》，吉林人民出版社，1984。
④　宋和平：《满族萨满神歌译注》，社会科学文献出版社，1993。
⑤　宋和平：《满族萨满神歌译注》，社会科学文献出版社，1993，第18页。

它有着各种各样的称呼和形态，其神职和神威也随之变化。从人类历史来看，满族的天神是阿布卡赫赫和阿布卡恩都里，即天女神和天神，这反映了满族不同性质的两个历史时期，即母系制社会和父系制社会。《东海窝集传》反映了满族从母系氏族社会向父系氏族社会变革的内容，所以，阿布卡赫赫和阿布卡恩都里都在其中出现了。

满族先人相信"万物有灵"，他们认为人类社会和自然界都是由神灵主宰并管理的。《东海窝集传》不仅反映了满族人是由天神所创造的，而且反映了满族社会由母系制向父系制的过渡过程也是由天神主宰的。在第一回"长白二祖争上下　东海双王联姻缘"中，长白山满族的两位祖先神由天神所造："那是很古很古的时候，还是阿布卡恩都里造人时，只造出两个人来，一个是男的叫'乌克伸玛法'，一个是女的叫'佛多妈妈'。"这两位神灵繁衍的后代就成为满族，他们一直保护着满族子孙。这里仍是万能的男性神灵造人，那么，天女神阿布卡赫赫是如何出现的呢？丹楚等人见到乌克伸玛法时，"乌克伸玛法瓮声瓮气的说：'我和阿布卡赫赫为男女谁当家的事争论过，天上也是阿布卡①当家了'"。天上从阿布卡赫赫天女神掌管变革为男性神灵阿布卡恩都里当家掌权，说明天神的变革导致了人类社会的变革。天人是统一的整体，天神主管人间事，保护满族平安，所以，天神既是一位保护神，也是一位祖先神。

《东海窝集传》中的恶魔神耶鲁里，是阿布卡赫赫裂生出的一位宇宙大神。由于"水泡泡"的"浊浊"下降成为恶魔，耶鲁里主管着宇宙和阴间的一切恶魔世界。在满族先人的原始思维中，世间的疾病、鬼怪、天灾人祸都由耶鲁里散布和派遣。在《东海窝集传》中，耶鲁里的这种神性和职能也未改变。当丹楚的未婚妻格浑逃跑时，萨满为了帮助她竟然利用"魔王耶鲁里派了五六个魔鬼洒下了病瘟，病疫马上就开始了"来威胁东海女王。可见，在满族观念意识中，耶鲁里被视为一切不吉祥和恶事的祸端。

2. 宇宙变化神

宇宙变化神主要指风雪雨雾、冰霜雷电等天气变化和气象一类的神灵。《天宫大战》中表现得较为丰富，如卧勒多女神的两只脚变化出风神西斯林，阿布卡赫赫的鼾声形成雷声，耶鲁里把"白海的冰搬来"变成白雾、白雪和冰。

---

① 阿布卡就是指阿布卡恩都里，即天神。

萨满神本中很少有这类神的明确记载，宇宙变化神都是随祭天仪式而行祭。家神祭祀的最大特征是"百神合祭"，祭天时与天神有关的神灵都会被涉及。在众多姓氏的神本中，唯有关姓神本中有雪神"尚坚尼玛其"，傅英仁称之为"沙干尼玛其"；还有霜神称"尚坚玛法"，可以使树上长满"羽毛"。《最后的萨满教》中有关姓的祭雪仪式的录像，其中的祭祀神歌①内容生动。

萨满教文化的重要特征是把自然界中一切事物和物件都看作超人、超自然的神物或神力。《东海窝集传》中有与风和雾有关的情节。如在第七回"大格格带兵出征　二兄弟临阵失踪"中，二兄弟"失踪"就是被怪风刮走的，"战斗不一会儿，两位阿哥忽然感觉天昏地暗，怪风把他们卷走了"；在第十回"焚火林丹楚遇险　母女河二次招亲"中，"一天，大家正在训练时，突然来了一层大雾，天昏地暗，睁眼不见人，伸手不见掌"；第十一回继续记述了这次怪风，"这风是越乱越大，自古以来没有过的怪风"。《东海窝集传》中的风、雾都是被神化的气象变化。在满族先人的原始思维中，这种"怪风""神风"都是萨满教信仰观念中神力的表现。

3. 江河山林神

无论是满族民间文学还是萨满教文化，都展现了这类神灵的相关内容。

（1）以白山主为代表的山神崇拜

在天神创世②时，耶鲁里的尸体化作高山和峻岭。火魔喷火的山口形成了天池③。《女真族源传说》讲述了松花江和黑龙江的来源。《索伦杆子和影壁的来历》④讲述了祭天的由来。

满族萨满教文化中对山神的祭祀，集中表现在对长白山山神的崇拜上。满族先人久居白山黑水之间，自然将长白山视为圣山，为了显示长白山的神威，历史上以戎马生涯著称的满族先人，自然赋予它兵威神力。长白山山神被称为白山主，上古时代叫"白山妈妈"，又叫超哈章京、白山玛法、白山总兵，吉林省石姓称其为"超哈占爷"或"红脸白山玛法总兵"。祭祀白山主属于家神祭祀，各姓神本中都有此内容。与野祭、大神祭礼相对照，家神祭

---

① 宋和平、孟慧英：《满族萨满文本研究》，台湾中华发展基金管理委员会、五南图书出版公司联合出版，1997。

② 乌丙安编《满族民间故事选》，上海文艺出版社，1983。

③ 吕大吉、何耀华总主编《中国各民族原始宗教资料集成·满族卷》，中国社会科学出版社，1999，第517、520页。

④ 乌丙安编《满族民间故事选》，上海文艺出版社，1983。

祀即"家祭",除了萨满跳神中的精神表现、舞蹈表现形式和使用神器不同之外,更大的不同主要表现在家神祭礼于室内有专门的祭项,如祭西炕祖先神龛、祭天、祭星、换索等。满族各姓神歌都极力赞扬和歌颂白山主的神威,如石姓西炕祭礼神歌:

> 家萨满屈身在尘地,
> 跪地叩头。
> 乞请各位师傅,
> 各位瞒尼,善佛等。
> 石姓部落,
> 原居白山。
> 红脸白山玛法总兵,
> 从高耸入云的白山而来。
> 统理征讨军务,
> 坐骑骏马出征。
> 四十名骑士护卫,
> 二十名强汉随行。①

石姓神歌说明白山主或白山总兵或称超哈章京,是从其原居的高高的长白山降临神坛。白山总兵的职务是"统理征讨军务,坐骑骏马出征",说明他是带兵打仗、征讨于战场的将军。他原属自然崇拜中的山神崇拜,但已随满族文化史的发展演化为祖先神灵,其形象是一位"红脸白山玛法",即红脸白山老者,已人格化并神化。他很威风,有封建社会中帝王将相出门前呼后拥的气势,"四十名骑士护卫,二十名强汉随行"的歌词,表现了白山总兵的神威。石姓家神案子中的老者画像就是白山总兵,在石姓神歌中白山总兵是"红脸"的形象,其他神歌都仅称其为"超哈章京",无形象描述。石姓有一尊几百年前的木刻"白山总兵"木偶,② 是尖顶女神偶,也就是白山妈妈,即白山祖母。白山总兵的原始形态为女神,经历了女神到男神的历史演化过程。

白山总兵是满族萨满教中的主神,是天神的大弟子,《东海窝集传》中自

---

① 宋和平:《满族萨满译注》,社会科学文献出版社,1993。
② 参看拙著《满族萨满神歌译注》,社会科学文献出版社,1993,前言,第14页。

然也少不了他。当父系制社会制度已经确立,为扫除未归顺的部落并巩固新政权,仍需要善神们的帮助。以丹楚为代表的新政权,还面临着许多新问题无法解决,也需要神灵的帮助。在这紧急关头,白山主等神灵和萨满们出现了。"正在没招的时候,丹楚的姨母,万路妈妈,长白山主,就是长白妈妈都从山上下来了。三人下来是庆贺男权王位的建立,丹楚迎接出来,长白妈妈不欢不乐。"长白山主和长白妈妈的不同称呼,与前文所列举的阿布卡恩都里和阿布卡赫赫相同,都反映了当人类社会由母系制向父系制变革时,女神也向男神变革。"长白妈妈"无法阻挡历史车轮的前进,所以她才"不欢不乐"地同其他神来"庆贺男权王位的建立"。

(2) 以佛多妈妈为代表的山林崇拜

山林崇拜中的一项重要内容就是神树崇拜。它不仅是满族萨满文化中的主要祭礼,也是《东海窝集传》中多处表现的重要情节。神树崇拜中的柳树或柳枝崇拜,在满族原始思维中占有重要地位,是满族萨满文化中重要的崇拜内容。柳枝崇拜是自然崇拜中的植物崇拜,又是满族的图腾崇拜。

满族祭天杆,又称"索莫杆"或"祭杆子",它包含的祭礼内容很多,有"神树火祭"① 的称呼,又因为"神树与天通"② 的作用,还涉及祭天和祭星等内容。祭神树是满族古代野祭中的综合祭祀,《东海窝集传》中的祭神树仪式上还有男女举行婚礼的内容。

满族民间文学和萨满文化都表现了神树祭祀,但其内容不如祭杆子、祭天常见,只有少数神本中提及了神树祭祀,如希林赵姓神歌中有专篇的神树神歌。对于满族来说,祭神树时人人欢天喜地,像过节一样人神同乐。他拉伊罕妈妈就"住在神树上"③,她打猎外出时如碰到魔鬼、野兽等,便随时向神树祈祷以求帮助。"火祭"较为详细地记述了祭神树的仪式及内容,在树林中选择榆柳作为神树,萨满专为选神树而举行仪式,当他跳神昏迷后"头顶的神树便被视为族祭的圣树,作为火祭神树"④,"神树确定后,各支族众便

---

① 吕大吉、何耀华总主编《中国各民族原始宗教资料集成·满族卷》,中国社会科学出版社,1999,第517、520页。

② 吕大吉、何耀华总主编《中国各民族原始宗教资料集成·满族卷》,中国社会科学出版社,1999,第517、520页。

③ 吕大吉、何耀华总主编《中国各民族原始宗教资料集成·满族卷》,中国社会科学出版社,1999,第518页。

④ 吕大吉、何耀华总主编《中国各民族原始宗教资料集成·满族卷》,中国社会科学出版社,1999,第518页。

要骑马，套大车，全村老小搬到神树四周，……，吃住在神树"[1] 前。人们对神树还要进行装饰，"神树前插有八面动物图像旗：……，神树上各支族人挂满吉祥物……还挂有鹊雀笼……"等。在祭神树时，萨满不仅要跳神，还要诵唱神歌。杨姓神歌中虽没有专篇诵唱神树的内容，但我们可以看到杨姓祭祀时杨世昌萨满祭神树的相片[2]，这说明杨姓近世仍保留了神树祭祀活动。

我们录述希林赵姓神歌《神树神词》如下。

> 希林赵姓，
> 高祖祖先，
> 原居辉发之地
> 后迁徙此处。
>
> 东家择选了良辰吉日，
> 敬做了阿木孙肉。
> 供献了神树佛多霍。
> 东家曾上牙碰下牙，
> 亲口许愿，
> 举行祭祀。
>
> 乞望神树叶茂枝多，
> 年年月月茂盛成长。
> 为我希林赵姓家族，
> 带来好风水，民族旺盛。
> 乞请神灵保佑，
> 族内太平和顺，
> 家家安康发达。
> 百年无戒，
> 六十年无疾。
> 年长者太平生活，

---

① 吕大吉、何耀华总主编《中国各民族原始宗教资料集成·满族卷》，中国社会科学出版社，1999，第 518 页。
② 郭淑云、王宏刚主编《活着的萨满——中国萨满教》，辽宁人民出版社，2001，第 54 页。

齿黄发白，

抬头吉庆，

举腮见喜，

欢度晚年。①

"阿木孙肉"指祭祀所用的牺牲供品，即祭肉，满族多用猪作牺牲。"佛多霍"（fodoho）为柳树之意。满族多选择榆、柳树做神树，尤其是柳树。按满族先人习俗，家中若有瘟疾病人，门口便挂一"草把"以示不让人们进入染病之家，所以他们不希望门口前挂一"草把"，这一"草把"称为"戒"。这一"戒"在一百年内也不要出现，即"百年无戒"②。这是预防性的措施，已进入了萨满教仪式神歌中。这段神歌中有"原居辉发之地"，说明希林赵姓的原籍是辉发地区。"乞望神树叶茂枝多"寓意本族人口繁荣，子子孙孙如同神树的枝叶一样繁多。从神树神歌的内容来看，与祭祀佛多妈妈的内容有共同点，都是以树木寓意子孙繁荣，其不同点主要表现为神树在村外，或是在山林中祭祀，而且内容繁多，还包含着星祭、火祭等内容，而祭祀佛多妈妈单为求子孙繁荣、平安，故在室内和庭院中祭祀。

从目前的调查资料看，保存野神祭祀的姓氏多为历史上的东海女真人，与《东海窝集传》的流传地属同一区域。有大神（野神）祭祀的杨姓的祖先是东海窝集人，所以，他们的祭礼与《东海窝集传》中神树祭祀有许多相同之处，有的直接反映了神树祭祀的内容。《中国各民族原始宗教资料集成》从《东海沉冤录》中整理了"东海窝集部的星祭"③，因"神树与天通"，所以祭星、祭火常与祭神树同时进行。傅英仁曾向笔者提到祭神树时有火祭、星祭等，且祭星以北斗七星为主。

《东海沉冤录》与《东海窝集传》的内容不同。《东海沉冤录》反映了朱棣东征东海女真人时，东海女真人反抗征服的英勇故事。《东海窝集传》则表现了满族古代社会从母系制向父系制过渡时男女争权的情节。

关于星祭，笔者引用杨姓星祭的部分内容，不录述表现虔诚之心、准备

---

① 宋和平、孟慧英：《满族萨满文本研究》，台湾中华发展基金管理委员会、五南图书出版公司联合出版，1997，第148、149页。

② 宋和平：《满族萨满神歌译注》，社会科学文献出版社，1993，第110页注释①。

③ 吕大吉、何耀华总主编《中国各民族原始宗教资料集成·满族卷》，中国社会科学出版社，1999，第520页。

祭品以及如何制作等内容，只录述星神名称如下。

> 小萨满在七星下叩头祈祷，
> 当万星出来，
> 千星翻起，
> 三星闪亮时，乞请众星神降临。
> 乞请北辰星降临，乞请司中星降临，
> 乞请房日兔星降临，（此处有缺页——笔者注）
> 乞请月孛星降临，乞请太白星降临，
> 乞请三尖星降临，乞请二十八宿星降临，
> 乞请角木蛟星降临，乞请亢金龙星降临，
> 乞请计都星降临，乞请司命星降临，
> 乞请土星降临，乞请司禄星降临，
> 乞请尾火虎星降临，乞请箕水豹星降临，
> 乞请斗木獬星降临，乞请牛金牛星降临，
> 乞请女土蝠星降临，乞请虚日鼠星降临，
> 乞请危月燕星降临，乞请室火猪星降临，
> 乞请壁水㺄星降临，乞请奎木狼星降临，
> 乞请娄金狗星降临，乞请胃土雉星降临，
> 乞请昴日鸡星降临，乞请毕月乌星降临，
> 乞请觜水猴星降临，乞请参水猿星降临，
> 乞请井木犴星降临，乞请鬼金羊星降临，
> 乞请柳土獐星降临，乞请星日马星降临，
> 乞请张月鹿星降临，乞请翼火蛇星降临，
> 乞请轸水蚓星降临，乞请代星降临，
> 乞请天豕星降临，乞请华盖星降临，
> 乞请勾陈星降临，乞请腾蛇星降临，
> 乞请人星降临，乞请牵牛星降临，
> 乞请织女星降临，乞请河鼓星降临，
> 乞请鱼星降临，乞请流星降临，
> 乞请彗星降临，乞请姑你拉库星降临，
> 乞请胡拉拉库星降临，宴请众星神。

按照先后顺序逐一宴请了，

望众星神应合其时，

降临神坛纳享香火。①

杨姓星祭内容充分表现了满族先人的智慧和认识宇宙天体的高超能力及超前视野。以上我们录述的星祭神歌中涉及有具体名称的星神 52 位，可以说它是众姓神本中记录星神最多的，而且地上有什么动植物，天上星神中就有什么样的星神，但是神歌中有部分内容缺失，笔者标记为"此处有缺页"，由此看来星神应该还会更多一些。祭星表现了满族先人渴望光明的迫切心情，及向密密森林黑暗环境的挑战。

火神祭祀也是神树祭祀的内容，笔者曾向傅英仁询问证实了它的存在。根据 20 世纪 80 年代初在珲春地区的实地调查，结合光绪十六年（1890 年）的《扈伦七姓满洲火祭神书》②，富育光整理撰写了内容较为完善的"火祭"神本。这一神本直接反映了满族萨满祭祀火神的内容。杨姓灶神神歌和石姓的跑火池、金花火神、金钱豹神、金炼火龙神、火炼金神等都与火的崇拜有关，反映了生活于祖国寒冷地带的满族先人，对于火的渴求和期望。

杨姓神本中明确记述了其祖先从"珲春迁移"③ 到吉林省，再次说明了他们的祖先是东海女真人。神歌明确指出灶神是"火神"，灶神祭礼实由火祭演化而来，神歌共有三篇。第一篇神歌除了祭礼仪式歌和套语外，主要指出了祭祀的对象是灶神，"敬设祭坛，向前乞求灶神——红色的神灵降临"，这里明确了乞请的是"灶神"，而且是"红色"的神灵，这是对火神真实形象的描述。第二篇神歌除了提到"耍火神"外，还提到"乞请在上的火布库"。"布库"意为"摔跤者"或是"会武的人"，就是"火的摔跤者"或"火的会武的人"。这说明灶神武功一定很好，萨满跳神舞蹈时一定有摔跤动作，并且要手执火把、口含火球，或在火焰上飞奔等。前两篇灶神神歌主要指明了灶神的神性和祭祀时的舞蹈动作，第三篇则指明了祭祀时间和目的、萨满装束及参与人员等内容，全篇录述如下。

---

① 宋和平、孟慧英：《满族萨满文本研究》，台湾中华发展基金管理委员会、五南图书出版公司联合出版，1997，第 279~282 页。

② 吕大吉、何耀华总主编《中国各民族原始宗教资料集成·满族卷》，中国社会科学出版社，第 517 页。

③ 宋和平、孟慧英：《满族萨满文本研究》，台湾中华发展基金管理委员会、五南图书出版公司联合出版，1997，第 220 页。

> 太阳光亮被遮挡了的时候，
> 太阳出来了，又落下的时候。
> 小萨满穿戴整齐，
> 系上神裙，围上精美的腰铃。
> 手执响亮的圆鼓，鼓棒，
> 击鼓跳动，高声诵唱。
> 头聚一处，脸腮相贴的人群，
> 跑地叩头，
> 乞请玛法神。
>
> 家族全体人员来了，
> 穷人也来了。
> 萨满祝祷着进屋了，
> 乞请神灵降附萨满之身。
> 保佑平安，
> 乞请临坛纳享供品。

这里的"玛法神"指灶神，也就是说杨姓已经将"灶神"人格化了，并称其为"老者"。这是唯一出现灶神祭祀的一家神本，意义重大，内容珍贵。

跑火池、金花火神、金炼火龙神、火炼金神、金钱豹神都是在萨满跳神中与耍火有关的内容，都反映了石姓神本中的野神祭祀情况，是火神祭祀演化后的内容。石姓祖先原居长白山，从他们的神歌中可以得知，其神灵都是从松花江、辉发河等河流降临，应属海西女真部。石姓神本中有很丰富的野神祭礼，也有较全的家神祭祀内容，是很难得的萨满文化手册，是研究满族原始文化的珍贵典籍。石姓跑火池闻名方圆百里，已有几百年的历史了。神歌"头辈太爷"篇详细记述了"跑火池"的由来，共有150句，我们录述与其由来有关的内容如下。

> 众姓氏之中，
> 有一敖姓，
> 我石姓与它结亲。
> 石姓大萨满，
> 曾与敖姓大萨满饮酒聊天。

闲话说的可为多。

我石姓大萨满说：

"我能变成青鱼过河"。

敖姓大萨满说：

"我神神通，你神不灵，

我能坐神鼓过河"。

敖姓大萨满手执金马叉，

坐在神鼓上过河。

像有八只眼睛，直盯着水面。

加倍防备。

我石姓大萨满变作青鱼，

游至江中，将神鼓几乎弄翻，

此时，敖姓大萨满，

手执金马叉，猛力扎去。

我石姓大萨满身受重伤。

伤势难愈。

石姓的头辈太爷，

就这样死去了。

但是，他临死之前，

对他妻子说：

"我死之后棺椁，

放于松花江沙滩下，

七七四十九日后，

我便还魂复活。"

由于石姓"头辈太爷"的妻子不守诺言，连夜回娘家将"头辈太爷"去世的消息告诉了娘家人，敖姓就架木炭于"头辈太爷"的棺材之上，并放上酒油，火烧了三天三夜。神歌内容如下。

我石姓大萨满被杀害，

经过火烧棺椁，

已炼成金身、银身。

> 在大火之中，
> 一道金光上了长白山。①

头辈太爷的灵魂在长白山上修炼了几十年后，抓了第二辈太爷，所以萨满跳神是跑火池。神歌不仅表现了石姓头辈太爷的神话故事，而且表现了与火有关的祭祀，还详细、具体地叙述了石姓的二、三、四、五辈太爷的由来和萨满舞蹈动作。石姓祭祀金花火神的神歌内容如下。

> 由白色的天上，
> 从空中降临的金花火神。
> 从层层山峰楼中，
> 在峭立的金楼中，
> 居住的金花火神啊！
> 请沿红河降临，
> 降附萨满之身。
> 金花火神啊！
> 双手执着点燃的香火，
> 挥舞着表演着，
> 金花飞溅，
> 五彩缤纷。

这里的"白色的天上"指长白山，"红河"指从"火海"降临。这位火神的最大特点就是萨满在跳神中手执香火，因金色火花四处飞溅而得名"金花火神"，这是一位耍火技艺很高的神灵。耍火跳神的神灵还有石姓金炼火龙神，他的耍火技艺是"手捋通红的金钱链，火光四射，金光闪闪"，而火炼金神的跳神技艺是在火中烧炼，神歌内容如下。

> 火炼金神啊！
> 身在金花中烧炼！
> 在银火中烧炼。
> 炼为金身、银身，

---

① 宋和平：《满族萨满神歌译注》，社会科学文献出版社，1993。以下引述的金花火神、金炼火龙神和火炼金神、金钱豹神的相关内容都录自此书，不再赘述。

时而现火红色，

时而现淡红色。

全身放火光，

光射四方。

神歌表现了火炼金神是火神的化身，也反映了石姓萨满祭火、赞火、颂火的内容。神歌指出他的居住之处与金炼火龙神不同，不是长白山，也不是沿红色河流（火海）降临，而是在"那冰冷的冷城里"的大院里居住并降临。据我们在满族石姓萨满中的调查，金炼火龙神和火炼金神只是作为神灵被传诵着，但从未被萨满请神下来跳过神，石姓萨满认为这些神灵神力很大，不能请。

金钱豹神是一位动物神灵，也是耍火技艺很高的神，神歌内容如下。

火红的金钱豹神，

铜钱布满身，

金钱豹神，

善于玩耍，

技艺高超。

口含红火炭，

四处飞火花。

全身火红色，

如同大火球。

今日夜晚，

乞请争强好胜的金钱豹神。

这位神灵耍火技艺高超，他与火神有直接关系，口含火炭，会喷火花。民间传说金钱豹原为天神，后看到人间严寒，又食生食，故偷盗天火并带到人间，人间才有了火和食熟食的生活。它跑下来时，神火烧着了自身，身上出现了黑斑，所以"铜钱布满身"，后因人们祭祀而成为神灵。跑火池、祭祀金花火神和金钱豹神都有录像资料，详细内容可参看拙著《满族萨满神歌译注》①。

总之，满族萨满文化中的火祭内容很丰富，不仅反映了技艺很高的火神祭祀，而且反映了满族先人对火的观念。

---

① 宋和平：《满族萨满神歌译注》，社会科学文献出版社，1993。

上述火祭和星祭都是在祭神树的同时举行，可见，祭神树是萨满文化中的综合祭祀，内容很丰富。《东海窝集传》中祭神树的情节有二十几处，多为男女青年野合和婚配的内容，但未涉及星祭和火祭。《东海窝集传》记述较多的是第一回"长白二祖争上下　东海双王联姻缘"和第二回"祭神树男女成婚配　老萨满跳神道玄机"。祭神树的内容不仅有宗教意义，还有政治和生活中的意义。"每年九月初九都要召集各个波吉烈额真，到她的府上开一次全体东海窝集部祭神树大会，并一起商量些部落军政大事"，这是其政治意义。在"有一年祭神树大会上"，佛涅部女王的两个儿子被东海女王看上了，东海女王为两个女儿招婿，就带着礼品向佛涅部女王求婚去了，"明年祭神树时，就正式娶你们过门"，这里是生活中的婚姻意义。由于两位阿哥不同意，就与意中人穆伦部女王的四位姑娘商量对策。哥儿俩说："这样吧！明年祭神树时，我们偏不找她俩，单找你们四个人，那时你们四个也别找其他人，这样咱们就顺势在神树前宣誓结婚了。我看东海老女王也不敢违背古传风俗。"他们利用祭神树之机，行使婚姻的自主权利。

从第一回中祭神树的内容来看，第一，古代祭神树的时间为每年九初九，时间固定，祭神树作为原始宗教仪式，实为古代人对生态环境的崇拜，即森林崇拜。第二，商讨部落的"军政大事"，这在后来的祭神树仪式中是没有的。这是由于当时交通工具不发达，路途遥远又难行走，各个部落好不容易集合在一起，借此机会不仅完成信仰祭祀，也解决部落间的纠葛、各部落女王的确立、战争等问题。借神树祭祀活动商讨"军政大事"很有军事议政的味道，这也体现了信仰与军政合一的性质，也就是政教合一。其实，满族居住的深山老林地区，个别地方还存在萨满教信仰与民事政务合为一体的现象，如新中国成立前有的姓氏的族长又是萨满。所以，《东海窝集传》中的信仰与军政合一的行为有其历史依据。第三，满族古代婚礼在祭神树时举行，而且是祖传古礼，任何一个人都不能抗拒，所以才被佛涅部的两位阿哥利用，以此抗拒与东海女王女儿的婚姻。

第一回中祭神树内容的意义重大，不仅有宗教内容，还有议政和婚配的内容。第二回中祭神树的内容详细、具体，而且多为祭祀仪式，祭神树正是为了"召集各部落举行祭神树招亲仪式"，即为了男女青年的婚配，实际上就是东海女王为女儿娶女婿，所以盛况非凡，礼品、兽头堆成山，还有 27 位女萨满跳神表演。因为傅英仁久不讲述，忘记了神歌内容，多处提到萨满"击鼓跳神，高声诵唱着祭神歌"，有时是"萨满……给大家颂喜歌①"，但均无具体歌词。新婚的青年男女双双拜天地、拜父母后，"女的领着男的回到野外帐房，过新婚之夜。这样祭神树也结束了"。

在第十三回"五人大战母猪河　丹楚被俘受磨难"中，有一妇女利用祭神树准备逼婚，"正赶上夏天祭神树的时候，当地人的祭神树与东海没有两样，也是在夜间举行祭神树，当祭神树到了一定的时候，灯火全熄灭，男女找对象开始了。这个妇女便到处找丹楚，她想把丹楚拉到树林里，不成婚也既成事实了"。古代女真人祭神树都是在夜间举行，所以才有星祭、火祭等内容。同时，祭神树是男女婚配的重要内容，祭神树中的婚配是谁也改变不了的事实，是必须承认下来的婚姻关系，如一位格格逼着丹楚手下一位将领嫁给她，将领以"此时也不是祭神树的时候，到了祭神树的时候，再说好了"为由拒婚。

《东海窝集传》中的祭神树内容原始古朴，尤其是野合与婚配的情节含有深远的意义，此时商讨军政大事，颇有"政教合一"的性质。它为探讨萨满教的作用和内容提供了新资料。祭神树是后来满族萨满神本、满族民间文学或其他典籍中很少见的内容，填补了满族萨满祭祀内容的某些空白。

4. 动植物神

这一类神灵数量甚多，满族的很多民间文学作品中都有动植物崇拜的内容。《抓罗妈妈》《沙克沙恩都哩》《白鹿额娘》《鲫鱼贝子》《老穆昆达与小蛤蟆》《菱角花》《金钱豹》等都涉及动植物崇拜。《东海窝集传》中有对熊、虎、野猪、蛇等动物的描写或虎神、鹰雕神等神灵崇拜的内容。

在满族萨满教中，被作为神灵崇拜的有狼神、虎神、野猪神、鸟类神等。萨满神歌中相关内容也很丰富，如石姓《金舌鸟神、银舌鸟》中就有鹰雕神崇拜的内容。

首先来看《天宫大战》中的鹰雕神。《天宫大战》主要表现神们的英雄业绩，这些神灵在满族萨满教文化中也接受祭祀，直接反映了萨满教文化神灵的渊源及形成情况。在满族萨满教文化中，鹰、雕常与萨满和人类的起源联系在一起，《天宫大战》中有如下内容。

阿布卡赫赫便命她（鹰神——笔者注）哺育了世界上第一个通晓神

---

① "喜歌"就是萨满专门在男女订婚时唱的祝贺歌词。

界、兽界、灵界、魂界的第三者——智者。神鹰受命后便用昆哲勒神鸟衔来的太阳河中的生命与智慧的神羹喂育萨满，用卧勒多赫赫的神光启迪萨满，使她通晓星卜天时，用巴那姆赫赫的肤肉丰润萨满，使她运筹神技；用耶鲁里自生自育的奇力诱导萨满，使她有传播男女媾育的医术。①

上述文字清楚地告诉我们，大萨满的产生以及萨满有如此广大的神通，都是鹰神哺育和赋予其神力的结果。

《天宫大战》中鹰神不仅仅生育了女萨满，更是直接生育了人。在人类远古时期的洪水年代，"地上是水，天上也是水，大地上只有代敏大鹰和一个女人留世，生下了人类"。

这两则神话直接记述了鹰神的创世作用，更表现了鹰在以狩猎为主要生产方式的满族先人的意识中的重要地位，及其在萨满教文化中的重要作用。

其次来看满族萨满神歌中的鹰雕神祭祀。鹰雕神应属野神祭祀，但在某些姓氏的家神祭祀中也有鹰雕神，如关姓、郎姓。家神神歌中没有鹰雕神形象和神性的记述，但在野神神歌中鹰雕神的形象和作用有所表现，如杨姓野祭神歌中共有三篇神歌有相关内容。第一篇神歌的开始部分如下。

> 萨满乞请在众山峰之中，
> 第一座高上的山峰筑巢的鹰神迅速降临！
> 在降临时要防备不好之人设下的马尾套子。
> 请降临吧！鹰神。
> 降附在萨满身上，
> 降附在神架上。②

神歌最后指出"杨姓原居住在'绥芬'之地"，说明杨姓的祖先是东海窝集女真人。因鹰神的住处是山峰，神歌关切地提醒鹰神，小心人们设下的马尾套子，以免被捕获。鹰神附萨满之身，可以使萨满昏迷。

---

① 富育光讲述、荆文礼整理《天宫大战·西林安班玛发》，吉林人民出版社，2007，第70~71页。
② 宋和平、孟慧英：《满族萨满文本研究》，台湾中华发展基金管理委员会、五南图书出版公司联合出版，1997，第204页。

第二篇神歌"宴请安出交浑恩都里篇"译为"宴请安出河鹰神篇",记述了祭祀时间、姓氏、真诚态度及供品,结尾部分的内容如下。

> 小萨满在明亮的星光下请神灵,
> 头戴九只喜鹊的神帽,
> 威风凛凛。
> 战胜一切妖魔怪,
> 争鸣着降临的是鹰神。①

满族萨满的神帽多以鸟雀为饰,鸟雀数目越多说明萨满的神通技艺越高。《尼山萨满》中尼山"头上戴着一顶饰有九只鸟的萨满神帽"②。"石姓神帽上最多是三只鸟……黑龙江省宁安县有的姓氏神帽上曾出现过十三只鸟。"③"九只喜鹊神帽"说明杨姓的鹰神神通广大,跳鹰神的萨满也必须具有相当高的萨满领神技艺,这位鹰神"争鸣"着(大声叫着)降临神坛。

第三篇是"宴请金雕神篇",该篇有大量仪式歌,神歌结尾一段才有关于雕神的内容。

> 乞请赴阴取魂
> 回到阳间劈棺破腹,
> 用白色肉片祭祀的金色雕神,
> 小萨满宴请雕神。④

这段神歌道出了鹰神"劈棺破腹"的神通,它们到阴间取魂可以使死人复活。杨姓金雕神附体萨满,其舞蹈动作除了表现雕飞翔之外,还表现了"用白色肉片祭祀"就是用生肉片喂雕神,实际上是萨满吃生肉片的内容。

关姓神歌⑤中有鹰雕神,与杨姓的鹰雕神神力相同。神歌唱道:"来往于阴阳两间,为无寿者抓取灵魂,为无岁者寻找灵魂的金鼻子、银鼻子的雕

① 宋和平、孟慧英:《满族萨满文本研究》,台湾中华发展基金管理委员会、五南图书出版公司联合出版,1997,第247~248页。
② 宋和平:《〈尼山萨满〉研究》,社会科学文献出版社,1998,第273页。
③ 宋和平:《满族萨满神歌译注》,社会科学文献出版社,1993,第11页。
④ 宋和平、孟慧英:《满族萨满文本研究》,台湾中华发展基金管理委员会、五南图书出版公司联合出版,1997。
⑤ 未出版问世的是吉林省关姓神歌。

神"，其意就是赴阴寻魂使人复活。"展翅能触天，翘尾遮挡星月，巡察行走于阴阳两间的按木巴代敏恩都里"，"按木巴代敏恩都里" 是 "大鹰神"。鹰神不仅能使人复活，还是阴阳两间的护法神。

《尼山萨满》中尼山所领的神就是鹰神，它神通广大，能行走于阴阳两间使人复活。

石姓神本中的鹰雕神歌则是另一种风貌①。石姓神歌分雕神和鹰神，共两篇。其中，"雕神篇" 的内容如下。

> 居住在白山，天山山峰上的，
> 金楼银阁中的雕神。
> 盘旋于日、月间的，
> 大鹏鸟神啊！
> 雕神啊！
> 凤凰一样美丽，
> 高空中飞翔。
> ……
> 在那可爱的金窝中，
> 坚固的银窝中的雕神，
> 石头脑袋、金嘴、银鼻子，
> 那铜脖子啊！
> 仿佛铁车轮一般，
> 皂青花色羽毛，
> 时而抖动。
> 展翅遮天盖地，
> 翘尾触动星星月亮，
> 所谓神奇灵通的鸟神。

"鹰神篇" 的内容如下。

> 鹰神，

---

① 宋和平：《满族萨满神歌译注》，社会科学文献出版社，1993。以下石姓神歌内容，都出自本书，不另外注明。

身长两条船，

从山谷中下来的鹰神啊！

与杨、关两姓鹰雕神的神性与作用不同，石姓的鹰雕神已失去赴阴取魂使人复活的神性。石姓鹰雕神有如下特点。

第一，它们都居住于长白山上，由于居住的层次不同，也就是住的高度不同而显现出神通神艺的区别。鹰雕神居住在最高层，具体而言，雕神居住在最高的长白山上的"天山山峰上"的金楼银阁中，鹰神则住在"第二座山峰上"的"头层峰顶上"的金楼银阁中。

第二，它们的神力广大。它们飞翔时铺天盖地，翘尾触动星月，气势宏大。鹰神在"雕神国里有名望"，表现了鹰神的神力广大。满族称阴间为"死人之国"，神歌中的"雕神国"指以雕为首的世界，这里的"国"仅指一群大鸟。

第三，它们的形象坚硬、坚强，很有特点，"石头脑袋、金嘴、银鼻子，那铜脖子啊！仿佛铁车轮一般"。

综上所述，在满族先民的观念中，鹰雕神的地位崇高、作用重要，它在萨满教祭祀中受到重视，是动物崇拜的主要神灵。《东海窝集传》中表现鹰神的内容不多，主要有两种情况。一种情况是女萨满万路妈妈和穆伦部的四位姑娘的飞行术，即说部中所说的"轻功"，其原始意义应是鹰神附体的一种表现。万路妈妈转身便飘然而去，四位姑娘的飞行术也是万路妈妈教出来的，"老奶奶把她们领去教了两个月的功夫，教她们穿山越岭"。她们的飞行术使她们不费吹灰之力窜到了万岁楼顶盗走了托力，又飞行着进入东山城池等。另一种情况是大鹰的直接出现。当两位阿哥在大山里迷路，骑的马又无路可走时，神鹰救助了他们，使他们脱离险情。"忽然，从东边飞来四只大鹰，两个鹰叼一个，从马背上把先楚和丹楚叼起来飞走了。"这里的鹰神形象和神性远不如满族萨满神歌和《天宫大战》中的具体、鲜明。

动植物崇拜中虎神的相关内容也很丰富。在满族萨满教文化中，满族先人是崇虎、拜虎的，虎神的形象也是多样的。《昂邦贝子》讲述了虎变为人，又成为某部落的祖先神的内容："这位神是梅赫尔哈拉供奉的十六位神中的一位，称部落神，公祭时祭祀。"[1]《乌龙贝子》中乌龙贝子向老虎学武艺，乌

---

[1] 傅英仁搜集整理《满族神话故事》，北方文艺出版社，1999，第 71 页。

龙说:"虎师傅,虎师傅!我是出来学武艺的,我拜你为师行不行?"老虎点头答应,于是乌龙就把老虎的"滚翻转打"的功夫学到手了,他又向熊师傅学习了"力气大"的功夫,成了满族祖先神。

杨姓虎神神歌①共两篇,第一篇的内容如下。

> 杨姓子孙举行祭祀,
> 乞请灵慧神灵。
> 从辽阔的原野,
> 经过层层高山。
> 越过平矮圆突的山岗,
> 走过密密花草沟。
> 请公虎神降临吧!
> 肥壮豪大的虎神,
> 在前面山林中的大虎神啊!
> 是一个身满花纹的长寿虎。
> 请沿着河边小路降临,
> 跳着,叫着降临。
> 请不要仅在其他屯中纳享供品,
> 请来我屯中,尽早降临,
> 纳享供品香火。

这是一篇完整的杨姓祭虎神歌,详细、具体地叙述了虎神的神通(灵慧神灵)、形状(肥壮豪大)、性别(大公虎)、个性(跳着、叫着)以及降临时所经过的路线等,可见以狩猎为生的满族先人对老虎与其关系了解得深入、细微。

与第一篇有所不同,第二篇虎神神歌表现了祭祀人的真诚态度、备办祭品等仪式内容,但对虎神的描写大同小异。最后一段内容如下。

> 小崽子萨满在明亮的星光下宴请诸位神灵,
> 请从明亮的原野之地,

---

① 宋和平、孟慧英:《满族萨满文本研究》,台湾中华发展基金管理委员会、五南图书出版公司联合出版,1997。

爬上那耸立的山岗，

再经过山岗中间的圆沙岗之地，

那花草、密林之中，

叫着降临的公虎神，

杨姓宴请降临。

石姓神歌中虎神神歌有两篇，分别为"母卧虎神"和"飞虎神"，这两位虎神的神态和神性完全不同，与杨姓的虎神也不同，录述如下。

卧虎神

……

居住在朽中山山峰上，

沿着朽中山谷，

经过芦苇地降临了，

慈祥地走来了，

母卧虎神啊！

带着许多虎仔降临了。

萨满祭祀母卧虎神时要用两个小孩充当小虎仔，当母卧虎神降附萨满之身时，萨满要双手着地，学老虎走路，见到虎仔时慈祥地用嘴喂养[1]，要表现出慈母形象。

石姓的"飞虎神"神歌则主要表现了请送飞虎神的艰难，所以萨满们一般不请它降临，神歌如下。

飞虎神啊！

长着花纹翅膀，

居住在朽中山谷，

从金沟中降临。

慈善地下来了。

点燃了蜡烛。

光芒四射。

---

① 宋和平：《满族萨满神歌译注》，社会科学文献出版社，1993。

飞虎神抬起头，

攀登上南边的山，

又赶到北边的山，

怒气冲冲地下来了。

庄重地下来了，

来到了庭院内。

趴卧在庭院中，

众人哄起趴着的虎神，

它手执琵骨肉，

撒脚跑了。

……

飞虎神爬上了参天大树，

在树枝上飞快地攀登着。

石姓全族来乞求，

飞虎神啊！

此时可以下来了。

美丽的虎神玛法啊！

……，已近半夜。

在冰天雪地里的冬天，天气寒冷。

子孙们跪在冰硬的地上，

怕冷要回家，下来吧！

求福人努力祈祷，

好言一齐诵唱，

好语回答。

众侧立的左手抓不住抓鼓了，

右手拿不住鼓槌了。

口中已没有话说了。

萨满身穿单衣，

天上下露了，

地上刮风了。

众侧立，已无力大声诵唱，

无力小声呐喊。

请飞虎神，

从树枝上下来吧！

这篇"飞虎神"神歌情真意切地叙述了送飞虎神归山的过程，将众人心情、所处环境、恳切态度等刻画得入木三分，形象生动，感人至深。无论是从文学价值还是从情节内容来看，都是少见的佳作。

飞虎并非指老虎身上真的长着翅膀，只是用"飞"来形容老虎跑得很快，石姓先人发挥想象力把老虎想象成"长着花纹翅膀"，会"飞翔"于树枝上的飞虎。

从杨、石两姓神歌对虎神的描述我们可以看出，满族先人非常熟悉老虎的生活习性和居住环境，这表现了满族先人崇拜老虎的观念和将其祭祀为神的真诚态度。神歌也充分表现了虎神的各种形象、个性以及神通等。

《东海窝集传》中的虎神形象也很突出，只是没有相应的神歌。说部对能上能下的驯虎英雄他斯哈、兽奴石鲁的驯虎事迹、老虎参战的动物战术等都进行了生动细致的描述。满族有祭祀虎神的风俗，满族先人有些姓氏祭祀虎神的起因是：他斯哈的二十只老虎为打江山牺牲了，莫北新王决定让各姓氏将这些老虎作为虎神祭祀。

动植物崇拜中还有马神崇拜。满族与马的关系极为密切，但对于马的描写和崇拜远远不如蒙古族、藏族。满族形容英雄武艺高强时，常说"骑马射箭"样样都强，但较少描写马的形象。在满族萨满教文化中，虽有马神崇拜，但无神歌，祭祀时只在马尾上系上红布条，表示这匹马任何人都不能骑，死后应埋藏。这是给祖先骑的马，也叫神马。

史诗中的英雄都离不开骏马，英雄的业绩与神马的功绩融为一体，骏马是英雄们建功立业的得力助手。三大史诗——《格萨尔》、《江格尔》和《玛纳斯》中对马匹的描写是出神入化的、夸张的、人格化了的，马的形象惟妙惟肖，详细、具体。《格萨尔》中的马匹都有独特的称呼：赤兔马、"追风腾"骏马、"白背"骏马、"雪山腾"骏马、白额花子、展翅马、"里尾豹"骏马、"骡头枣骝"骏马等，观其名便可知马匹的神通。马不仅可以救助主人、传递消息，还能辨别好人坏人。"那赤兔神马再也忍不住了，它跑过去张开大嘴把晁同活生生整个吞下去"[1]，这种惩治坏人的方式也非常合乎动物的做法。当格萨尔见了他变为鹞子的哥哥而不能认出时，"那马悲嘶一声，忽吐

---

① 王歌行、左可国、刘宏亮整理《岭·格萨尔王》下，中国民间文艺出版社，1986，第30页。

人语道：啊呀！你真是皮肤虽白而毫无知识，地位虽高而毫不懂事"，经过赤兔马的提示，格萨尔才知道那鹞子是他哥哥并相认了。"赤兔神马昂首一声长嘶，接着以骏马嘶鸣曲"把格萨尔胜利的消息全部唱出。《江格尔》中同样有关于神马的丰富内容，神马性格突出、形象鲜明、功绩伟大，史诗赞美阿兰扎尔骏马的内容如下。

> 阿兰扎尔的身躯，
> 阿尔泰杭爱山方可匹敌。
> 阿兰扎尔的胸脯，
> 雄狮一样隆起……
>
> 阿兰扎尔的脖颈八尺，
> 天鹅的脖颈一样秀丽。
> 阿兰扎尔的鬃毛，
> 湖中的睡莲一样柔媚。①

牧人们以其特有的审美观念，观察、感受、赞美骏马。当马的主人受伤后，骏马想尽办法拯救主人，"铁青马放开四足猛冲，八千个铁钩、六千只宝剑都被折断，洪古尔逃出了枪林刀丛"。

《玛纳斯》同样表现了各种神马的丰功伟绩，我们摘录部分内容如下。

> "帽盔已被血水染红"时，
> 坎库拉是一匹通晓人性的神驹，
> 它驮了受伤的英雄疾驰而去，
> 骏马渡过了茫茫的大河，
> 便窜入密林草丛的深处，
> 跪下前蹄将勇士卸下，
> 英雄的鲜血已将草地染红。
> 坎库拉又叼来一堆嫩叶，
> 将受伤的英雄全部掩住。②

---

① 仁钦道尔吉：《江格尔论》，内蒙古大学出版社，1999，第339～340页。
② 张彦平：《骏马·史诗·柯尔克孜——试析英雄史诗〈玛纳斯〉关于战马的描写》，载仁钦道尔吉、郎樱编《叙事文学与萨满文化》，内蒙古大学出版社，1990，第211页。

柯尔克孜族称赞神马救主人的事迹可歌可泣、可敬可爱，表现了我国西部民族的审美观念。

我国北方民族描写和记述神马的形象惟妙惟肖，鲜明突出。如在鄂伦春族的《英雄格帕欠》中，当女主人被魔鬼抓走时，神马阿拉尔急得大汗如雨，心似火烧，它边狂跳奔跑，边含泪唱道：

> 我亲爱的主人，
> 美丽的卡达拉汗，
> ……
> 不是我粗心大意，
> 也不是相隔太远。
> 主人库尔托哟，
> 不顾你的好言相劝，
> 把我拴在粗树上，
> 面前横一堵陡壁石岩，
> 阻断了你的声音，
> 挡住了我的视线。①

神马向女主人解释没有及时去救她的原因，接着神马又将不知所措的想法告知女主人。

不管是在三大史诗中，还是在北方民间文学中，民间艺人都了解骏马，将其神态和形象表现得惟妙惟肖、个性突出，叙述其功业时又与英雄们的业绩紧密结合、融为一体。满族虽与马也结下了不解之缘，但远不如蒙古族、鄂伦春族。《东海窝集传》中对神马神态和形象的描述都颇为逊色。第一次，丹楚兄弟学习木工、铁工等新技术时，神人送给他们两匹神马，神马"不吃不喝，是帮助你们的"。神马带着他们学习了农业及纺织技术，又带着他们学习了木工、铁工等应学习的技术，"神马也随之消失了"。当神马再次出现时，它们驮着两副铁盔铁甲。祖母在空中说："孩子，要想得到那群野马，这两匹神马能领你们去，两副铁盔铁甲是送你们哥儿俩的。"于是二人重新骑上神马，"跑了两天，终于在一条小河旁，找到这群野马。说也真怪，这群野马，一见神马都服服帖帖地跟着走，一直走到练兵场地"。这种粗线条地刻画神马

---

① 孟淑珍译《英雄格帕欠》，北方文艺出版社，1993，第23页。

的形象，正符合满族先人的豪迈和英雄气概。

动植物崇拜中还有蛇神崇拜，在萨满教文化中称"蟒、蛇"神，属野神祭祀。杨、石、关姓野神祭祀时都有蛇和蟒神，神歌也赞颂它们。杨姓共有两篇相关神歌，为"宴请九尺蟒神篇"和"宴请蟒神入神坛的诵唱词"。两篇神歌内容基本相同，只是萨满跳神时手中所执神器不同。第一篇"宴请九尺蟒神篇"①的主要内容有：

> 小萨满在明亮的星光下，
> 宴请神灵。
> 头戴九只喜鹊的神帽，威风凛凛。
> 九尺蟒神啊！
> 它喜欢的是标志神器是马叉。
> 它手执着金色马叉进来了。
> 担负着银色马叉进来了。
> 手攥着铁马叉进来了。
> 战胜一切妖魔鬼怪，
> 杨姓宴请降附于萨满头上的九尺蟒神。

第二篇"宴请蟒神入神坛的诵唱词"中，萨满手执"金色"和"银色"的椰头神器。这两篇神歌不仅说明萨满跳神时手中舞动着马叉或椰头，还以长度九尺说明了蟒神的神通广大。

石姓有蛇蟒神神歌一篇，其内容如下：

> 居住在白山里，第九层山峰上的，
> 石砬子银沟里的八尺蟒神，九尺蛇神啊！
> 越过山岭而降临。
> 从尼西海海岸边，腾云驾雾地降临了。

石姓萨满神歌很突出的特点就是强调神灵居住在长白山的山峰上和神楼中，通过住处的高低表现神灵神通的大小。蛇蟒神萨满跳神时手中无神器，

---

① 宋和平、孟慧英：《满族萨满文本研究》，台湾中华发展基金管理委员会、五南图书出版公司联合出版，1997，第 247 页。

神歌中也无表现，有录像①为证。

关姓神歌中的蟒蛇神与鹰雕神的功能相同，都有其他满族姓氏野神祭祀中所没有的增寿和巡视的功能。神歌中有"能增寿的八尺蟒神和巡视江海的九尺蛇神"之语。

以上三姓蟒蛇神的形象和功能各有特点。与杨、石、关三姓神歌的赞颂和祭祀不同，《东海窝集传》则是另一幅图景，表现了满族有吃蛇肉的习惯。第十二回"熊岩洞二兄弟归顺 盘蛇岭梅赫勒投诚"表现了"满族人对蛇和熊既尊重又讨厌"的矛盾心态，而这种心态普遍存在于世界各民族中。人们崇拜动物的根本原因之一就是尊敬和恐惧，所以才有祈祷和赞颂，神灵和神歌也随之产生。当丹楚等人来到满山遍野的光秃秃的蛇山"盘蛇岭"时，看到"大蛇小蛇一盘一盘的，树上、石头缝里，全都是蛇，迈一步就得踩上几条蛇"。丹楚不吃蛇，但几天吃不着食物的丹楚，此时跪下向老天磕了三个头说"我们实在饿得不行了，请梅赫勒恩都里原谅我们"，于是也吃起蛇肉了。

二 图腾崇拜

图腾崇拜比自然崇拜出现得晚一些，这一崇拜关系着人的来源，也就是人从何而来的问题。茅盾先生提出，"原始人的思想虽然简单，都喜欢去攻击那些巨大的问题，例如天地缘何而始，人类从何而来，天地之外有何物等"②。满族的原始先人发挥极大的想象力和幻想力，认为满族由动植物变化而来，与某种动物或植物有血缘关系，这就是满族的图腾崇拜。满族的图腾崇拜内容丰富，不仅有以柳树或柳枝为图腾的植物崇拜，还有以虎和鹰等动物为图腾的动物崇拜。佛多妈妈直译为"柳枝祖母"，原为柳树崇拜，后演化为满族图腾崇拜，又演化为祖先崇拜，满族就是由她与另一神灵繁衍而来的。满族的图腾崇拜可从人类远古洪水时期的前、后两个阶段分别来看。洪水前，从《天宫大战》来看，人类都是由万能的天女神阿布卡赫赫裂生或创造出来的。洪水后，如《天宫大战》记述的，"地上是水，天上也是水，大地上只有代敏大鹰和一个女人留世，生下了人类"，满族祖先由此诞生。在满族原始观念中，更多、更普遍的是柳枝、柳叶或柳树生人。

① 宋和平：《满族萨满神歌译注》，社会科学文献出版社，1993。
② 茅盾：《神话研究》，百花文艺出版社，1997，第163页。

在满族民间文学中，佛多妈妈的形象是白发老太太，她住在山洞里，有送子和保护的作用。在《白鹿额娘》[①]中，一位妇女梦见"一位老太太抱着一个白胖小子往她怀里一扔"，这是她向佛多妈妈祈祷来的孩子；《双石岭》[②]提到"一条小山洞，山洞里坐着一个慈祥的老太太"，她便是佛多妈妈；《朱拉贝子》中提到"一位白发老妈妈骑着罕达犴（驯鹿——笔者注）来到江边"；《沙克沙恩都哩》中一对没儿没女的老夫妻向佛多妈妈祈祷，被"下方管平安育子女的神佛托妈妈"知道后启奏天神，天神便让"沙克沙下界去给二老做儿子"。佛多妈妈既能保民间平安，又是有求必应的送子神，这一神职和形象是人类父系制社会时期的反映，她主要是子女生育神。

在人类母系氏族社会中，佛多妈妈的形象及神职又是如何呢？《满族萨满神歌译注》中有两篇关于佛多妈妈的神话，其一为：在洪水泛滥时，一切生灵都没有了，只有乌克伸玛法（一块石头——笔者注）和一棵大柳树（佛多妈妈——笔者注）。天女神阿布卡赫赫看见世上没有人了，就让乌克伸和佛多妈妈结为夫妻，生育了满族。这里的佛多妈妈无具体形象，就是一棵柳树，但有神职。其二为：很古很古的时候，奥莫西妈妈住在长白山同感池旁的一棵最大的大柳树上，她长得与现在人不一样。她的脑袋像柳叶，两头尖尖，中间宽，绿色的脸上长着如同金鱼一样的眼睛，她有两个多少孩子都吃不完的大乳房。乌克伸神手提着石罐，每年在每一片柳叶上浇一滴水，在柳叶上就长出满族子孙，他们吃奥莫西妈妈的奶水长大。奥莫西妈妈直译为"众子孙祖母"，是"柳枝祖母"演化到后期的称呼。这里的奥莫西妈妈，也就是佛多妈妈，其形象很突出，还没有脱离柳叶的形状，其神职很明确，仍是生育神。

奥莫西妈妈柳叶般的长脸很有特点，民间文学中很少见到这种形象，大部分都是白发老太太。在《尼山萨满》的"海参崴本"异文中，"大殿中间坐着一位头发雪白的老妈妈，她长着长形脸，眼珠突出，撅着下巴，牙齿血红"，这一形象少了一些植物特征，多了一点人物成分。

佛多妈妈的形象和神职在人类社会的发展中，随历史的变化而变化，随着人类从原始社会进入文明社会，佛多妈妈也由柳树变成了一位慈善的白发老太太，由植物进化为人类。这一演化经过很长的历史时期才完成，佛多妈

---

① 《黑龙江民间文学》第7集，中国民间文艺研究会黑龙江分会，1983。
② 《黑龙江民间文学》第7集，中国民间文艺研究会黑龙江分会，1983。

妈在不同社会时期有其不同形象和神职，有造人说、柳树柳叶生人或救人、口袋生人①等几种形式。在满族的原始意识中，柳树、柳叶、柳枝被视为女性，这应是人类社会母系氏族早期或更早时期的反映。口袋生人之说属于祖先崇拜中的家神祭祀，口袋是孕育的象征，口袋大小寓意繁衍能力的大小，这应是父系制社会的反映。满族凡是举行祭礼必祭佛多妈妈，家家有神位，各姓有神歌，其内容大同小异，但又有各姓的特点。我们专门选录能表现佛多妈妈特点的神歌，如关姓神歌如下：

> 弓箭系在子孙绳上，
> 口袋无大，子孙无多。
> 孳生繁茂，合族兴旺。

希林赵姓的佛多妈妈神歌如下：

> 乞请卧莫西妈妈施恩，
> 子孙口袋装上九个灵魂，
> 八个灵魂，
> 望我家生养八个男孩，
> 九个男孩，祈祷保佑。②

数字"九"和"八"都不是具体数字，在中华民族的传统观念中，个位数最大者为"九"，此外用"九"表示多者为好。在满族人的传统观念中，要"自谦"，不能"贪得无厌"。杨姓神歌常出现"小萨满在祈祷"等句子，此处的"小"非"大小"之"小"，是"自谦"之意；石姓神歌常有"萨满学习跳神"等句子，也是"自谦"之意；希林赵姓除"九"、"八"之外的数字，也不是指具体数目，只是表示"多点"或"少点"都可以，且不能"贪"多，应知足为乐。

杨姓神歌记述道："原为由根所生，由叶所长，子孙口袋所繁荣。"③ 石姓神歌中的佛多妈妈神歌如下：

---

① 宋和平：《〈尼山萨满〉研究》，社会科学文献出版社，1998。
② 宋和平、孟慧英：《满族萨满文本研究》，台湾中华发展基金管理委员会、五南图书出版公司联合出版，1997。
③ 宋和平、孟慧英：《满族萨满文本研究》，台湾中华发展基金管理委员会、五南图书出版公司联合出版，1997。

　　　　以口袋所生，袋大子孙多。

　　　　为石姓繁荣昌盛，

　　　　乞求佛多妈妈，

　　　　枝大叶多，繁茂壮大，繁衍无穷。

　　　　如木之茂盛，如木之繁荣。①

　　从萨满神歌来看，佛多妈妈是以柳枝为象征的神灵，子孙口袋也是佛多妈妈神偶的一部分，是主管子孙繁荣的生育神。除了奥莫西妈妈外，佛多妈妈还有一个称呼为"佛哩佛多奥莫西妈妈"。笔者曾在《〈尼山萨满〉研究》②中分析过"佛哩"的含义以及佛多妈妈的历史演化形态等内容，此处不赘述。

　　满族原始文化中最突出的就是白山和黑水的文化内容，白山文化更为显著。长白山历来是满族的发祥地，是圣山，也是神山。满族的全部神灵都在长白山的不同高度进行修炼，也有在天界修炼者。佛多妈妈是白山文化的主要内容，常住白山并在山中修炼。佛多妈妈原为柳树，后来演化为满族的民族神、始祖母女神，表现了满族先人与自然统一的密切关系。作为满族的生育女神，佛多妈妈的神性从原始到近代都未改变，形象却变化很大。北京故宫坤宁宫所藏的萨满祭祀之佛利佛多鄂漠西妈妈画像③中的佛多妈妈是美丽的妇人形象，新中国成立前吉林省乌拉街的娘娘庙中身背大口袋的子孙娘娘④也是美丽妇人。这位美丽妇人同样由柳树或柳枝演化而成，主管妇女的生育之事，是满族萨满教文化中的主神。

　　《萨满教与神话》中的"楚楚阔""楚楚瞒尼""绰阔瞒尼"等，都是满族男性生殖崇拜和生育神崇拜的对象，笔者在《〈尼山萨满〉研究》中详细论述了其称呼的含义，此处不赘述。总之，满族原始文化和萨满教文化中的生育神崇拜内容极为丰富。

　　《东海窝集传》中的佛多妈妈是女性生育神，男性生育神不是"楚楚瞒尼"，而是乌克伸玛法。《东海窝集传》的全部内容都与这两位神灵有关，具体情节虽不多但很重要。人世间男女的争权夺利就是这两位神灵在神界中争权夺利引起的，也是由两位神灵结束的。

---

① 宋和平译注《满族萨满神歌注》，社会科学文献出版社，1993。
② 宋和平：《〈尼山萨满〉研究》，社会科学文献出版社，1998。
③ 孟慧英：《中国北方民族萨满教》，社会科学文献出版社，2000。
④ 宋和平：《满族萨满神歌译注》，社会科学文献出版社，1993。

第一回记述阿布卡恩都里造人时只造出两个人来，男的叫乌克伸玛法，女的叫佛多妈妈，他们繁衍了满族后代。但是，"他们二位繁殖的男人，不知为什么总是待不住，成天在外面到处走，很少在部落里照料子孙，他们不像女的那样守在部落内。所以，部落内的事还必须都是由佛多妈妈照料，这样她所安排的人也都是些女的，如当时的波吉烈额真（森林主子，此处指女王——笔者注），或者葛山额真（乡村主子，此处指寨主——笔者注）和穆昆达（族长——笔者注）等都是女的，女的掌握一切权力，女的当家管理也很好，相比之下发展毕竟缓慢"。人类社会开始便是母系氏族社会，所以，民族和社会中的大权落于妇女们的手中，但女人掌权使社会发展缓慢，所以又需要社会变革。东海窝集部生产生活非常落后，生产工具仍使用石器和木制品，有时还吃生食，穿树叶等。"靠近尼堪人的一些部落，已有些进步，但东海窝集部还是很落后。"变革社会应从神界开始，乌克伸玛法提出"女人是治理不好天下的"，应让男人掌管并治理天下。而佛多妈妈站在妇女们的立场上，以世间女王掌管权力为由，极力反对乌克伸玛法掌权，"夫妻俩是越争论越激烈，越争论越来火"。最后，两位神灵决定在人世间培养各自的代理人，于是"引出了东海窝集部男女争权夺利的一场大战"。结果自然是乌克伸玛法胜利了，乌克伸玛法坐在长白山上大殿的中间，他的另一边坐着"一位长脸绿眼睛老太太"，这便是佛多妈妈。她仍然未改变柳叶的脸形和绿色树木的原始形象，佛多妈妈让位于乌克伸玛法，说部就结束了。

《东海窝集传》中佛多妈妈和乌克伸玛法的职权要比其他满族民间文学和萨满文化中二者的职权大和广。他们不仅是单一的生育神灵和保护神，还参与政界管理、政权的建立等社会重大事件。他们是掌权治理民族、部落的神灵，是掌握民族命运、部落兴衰的命运神。乌克伸玛法的神职范围比佛多妈妈的神职范围更广、更丰富。那么，乌克伸玛法的神性如何？"乌克伸"为满语，译为汉语是"盔甲"之"甲"和"兵甲"之"甲"，就是"披甲之人"或"盔甲"。满族用"盔甲"代表男性人物或寓意男性。乌克伸玛法手提"石罐"在柳叶上滴水便生育了人，"石罐"的寓意为男性生殖器，因此，乌克伸玛法是满族远古时期含有男性生殖器崇拜的男性生育神[①]。乌克伸玛法还有其他神职，他的九大弟子是管理各种技术的神，故他是具有一定万能性质的神灵。他的九大弟子为：造船祖师是工匠神开铺玛法；木工祖师是工匠神

---

① 宋和平：《〈尼山萨满〉研究》，社会科学文献出版社，1998，第194页。

色其布色夫；麻布祖师是纺织神佛勒玛法；农业神是阿尔法玛法；炼铁和制造铁工具的祖师是铁神爷色勒玛法；开矿祖师是蒙文勒窝陈；帮助东海人建立父系制的军师孙真人，也叫孙真玛法，是突尔浑瞒尼；推翻女王政权，建立父系制社会的先楚和丹楚，即先楚贝子和丹楚贝子。乌克伸玛法的九大弟子集中出现在第七回"大格格带兵出征 二兄弟临阵失踪"中，两兄弟在乌克伸玛法的保护和暗示下到各地学习技术。在乌克伸玛法的安排下，丹楚与先楚喝了智慧水，向开铺玛法学习了造船业，向佛勒玛法学习了纺织技术和做衣服等。接着，两兄弟骑着神马又来到了有三间草房的地方，在这里阿尔法玛法他们做酒、做饽饽等食物，又让他们学会"认识荞麦、谷子等农作物"。他们骑神马又来到"一所大房子里"，在这里向铁匠祖师爷色勒玛法学习冶炼制造铁器，向木匠祖师色其布色夫学习木工技术，又向蒙文勒窝陈学习开矿技术等。这六位神灵教会了两兄弟各种生产技术和生活知识，为他们以后担当"莫北新王"准备了经济、生活条件和能力。在这一回中，两兄弟见到了他们向往已久、为众神灵所敬仰的乌克伸玛法。"进屋一看，见一位白眉老者，哥儿俩一看，不是一般人，赶忙跪下认师。"图腾崇拜的真正含义应是生育人类，所以乌克伸玛法既是祖先崇拜的对象，也是图腾崇拜的对象。

满族的图腾崇拜主要是柳树或柳枝——佛多妈妈崇拜。在《东海窝集传》中，乌克伸玛法和佛多妈妈作为繁衍满族的生育神，都是天神阿布卡恩都里的弟子，他们都积极参与了人间的政界事务，为推翻或维系当时母系制社会的女王统治，在世间培养了自己的代理人。此外，男性神乌克伸玛法还有万能神的作用。

三 祖先崇拜

1. 祖先神的产生

满族萨满文化中的祖先崇拜内容丰富而庞大，尤其是民族、部落祖先神为数众多。这部分神灵与人类的灵魂观念紧密相连，比自然崇拜和图腾崇拜产生得晚一些。原始人从梦中和幻觉中得到启示，认为当人活着的时候，在人肉体之内或是肉体之外，还存在着肉眼看不见，只能在特殊情况下感觉到存在的灵魂。人死后，他的灵魂便离开肉体，到灵魂应该去的"死人之国"，即阴间世界。在满族先人的观念意识中，人人都有灵魂，灵魂不死还可以离开人体独立存在，其形状可大可小，但大不过自己的身体，小到一个香炉可以装得下，其形象如同自己的形貌一样。人的灵魂一旦脱离肉体就会死亡。脱离肉体以后的灵魂的能量因人而异，大多数的灵魂都去了阴间，少数生前为人们做过重大事业的人，如民族英雄和萨满等的灵魂会去长白山或天界修炼。这部分人的灵魂修炼成神后，回到民族、部落后成为祖先神，如萨满神，有的则得到众人认可成为祖先神。总之，人类灵魂观念的产生，直接影响着祖先神的出现。

2. 祖先神产生的途径

满族的祖先神丰富且具有原始性，产生方式有三种：动植物神灵经历史演化形成祖先神；图腾神灵经历史演化形成祖先神；氏族、部落和民族在发展中形成瞒尼神和技术神。

（1）动植物神灵经历史演化形成祖先神

满族因动植物崇拜而祭祀的动植物神灵数量众多，如石姓神本中就有黑熊神、野猪神、八十位豺神、九十位狼神、金钱豹神、飞虎神、母卧虎神，鸟类神灵有金舌鸟神、银舌鸟神、雕神、鹰神、旷野鸟神、白水鸟神，还有蟒、蛇神和金花火神等。金花火神不仅是火神祭祀的对象，还是在长白山上或其他地方盛开的火红的花草或荆棘之花等的植物神灵。杨姓和关姓神本中的动植物神也很多，有鹰雕、虎、熊、金钱豹、野猪和蟒蛇等神灵。

满族人崇拜并祭祀的动植物神灵数量众多，但真正进入满族家祭作为祖先神祭祀的却为数不多，这是因为人类社会不断发展，动植物崇拜逐渐减少，祖先崇拜逐渐增多，再加上清代乾隆朝对满族萨满教的规范化，加速了动植物神灵的淘汰步伐，促进了满族原始宗教的文明化。动植物直接成为祖先神的，有鹰雕和鹊鸦，也有随历史演化、变化而来的非人非兽的祖先神。前一种普遍存在于满族家神祭祀中，后一种形式数量较少，多为东海野人女真的祖先神。

鹰雕和鹊鸦与满族的经济生活有密切联系，满族人认为第一代大萨满（野萨满）或神通广大的萨满，都是由神鹰变化而成的，或者萨满所领之神是鹰神，如尼山大萨满就是领鹰神，能变化为大鹰飞翔于天空中，又如《天宫大战》中也有神鹰哺育了人类第一个萨满，与女人生育了人类等内容。萨满是神鹰之后裔或由神鹰变化而成的原始观念，不仅在满族原始文化中存在，在其他民族中也存在，如"布里亚特蒙古人传说最初之萨满系一大鹰。雅库特人传说：雅库特人中最伟大之萨满皆神鹰之裔。布鲁加之萨满自以本身乃受鹰之差遣"①。由于神鹰与萨满的渊源关系，满族自然将神鹰视为祖先神。满族"祭天仪式"中多祭祀鹊鸦，满族人认为鹊鸦救过其先人。如"神鹊救樊察"，仙女吞食鹊鸦所含朱果孕生了满族先人。在满族石姓神本的"翻清"②中，就有"祭天乌鸭（应为鸦——笔者注）之恩"，即指鹊鸦救满族祖先之事。所以，鹰雕和鹊鸦作为祖先神进入满族家神祭祀，是深远的经济因素和深奥的原始观念意识影响的结果，这也是满族原始文化中很有民族特色的内容。

随历史演化、变化而来的非人非兽的祖先神，多见于野人女真东海窝集部中，反映了满族原始思维、社会形态以及原始经济生活内容。傅英仁搜集整理的《满族神话故事》中的 17 篇神话，除了涉及天神弟子或天上之人外，其他十余篇都是关于半人半兽、非人非兽的祖先神的。他们都是由动植物或自然界中的其他事物演化而来的。杨姓祖先神弓箭神多龙格格，原是杨姓的族长，为了拯救本部落人，战胜恶兽妖鹏，她变为人面、长着翅膀的怪鸟；阿达格恩都哩人面豹子身；牛古鲁哈拉和郭姓所供祭的突忽烈玛发，他是全身长满闪闪发光的鳞片，两只鸭子脚，擅长水中生活的一位古老保护神，也是背上长羽毛、嘴尖又硬、肩上长翅膀的人头鸟祖先神；郭姓第一代祖先为鄂多瞒尼，他是鹰嘴、鸭子爪的部落祖先；还有能变牛的朱拉贝子、变虎的昂邦贝子和变马的绥芬别拉等。这些满族各姓祖先神，都是非人非兽或半人半兽，他们都为氏族、部落立过汗马功劳，有着可歌可泣的英雄业绩，有使后人不可忘记和忽视的民族精神。

这种半人半兽、非人非兽原始观念的产生，多是源于自然界中的天灾和社会中的人祸以及动物界的侵害、压力和灾祸等。人类要战胜来自周围环境中各种恶劣势力的压迫、灾祸和阻力，有些非人力所能及，他们便幻想出超出人力的半人半兽的神灵。

（2）图腾神灵经历史演化形成祖先神

满族萨满文化中非常典型的植物崇拜就是柳树或柳枝崇拜，即将柳枝直接放入神龛或插入庭院中视为神灵的实物崇拜。后来柳枝祖母成为满族的始祖母女神，迄今仍保留在满族民间萨满祭祀中，成为满族主管生育和保平安的祖先神。柳枝祖母还表现为其他形象，如清宫中的美丽妇人、吉林省乌拉街娘娘庙中身背大口袋的美丽女菩萨。虎神和豹神有图腾崇拜的因素。如

---

① 金启琮：《满族的历史与生活》，黑龙江人民出版社，1981。
② 翻清，民间称谓，指把清代文字（满文）译为汉文。

《东海窝集传》中的虎神——丹楚手下将领他斯哈，他生活在"知其母不知其父"的母系氏族社会，他斯哈以虎为名，与虎有着血缘关系。又如《阿达格恩都哩》中"人面豹子身"的阿达格，其父是金钱豹，其母是温特哈拉的一位美丽的姑娘，她后来成了某姓的祖先神。在满族萨满文化中，虎神和豹神仅是一般的动物神灵，已失去它原始古老的图腾含义了。

（3）氏族、部落和民族在发展中形成瞒尼神和技术神

这一类神灵数量众多，也很有满族的特点。"瞒尼"是"英雄"之意，在氏族、部落、民族的发展中为人类做出贡献的萨满和英雄人物，被后人祭祀成为神灵。瞒尼神数量众多且各具特点，傅英仁曾提到，"满族人有个习俗，凡是生前神通广大的，给人做好事的萨满死后，都被尊称为蛮尼"①。在生产技术和社会文化方面有突出贡献的人，如第一个用猪皮记事、挖地窖子又开一窗户、用熟皮做衣服等，同样可被后人纪念、崇拜并祭祀为瞒尼神或技术文化神。凡是为满族某姓做过好事、立过功劳的人，都被后人称为瞒尼，而且都有神偶。石姓的多位瞒尼神都有木制神偶；关姓的瞒尼神也有很多，其中不少是技术神。

3. 祖先神的分类

根据满族祖先神灵的功能和神性，笔者将其分为如下几类：瞒尼与技术文化祖先神，氏族、部落祖先神，民族祖先神，萨满神，婚姻神，动植物演化的祖先神。

（1）瞒尼与技术文化祖先神

瞒尼神的祭祀仪式主要表现在野神祭祀中，在家祭中仅泛泛提到瞒尼神，但没有具体名称。家祭神歌常用"统请诸位神灵"或"众神""各位"等，其意为哪一位神灵都可以降临坛场纳享香火和供品，这也是"百神合祭"的含义。如在石姓家神祭祀中的南炕、西炕、淘米、太平和排神仪式中，都提到宴请"各位瞒尼善佛等"；舒穆鲁氏有一位神灵是"瞒尼师夫"；关姓"芒阿舍夫恩都里"也是"瞒尼师夫神"等。我们以《满族萨满文本研究》和《满族萨满神歌译注》中已出版问世的神歌为例，探讨瞒尼神的内容和神职。

根据笔者对吉林省石姓大萨满的调查，石姓神本中有100多位瞒尼神，都有神偶，但多数已无名称了。其中，仅35位瞒尼有具体名称，13位瞒尼神有专门的神歌，即按巴瞒尼、巴图鲁瞒尼、多霍洛瞒尼、胡牙乞瞒尼、玛克

---

① 傅英仁搜集整理《满族神话故事》，北方文艺出版社，1985。

鸡瞒尼、按巴阿立瞒尼、朱录瞒尼、尼贞布库瞒尼、梯梯库和梯拉库瞒尼、
查憨布库瞒尼、胡阎瞒尼、沙勒布库瞒尼、依兰阿立瞒尼 13 位瞒尼神。按巴
瞒尼是"大瞒尼",是众瞒尼神的首领。他的武艺最高,神通最大,手拿两个
托力(铜镜)。其神歌如下:

> 居住在白山山峰上,
> 由高高的天上降临的,
> 在日、月间盘旋的,
> 按巴瞒尼善佛等。
> 手执大托力,
> 两手明晃晃。
> 头戴双鸟神帽,
> 犹如凤凰美丽,
> 又像展翅飞翔。
> ……
> 沿松花江而降临。

　　不少姓氏的萨满神灵,都按武艺神通的大小和高低居住在长白山的山峰
上,神通越高,居住之地也就越高。按巴瞒尼居住在长白山的最高峰上,武
艺最高,手执两个大托力,其驱邪镇妖的能力最强,是满族的保护神。

　　巴图鲁瞒尼中的"巴图鲁"汉译为"英勇"和"勇敢"之"勇",神歌
体现了他的英勇行为:

> 居住在长白山上,
> 第九层高高峰顶上,
> 石砬子上金楼中的,
> 巴图鲁瞒尼神,
> 请沿松花江而降临,
> 呐喊着降临了。
> 巴图鲁瞒尼善佛等,
> 原是老祖爷①的护军。

---

① 老祖爷,指努尔哈赤。

手执一杆钢叉，

头戴神帽，

彩带飘飘。

巴图鲁瞒尼神，

带兵千万，

……

驰骋沃野，征讨南北。

力量无比，所向无敌。

战斗的英勇武士。

巴图鲁瞒尼居住在长白山的第九层山峰上，他是一位带兵打仗的将领，是征讨于战场的英勇武士。

在石姓的13篇瞒尼神歌中，多霍洛瞒尼是送信、传递消息的瘸腿神；玛克鸡瞒尼是擅舞、擅唱的舞蹈神，他"手提着神铃，光亮如托力，摇晃着戏耍着，金色神铃，诵唱着神歌进来了"；胡牙乞瞒尼是"手执钢叉"，冲锋陷阵，冲在战场前面的武士；朱录瞒尼是"耍着双花棍"的英雄；沙勒布库瞒尼是"手执金色激达①枪"，"绕行于日月间"拼杀的英雄。除了瘸腿神和舞蹈神外，其他瞒尼神的武功都很高强，表现了满族历史上尚武的精神。

在石姓的35位瞒尼神中，13位瞒尼神有清楚表现他们的神性和神职的专门的神歌，其他22位瞒尼神只能从名称大概知道其神性和神职。除了3位技术文化瞒尼神外，还有松树瞒尼、刑罚瞒尼、飞翔瞒尼、掌案瞒尼、胡拉亲瞒尼等，他们都有各自独到的英雄行为和英雄业绩。

在技术文化瞒尼神中，尼牙木尼牙库瞒尼（niyamaniya manni）是"马上射箭，定是神箭手瞒尼"；赊棱太瞒尼（sele manni）是铁瞒尼，也叫铁神爷，是冶炼并制造铁工具的英雄；额热鸡瞒尼（eyeki manni）是"使水流的英雄"，就是治理水灾或是开渠挖河的瞒尼，即开渠治水英雄。

杨姓的57位神灵中仅有8位是瞒尼神，他们分别是多活落瞒也（瞒也，即瞒爷，是瞒尼神的音变）、不可他瞒也、何勒瞒也、乌尖西瞒也、按八（按八与按巴相同）瞒也、那丹朱瞒也、乌云朱瞒也和玛克鸡瞒也。凡是与石姓瞒尼神神名相同的瞒尼神，神性也相同，而且都有神歌，但其内容与石姓神歌有些差异。

---

① 激达，是"枪"之意。

在杨姓的 8 位瞒尼神中有 4 位是技术文化神。其中有一位是在满族文化中独一无二的神灵——乌尔尖瞒也，乌尔尖瞒也直译为汉语是"猪英雄"。据杨姓大萨满说，这是一位很有文学知识的祖先，他第一个用猪皮记录了人类所积累的劳动知识，因此受到后人崇拜并被祭祀为神灵。杨姓神歌中没有他的专门的神歌，仅有某一神歌的歌词中提到"宴请原居住在榆树上的乌尔尖瞒尼"，远古时期满族先人曾居住于树上，这里说明乌尔尖神是一位非常古老的神，可能他用符号或象形图案等记录了文化。杨姓神本中还有 3 位技术文化神："木立木立干木"即"牧马神"，他是骑马放牧之神，也是养马能手，应为牧业神；"说勒库妈妈"（说勒库即 sorko，意为顶针），直译为"顶针祖母"，神歌中说她是"砍杀出金色疙瘩"的神，我们疑为天花神，或是其他技术神灵；"朱垒哭兰"（朱垒即 julen，意为古时候；哭兰即 kawaran，意为营），直译为"古代兵营"神，应是在战斗中布阵用兵的能手，为文化神。此外，不可他瞒也是驼背英雄；何勒瞒也是哑巴英雄；那丹朱和乌云朱瞒也可能是动物神灵。远古时，人类的健康受到各方面的威胁，不健康之人很多，但中国人有句俗语叫"九折膊成医"，正是由于不健康，部分人也许能成为妙手回春的良医而有所贡献，所以成了瞒尼。

关姓神本只有野神本，神歌内容简单明白，有的一句话就讲一位神灵。关姓野神神歌涉及的神灵有 150 位左右，其中 17 位是瞒尼神。如金盘瞒尼为太阳英雄；金盘德德为月亮姨母，她与金盘瞒尼是姊妹神灵；还有技术神色勒泰瞒尼、图尔萨瞒尼、爱新泰瞒尼、扎克萨图瞒尼、乌云朱录瞒尼等。

在家神祭祀的神本中，仅杨姓、赵姓神本中有不称为瞒尼神的技术文化神："叶啬恩都利"（叶啬即 yasa，意为眼），直译为"眼睛神"，是因治疾而得名并被祭祀的医学神；"穆里穆哈"是牧马神；"嘎头卧云"（嘎头即 katan，意为坚强、强壮；卧云即 foyo，意为乌拉草），直译为"坚强乌拉草①"，很可能是因会用乌拉草制作生活用品而被祭祀为神；"穆舒利恩都利"（穆舒利即 musuri，意为高丽夏布），直译为"高丽夏布神"，此神应为第一个或最著名的会制造高丽夏布的纺织神；"乌拉棍恩都利"（乌拉棍即 urgun，喜悦之意）直译为"喜悦神"，是文化神；在地窖中开门窗之神是"乌真发波乌斯乐呵"；制作了箭的神叫"哦树舒坤舒坤"；创制使用锅的神叫"乌真发穆臣"。

满族瞒尼神反映了满族的社会、经济制度和生活习俗等内容，其中表现

---

① 我国东北地区有三宝，即"人参、貂皮、乌拉草"，乌拉草是三宝之一。

各种技术文化神的内容也很丰富。神灵们直接影响着生产力的提高、人类社会的进步，如石姓和关姓的"色勒泰瞒尼"或"色勒瞒尼"创造和发明了冶铁和铁器生产工具。恩格斯曾把人类社会的野蛮时代，分为低、中、高三个阶段，高级阶段"从铁矿的冶炼开始"，可见铁器的使用意义重大，直接推动了经济的发展。与人类生活密切相关的神灵还有牧马神穆里穆哈（或木立木立干木）、弓箭神尼牙木尼牙库瞒尼（或爱新泰瞒尼）和农业神（坦其哩鸟和穆哩库妈妈）等。远古时期满族住在地窖子里，有按木巴倭车库神、乌拉草神、高丽夏布神、帐篷神等。

（2）氏族、部落祖先神

这一类神主要指各个姓氏的祖先神，在野神和家神祭祀中都有此类神，但其主要表现在大神神本中。他们多是本氏族、部落有贡献的祖先，后成了祖先神。石姓神本中只有瞒尼、萨满和其他祖先神。杨姓神本中有几十位祖先神，包括由天而降的大香火神按巴先出、属狼的祖母神、属猴的祖母祭祀神、山洞中的舅母神、安楚河神、野道路神等。关姓神本中也有几十位这类神，如属狗的法雅阿玛法、乌兰泰玛法、色勒泰巴图鲁、八十岁的妈妈神、巧嘴阿利其妈妈、管理五十个民族的苏约朱格赫和神妈妈等。

家神神本中有大量的神灵祭祀内容，神灵多为满族共同祭祀的民族神。杨姓、赵姓家神神本中有亲戚神哦主蕾吞，"淡绿色贝子"神或驿站神尼浑贝子[①]，还有舒穆鲁氏祭祀的"四位贝子"神。

（3）民族祖先神

此类神是被全体满族或多数满族姓氏崇拜并祭祀的祖先神，属满族家祭神灵。此类神的特点有二：一是有名称、有形象、有具体神歌、有神偶或画像，如白山主、白山总兵、白山玛法、超和章京（或称超和占爷）、佛多妈妈等；二是部分无具体神灵名称的，泛指一切祖先神灵，如倭车库、瞒尼、贝子、色夫、玛法等，他们的神职和神偶、画像随具体神灵而定。

超和章京、白山主、佛多妈妈、倭车库和大部分满族认可的乌克伸、奥都妈妈、堂子泰立神、阿浑年其神等都是颇具代表性的民族祖先神。白山主、佛多妈妈是由山神、植物崇拜而演化发展成的满族祖先神。超和章京中的"超和"（cooha）即兵，他是带兵打仗的将军或领袖，常常与白山主联系在一

---

① 我们在黑龙江省富裕县调查萨满文化时，姜黎先生曾提到过此神，并说明此神的流传地是一片绿色草原，此处古代是驿站。因此我们断定此神是因地方特色而得名，是驿站神。

起。这两位神灵在满族的萨满祭祀中占有重要地位,凡举行家祭必祭祀这二位神灵。佛多妈妈的形象也就是神偶,不是单一型的,而是复合型的。她的第一形象是柳枝,祭祀时插在庭院中,平时放置在房屋的东南角上或祖宗龛上;第二形象是"子孙口袋"或"妈妈口袋",即用一尺左右长的黄布缝制成的口袋;第三形象是子孙绳,平常放入子孙口袋中,祭祀时将子孙绳取出,一头(西墙上,偏北边一点)系在挂钩上,另一头挂在庭院中的柳枝上或房屋东南角上。佛多妈妈是由柳枝、子孙口袋、子孙绳三位一体组成的满族女性生育神和子孙保护神。

倭车库神在民间指"西炕"。满族习惯以西炕为尊,西墙上有祖宗龛和子孙口袋等神位。祖宗龛指祖宗板和祖宗匣,其数不等,祖宗龛就是"倭车库"祖先神。逢年过节或祭祀时,在祖宗龛前必举行萨满跳神。人们要遵守许多戒律,如不许年轻妇女们坐在西炕前等,正如《重订满洲祭神祭天典礼》所述:"恭查满洲旧规,最重渥辙库跳神祭祀之礼。大凡供神立神杆之家,如遇有从外面跑入驴骡马猪等样牲畜,及马鞭等物,所有穿孝、戴白毡帽,戴无缨帽之人,一概不准进神堂院门、神堂屋内,并不准哭泣,讲说不吉祥之语,亦不许打骂众人,其奉事诚敬,丝毫不敢少懈。……,遇有吉凶之兆,总在渥辙库上磕头。虽度日清减,仍按时跳神。"专门的"神堂"指倭车库神,与民间倭车库无二,民间与清室中,同样重视倭车库祭祀。《重订满洲祭神祭天典礼》中叙述"其所以实在源流,亦不能深知详细",但笔者认为,倭车库指西墙上的祖先神位,即在祖宗匣中有祖先神像和祖先之物等。

在《东海窝集传》中,出现了白山主和佛多妈妈,但未出现倭车库祖先神。《东海窝集传》反映的是母系氏族社会后期的文化,而倭车库祖先神出现在父系制社会的后期,且在定居生活后才有西墙或固定专用的神堂。东海窝集部的祖先神乌克伸玛法,是《东海窝集传》中的主神。

奥都妈妈是满族古代战争中的女英雄神,在满族萨满文化中和民间文学中很少出现。《中国各民族原始宗教资料集成》中提到:"在西条炕上供有皮制的佛爷口袋,名叫妈妈口袋。口袋里装着一个木制的老头神偶像、二十七八个木制的老太太神偶像。"老头神偶是猎神,木制老太太神偶中"保佑出征太平的奥杜玛玛"① 的神职功能与奥都妈妈相同,应是同一位神灵。在众多神

---

① 吕大吉、何耀华总主编《中国各民族原始宗教资料集成·满族卷》,中国社会科学出版社,1999,第491页。

本中，仅石姓神本中有奥都妈妈神歌，属家祭神灵。神歌所述如下：

> 乞请奥都妈妈降临，
>
> 奥都妈妈，
>
> 身居兵营，
>
> 双骥胯下骑。
>
> 日行千里，
>
> 夜行八百，
>
> 来去如飞，
>
> 紧急而行。
>
> 战骑英俊强壮，
>
> 驰骋沃野，
>
> 各处太平吉祥。

神歌中虽未明确指出奥都妈妈是女战斗英雄，但在石姓家的东北墙上有骑着双马的木制女神偶，她就是奥都妈妈。她是"身居兵营，……日行千里，夜行八百，……驰骋沃野"的勇将。满族先民的戎马生涯和尚武精神集中表现在奥都妈妈身上，她是颇具代表性的祖先神。神歌和清室祭祀中都出现了阿浑年其神，但我们不知其意，因此也无法探讨其神歌和神像。《东海窝集传》中没有出现奥都妈妈和阿浑年其神。

（4）萨满神

满族的萨满神众多，他们都是氏族部落神。他们为本氏族、本部落服务，神歌常说"为某姓氏"，其形象因姓氏而异。这类萨满神只在野祭神本中出现。石姓神本中有七位太爷神。头辈太爷大萨满属鼠，名号为崇吉德；二辈太爷大萨满属虎，名号为打卡布；三辈太爷、太太兵垦萨满属兔，名号为乌林巴；四辈太爷大萨满属马，名号为东海。有专篇神歌叙述头辈太爷和五辈太爷的成神过程，共150多句，如五辈太爷的神歌内容如下：

> 五辈太爷，
>
> 三岁时已患重病，
>
> 此后十余年，
>
> 大病不离身。
>
> 请了九位萨满查看，

说他骨肉清洁，

属于祖先神坛之过失。

原是在他三岁之时，

大萨满已抓他为萨满，

神灵教他，口说满语，

族内之事，件件述说清楚。

石姓的五辈太爷因被前辈萨满所抓而大病缠身，但成为萨满后身体恢复健康。他神通广大，没有学过满语却"口说满语"，又能把"族内之事，件件说清楚"。根据我们的调查，有些老人还见过他，说他能在树上飞、房顶上跑。石姓老人还说五辈太爷的神灵仍在保护和管理着他们。

神歌在记录各姓氏的萨满神时都有如下共性：首先，说明萨满神的属相和名称，也就是叫什么名字，有的也无名，但一定有属相；其次，表现萨满神的神技功能；再次，有的会把终年岁数表现出来，如八十岁、九十岁等；最后，有的会表明萨满神的身份是大萨满，或助手（满语音译为"扎哩"或"侧立"），或家萨满（满语音译为"兵垦"或"彪浑"），石姓的三辈太爷就是"兵垦"萨满。

从神歌来看，杨姓萨满神共23位。他们有各种技能，如从速办宴祭的老师夫、八十岁的家族唱诵神歌的师夫、属鼠的仁义的侧立师夫、属马的仁义的我们族长师夫、善吟的属鼠的师夫、属猴的靠得住的祖母和属兔的祖母神等。

关姓神本中可以确定的萨满神有三位：第一位是属马的大萨满，第二位是属狗的法拉阿，第三位是能在九座草囤间跳神的乌兰太瞒尼神。

《东海窝集传》对萨满神也有突出表现，不仅反映了萨满与整个社会有着密切的、生死存亡的关系，而且也表现了萨满主宰着整个社会的命运和人类的生活。石姓、杨姓、关姓萨满祭礼中的神像、神偶或神龛等，是人们观念意识中神灵的体现，与此不同的是，《东海窝集传》中的萨满神都是活生生的为族人服务、排忧解难、治病救人的萨满。《东海窝集传》中的神人或是萨满都有无所不知、无事不行、先知先觉、乘云而来、踏雾而去、不食人间烟火、助人行善、飘然不定的超人行为。我们将这些神人视为萨满，是因为在满族的原始观念中，那些行巫、做巫术的神，都可以被视为萨满，那些掌握出其不意、怪诞的神幻法术者也都被称为萨满，如万路妈妈、双石妈妈、莫北新王的姨母、呼尔海玛法和白须老者等。这些萨满神有的云游四海，有的生前是母系氏族社会中的部落长，有的则在深山老林中修炼。他们的作用就是帮助建立父系氏族社会以实现男人掌权。

万路妈妈是积极推翻东海窝集部女王统治、实现父系社会的代表。她是先楚和丹楚的祖母，她多次出现并给两位阿哥指出要实现男人掌权的伟大目标和具体措施。万路妈妈有时直接出场，有时指使其他神灵出现。不管什么场合，万路妈妈都代表着新政权、新社会、新思想及新兴势力。她每次都是在两个孙子最困难之际神出鬼没地出现。万路妈妈有三次关键性的出现。

第一次出现在第四回"万路妈妈救二祖 兄弟大破万岁楼"中，万路妈妈为主人公先楚和丹楚指出推翻女王统治的历史任务。她是"这一带有名的活神仙，是老大萨满，是方圆百里，一提起万路妈妈，妈妈即祖母，奶奶，九村十八寨无人不知，无人不晓"。她为救治三个部落的瘟疫病，"三天三宿没有睡觉，就累死了"。她死后，家人把她放在石棺材里准备办丧事，可是发现她的"皮肤，以及身体各部位还像活人一样柔软，还热乎乎的，又像死人一样没有气，也不吃不喝"。于是就在家中停放着，不料，被本部落人知道后说："人一咽气就应该往外抬，老是停放在家中，就会招灾惹祸的。"万不得已之下，家人就把老太太抬出去葬在树林中了。那时的石棺无盖，也不埋，只是往深山老林中一放，就了事了。但万路妈妈借自己尸体还魂并复活了。"老太太并没有死，她在生病期间还在修炼内功，她打算把内功修炼好之后，再继续为别的部落治病。在修炼内功时，一切的行为都要停止，不能吃也不能喝，也叫过阴。"万路妈妈经过七天七夜的修炼成为方圆百里有名的神。

万路妈妈向孙子介绍中原地区的先进生产和文化，她说："咱们用石刀、木棍去和人家作战，那不是自取灭亡吗？"然后，她从中原带来的一尺多长的钢刀送了每人一把。她又向孙子介绍了中原婚姻制度与男人嫁到女家完全不同，中原是"明媒正娶，愿意到男家也行"。

万路妈妈在第十一回"白雪滩头四人被困 万路妈妈再指迷津"中第二次出现，由于丹楚与四格格结婚后，过上了安逸生活，就"把什么都忘了，……，忘掉了招兵买马，访英雄，集俊杰"，万路妈妈要求他们"把兵马训练好，必须周游万里，寻访高人"，又指出丹楚和先楚已被乌克伸祖先神确定为莫北新王。莫北新王由于安逸的生活而意志消退、迷失了方向，还忘记了推翻女王的统治、建立男人掌权的历史任务，万路妈妈提醒了他们并帮助他们明确了奋斗方向。

在第十九回"隐仙山上拜军师 苦读兵书再出征"中万路妈妈第三次出

现。丹楚等人按照祖母的指点向南走，进入中原寻找孙真人，他们克服了万难险阻到了一个山沟里。他们又饥又渴又累，天上下着倾盆大雨，又迷失了方向。正在万般困境之中，他们突然发现前面有"三间草屋，里边点着油灯"，丹楚等人急忙进屋避雨并找食物吃。当他们进屋后，"吓了一跳，没想到炕上坐着的正是万路妈妈"。万路妈妈送他们银两作为途中所用，并告诉他们如何寻找军师，"从这儿往南走，再走一个多月的时间，有一个地方叫隐仙山"，就会见到这位仙人了，仙人是"孙膑的后代"。这样，丹楚等人很快找到了孙军师，并在他的帮助下推翻了女王的统治。

《东海窝集传》中多处表现了万路妈妈的萨满神通。祖母赠野马时，丹楚他们只听见空中有声音，却未见其人，"这一天，刚要到教场，只见他骑过的那两匹神马突然而至，驮着两副铁盔铁甲，还听到他祖母在空中说话。告诉他们这两匹神马会给他们带来一群野马"。

表现万路妈妈高超的萨满神术的情节莫过于第二十九回"举大军横扫宇内　定乾坤四海归附"了。为了征服还未归附的珲春女王，万路妈妈毅然连饮专门为她准备的三碗烈性毒药，珲春女王为此惊叹不已，不得不归顺于莫北新王。

万路妈妈是《东海窝集传》中最主要的萨满神，她不仅指挥着主人公的一切行动，为他们出谋献计，还为他们招兵买马、筹集人才。孙军师、他斯哈、浑楚以及神人等，都为莫北新王推翻东海女王扫清了路障。

据傅英仁讲述，万路妈妈又叫歪路妈妈，是佛多妈妈的弟子，是窝集妈妈、密密森林的祖母，主管东海窝集部的一切事务。她的神位在南炕的东南角上，她不愿见人，是秘密神。《清文总汇》卷十二中有一位万历妈妈（wali mama），解释为"用线拴一条补钉，挂在房门背后，凡生熟吃的物件，从外面拿进房来，必定与吊着补钉，才拿进来"。万历妈妈是满族的保护神、祖先神。万路妈妈与《清文总汇》中所说的万历妈妈是同一位神，她们的共同特点都是在黑暗之处，她们的神性和神职相同，应为同一位神灵。她们都是东海窝集，即野人女真的古老的祖先神、保护神。"窝集"是密密的森林之处，因树木的遮挡而不见阳光和光亮，是黑暗的地方。古时候，满族先人生活于森林中或大山洞中，他们渴望光明和阳光，所以他们认为乞求万路妈妈即可实现这一愿望，祭祀供奉万路妈妈即可达到目的。

双石妈妈又叫"富泰妈妈"，"富泰"（fula）为"多、强胜"，"富泰妈妈"的名称中就含有"强胜""强大""武功高强"之意。她不仅武艺高强，手里拿着男子汉都拿不动的双石锤，还深明大义协助丹楚等人建立男人掌权的社会。此外，她更是身兼两职的大萨满和著名部落长。

双石妈妈第一次出现在第二十回"对头崖九虎拦路　双石寨三女遇夫"中，她不仅救了穆伦部的三位姑娘，还很快接受了丹楚等人的新思想，要推翻东海女王的统治，建立男人掌权的社会，她把双石寨部落的全部人马归附于丹楚。双石妈妈在第二十五回"比高低老女王败北　设埋伏智取东山城"中第二次出现，帮助丹楚等人破除东山城藏有暗器的凉亭关，为推翻东海女王立了大功。

丹楚的姨母在《东海窝集传》中出现过两次，一次是收徒弟，另一次则表现了她萨满神术高强。第二十八回"先楚三让亲生母　护女权老母丧身"讲述了丹楚姨母的身世①和其神通广大的萨满神术。她是一位"骨瘦如柴的老太太，微风都能吹倒，可精神异常好，走路似燕飞"。她被丹楚的母亲"连砍三刀，姨母连躲都不躲，结果刀砍下去没有动她一根毫毛，连个刀印都没砍上"。姨母将离他们十几步远的一棵树，"用手一伸一推，咔嚓一声，树倒了"。丹楚姨母积极帮助丹楚等人推翻东海女王的统治，还周游了关内外的名山大川学习汉族文化，成为宣传汉族文化的带头人。

萨满神白须老者仅在第三回中出现过一次，万路妈妈安排他去帮助丹楚。他不仅用石斧砍树木给已迷路的先楚和丹楚传递消息，还送了他们护体大衫和神奇的羊骨头球，使他们顺利通过关卡，并从万岁楼中取回了镇寨之宝托力。

呼尔海玛法是一位"皮包骨头的老头儿，眼睛也睁不开，上眼皮耷拉着下眼皮"，有气无力的，他有给人增加力量的萨满神术。呼尔海玛法在第四回中出现过一次，他告诉丹楚等人："前几天你们的老祖母跑过这里，叫我搭救你们，让我给你们增加力气。"玛法给他们吃了"十个像熊瞎子模样的饽饽"和"四个像野猪似的饽饽"，使他们成为力大无穷的大力士了。

《东海窝集传》中还有其他具有萨满神术的神，他们都以某种法术帮助了丹楚等人。如第十五回中的一位老者，告诉丹楚青石牌的使用方法，还有四位姑娘的萨满飞行术等。

《东海窝集传》中的萨满神大多是神出鬼没地出现在人们面前的，他们的

---

① 丹楚姨母本应继承佛涅部女王王位，但是被丹楚之母抢权，姨母便让位于她，去学习萨满神术了。

神术高深莫测，无所不行，无所不通。这些萨满神为推翻东海女王的统治并建立男权社会而出现，为参政而行事，这与当时萨满参政议政、管理民族事务是一致的。这些萨满神有的还有飞翔能力，如万路妈妈和四位姑娘等。

（5）婚姻神

婚姻神只在第二回"祭神树男女成婚配　老萨满跳神道玄机"中出现过一次。东海女王的两个女儿娶了先楚和丹楚之后，由于婚后不美满请神调和，请的是"专门解决婚姻大事的神，叫撒林色夫神"。"撒林"一词是满语"撒林毕"（salimbi）的命令式。"撒林毕"在《清文总汇》中是"独自承担"之意，"独自承担"意义很明确，就是指男女婚配后要"独自承担"完成人类的繁衍、人类发展的大问题。命令式"撒林"意义不变，仍是"承担"着人类繁衍和发展的任务之意。"撒林色夫神"的出现，补充了满族萨满神灵在婚姻方面的内容，为我们研究萨满文化中的神灵功能提供了新的材料。

（6）动植物演化的祖先神

动植物演化为祖先神的有虎神，"因为老虎也打过江山"，至少在部分满族先人的原始意识中将虎神作为祖先神来看待。

《东海窝集传》中的祖先神大多是东海窝集部落、乌苏里江流域的女神或男女之神兼而有之，如白山主和白山妈妈，阿布卡恩都里（天神）和阿布卡赫赫（天女神）同时出现，这体现了《东海窝集传》由母系社会向父系社会变革的特点。

总之，通过探讨满族萨满文化中的自然崇拜、图腾崇拜和祖先崇拜，我们发现了满族萨满文化神系的渊源关系及其系统性。

第一，被全体满族或绝大部分满族姓氏崇拜并祭祀的是天神，其前身是天女神。天女神上身裂生为卧勒多光明神，下身裂生为地母神巴那姆，天女神又创造了敖钦女神，敖钦女神后来变化为恶神，也是阴间地狱的主管者耶鲁里。这样就形成了上、中、下三界，即天（神）、地（人）、阴间（地狱、魔鬼），这就是满族先人对于宇宙三界层次（当然也有多层之说）的主要认识。

第二，宇宙万物及人类的来源。天女神一分为三，成为三女神（天女神、卧勒多女神、巴那姆女神），她们创造了人类与万物。

第三，宇宙中神灵的来源都与天女神有关系。他们与天神或是亲属关系，或是师徒关系，尤以师徒关系居多。佛多妈妈和白山主都是天神的大弟子。《东海窝集传》第一回明确指出，"阿布卡恩都里造人时，只造出两个人来"，其中一个就是佛多妈妈。

第四，满族神灵呈现明显的地域性和多元性。满族至少有两个神系，即白山主神系和窝集部神系。白山主神系是吉林省九台市的石克特立哈拉，即石姓神本的主要内容。窝集部神系是杨姓神本[1]和乌呼关神本[2]的主要内容，这一神系的主要神灵是佛多妈妈、乌克伸玛法和万路妈妈等。这两个神系的主要神灵都是天神的弟子，乌克伸玛法是天神创造的，万路妈妈是佛多妈妈的大弟子。此外，各姓的民族神或技术神，不是白山主的弟子，就是乌克伸、佛多妈妈的弟子。用师徒关系可以把神灵们联系起来是满族萨满神灵的重要特点。

第三节　满族的萨满祭祀

满族的萨满祭祀从远古时代流传到今天，至今仍能搜集到它的残存，有的姓氏还能完整地表演或跳神。萨满文化在历史发展中形成了特有的规范化的祭祀活动，内容十分丰富。我们仅简单探讨某些与《东海窝集传》关系密切的内容。

1. 萨满神本与分类

满族萨满祭祀仪轨的流传是多渠道、多形式的。在民间，最早是口耳相传，后来一部分祭祀仪式为萨满神本所记载，另一部分仍保持着口耳相传的方式。萨满神本满语为"恩都力毕特赫"（enduri bithe）或是"得勒吉毕特赫"（dergi bithe），即"神书"或是"上边的书"，学者们叫它"文本"，满族民间叫它"神本子"。神本由有文化之人或萨满搜罗、珍藏和传播。它是萨满文化的第一手资料，详细记录了萨满祭祀仪轨、神歌、神祇名谱乃至本民族部落的神话传说及萨满教宇宙观和世界观。用满语记录的萨满神本应出现在 1632 年以后。

我们搜集到的 40 多册神本，所用文字大多是汉字转写的满文，少数是满文神本。满文被满族遗忘，满语被汉语代替，满族文化被中原文化代替。满族民间怕"忘掉根茎"，丢失萨满教信仰的古风古俗，大概在 20 世纪 30 年代

---

[1] 宋和平、孟慧英：《满族萨满文本研究》，台湾中华发展基金管理委员会、五南图书出版公司联合出版，1997。

[2] 乌呼关神本，未出版。

左右，他们将满语记录的萨满神本改用汉字转写。

满族萨满神本在人类文化研究中有着十分突出、不可替代的重要性。

第一，萨满神本集中记录了萨满文化最核心的内容，囊括了神灵、神界、神词的完整内容，是众多调查资料中尤为全面珍贵的资料。

第二，萨满神本中记载了大量民间神话、传说等，神本已起到口碑文学走向书面文学的桥梁作用。

第三，萨满神本记载了大量趋于规范化的萨满祭祀仪式、神词、神灵、祭品等内容，与民间口头文学相比，其变异性较小。这样就保留了较多原始古朴的萨满文化内容，成为研究萨满文化的珍贵资料。

第四，萨满神本在满族的观念意识中尤为重要，是满族世代不能丢掉的"根基"。满族人将神本视为"文献""典籍"，是神圣的。所以，我们认为神本是珍贵的民间原始文献。

萨满神本主要分布在东北三省，吉林省尤多。满族萨满神本分大神本和家神本，原始时代不分大神本和家神本。大神以萨满的昏迷术为主要内容，祭祀时包括全部的崇拜内容，有祖先神灵、图腾神灵、动植物神灵。家神又叫家祭，指仅跳神无昏迷术的祭祀，由家萨满完成跳神活动，以祖先神跳神为主要内容。

《东海窝集传》中的萨满祭祀不分大神祭祀和家神祭祀，也不分大萨满和家萨满。《东海窝集传》中萨满跳神或与萨满有关系的情节多达 22 处，基本上每回都有萨满跳神情节或与之有关的内容。后世满族萨满神本经常会指明阿木巴萨满（大萨满）、毕干萨满（野萨满）和彪棍萨满（家萨满），但《东海窝集传》中则没有进行区分。

2. 萨满祭祀仪式

民族、地区不同，萨满祭祀仪式也不同，满族的萨满祭祀仪式有自己的特点。满族神本分大神本和家神本两种，有大神本的姓氏已很少，已出版①的有石姓、杨姓、关姓大神本。大神本神歌详细记述了动植物神或瞒尼神的特点。关姓大神本中有：双人舞蹈的玛克新神，她是一位舞蹈神；肩背金榔头的乌兰泰神；手拿双腰刀舞蹈的罗霍神；手拿九个铜镜舞蹈的芬朱里格赫等。满族大神祭祀的最大特点就是单神单祭，请一位神跳一回大神，一位一位神

---

① 宋和平：《满族萨满神歌译注》，社会科学文献出版社，1993。宋和平、孟慧英：《满族萨满文本研究》，台湾中华发展基金管理委员会、五南图书出版公司联合出版，1997。宋和平、高荷红：《满族杨关赵三姓民间文本译注》，社会科学文献出版社，2021。

地进行祭祀跳神。萨满昏迷时有舞蹈动作，萨满的舞蹈艺术共有三种形式，即模拟式、表演式和混合式①，舞蹈动作由大萨满口耳相传。

家神祭祀在家神本中有记载，凡有大神本的姓氏必有家神本，如石姓和杨姓；但有家神本的姓氏，不一定有大神本，如吉林省乌拉街关姓和赵姓，舒兰市郎姓等。家神祭祀仪式的最大特点是萨满只跳动、转圈或走棱子步，没有昏迷术，而且是百神合祭，如西炕祭祀时就把西炕上的祖先神统统请到，但也有具体的祭项，如祭天、祭星、祭祀佛多妈妈等。祭天时要祭祀鹊鸦神；祭星时以七星为主神，还有千星万星；佛多妈妈是子孙口袋、子孙绳和柳枝的组合神。家祭不是一神一祭，而是一项祭祀中祭祀多神。

《东海窝集传》第二回"祭神树男女成婚配　老萨满跳神道玄机"和第二十四回"大萨满跳神参战　双双比武决雌雄"中，均出现了萨满跳神仪式。第二回记述古代祭祀神树的仪式，同时进行野合和举行结婚。在祭神树跳神的第一阶段，也是跳神的初期阶段，"有 27 位女萨满戴着虎皮帽子，穿着鹿皮裙子，升起 81 盆年祈香，香火缭绕，篝火升起，东南西北四路大篝火升起来了。他们击鼓跳神，高声诵唱着祭神歌，……，待祭品摆好后全体人员跪下向神树祈祷，祈求全年幸福"。祭神树仪式的第二阶段，是萨满舞蹈表演阶段。"27 位萨满又开始跳神诵唱神歌。……，从各部落出来了八个男的八个女的，随着木鼓声四起，翩翩起舞，像蝴蝶似的，这时候乌苏里部和萨哈连的萨满跳的是宣舞，有的是跳皮子。"我们不知宣舞为何舞，皮子舞是"把牛皮子绷起来，在上面跳"，还可以从一张上跳到另一张上。萨满跳神舞蹈有模拟动物飞行的，也有皮子舞的表演。祭神树的第三阶段是择偶野合，"跳到一定的时候，各部落的牛角号手，随着东海老女王的牛角号声，响起来。这时人们就明白了，择婚选偶时辰开始了，这时男的找女的，女的找男的，找各自心目中情投意合的伴侣"。他们跳舞请东海女王认同，萨满诵唱结婚时的喜歌，男女在临时搭起的帐房内进行野合，结婚仪式结束，祭神树也结束了。这一仪式和内容从未在现代萨满文化中发现过，是对满族萨满文化的补充。

第二十四回表现满族古代社会时，决定战争胜负的不仅是双方的军事力量，还有双方的萨满神术，萨满要通过四项比赛，即跑火池、上刀山、走木桩和手指穿石板。现代满族萨满文化中也有跑火池，如吉林省石姓的跑火池同《东海窝集传》中的仪式相同。上刀山"就是在八十一阶石万搭成的梯子

---

① 　三种形式的论述，请参看拙著《满族萨满神歌译注》前言部分，社会科学文献出版社，1993。

上，光着脚上下走一趟"就算赢了。现代没有石制的刀山，但有铁制刀山，在满族很少发现，新疆锡伯族的上刀山与此有些相同。走木桩和手指穿石板是古代萨满神术，在现代满族萨满文化中从未发现过。通过比赛，莫北新王丹楚胜利了。

总之，《东海窝集传》中记录的萨满祭祀仪式非常古老，具有其他满族神本和民间文学不可取代的作用，是对现代萨满文化内容的补充。

3. 萨满祭品和法器

萨满祭祀仪式少不了祭品和法器。法器又叫"神器"。祭品内容、种类和法器式样等因民族的不同而异，在不同的社会制度和历史时期，祭品和法器也会发生变化。祭品也很多，民间称之为"供品"。供品有两种，一种是牺牲供品，另一种是不牺牲供品。满族萨满祭祀的牺牲供品以猪为主，其次是鸡、鸭、鱼、鹿、牛、羊等。满族对于猪的选择、宰杀、制作等具体环节和做法，都有特有的规范化的仪轨①。不牺牲的供品主要是米糕、小米饭酒和供香，此种供品的制作也有特定的步骤和仪轨。现代萨满才用酒作供品，古代用水供神，供香是用年祈香。其他的供品随时间和地区的不同而异。

《东海窝集传》第二回较为详细、具体地介绍了供品的情况。牺牲供品主要是活鹿，有"八十一只"，还"有天上飞的，地上走的，水里游的，样样俱全"。用牺牲的头来敬神是满族萨满文化中的仪式内容，"把鹿头挂在早已搭好的神架上"。傅英仁说"神架"用来放置各个部落敬献给东海女王的猎物，有时堆得如同山一样。有三大牲，即鹿、狍子、野猪。古代还用人头来祭祀神灵，在第六回"四位姑娘力救知己　正义女奴惨遭杀戮"中，五十个女奴起义反抗东海女王的残酷统治失败，东海女王将"五十人都一起砍了头。……，人头祭，同时也流传下了用人头祭旗、祭天的习俗"；在第二十回"对头崖九虎拦路　双石寨三女遇夫"中，双石部落也有此陋习，把外来的人杀死后用人头放在桌子下面镇邪……年年都是如此杀人供祭。这种人头祭的陋习只在原始野蛮时代才存在。

萨满神器很多，仅萨满手执神器就有铜镜、激达（枪）、三股马叉、腰刀、神刀等。《东海窝集传》中提到的神器有腰铃、鼓和铜镜。腰铃是萨满跳神时必带之物，应是石制腰铃。鼓有抓鼓和木鼓两种，萨满手执抓鼓是用兽皮制成的单面鼓，这与现代的满族单面抓鼓相同；木鼓又叫"抬鼓"，"木鼓

---

① 宋和平：《满族萨满神歌译注》，社会科学文献出版社，1993，前言。

声四起"表示木鼓应该不止一个，是用很粗的树段（大约一米左右长）挖空制造而成，与现代两面都是皮制的抬鼓截然不同。铜镜满语为"托力"，东海女王与卧楞部女王之间的战争就是因争夺一块铜镜而起。东海窝集部还未有铁和其他金属之物，铜镜是很珍贵的艺术品，是原始人的镇邪之物。托力是萨满文化中的重要神器，萨满跳神时佩戴它，手里拿着它，屋内或大门口挂着它。石姓有一铜镜据说已保存了三百年，抗日战争时这枚铜镜曾飞去出打过日本兵，并留下一缺口，后又回来，是石姓的镇宅之宝。《东海窝集传》中记录的祭品与法器大部分表现了满族古时萨满文化的内容，对现代满族萨满文化同样起到了补充的作用。

4. 萨满的作用及其他宗教文化现象

秋浦主编的《萨满教研究》中提到萨满的职能有五条："一，为本民族消除灾祸……二，为患者跳神治病……三，祈求生产丰收……四，为没有生育过的妇女们求子……五，是一切传说习惯的维护者"[①]。孟慧英认为，"在氏族社会，萨满的角色绝不是个人性的，他是民族精神领域力量和状况的象征；他所行使的职能是社会性的，受社会体制的要求和制约。换言之，……，萨满为社会组织服务是他的主要功能。平时他是……，魔鬼的驱赶者。在生产活动中，他指示打猎，为狩猎不丰查找原因。在民族成员和社会本身面临生存和生活中的危机和困境时，萨满要为人们举行仪式，提供来自神圣对象方面的心理保障，缓解人们的焦虑。……，从社会的观点来看，萨满在社会与超自然之间具有作中介人的基本能力，所以当社会和个人面对突如其来的生活难题时，在社会和个人对未来忧心忡忡时，都需要萨满"[②]。

萨满是人神之间的使者、中介人，他把人们在生活中和社会上遇到的种种困境、愿望等传达给神灵们，把神灵们的希望、要求、意志传达给人们。每当石姓族内有大事发生，就要请示五辈太爷，听从他的安排。杨姓也是如此。《东海窝集传》第二回"祭神树男女成婚配　老萨满跳神道玄机"中萨满跳神时，请来了主管婚姻的撒林色夫神。萨满代表撒林色夫神说话，传达神的旨意"两个格格娶了两位阿哥，是天意，任何人不能违抗"，同时又降下两个木牌："上有几个大字，写的是'各有其命，各有其份'。"人们自然信以为真，两位阿哥也只好听从命运的安排了。在古代社会，跳神传达神意是

---

① 秋浦主编《萨满教研究》，上海人民出版社，1985，第68、69页。
② 孟慧英：《中国北方民族萨满教》，社会科学文献出版社，2000，第19、20页。

萨满的主要职能，是信仰萨满教的民族很重要的意识形态。春秋两季，萨满在固定的时间跳神，春祭是希望禾苗庄稼长势好、盼望丰收，秋祭是庆丰收和感谢天恩地惠给人们的一切生活用品。萨满跳神的主要功能是驱邪除魔求平安，祈求平安生活、平安过日子，有吃有喝。若遇喜庆之事，随时可以举行萨满跳神。萨满跳神还能治病除邪魔，为无子的妇女们求子。原始人认为人的疾病为邪魔入体而致，有的萨满也懂得许多药理，能开药方，会扎针等技术。萨满有传承和弘扬民族原始文化的作用。满族萨满神本由萨满抄写、记录、保存，萨满是神本的口授面谕者。萨满是氏族社会时维护族内团结的重要力量，族长常常同时是萨满。石姓、杨姓都是族长、萨满同为一人。

《东海窝集传》中的萨满还能参政论事和参加军事战斗。东海窝集部里的萨满分为两部分，小部分支持推翻女王统治，大部分是维护女王统治的。当莫北新王丹楚等人提出社会改革、发展生产的十项措施后，萨满首先反对说："这两个阿哥是恶鬼，他们发表了一些我们从未听说过的计策，准没安好心。"萨满们利用手中的特权，造谣诬陷丹楚等人，又利用春天闹瘟疫的时机，到处散布"两位阿哥献策得罪了神灵"，指出"龙脉是祖先之山"不能开矿等。为此，东海女王将丹楚等人打入水牢，关押起来，改革因此失败。东海女王准备攻打穆伦部时，需要召集会议与她的手下人商讨如何进攻和派谁领兵等重大问题，于是她"就召来了两位格格，兄弟两人，萨满，……，参加会议"。作为参加会议的正式成员，萨满发表的意见，常常被东海女王采纳。东海女王外出活动和行军打仗时，"文武百官"都要参加，"文武百官"中就有萨满的固定席位。《东海窝集传》中记录的萨满参政议事是当时社会的政治制度，是社会的需要。萨满在社会生活中的主导作用，表现了当时萨满崇高的社会地位。

《东海窝集传》中凡有战争，萨满必参加。第七回"大格格带兵出征 两兄弟临阵失踪"里就有"萨满跳神祈祷东海部得胜"，双方萨满跳神后，军队才开始进入战斗。第十七回讲述丹楚第一次攻打东海女王时，女王"带了十八位老太太和十八位萨满，军营中的一切调动和指挥都听从老太太、萨满和女王的"。萨满是军事战斗中的指挥员之一，处于领导地位。在第二十三回"连夺三城十八寨 老女王败兵提条件"中，东海女王惨败，她把认为靠得住、有把握取胜的人员——总将、十位老太太和十八位萨满都请来了。那时，作战双方都配有萨满，丹楚军营中的萨满仅仅是祈祷，不直接上阵；老女王的萨满则直接参加战斗。东海女王临死前，还叫嚷着"我还有十八个萨满也能对付你一阵子"，仍然认为萨满就是她的救命稻草。东海女王把取得战争胜利的希望寄托在萨满身上，向莫北新王提出萨满比武决定战争胜负。在第二十四回"大萨满跳神参战　双双比武决雌雄"中，东海女王对丹楚说："咱们不打仗了，凭真本事决定胜负。""真本事"就是萨满施展神通，这说明萨满跳神和法术是当时氏族社会决定一切的主要力量。

《东海窝集传》展现了萨满在社会生活中的重要作用：丹楚与四姑娘结婚时，萨满跳神求平安；东海女王的女儿病重时，不知请过多少次萨满跳神治病；丹楚两兄弟殉葬时，都有萨满跳神、送魂和送葬等。《东海窝集传》中有一个萨满部落较具特色，"西北有一个叫萨满部的小部落。东海一带的所有萨满都由这个部落里产生，所以人们对这个部落都是毕恭毕敬，连女王也不例外"。由此可见，萨满地位高贵，连女王对萨满都是"毕恭毕敬"的；当时萨满教盛行，竟有专业化的萨满部落来培训萨满服务于社会。

《东海窝集传》还反映了其他宗教文化现象，如道教和佛教文化等。军师孙真人代表道教文化，"真人"就是道教修行得道的人，"隐仙人"中的"仙人"，也是道教中的常用之词。第十九回"隐仙山上拜军师　苦读兵书再出征"详细记述了丹楚等人修行的内容，孙真人在深山老林里过着隐居生活，修道的环境都是中国道教修行人的常见环境。"四人走了近两个月，看一座雄威大山，真是山高林密，都是一搂多粗的大松树，上山的路都是石台阶，一看就知道，这不是一般的地方。"隐仙山"左面是石雕仙鹤，右边是石雕美鹿，真是美妙绝伦啊！走到半山腰有一平台，往远一看有五层大殿，金碧辉煌，山门矗立，山门前有两只大石狮子"。这种楼台殿阁、美鹿仙鹤等景物，都是道教的修道环境。还有道教用丸药修道得神力的方式。当道童让丹楚为他打水时，丹楚竟连小桶也拿不起来，让他们去砍树木也砍不动。待道童给他们吃了几粒丸药和喝了仙泉水后，他们增加了神功，拎小桶和砍树都不费劲了。万路妈妈给四位姑娘吃了"定力丹"后，四位姑娘就能穿山越岭，会飞行，这也是道家功夫。《东海窝集传》中记录的佛教文化较少，仅有一处情节，道童带着丹楚参观五大殿时，指给他们"各神佛爷的名称和如何做功德"，丹楚马上表示"也要盖大殿建佛像敬拜"。唐朝已有文献记载女真人接受了佛教文化。

满族萨满教文化完整、原始古朴，神灵系统化、数量众多。萨满跳神仪轨随历史的发展而规范化，在某种意义上起到了不成文的法律作用，在经济、文化、民族团结等方面有着积极作用。满族萨满文化为探讨原始时代的信仰、宗教、民俗、审美、世界宇宙观提供了珍贵材料。《东海窝集传》中的萨满文化内容更为原始古老，有关神树祭祀、祭品等的内容是文明社会中萨满文化内容的补充，其作用和意义重大。

第五章　《东海窝集传》的文学价值

　　章回小说是中国古典长篇小说的主要表现形式，由萌芽到成熟经历了较长的发展过程。有许多原为民间流传的传说、故事，如同滚雪球一样在民间说书艺人中滚动，后经文人墨客记录成书，再经众多文人的不断加工，演化成著名的章回小说，如《西游记》《隋唐演义》等。《东海窝集传》至少由傅英仁综合三种版本再创作出版，之前它也是口耳相传的民间文学作品，后由傅英仁分章回、立题目，成为章回文体。《东海窝集传》是满族第一部完整的章回体长篇民间文学作品，有突出的特点。傅英仁讲完《东海窝集传》后，笔者整理时坚决执行同他商定的四项原则。

　　《东海窝集传》是章回体，全书以"回"为单元，共三十回；每回都有概括全回故事的醒目的标题。第一回"长白二祖争上下　东海双王联姻缘"，"长白二祖"就是乌克伸玛法和佛多妈妈，由于这两位祖先争执是男神掌权还是女神掌权的问题，引起了人世间的男女争权之战。祭祀神树时，东海女王看中了佛涅部女王的两个儿子。两位女王便给儿女们订了终身大事，使他们成为夫妻。第二回"祭神树男女成婚配　老萨满跳神道玄机"，两位女王为儿女们订了婚姻大事，定在第二年祭神树时举行婚礼，这一决定破坏了丹楚兄弟俩与穆伦部的四位姑娘的私定情缘。第二年祭神树时举行了婚宴，导致丹楚兄弟俩与东海女王两个女儿之间夫妻矛盾很深。古代人遇到事情和矛盾，都要乞求萨满跳神解决，东海女王自然请来萨满跳神。第四回"万路妈妈救二祖　兄弟大破万岁楼"，叙述了丹楚和先楚的祖母万路妈妈搭救了兄弟俩，介绍了万路妈妈的身世等。只要阅读全书的章回标题，就会知道全书内容。这种表现方式是中国典型的章回小说的表现形式。

第一节　故事内容的艺术性

《东海窝集传》展现了满族古代生活的方方面面，在故事情节及内容的安排上具有显著的艺术性。

1. 完整的结构

《东海窝集传》的结构特点是首尾呼应，故事圆满，这是中国讲古说戏大圆满结局的表现。第一回指出满族的发祥地是长白山，交代了"满族先人住在长白山，也叫太白山，……，就是发源于太白山，繁衍于大漠北"。接着叙述天神造人时说，"只造出两个人来"，一个是佛多妈妈，一个是乌克伸玛法，男女结合繁衍了满族。因为两位神灵争权夺利引起人世间的争权夺利，男女争权之战便开始了。第三十回"东海大业成一统　父权王位定乾坤"清楚地交代了两位神人商定"到下面去培养各自的力量"的结局。丹楚当王后，有一天梦见佛多妈妈和乌克伸玛法。乌克伸玛法对丹楚说："你不愧是我派下去的"，回头又对佛多妈妈说："你看怎么样，想当年咱们不是打过赌呢，你说天下总是女人当家，男权永远胜不了女权，你看今天我的子孙当王得胜了吧。"佛多妈妈承认男权后，二位神灵"又言归于好，保佑着满族世代昌盛繁荣"。

《东海窝集传》充分利用了中国传统的说书形式，故事每回大段落之间都有中国传统式章回小说的开头与结尾套语，一般用"上回说的是"引起每回的开头，每回的结尾在提出问题后，紧接着便是"……如何，且听下回分解"等。第一回"长白二祖争上下　东海双王联姻缘"介绍了满族的发祥之地长白山和二祖的争执而引起人世间的社会变革后，又讲述丹楚、先楚与四位姑娘商量如何抗婚，在这紧急关头，"正当六个人商量时，听树林那边哗啦一声，出现了二三十个火把，一批人马直奔这边而来，不分青红皂白，立马将四个格格绑起来，逃了个无影无踪"。两位阿哥立刻追赶和寻找，第一回以"究竟这四个格格被抢到什么地方去了，且听下回分解"结束。第二回开头接续"上回说的是先楚、丹楚和四位姑娘"在商量如何抗婚时被人抢走之事。然后回答四位姑娘被东海女王抢走的问题。讲述其他故事情节以后，东海女王便提出要征讨其表妹的部落卧楞部，女王委派先楚和丹楚带兵出征，"究竟能否打败卧楞部，且听下回分解"。第三回开头不是像第二回中提出"上回说的是……"，而是介绍丹楚和先楚的身世、家庭及武功等，从"两个阿哥的父亲伯克兹……"开始讲述。

有的还用了"且说"套话，第六回中有"且说卧楞部女王的弟弟……"等。《东海窝集传》每回开头用语很灵活，既有套语，也有按时间顺序、故事情节先后发展顺序开头的。按时间顺序和故事情节先后发展顺序开头的为多数，第八回的开头是"哥儿俩骑着一匹马，……"，第九回的开头是"东海窝集部连年战乱……"，第十四回的开头是"大家分头去找胡楞，……"等。每回结尾都是"且听下回分解"，这也是叙述方面的特点。自然段落按时间和故事情节的发展而展开故事内容，这也是文学作品的常用手法。第二回描写祭祀神树时，首先记述祭祀神树的祭品、场地、萨满及其他众人的情况，祭神树开始后，萨满如何跳神、跳什么舞蹈、婚宴以及野合等都是按照时间顺序展开情节的。层层推进、段落清楚，给听者或读者清晰、结构完整之感。

2. 插叙情节得当

任何故事都必须交代清楚情节的来龙去脉，但有时为了故事的精彩、引人入胜、给人以惊奇之感，会先将故事情节的结果说出来，再倒回头叙述情节的经过。《东海窝集传》中有多处使用了插叙或追述的表现手法，第三十回中就有十一处是插叙情节，平均每三回中有一处为插叙。这些插叙得当、自然且合情合理。第一回记述和丹楚兄弟俩相好的四位姑娘被突如其来的二三十个人绑走，紧接着下回就交代了绑走四位姑娘的来龙去脉。当丹楚哥儿俩突然得病后，有一位老人为他们治病，这便是他们的祖母。然后插叙祖母的身世及武功等情况。四位姑娘救哥儿俩出殉葬墓时被人发现，她们被冲散了。当丹楚被一帮妇女从山火中救回某部落时，丹楚一看屋内三面是炕，中间是用石头垒起的石桌子，桌后端坐一位岁数不大的女人，丹楚不瞅也罢，一瞅不禁哇地惊叫一声："啊，你怎么会在这里？"丹楚认出了他的未婚妻格浑。但是，格浑是如何来到母女河部落，四姑娘又是如何当上母女河部落的部落长的呢？这些情节都通过插叙解释清楚了。丹楚与四姑娘的三位姐姐相见的场面很感人，第二十回"对头崖九虎拦路 双石寨三女遇夫"记述了丹楚在行军的路上遇到十几个武装妇女，其中就有四姑娘的三位姐姐。"那三位年轻女子跳下马来，将丹楚包围起来。丹楚不看则已，细细一看，面前站着的，正是几年前失踪的那三位姑娘，格浑的三个姐姐。"三位姑娘见了丹楚，"眼泪像珍珠般流下来"。三位姑娘为何来到双石部落又被谁救活，这些情节通过插叙得以展现。第十三回插叙了石鲁的身世，第十四回插叙了胡楞嫁给野格格的经过，第二十八回插叙了丹楚姨母的身世及武功等情节内容。这种插叙手法，首先引起悬念，起到引人入胜、吸引读者或听者的效果。当知道情节的来龙去脉后，又使人回味无穷，有很好的艺术效果，给人以感染力和真实感。

3. 故事的传奇性

《东海窝集传》已具备浓厚的传奇艺术性，其主题思想具有强烈的传奇性。《东海窝集传》利用章回小说文体记叙了女人当家的情况，表现了男人从女人手中夺权的全部经过，这种男女争权的思想内容带有很强的传奇色彩。传奇性的主题必有传奇性的情节，《东海窝集传》的每一个情节都带有传奇性。丹楚的祖母万路妈妈为救三个部落的瘟疫病人把自己累死，死后在石棺中修炼七天七夜成为当地方圆百里著名的大萨满；丹楚的姨母走南闯北地学习武功和神法，成为不食人间烟火的神人；穆伦部四位姑娘死里逃生；养虎英雄他斯哈的身世等都充满了神话般的传奇色彩。战争中使用老虎、黑熊和野猪战术，万岁楼的关卡，东山城的防守，活人殉葬，祭祀神树时男女青年的野合，女人娶丈夫以及战争中丹楚等人被神风刮出战场等内容都很神奇、怪诞，具有强烈的传奇性。可以说，三十回的《东海窝集传》故事情节如同水中的波浪一样，一波未平又起波，又像高山峻岭与谷道起伏跌宕。

文学作品揭露和叙述人和社会生活中的矛盾，揭露得越深刻、越彻底越好，叙述得越清楚、越明白越有艺术性。文学必须解决或化解矛盾，必须解决得合情合理，对人类社会有促进作用，对于人的道德观念给予精神滋补的食粮。《东海窝集传》揭露并叙述了当时社会的主要矛盾，即母权与男权的矛盾。由神灵引起人间社会变革的矛盾，男人从妇女们手中夺取权力，建立男权统治，这是主线矛盾。围绕主线矛盾，还有新旧思想、革新派与保守派、新技术、新生产力与守旧派等的矛盾。

男女青年的情爱是文学作品的永恒主题，《东海窝集传》一开始就叙述祭神树时双王联姻，为儿女们定亲之事。接着叙述丹楚等人的婚姻矛盾，他们早与穆伦部女王的四个女儿私订终身。围绕丹楚兄弟俩的婚姻问题，发生矛盾的双方是以东海女王为首的女王们和丹楚兄弟俩。根据婚姻矛盾分为两大派：一派是主张推翻女王统治，建立男人掌权社会的革新派；另一派是拥护女王统治的守旧派。这两派力量的矛盾、冲突不断发生、深入并最终得以解决。情节内容一方面叙述了东海女王的残忍统治和她的反动性，另一方面叙述了丹楚等人积极努力招兵买马，积蓄人力、物力推翻女王们的统治。

东海女王与丹楚等人的矛盾有多个回合。第一个回合，在女王的压力之下，丹楚兄弟俩无可奈何只能与东海女王的女儿结婚，但又与四位姑娘来往。东海女王将他俩打入水牢看管起来。四位姑娘得知后，便发动女奴劫牢救丹楚兄弟俩，东海女王知道后制造了一场流血事件。女奴劫牢彻底失败了，丹楚兄弟俩也未被救出，四位姑娘凭借飞行术逃跑了。丹楚等人代表的革新派力量受到了严重打击，进入低潮。

第二个回合，丹楚提出十项改革措施及他们的殉葬。东海女王要攻打穆伦部，就把丹楚兄弟俩从水牢中叫出来，让他们上战场戴罪立功。由于他们武艺高强，连连取胜。他们又向神人学会了各种生产技术，向东海女王提出十项改革措施，东海女王让他们试验一下。此时，形势对丹楚他们很有利，他们不仅积极努力开矿炼铁，打制工具和武器，还得到了部分萨满和文武百官的支持。形势大好，推翻女王统治有望可待，但女王不可能放弃手中权力。因萨满和女王们的反对，丹楚的十项改革失败。此时东海女王的两个女儿病逝，丹楚兄弟俩要为她们殉葬。丹楚等人与东海女王的较量又一次失败了，推翻女王的势力又转入低潮。

第三个回合，丹楚兄弟俩被殉葬后，四位姑娘设法解救他们。丹楚被救出后，准备救先楚时，被守兵发现追赶，他们被冲散各奔东西。丹楚在祖母万路妈妈的鼓励和帮助下，坚持招兵买马，纳贤英雄。丹楚与四姑娘格浑结婚后，队伍发展到六百多人，形势一片大好。在没有军师领导的情况下，他发起了第一次向东海女王的进兵。战斗开始，由于丹楚使用了动物——老虎战术和新式作战方法，取得了胜利。但是丹楚的军队是没有经过训练的乌合之众，东海女王亲自指挥后，丹楚节节失败，又被活捉到东海窝集部，进行第二次殉葬。其他人马将领也被打得七零八散，各处奔命去了。此时，大好形势急转直下，使欲推翻女王统治的人们失去了信心。这次失败是毁灭性的失败。丹楚第二次被殉葬。墓地全用石头板制成，以防他逃跑或被救，坚固性很强。四个神人般的石匠用特制的黑金石凿凿开石头墓穴，救出了丹楚，还救出了先楚。此时，传说的矛盾和紧张气氛稍有缓和，读者或听者也稍微松了一口气。丹楚能否恢复实力，重整旗鼓、重新开张呢？新的大好形势到来了。

第四个回合，推翻东海女王的统治，建立父权制社会。丹楚在祖母万路妈妈的再三鼓励下行万里路，找到军师孙真人后再次招兵买马，其他冲散的将领和士兵也陆续回到了他的身边。他们第二次攻打东海女王，这次有孙军师的亲自组织、领导、训练和编制等一系列的准备工作，一举打败了东海女王，成立了东海窝集国，丹楚当了国王。然而故事并未结束，又掀起了更大的起伏。东海女王虽被打败，但还有实力，她跑到东山城准备东山再起，还有四百女兵拼死反扑，丹楚之母等反动势力坚决为东海女王报仇。这些情节跌宕起伏，内容骤变起到了传奇的艺术效果。

《东海窝集传》中神灵和神话的多次出现，增加了内容的传奇性。以万路妈妈为首的萨满及神人，帮助主人公丹楚等人学习生产技术、用石斧砍木头传递消息指点路途等情节增加了其传奇性、曲折性。

《东海窝集传》具有传统的、完整的结构体系，又利用神奇构思与奇妙讲述相结合的方式，使内容丰富、有神话般的传奇性。

第二节　语言的艺术特色

《东海窝集传》在语言运用方面也很有特色，这使其文学性有了更高的价值。

1. 民族语言化

傅英仁讲述的神话故事中，使用了较多的满族词语。"他拉伊罕妈妈"中的"妈妈"即汉语中的"祖母""奶奶"；"多龙格格"中的"格格"在汉语中泛指"姐姐"；"石头蛮尼"中的"蛮尼"汉语意为"英雄"；"昂邦贝子"为"大王爷"；"沙克沙恩都哩"为喜鹊神等。还有托力（铜镜）、葛珊搭（屯长）、尼马察（杨姓）、阿玛（父亲）、额莫（母亲）等满族词语。《东海窝集传》中的神灵名称都是满语，大部分已知其意，"佛多妈妈"为"柳枝祖母"，"乌克伸玛法"为"兵甲祖爷"，"色勒玛法"为"铁爷爷"等。其他满族词语有："波吉烈额真"为"密密森林的主人"，"阿木巴波吉烈额真"为"大密密森林的主人"，"葛山达额真"为"屯长"，"穆昆达"为"族长"，还有依车（新）、尼堪人（汉人）、乌拉（江、河）等。这些满语大部分仍然在满族民间口头流传。对于满族人来说，这些常用满语让人感到十分熟悉和亲切，增强了《东海窝集传》的吸引力。

2. 方言口语化

傅英仁久居白山黑水之间，他讲的故事中有丰富的满族风土人情味，还有熟练的东北方言口语。《东海窝集传》第1页中就有"五大峰，七大岭，十三道大川，都是从太白山上延伸出来的山碴子，……，我们发源于太白山，繁衍于大漠北"。其中，"大川""太白山""山碴子""漠北"都是具有东北特色的地理称谓。还有"哈塘甸子"，指很深的烂泥坑；"撮罗子"是东北少数民族外出时在森林等处临时搭成的帐篷。穆伦部的四个姑娘被抓时，森林中跳出几十个人"立马将四个格格绑起来"，逃之夭夭了，"立马"就是东北方言土语，意为"马上、立刻"；丹楚会见未婚妻时，"丹楚不瞅也罢，一瞅不禁哇地惊叫"起来，"瞅"也是口语，即"看"的意思。

生活于我国大小兴安岭的包括满族在内的少数民族同胞，自然熟悉周围的森林和山山水水。但是，他们也常常会遇到不如意的事情，就是常常"马达山"了，意为"迷路"了。《东海窝集传》中多次出现方言土语"驱山"，还有水泡子（小河沟）、玛虎（鬼）、火墙（东北人为取暖，用火烧墙）、地窖子、埋汰、扒扒、挠痒等方言土语，这些都增强了说部内容的地方性和民族性，带来了充满乡土气息的艺术效果。

3. 形象比喻化

傅英仁因家贫未受过高等教育，但他的文化知识已达到大学专科水平，所以他讲的故事在语言运用上也很有特色，仅《东海窝集传》中的形象比喻就举不胜举。丹楚等人受东海女王的指派攻打卧楞部时，形容他们杀人容易，有"杀人犹如切西瓜似的"；形容卧楞部女将的头发和眼睛，"黄色头发似铜针，两眼像牛眼那么大"；丹楚等人在攻打卧楞部时，曾有人半夜来帮助他，帮助丹楚的两个人像"小陀螺"；当追兵追得丹楚走投无路时，他逃到一个小撮罗子里，里面的老头儿说"你瞅瞅，我这里也是屁股大点儿的"地方，无法让你藏身，这种比喻虽然不太准，但却很形象地说明了地方小；丹楚在双石部落见到三个未婚妻时，"眼泪像珍珠般流下来"；把胡楞之妻的头发比喻成"硬得像钢丝"；形容丹楚手下战将他斯哈战斗速度很快，"像旋风似地打了起来"；比喻他斯哈打得对方惨败的样子，用"鬼哭狼嚎"等。

4. 象声词语的巧妙运用

《东海窝集传》运用了很多象声词语，起到了很好的艺术效果。丹楚见到四姑娘非常惊奇，他不禁哇地惊叫一声，这"哇"就是象声词语；丹楚逃避东海女王的追兵，躲在老树洞中，这老树洞是黑熊的窝，黑熊来了，气得"吱吱哇哇"地乱叫；当丹楚之妻和三个姐姐，经过千难万险又相见时，四姑娘格浑"扑通一下"跪下朝南拜天感谢；东海女王的四个侄女婿来找丹楚报仇，被他气得"哇啦哇啦"；山中的英雄好汉们将丹楚抓住后，就用"鹿筋把丹楚死死地绑了起来"，丹楚一用力，"鹿筋瓣里啪啦全崩断了"；形容一群老虎下山时跑的声音，"老虎一看，就呼啦一下都跳了下来"；黑熊走路时发出的声音是"呼噜呼噜"；青石板用力一敲发出很大的响声，"嗡嗡直响"。这些象声词语的运用，使《东海窝集传》内容更加生动、活泼、有生气，产生了很好的艺术效果。

5. 民间俗语的运用

傅英仁不仅掌握多种民间艺术，如绘画、音乐，还是语言大师，他运用民间俗语巧妙地讲述民间故事。

《东海窝集传》中多处运用了民间俗语，当东海女王让萨满为两个女儿跳神时，得到一个写着"各有其命，各有其份"的木牌，这是典型的宿命论；卧楞部派使臣到东海窝集部谈判时，谈得不投机，东海女王便说"杀掉他们"，丹楚阻止说"两国交兵不斩来使"；当丹楚结婚过上了安稳日子后，思想上有些麻痹，忘掉了消灭东海女王的大业，一句"人们常说温饱生闲事"说明了丹楚只求个人安逸的错误行为；还有"兴师问罪""攻嘴八舌""遇难呈祥、逢凶化吉"等概括力极强的民间俗语，都为《东海窝集传》增添了艺术魅力。

第三节　人物形象的艺术性

《东海窝集传》在人物形象的刻画上是粗线条式的，主要通过人物的行为处事、服饰语言来表现人物的性格和形象，很少有面貌外形的刻画和心理描写，就是有也不细致。

《东海窝集传》中既有姓名又有性格和形象的人物有五十多位，实属不少。我们将其分为四部分：莫北新王及其将领、女王及女将领、穆伦部四位姑娘与其他人、萨满及巫术人员。我们选择性格突出、形象鲜明的人物进行探讨。

莫北新王及其将领。莫北新王就是三王"依兰汗"丹楚、先楚和浑楚，浑楚是万路妈妈为丹楚收留的义弟，是梅赫勒姓氏的。三王也受到祭祀，"满族有姓氏举行萨满祭祀时，有'依兰汗神'，但祭祀浑楚时另设一香炉，因为他是外来祖先神"。浑楚是机智、勇敢、赤诚的。丹楚等人第一次攻打东海女王失败后，浑楚与胡鲁都被女王抓获，浑楚他们假装投降为东海女王效力，取得了东海女王的信任后借打猎之机逃回丹楚身边。先楚有情有义、老练、谦让、武艺高强。先楚殉葬直到最后才被救出，救出时已奄奄一息，待养好身体恢复健康后，丹楚向先楚汇报了情况，先楚说："咱们奶奶给咱们指明了道路，却没有按她老人家的指示办，才出了这么多差错。多亏兄弟你们救我出来。"当丹楚提出由先楚指挥他们的人马时，先楚说："那怎么行，我一直待在坟里，对外界的情况一点也不了解。"丹楚是主人公，他是推翻母系氏族社会女王统治的先进势力的代表。他积极主张男人掌权，建立父系制社会，推行新的生产技术，发展新生产力。他百折不挠，积极学习汉族文化、军事，提高自己的认识能力和技术，他团结各方面人员，为共同推翻女王的统治而奋斗。丹楚和先楚仪表堂堂，东海女王的两个女儿一看"两位阿哥长得英俊，就主动要求和他们一起跳舞"。丹楚和先楚武功高强，"哥儿俩自小跟父亲学了一身好武艺，尤其是射箭和使刀，学会了东海刀法"。山贼们绑了丹楚后，"丹楚一用劲，把捆在身上的鹿筋皲里啪啦全崩断了"。在萨满比武大会上，丹楚竟能连钻青石板 27 个洞，震撼了全场的人。神人使他们身强力壮、力大无穷。当他们吃了老头儿的神饭后，"都长高了一头，身上的肌肉、骨头节都不一样了"，"别说是两千斤的水闸，就是五千斤的水闸"也能轻而易举地躲过。两位阿哥还"冲进猛虎群中，几下就打倒四五只老虎"，其余老虎一看抵挡不住就逃掉了，救了四位姑娘的生命。

丹楚懂兵法，他不断提高自己的军事知识和兵法，最终取胜当了莫北新王。在第十九回"隐仙山上拜军师　苦读兵书再出征"中，万路妈妈指示他们拜军师、求贤能。他们到隐仙山见到了军师孙真人，军师教他们"一些兵书战策"，从此，丹楚他们就攻读兵书学习兵法。"石鲁不但学不懂，而且越学越糊涂，浑楚还行，他和丹楚学了不少兵书兵法。"由于丹楚武功高强，接受新事物快，他曾向东海女王提出改革社会的十项措施，但因保守势力的反抗而失败。他在指挥战斗中具有灵活性，攻打卧楞部时运用偷袭战术取得了战争的胜利。

丹楚是有远大志向、伟大理想的人，他与东海女王的斗争一方面是受到祖母万路妈妈的指示，另一方面是他深感当时社会的残忍和不合理。丹楚先后两次被殉葬，被娶到东海女王的府上后，照惯例要过"四道关"，过了这四道关，他们就成了正式的女婿，也才正式地属于这个家族。这些落后的制度都使他认识到母权制必须被推翻，丹楚哥儿俩婚姻的不幸使他们坚定了推翻母权制的信心。

丹楚的伟大理想是在斗争和社会实践中逐步建立起来的，当他面对困难和舒适的生活时，也会丧失奋斗目标。丹楚与格浑结婚后，"温饱生闲事"，忘记了推翻母权制度的历史任务。祖母苦口婆心的批评使丹楚恍然大悟："你到了母女河和格浑结婚是应该的……可是后来你只顾享受，忘掉了招兵买马，访英雄，集俊杰……这样下去，你怎么能立大业呢？"他立刻行动起来。

丹楚重视与汉族的交往和学习中原文化。他行万里路，跋山涉水请到孙真人做军师。当他当上了莫北新王后，立刻与中原联系，"丹楚统治东海窝集国之后，大家想起孙真人临走时讲过，中原有个至高无上的皇帝，那里有不少先进的东西，生活、礼节也好得多"。于是丹楚等人就"组织了五百人马，其中二百人是到中原做贸易的，其余是专门朝贡"。他们到中原以后，见了咸阳主。

丹楚心地善良，他"不是为自己的名利王位，是为了部落的进步，无奈进行萨满比武"；丹楚感化父母放弃女王归顺他们，父亲归顺而母亲则因冥顽不灵离开人世；他斯哈因舍出了二十只老虎，想要江山的一半，丹楚称王后对他好言相劝。

孙真人懂孙子兵法，经万路妈妈的再三邀请，他才肯出山成为丹楚的军师。孙真人让丹楚等人学习兵法，并随丹楚等人来到了东海窝集部。来到兴安部落以后，孙真人制订了计划，"第一步是要制造刀枪；第二步要制造战车和云梯；第三步是用布做衣服和旗帜；第四步要有一批好马"。丹楚他们都按照孙真人的要求一一完成了，孙真人使丹楚的部落蒸蒸日上，不仅编制了军队，而且组织好后方的人力、物力等。当东海女王逃到设有五道关口、十几道机关的东山城时，孙真人不仅一一破解了东山城的机关，还让大批人马进了东山城。孙真人武艺高强，"夜行术比她们姐妹都高，他走起来鸦雀无声，如猫行步"，"孙真人像燕子般飞门楼顶上，……，如同燕子一样，飞跃而去"，他的轻功很好。孙真人道行很深，武功高强，既懂军事兵法，又懂中原的机关设置，是识大体的称职军师，更是使莫北新王与中原文化交往的桥梁人物。

丹楚手下的战将石鲁是驯虎英雄，他身壮如牛，懂老虎的语言，在战斗中发挥了积极作用。丹楚的父亲将他从老虎身下救出，"原来石鲁十七八岁时，是个兽奴，身体壮得像头小牛，力气很大，女王也很看重他，让他专门训练老虎"。由于石鲁驯虎很有办法，女王就让石鲁和一只最大、最厉害的老虎拼斗，结果石鲁没有拼过老虎，当老虎要撕吃石鲁时，丹楚的父亲连射三箭，射死了老虎，救了石鲁。

佛勒恒和索尔赫楚兄弟原为某山的山寨主，为丹楚立大业成为莫北新王立下了不朽的功劳。"佛勒恒手使两把石锤，每把石锤都有百来斤重，力大无穷，大锤扔出，百步之内，指那打那，百发百中。索尔赫楚会听百鸟之音，什么鸟和动物的语言都能听懂。另外他还有一身的武功。"佛勒恒英勇善战，他救了乌苏部落之人，又劝说他们归顺丹楚。索尔赫楚聪明、智慧，身怀绝技。他利用懂鸟语和动物语言的绝技，听懂了鸟类议论灵丹果有毒，以及兴安部谁接替老女王的职务，又听懂了老虎的谈话，避免了人员伤亡等。他会熟皮子做衣服，来到巴拉人的部落后，他亲自示范给部落长做了一件衣服，部落长号召部落中的人向他学习并尊他为神人。索尔赫楚不仅会做衣服，还会制造独木船。

《东海窝集传》中丹楚推翻东海女王的统治还得到了动物及驯兽人的帮助。

第一，是驯虎英雄他斯哈。他"只知其母不知其父"，因自幼和老虎住在一起，懂老虎语言，与虎为伴、为友、为亲兄弟，他在性格和形象上都有些兽性的特征，更有些野性。他身上涂抹松油形成松油盔甲，是刀枪不入的神人。他斯哈性格憨厚天真，力大无穷，武功高强，英勇善战，手拿两个大石杵，"这石杵一般人是使不来的"，万路妈妈又教了他十几天的使用方法，甭看他斯哈人粗性憨，但心很细，很聪明，一下都学会了，使起来得心应手。

在丹楚推翻东海女王的数次战斗中，他斯哈屡建战绩，是一位英雄。当攻打东海女王所管辖的呼尔哈城时，"他斯哈抢着两个大石杵，瞪着两只牛眼睛，带了十几只老虎就杀了上去。对方有使石刀的，也有使石斧的，丁零咣啷地在他身上乱砍了起来，但怎么砍不动他，……，这时，他抓紧机会，抡起石杵就像施旋风似地打了起来，打得对方丢盔解甲，鬼哭狼嚎地跑回城内"，他斯哈取得了胜利。当山贼打他斯哈时，他们用锤子、斧子、刀子等武器，砍在他斯哈身上，结果他斯哈安然无恙，并逗趣地说："很长时间没人给我挠痒痒了，你们今天就给我搓扒搓扒吧！"他斯哈参加了萨满比武的上刀山，他走完了石头刀山和钢刀刀山，为丹楚取得了萨满比武的胜利。他斯哈参战总是节节胜利，这也使他骄傲和野心勃勃。攻打东山城时，因他牺牲了二十几只老虎就想当王爷，丹楚未允许，最后他反叛出走。

第二，是驯熊英雄色楞和胡楞，他们是丹楚行万里路途中遇到的两位英雄。"英雄藏于深谷中，尤其是那时，有一些男奴和兽奴，受不了女王的折磨，多半逃入深山老林修行自己的功夫和绝招。"兄弟俩"一个穿着黑熊皮，另一个穿着棕熊皮，脚上穿着熊掌靴子，拿着板门石斧"。"他们的笨劲就别提了，每砍倒一棵树，就到树枝树芽树干上反复寻找"，他们一片一片地砍倒树木，打场子，累得上气不接下气还在砍树找人，还是未找到。他们住在熊岩洞，那"洞子又黑又埋汰，里边放了些牲口肉等食物，甚至连大小便也在里边，烟熏火燎的不像样子，……，简直是牲口过的日子"。未见到丹楚之前，这两位熊人无姓名，丹楚为他们取名胡楞和色楞。他们训练了一群黑熊，这些黑熊曾在虎头山岭与他斯哈的老虎战斗过。两兄弟与熊关系亲密，"这帮黑熊瞎子高兴地用前爪扒拉他们的主人，有的还用嘴去亲胡楞的脸，胡楞见了他们眼泪都掉了"。当胡楞对黑熊说"明天你们就跟着我去跟老虎打仗"，黑熊就"更高兴了"。熊虎之战未分胜负就结束了，"自古以来，熊见了老虎是非打不可，见面后就交了手，打得难解难分，开始谁也不敢咬伤谁，非把对方打得趴了下来，才能吃掉对方"。老虎一看打不过熊，就爬上了山岭，黑熊笨得上不去。胡楞和色楞如同熊一样，既忠诚又勇敢。在推翻东海女王的战斗中，他们是丹楚的得力战将。

第三，是驯野猪英雄黑大汉。东海窝集部中有一批兽奴因为受不了东海女王的折磨和虐待逃往山里，其中驯野猪的人是"闪着金光的，长着长毛的彪形大汉"，暂且称他为兽奴黑大汉。在第三回"首次出征卧楞部　万岁楼前险丧生"中，东海女王派丹楚出征讨伐卧楞部，因为军事力量悬殊，丹楚在巡视军营发愁时忽然发现一个小陀螺在移动，走近一看是"眼睛通红的大黑瞎子"，黑熊把皮一扔，原来是兽奴黑大汉。他对丹楚说，"我手下有一百五十多只训练多年的野猪"，它们身上都有松油保护层，任何兵器都刺不透，"只要听到我的口哨，它们即可勇猛地用大獠牙杀向敌人"，保证战胜对方。丹楚利用这批野猪，冲杀得对方不知东南西北，取得了这次战争的胜利。战争结束后，黑大汉又回到山里驯野猪去了。

为丹楚出谋献策和服务的还有青年妇女们，如穆伦部的四位格格，按年龄大小依次为顺、依尔哈、额尔赫和格浑，还有色勒安楚、色布登和凡尔察。

四位格格从小与丹楚哥儿俩要好，"她们不但长得好看，而且也是习文弄武的女干将，……这六个人不但长得一表人才，而且都会武艺、狩猎、马上功夫高强，射猎真是百发百中"。格格们从东海女王手下跑出来，万路妈妈教了她们几个月的武功，她们学会了飞行术，武艺更上一层楼。当丹楚等人到万岁楼取托力宝时，四位姑娘"一窜就上了墙，又一纵身跳向楼顶"，当她们拿到托力后，又"像燕子似地飞走了，下边人干看着，也没招"。为救丹楚等人，四位姑娘曾发动五十个女奴造反，"多亏四位姑娘有上房逾墙的轻功才得脱险"。随着情节的发展，四位姑娘的命运随之变化，各行其是。格浑逃到母女河部后，由于才华出众，组织妇女们打败山贼保卫了部落，所以她接受了象征着权力的鹿角，当上了母女河部的部落长。丹楚路过此地同她结了婚，过上了幸福生活。格浑的三位姐姐逃到鼻子穿环的双石部，双石妈妈留下她们建设和发展部落。她们"训练部落内的人学习了些张弓射箭、骑马狩猎等武艺，所以双石寨人个个都会武功"，周围其他部落的人都不敢碰她们。三位姑娘进一步改变了双石部人的生活方式，让她们从吃半生不熟、带着血汗的肉到吃烤熟肉，"教他们用皮革制衣，冬天用带毛的皮衣防寒"。她们把部落治理得井井有条，部落兴旺发达。当丹楚等人来到双石部与她们会合时，这三位姑娘有的早亡，有的进山修行。三姑娘额尔赫攻打东山城时被大火烧死了，连尸体都找不到；二姑娘依尔哈拜丹楚姨母为师，上山学道修行去了；大姑娘顺命运更惨，当得知先楚身亡后，大格格自杀身亡，到另一个世界去了。格浑的三位姐姐都是丹楚和先楚的妻子和未婚妻子，人品出众、才华突出、武艺高强。

色勒安楚原是丹楚大将石鲁手下的两个山贼抢来做媳妇的，见到丹楚后，她就想娶丹楚为夫，后被色楞骗到手，做了色楞的妻子。这位妇女杀心很大，野心勃勃一心想当女王。色勒安楚与色楞等人来到乌苏部，这激起了她的野心，她不仅杀了乌苏部的女王自己当上了女王，在婚姻关系上也表现得很野蛮。她想嫁给佛勒恒，佛勒恒的拒绝使她恼羞成怒，她便把佛勒恒打入水牢，又与其手下结婚，后被色楞杀死，乌苏部也归顺了丹楚。

色布登是兴安部女王的八女儿，她勇敢、重义气又有武艺，"穿了一件鹿皮铠甲，腰缠鹿筋软锤，大家一看这种武器很特别，从来没有见过，像板斧、石刀等都看见过，就是没有看见过这玩意儿。小格格见大家都瞅她，就觉得很得意"。她看上了懂鸟兽语的索尔赫楚，一心想娶他为夫，但索尔赫楚不愿意，她便设下陷阱，"我是非娶你不可，我就是逼你成亲，如果不答应，就甭活了"。最后，丹楚为了缓和矛盾说"你们成婚的事包在我身上"，布色登与索尔赫楚才订了婚，兴安部落的权力也落在了男人手中。

凡尔察是胡楞之妻，与其兄牛古鲁住在兴安沟里，她使双石锤，个性突出，性格直爽。她不仅武艺高强，还会治疗外伤，是丹楚打天下的帮手。"一个黄头发的女人，个头有五尺七，头发全黄，硬得像钢丝，胡楞说：'拜见大哥，这女人就是我媳妇。'一看，这女人穿一身狍皮上衣，鹿皮靴，头戴豹皮帽，帽顶插两根野鸡翎，后边搭着豹尾稍，她也不会行礼。"胡楞告诉大家，凡尔察十五六岁了。当丹楚被老虎咬伤后，凡尔察将他治好。从丹尔察的梳妆打扮，尤其是她是黄发女郎来看，她应是学者们所称的"黄发女真人"。

拥护丹楚建立大业的，还有一批支持他、出谋献策、武艺高强的女王、部落长或能人奇人等。有寡妇部落——母女河部慈眉善目、七十多岁的老太太；白雪滩部七十四岁的女部落长；使用双石锤，会使用雷石战术和设计凉亭机关的大萨满——双石部部落长富鲁妈妈；送丹楚和先楚护体大衫和神骨头的白须老者；为丹楚等人增加高度和力气的呼尔海玛法；手推树即倒的大萨满丹楚姨母；全力支援丹楚，为他们指明方向的大萨满万路妈妈；等等。

与丹楚相对立、以东海女王为首的维护女权统治的保守势力有东海女王爱坤沙德、佛涅部女王塔斯丹德、卧楞部女王、东山部部落长东山玛法和珲春部女王等。

东海女王不仅是东海部落政治、经济、军事大权的掌握者，也是宗教信仰、生杀大权的掌握者，她独揽人世间的一切大权。东海女王的政权中也有民主的成分，军营中和其他一切事务需听从十八位老太太、萨满和女王的。东海女王爱坤沙德管辖了许多部落，如珲春部、卧楞部、穆伦部等。"她快五十岁了，很有能力，统辖了东海窝集部九川十八寨。所有的部落女王都归她领导。老女王很有魄力，每年九月初九都要召集各个波吉烈额真，到她的府上开一次全体东海窝集部祭神树大会，并一起商量些部落军政大事。"东海女王不仅威风，领导能力也很强。丹楚等人从卧楞部万岁楼中取回托力时，"老女王高兴地带领她的手下将官出迎十多里，迎接阵容也非常雄壮，前面有二十匹马队，随后是熊头旗队，熊脯旗、豹尾旗，紧接着又是十八个保卫骑着马，拿着大刀，最后是老女王骑着马，后边还跟着文武百官。当看到凯旋的队伍时，按古代风俗，熊头旗队摆动九次，豹尾旗转三圈，表示庆贺和欢迎"。

东海女王文武双全，有能力和魄力，但她同时是一个保守、顽固坚持女王统治的惨无人道的女王，有其反动性和残忍性。东海女王让穆伦部四位格格做奴隶，让丹楚和先楚活人殉葬，第二次殉葬比第一次更残忍。卧楞部女王派了使者到东海女王府上，由于使者"出言不逊"，东海女王就把使者的耳朵割去了；东海女王残杀五十个女奴，用人头和人心祭祀萨满；东海女王让兽奴与老虎比武，石鲁就是东海女王手下一个训练老虎的兽奴；东海女王手下的军队中有一支火龙军，这种战术叫火龙术，她们"把牢房中二百多名死囚剥个精光，……，把用兽油泡过的松明条紧紧绑在身上"，点燃后冲向对方。东海女王的顽固表现在她死守女王统治，誓死反对男人掌权的父系社会制度上。丹楚等人提出改革社会和提高生产的十项措施，遭到东海女王的反对而失败。她曾在战场上对丹楚说："老娘即使死了，也不向你投降。"当丹楚占了东海王府后，她知道大势已去，上吊自尽了，但她留下了投降书，"在石桌子上留了块木牌子，牌子上刻着月亮、日头、星星都落入水中。这时先楚明白了，老女王投降了，这是投降书"。投降书意味着东海女王的统治宣告结束。

丹楚和先楚的母亲佛涅部女王塔斯丹德紧跟东海女王，是顽固坚持女王统治的保守分子。她宁死不屈，誓死保卫女王。丹楚和先楚与东海女王两个女儿的婚事，丹楚父亲反对，母亲却很赞同。丹楚和先楚殉葬时，她也没有反抗。当她知道丹楚从墓中逃跑后，把头发剪下两缕表示紧跟东海女王的决心。当她知道丹楚收兵买马准备推翻女王时，她加紧练兵为女王撑腰和报仇，希望能制服甚至杀死丹楚和先楚，此时母子之间已是对立关系了。当东海女王灭亡后，丹楚之母还想恢复女王统治为东海女王报仇。她"并非是为自己那点权势，她还是为了东山再起，护旧俗，恢复女权制，……，很快就吞并了四周的几个弱小部落，把东海窝集国（指丹楚建立的男人掌权的新政权——笔者注）安排去的男章京都给赶了出来"。万路妈妈、白山妈妈和丹楚姨母都曾劝过丹楚的母亲，但她仗着是丹楚之母到处招兵买马，欲恢复女王统治。为了表示对东海女王的忠心，最终她戴上黑石帽子，向丹楚"使出了歹毒的拼命招数"——撞在石柱子上自尽了。

卧楞部女王手下的女将形象和使者形象也很突出。"有两个外部落的人，说是从南边过来的，满身穿着反毛衣服，鼻子上都穿着鼻环，满头是长发，不像这里的人。剃着留郎圈，都是半发，来人是猞狸皮靴、皮帽，外边都是猞狸皮裤、皮袄、皮围裙，挎着一把外罩桦皮鞘的青石刀。"这种装束，不像是历史上女真人的打扮，而像是辽国人的打扮。

当东海女王派丹楚等人去攻打卧楞部时，卧楞部有一员女将，"这人身高六尺左右，大个子，黑脸膛，骑着一匹大黑马，手拿一把四十多斤的青石战刀，说话声音洪亮，像似男人般，黄色头发似钢针，两眼像牛眼那么大"。此人确实武艺高强，其形象如同男人。卧楞部女王手下还有一位左都督捉获了丹楚等人，她是"一位三十来岁的女人，长了一脸横肉，脸皮虽白但无血色，黑眉毛，深深的大眼睛"。这种形象可能是其他民族的祖先吧！

珲春女王也是顽固坚持女王保守势力的一员，她擅长制造毒药和散布瘟疫，最后她认万路妈妈为师父，进山修炼去了。

东山妈妈得尔给玛法是东山部落的女王，也是大萨满。她死心塌地地保护女王，企图恢复女王统治。她安慰东海女王说："这里是任何敌人都进不来的，……，等我把兵练好后，咱们打回东海部去，把江山再夺回来。"从东山城周围的机关设置看，东山妈妈确实武艺超群。

《东海窝集传》对几十位人物，有的是通过外貌描写，有的是通过装束刻画，但大部分人物是通过行为来体现性格特征的。这也是民间文学作品表现人物性格和形象的重要手法。

《东海窝集传》内容丰富，艺术表现方面也有其独到之处。它使用章回文体，首尾呼应，结构完整；利用插叙的方式叙述情节的前因后果；使用满语、东北方言、口语以及象声词、形象比喻等手法，刻画人物行为，表现人物的性格和形象，创造了内容完整、具有传奇色彩的满族说部。

结　语

　　《东海窝集传》内容丰富，是研究人类学、民族学、东北民族关系史的珍贵材料，是研究满族民间文学发展规律、表现方式、文学体裁、人物性格、文学价值等的珍贵材料，是满族原始思维、宗教信仰、审美观念、民俗等的活化石。因本书篇幅所限，不能一一论述，请专家学者们继续深入探讨其内容、价值和意义吧。

附录一 傅英仁《自传》*

（一）

祖母和父亲差不多年年讲家史，尤其是过年。

据说，我的先祖曾救过清太宗皇帝皇太极，被封为牛录章京。从那时起，祖祖辈辈在京畿伺候皇上，担任保卫宫内的要职"辖"、"头等侍卫"、前门城守尉等官。

康熙三年，奉旨到宁古塔做官。从此落户至今。辈辈袭官，一直到宣统逊位。

曾祖父作战有功官封三品，祖父满汉齐通官至五品，不幸32岁夭亡。祖母梅氏封为六品恭人，出门九棒锣。父亲官封六品云骑尉，洋务运动考入吉林陆军将弁学堂专修测绘，曾奉旨代表大清给日俄战后画图定界。本来毕业之后，可以担任新军营官。毕业不到半年，清政府垮台，民国建立，凡属清朝文武官员一律退职。父亲只好回归故里，在县政府、保安队充当绘图员。在我出生后，家中已是六口之家，父亲靠微薄工资维持这个大家，贫困生活可想而知了。

（二）

1919年（民国8年）我出生在宁安城西西园子（现在宁安镇红城村）。

那时西园子百分之七十的土地掌握在南岗子孙家，北岗子梅家，东头李家，北园子葛家、姚家，号称五大户。祖父去世，祖母领着5岁孤儿回到西

---

* 该《自传》在辑录整理时，在尊重傅英仁原意不变的前提下，对其中的错字、语病、断句、标点等进行了修改，特此说明。

园子，寄居在娘家，梅姓。

清末和民国时期，西园子出了一批人才。留日学生，营级武官，吉林、北京大学生，吉林四中学生，他们都愿意和我父亲亲近。虽然，名曰农村，新思想新知识却比较普及，这给我儿童世代开阔不少思路。从新文化到新物质生活，宁安街有什么，西园子出现什么。我5岁学诗、学算术，7岁学写字、学绘画，7岁背诵一册语文仅用3个小时。

家庭和亲属对我影响至深。我母亲常说我3岁以后，有时哭闹，送到奶奶怀里，奶奶一讲故事，或者一唱小调，我不哭不闹，自然而然地入睡。现在回忆，大概从那时候起就和满族民间文化结下了不解之缘。

家穷，礼教却不废。从我有记忆起，父母亲对老人早晚问候，每逢祖母生日母亲都要献舞。喝粥也要摆四个小碟。教育我们坐有坐样，站有站样。敬祖是我家大事，绝不能忽视。我5岁先学"回履历"，必须能说出"什么旗什么哈拉，什么牛录什么满洲，祖籍在哪"。还得学会问安施礼。对人要有大有小有老少。村里人都说："人家傅家，虽然穷，屋里屋外干净利索，大人小孩文质彬彬。"

7岁以前，祖母、母亲、父亲、三祖父，都是当时的故事能手。尤其是祖母讲起故事来没完没了，从天上到地下，从神到鬼，听的人越听越迷，甚至连饭都顾不得吃，老人家讲故事在当时闻名于宁安西半城，是有名的故事妈妈。她老人家用故事讲古论今，用故事教育后人。老人家的故事对我影响太深太深了。可以说我之所以在以后的生活中热爱满族文化，是和祖母分不开的。

7岁以后，三祖父经常照顾我。这位老人一生没结过婚，成了我家一员。他知道的东西太多了，长篇说部、民间故事、萨满神话、传说历史、风土人情，简直无所不通。今天回忆起来，当时我把他视为无所不通的圣人。他对扩大我的思想领域，增长我的满族文化知识，培养我热爱本民族文化，有着不可磨灭的功绩。我今天满族方面知识有五分之二都是他老人家口传心授的珍品。我的三祖父更是我的业师。老人家一直伴随我到"伪满"才离开了人世，我成了他的直传弟子。

父亲专门讲宫廷见闻、官场逸事、文人雅事。母亲专讲一些生活故事、萨满的传说（她是一位老萨满）。

念书期间，这些故事和传闻成了我和同学之间的交往媒介，团结了很多同学，成了挚友。

我 7 周岁那年，村里成立了一所官办小学——宁安县第一学区第十一小学。我就读三年时被选入宁安县模范高等小学校。

高小两年的学习过程，使我的视野扩大了。才知道除了国文而外，还有数学、自然、历史和地理。再加上美术课、体育课。简直使我学不胜学，成年埋在书本里。在三个班总考中名列第二。

在学期间，正是"九一八"事变前夕。国家正处于多难之秋。兵匪的困扰、市面的混乱、官府的腐化、日俄的经济侵入使宁安县城变得五花八门。尤其那些清朝遗老遗少坐吃山空，天天以玩鸟、闲谈、品茶为"业"。我家当然成了他们常来常往的处所。我从小就爱听、爱问。而他们每次闲谈，我总是静静地坐在一边，细细地听。什么历朝见闻、古今怪事、满洲兴亡史、故事传说……加之学校得到的知识，我觉得比幼小年代知道的更多了。我招揽一些小朋友形成一个课外聚集的故事圈。我们这帮小家伙，不知天高地厚，组成一支镶黄旗小牛录（清代军队基层组织）。专门给种田人家看地，或者拉弓射箭，游山玩水，弄得越来越大。以后被父亲知道了，他吓得不知如何是好，禁闭我三天不许出屋。虽然"组织"解散了，我们还是好朋友，以后都成了学习舞蹈、参加秧歌的主要力量。在我的影响下，会讲故事的人越来越多。当时西园子有个顺口溜：

> 西园子，故事窝
> 装吧装吧一大车。
> 老一窝，小一窝
> 不老不小又一窝。

这里的"小一窝"就指的是我们这帮"牛录兵"。

12 岁，我从高小毕业，参加 8 个县成立的吉林四中升学考试。结果在四五百人中间，我名列第六，把那些大哥哥们远远地抛在后边，那时候考入中学比现在考大学困难得多，荣耀得多。

（三）

四中开学那天，校门内外车水马龙。道台、知县、士绅……都参加了开学式。新生喜气洋洋，我一看 80 名学生中穿得最破的就是我，也觉得不得劲。一想老罕王十几岁给人家当茶奴，以后成了一朝人王地主。读书不在穿的好坏。

点名开始了，一叫我名时，总管老师左一眼右一眼看了半天，问：你就是傅英仁？

我说：是。

旁边有几位同学，做证说："老师，他是傅英仁，是我校高才生，塔光编辑部编辑。"

"交学杂费。"总管不得已地说。

多少钱？

学费现大洋五元，杂费三元，书费六元，操衣钱十五元，共二十八元。

我的天呐，哪来那些钱，我拿出五元诚恳对老师说：操衣我不要，下欠的钱，三个月交齐。

总管老师二话没说，拿起笔把我名除掉，至今我历历在目。我当时哭了，又一想：满洲巴图鲁不许哭。我擦掉眼泪对大伙说：不收我没关系，我自学也能从中学毕业。一气回到家里，两个多月神经很不正常。从此我告别了学校生活，走向更艰巨的征途。今天回忆起来，我觉得自己一下子变成了大人。

家中人口增加了两个，一个弟弟、一个妹妹，生活更贫困了。

"九一八"事变使社会起了很大变化，动荡不安。日本人请我父亲画图，我父亲一口拒绝，焚烧了图稿，发誓说"给鬼子画一张图就是卖国"，他毅然决然搬到东园子务农种地，生活更艰难了。

（四）

我12岁后半年一直到18岁前半年，这6年是我的艰苦年代，也是获得各方面知识最多的岁月。13岁开始劳动，种地、打柴、卖零工，什么都干。学习方面，学完了中学课程，读完《论语》、《中庸》、《大学》和《孟子》，练习了书法，更重要的是得到了萨满教神话真传，得到了满族舞蹈和秧歌的传授，得到了三祖父三部半长篇满族说部，听到了家族外边的一些民间故事。

12岁以前，祖母、父母和三祖父是我满族民间文化的启蒙师。念书期间，我打开了新知识的窗口。失学以后，在校学习机会没有了，可是求知欲随着年龄增长，越来越浓。没有学习时间，劳动时别人休息我看书，下雨阴天我学习。夜间家穷点不起灯，我到小庙捡香头，七八根捆在一起燃着用嘴吹着发出亮光照着读书。

同学们借给我书，我捡烟盒订本子，别人剩的铅笔头，捡回来按在笔帽上写字。在沙盘上写大楷，在玻璃窗上画山水画。现在回忆起来，虽然艰苦一些，但乐在其中，因为学得多，学得扎实。

我有位姨夫是清朝宁古塔副都统衙门的六品笔帖式（衙门秘书），民国以后在缸窑沟设馆教书。老人家满汉文精通，是清末秀才。他看中我聪明肯学，决定免费教我读书。我午前学习、午后干活，一直坚持了 3 年。

这 3 年，我自学初中课，更重要的是老人家传授我前所未闻的萨满神话，共讲述各姓氏祭祀神 150 多位（现在我只能讲出 120 多位神）。老人家是吉黑两省著名的大萨满，曾两次到吉林、长春（当时叫新京）讲萨满神学。老人临危时，我侍候一旁，他有气无力地对我说："孩子，千万记住我说的祭祀规程和神的来历，都是祖传下来的祖先业绩，因为你是我的唯一的直传弟子，才全部教给你。"我跪下流泪说："姨夫请安心，我能牢牢记住。"老人故去的年头是 1938 年，终年 71 岁。至今，老人家的音容笑貌，每当我提笔写文章时，都会浮现在我面前。

3 年里，用现在的话说，我用半耕半读的方法，学习了《千家诗》《论语》《孟子》《中庸》《大学》，初中国文、历史、地理、党义等几门文科，水笔字也有了较大的长进。

从三祖父那里，又学到了更多的民间文化知识。从 13 岁起，我就和三祖父在一起劳动，老人家干啥像啥，不但农活是内行，泥瓦活、厨师、看风水、扎针治病，样样都会。讲起故事更是没完没了。夏天我们爷俩在缸窑沟种地，秋天打柴，农闲时他领着我到各屯说《将军传》《红罗女》《罕王出世》《金兀术》几部长篇，一方面挣几个钱或粮食维持生活，另一方面老人家也有这个嗜好，三天不讲就受不了，人送别号"三云"。我到 17 岁，已经能把几部长篇通了本，但说起来仍然没有三祖父那么流畅自然。

《将军传》讲述清初黑龙江首任将军萨布素的一生事迹。记叙了他从一个放牛娃，披甲出身，逐步成为一名抗俄著名将领 50 多年的戎马生涯，两次击退沙皇侵略武装，赢得了签订《尼布楚条约》的胜利，使北疆国境保持了 150 多年的和平。《罕王传》写努尔哈赤从 13 副甲起家，经过 43 年近百次战斗，终于抵住明朝的统治，统一了东北，壮大了满族力量，给入主中原打下牢固的基础。《红罗女》又名《隋唐演义》，说的是渤海时期有位女英雄红罗女忠烈不屈，三次击败了入侵之敌契丹兵，保卫了祖国。《金兀术》（片段）是写金朝名将金兀术的生动事迹。以后，我又于 1981～1989 年，采访了京八旗老人、河北遗留下来的完颜氏后代、阿城完颜氏、赫哲族傅万金同志，使这部传奇式的传说完整化。其他如《金世宗走国》《乌吉国传奇》也从这时开始学习。

三祖父讲一些萨满中流传的天地形成传说、人的来源说及一些萨满斗法的传说。说也奇怪，他本人就会一些使人看不透的玄奥的怪事，这些事，至今也是个谜。

我舅父郭鹤令也是满汉齐通的人物，是郭姓大萨满，我从他那里学了一些请神神咒和北部地区的萨满活动情况。

尤其是我的三舅父梅崇阿公，在我 13～15 岁时，传授我八套满族舞蹈，使濒临灭绝的民间舞蹈保存下来。

崇阿公青少年时代在旗务学堂学习满汉文化，业余学会了八套古代流传下来的舞蹈，当时成为吉林有名的舞蹈家。18 岁时他奉旨进宫在西太后驾前侍候，八国联军侵入北京，西太后逃往长安，老人家回到宁古塔，在当时的衙门里当差。民国以后，靠行医维持生计。我 13 岁那年，他担心此艺失传，自己出钞召集 12 名满族子弟传授技艺，我和表姑梅素琴参加学练。因年景荒乱，迁徙无常，只有三个人（表姑、表兄和我）坚持学完，而表姑、表兄又早于我去世，能保留到今天只有我一人了，大概关墨卿老人也略知一二。

17 岁那年，我参加全县招聘教员考试，成绩合格，被聘为教辅。

（五）

日语，是一门多么陌生的学问，怎么办？只有一条道，就是苦心自学。我买了一套《日语速成读本》，拜同院一位丁警尉做老师，从 17 岁那年 9 月开始，向日语进攻，每天 4 点钟起床，跑步到东花园背诵 3 个小时日语，写出字块，再拿起扁担上山打柴，利用休息时间复习单词。晚上到丁警尉家学习新课。到 18 岁上半年，居然学完了两册。简单日语会话已经不成问题。

那时日伪军政为了巩固其统治地位，一手抓残酷镇压抗日力量，一手抓各方面组织建设。不断招考青年参加各方面伪组织，如教员、警官、政法职员、金融人员，等等。丁警尉一直劝我报考警官学校，由于父亲多次教育，决不当日本走狗，干些卖国行为，我便决意再考教员。结果，不但文化知识是前五名，日语也三等合格。别的教员每月 24 元，日语三等合格者每月另发 7 元补贴。从此我奠定了教员之路，一直干到 1945 年祖国光复。因为没从正式学校毕业，定为"教辅"（候补教员）。20 岁我又考入牡丹江师道学校速成班。因为成绩好又留校复习一年，以本科生资格获得毕业文凭，没经过教导一级，直接评为教谕。

家中挣钱的人多了，生活水平比以前有些上升，有点力量买些喜好的"四书五经"之类的书籍，可是有关满族文化方面的书刊根本买不到，这使我产生了一种新的想法：何不把几年得到的知识用文字记录下来，比那些"三侠剑""青城剑侠""啼笑因缘"等市民文化要好得多。整理满族民间文化的想法有了萌芽。

我 18 岁那年，春节期间我和三祖父到卧龙屯说《萨布素将军》，被当地警察署抓去严斥一顿，并下令不许再讲此类评书。再加之政治犯、经济犯两只铁爪紧紧地盯着每个人，自从考上教员以后，我和三祖父一商议再不能四处乱讲了。好在我有了职业，在屯里我当教员，三祖父和父亲种点地也能维持生活。三祖父同意用文字记录这个想法，一再督促我用文字写下来流传后代。从此我一边教书，一边和三祖父整理所有的满族民间文化。

事也凑巧，我初任的学校正好是我姨父阎振川老先生所住的村屯缸窑沟。两年里，我不但巩固了旧有知识，又学得一些新内容。老人家在我离开缸窑沟的第二年就离开了人世，终年 72 岁。他是满洲镶黄旗瓜尔佳哈拉大萨满。

开始整理资料很困难，把口头文学变成文字材料，很不容易，尤其用文言写惯了，再用口头语言写材料难度更大了，头一年进度不大。到第二年才摸到门路，速度加快了，质量也提高了。到 1944 年三祖父去世，我已经写出六大厚册资料本，估计有 300 万字左右。给三祖父上坟时，我还写了一篇祭文，向老人家汇报完成情况。

8 年里，在整理资料的过程中，我发现，满族民间蕴藏着极为丰富的文化。它虽不同于其他民族，但也和汉族、朝鲜族、赫哲族、锡伯族以及鄂伦春、鄂温克、达斡尔、蒙古族有许多共同点。民间故事、神话传说中有些可以补历史之不足，是做人的借鉴，是我国文化园地中不可缺少的内容。老一辈先后去世，我更感到十几年心血没有白费，终于把老一代保存的珍品记录下来，内心感到很充实。

"伪满" 14 年里，我还在官地村韩鑫一老先生那里学习了两年绘画，从马河站一位日本小职员那里学习了小提琴的初步演奏技法。1943 年，我转到德家村小学一人班当教员。

（六）

祖国解放了，每个中国人都满怀欢腾喜悦的心情。学校自然停办了，在屯里没事可干，又把原有的学生召集起来，在 9 月末成立了一所私塾。没有新教材只好教他们千字文、四书五经，学算数、珠算，写毛笔字。家长很满意，借此机会可以复习一下古书。白天教课，晚间给老乡讲《萨布素将军》、《红罗女》和一些民间故事。

紧接着，打土豪分田地，大搞文娱活动，斗地主分果实，一直闹到1947 年。

1947 年 3 月，县政府正式下文承认德家小学为公办学校。我从此踏上了革命工作的征途。因为我协助二区政府办理全区教育工作，我成了第二区教员中的佼佼者。1948 年末，调到温春第四完全小学任教导主任。

到 1953 年暑期，我先后升转到四所完全小学任领导工作，其中在四完小、十二完小任教导主任，在民主完小、七完小任校长。这几年虽然校务繁忙，对满族文化有些荒废，可是我接触了很多当地的老户、农村汉族群众，他们大部分都是跑关东的后代，我意外搜集到很多很动人的跑关东故事，比如《梦里团圆成事实》《东山有宝》《小毛驴找家》《挑筐说话》等，反映出那些逃荒人悲惨苦难的生活和强烈追求美好生活的愿望。

如果说 1953 年以前是我满族文化的感性阶段，后来的年代里，是我在理论上逐步成长的时代。

1953 年秋一直到 1958 年 4 月，我先后担任宁安县教学研究室研究员、一中语文教员、干部学校副校长。党送我到党校学习，成为党的积极分子。

1953 年，我考入东北师范大学中文专修班。这是全国第一个函授试点班，由苏联专家为顾问，考得严、教得严，毕业更难。每月一次面授，学期抽签考试，寒暑假集中学习，毕业论文答辩。全东北入学 58 名，毕业时，合格才17 名。12 门课程我 8 门 5 分，4 门 4 分，是优等生，于 1956 年毕业。

这段学习真是如鱼得水，又如久旱逢甘雨，使我懂得了文学史、文学理论、马列主义、文字学、语音学……总之，真像打开了图书馆大门，任我学习。

毕业后，我的论文被杨教授看中，他又布置了两个较难的论题，叫我半年内完成，写完后，可以调到东北师大任讲师。

从党内到党外，从工作到学习，正是我春风得意马蹄香的好时光。我计划写三部书——《满族神话故事》、《满族文化概述》和《满族民俗》，以此作为到大学的见面礼。社会职务也多起来了，县文教代表、县体委秘书长、县俱乐部主席、打击经济犯罪工作组副组长。

为三部书奋斗，为大学讲师奋斗，是当时我的主导思想。

1956 年春节，海林中学校长吴铭铨找我参加满族座谈会。我欣然出席，在会上参加全国会议的民主人士关玉衡先生传达了全国各民族情况，并拿出省政府、省政协文件。文件中指出："今年（1956 年）七月计划在宁安成立满族自治县。"我很兴奋，一是因为这是满族的光荣，二是借此可以多研究一些满族文化。会上决定成立一个筹备组。我提议建立满族历史研究会，一可以研究满族历史文化，二可以协助党和政府筹建自治县，并决定召开一次满族主要任务座谈会。会后县委书记金华山又找我和其他两名满族人，再三强调一要做好本职工作，二要做好本民族建自治县工作。

正当这步步青云的时候，突然乌云压顶，一场反右斗争把一切希望化为泡影，20 多年大好时光白白浪费，昨天是县文教战线上的主要领导，今天突然变成阶级敌人。

反右开始，竟然把建立自治县说成是和党分庭抗礼，搞自治孤立反党活动。更严重的问题是把这滔天罪名完全扣在二关一傅的头上。我被划为资产阶级右派分子，这顶帽子一直戴到 1979 年。

（七）

3 年劳动改造，我一直没认罪，总是评为下游。说真的，这 3 年里我在满族文化上却收获很大。

我眼睛近视不能除草，让我和老农民使除草机。劳动比较自由。日子一长，我和老农民交成了朋友，互相讲故事传说、讲风俗、讲清朝历史，偷看各户家谱。为此受到 3 次大会批判，险些升级劳动教养。

3 年里，我又搜集了六七十个民间故事、17 份满族家谱、50 多则民俗、三家满族家祭仪程。同时，还了解了汉军旗的来历和三家老民的情况。别人改造赤手空拳，我却满载而归。对我来说，劳动改造坏事变成了好事。

1961 年，摘帽，分配到业余教育办公室负责发展农业中学工作。虽然摘帽，但不等于不是右派。出版作品根本不可能，上大学任教也化为泡影。我只有一个念头，不管做什么都要做好、做出成绩。

农中，在当时只有一所，一没经费，二不能升学，三没有合格老师。3 年里，我跑遍全县，做动员、筹款、开文化诉苦会、辅导各校老师教学。结果，从一所发展到十九所，成为省的办农中先进县，省召开奖励会叫我参加，结果因为是右派被半路追回另派他人。虽然如此，但我确实有一种愿意为农民教育奋斗一生，可惜"文革"和右派打消了这个志向。

1966 年，史无前例的"文化大革命"开始了。那时我边在东京城中学代课，边参加县工作组，结果以右派兼黑工作组分子被揪出，批斗了一年多，又被编入深挖三特一判的学习班受深挖。1968 年，又到"五七"干校劳动改造一直到 1970 年秋。

在"五七"干校期间，我专门养鸡。1000 多只雏鸡交给我，当时我根本不懂这行知识。雏鸡没来之前，我到处求师访友，遍寻养鸡知识著作。养雏鸡的 40 天期间，我简直废寝忘食，生怕出问题，结果成功了，成活率 84%，超过了农场养鸡 70% 的成活率。材料报到地区，引起了高度重视，我成为养鸡标兵，计划在大会作经验介绍，计划树立我为"五七"战士养鸡标兵。结果，因是右派又由别人代讲代领。

1970 年，因教育界清理队伍，我被分配到蔬菜公司。这更是一门新课题，一直到 1979 年 6 月才调出。

8 年时间，我担任着科学种田和外货调入工作。接触群众面更大，从县内扩展到全省甚至全国。

8 年时间，我差不多走遍了半个中国，祖国风光尽收眼底：泰山雄姿、大海的宽广胸怀、江南秀丽山川、新疆别有风味的民情。对于酷爱中国历史、酷爱民俗民风的我真是平生之幸事。我觉得清代统治者居然以一个文化落后、人数很少的满族，统治这么大的国土、这么多的民族，谈何容易。宣统逊位时，保皇派大部分是汉人。清朝之所以能统治 260 多年，其根本原因就是用汉族的古老封建文化作为统治手段，并且自身也大胆推行汉化，出现了一批精通汉文化的高层次的满族学者。

8 年期间接触了很多北方少数民族文化，如鄂温克族的萨满、赫哲族的水上生活习俗。我发现这些民族有许多被满化的踪迹，如语言、文字、衣着、清代行政组织，等等。满族也吸取了一些他们的习俗，我理解到长期以来各民族互相交往、互相学习，才拼成各民族风俗，既有本民族特点，又有各民族共性。

8 年里我也深深地知道，作为一个右派只能做一名配角，决不许做主帅。偏偏我这个人做什么工作总想办成办好办得卓有成效，否则国家没人管不白费。

我在蔬菜公司，搞科学种田工作。我用 4 年时间，率领各生产队技术员，建立 10 个科研小组、10 处科学实验田。初步解决了马铃薯退化问题，培育出大蒜实生苗和引进大蒜新品种，尤其令人振奋的是我们培养出一代马铃薯新品种，暂定名为"宁革一号"，第一年收获了 2000 市斤，可惜看管不严，被人全部盗走。

省里在宁安县召开了两次现场会，12 个县来宁安参观。我作了科学种田的经验报告。省蔬菜公司计划调我到省里做技师，并打算在全省表彰我的先进事迹。县里因我是右派，没批准，奖励大会又派别人出席冒名顶替。

在此期间，我借到北部调运土豆种子之机，搜集了许多北部民间传说和民俗，又向河北完颜氏后裔收集了一些金兀术传说和守皇陵八旗兵的悲惨命运的故事，更充实了满族文化知识。回想起来，收集整理满族文化已成了我的平生之癖。

掌握这些知识，当时没有出版的奢望，总感到失之可惜，准备退休之后，整理成册，藏之密室传给后人。没想到党的十一届三中全会犹如春雷震大地，万物竞繁荣，使我"海阔任鱼跃，天高任鸟飞"似地迸发出不可遏止的活力。

（八）

1979 年，根据党的十一届三中全会的会议精神，我终于一洗过去的冤案，彻底平了反。虽然我已是花甲之年，但确感年轻了 20 岁。领导找我谈话时，我只表达了一个念头：我要奋斗，补上这 20 年白白浪费的时光。

文教科闻讯找到我，让我组织人力修写县志，这也是我几十年的夙愿。因为家父临危时还再三嘱咐："有机会应再续写县志，民国 13 年的县志已过时了。"我欣然允诺，1979 年 6 月 3 日正式成立了一个小组。那时，条件很苦，一是没人重视，二是没有经费，三是没有办公地点。东奔西走，借二中旧仓库，二条长凳，一张学生用的桌子，开始办公了。经过半年多奔走，我们终于感动了县委书记和县长，他们慨然允诺，一定大力支持编好县志，并任命我为编辑室主任兼主编。

过去只在书本上懂得一些志书的理论，也看过几部县志，但写起来仍感到费力。不管怎么写，搜集材料是第一要素，发动各单位动手是根本保证。查阅有关编写县志的著作，是编好县志的资本。我在 4 年里走访了近百名知情老人，成立了 48 个编单位志书的小组，查阅了 5 个省市的图书馆、档案馆、考古队、大学、研究所等 13 个单位的将近 500 万字的资料。终于在资料搜集方面，名列全省前茅。省内外 40 多个单位 85 人次左右到我县参观学习。我在全省地方志会议上作了两次大会经验发言，不但很有成效地进行宁安县县志编写工作，也大大影响着兄弟县编志的开展。写到这儿，我想到一位对我帮助最大的省地方志王文举主任（已故）。他曾两次来宁安具体指导，协助我找资料、找论据，经常鼓励我一定给全省树个样板。5 年时间，我终于写出了 15 册 100 多万字的初稿。

5 年里，我只是埋头于编写县志之中，对人际关系丝毫没有防备，遇到了一些不应有的麻烦，1985 年实出无奈，辞去了这项工作，专心致志地开垦满族民间文化这块园地。县志办新领导一上任，把 15 册初稿搞得面目全非。他们增加了一半人力，又用四五年时间才完成了这部巨著，大部分资料仍是我前 5 年的辛勤积累。

1979 年编写县志之日，也是我整理、发表满族民间文学的起步之时。当年 9 月，省委宣传部长颜泽民到镜泊湖找我和马文业探讨出一本镜泊湖民间传说故事。后市文联主席栾文海同志亲自领导抓这项工作。我如鱼得水，立即在宁安县成立了一个 9 人组成的民间文艺研究小组。这是全国第一个县级民研小组，中国民研会为此发表通报进行表扬。

当我动笔写第一篇民间故事时，许多朋友，尤其是我的家属，再三提醒我："好不容易平了反，再搞一些四旧东西，重犯错误那可没救了。"我也为此担忧，只拣出两个无关大局的故事。专集印成后，在省内外颇受欢迎，引起了省民研会的重视。我心里有了底，这是我有生以来首次发表的作品，心情很激动。1981 年，民研小组扩大为民研协会，会员增加到 30 多名。

1979 年以后，全国尤其是北京和东北三省掀起一股研究满族文化的热潮。他们都缺少第一手资料，因此，我成了引人注目的人物，来访的人源源不断地登门访问，大部分人都得到满足，写出一些文章。

1982～1984 年，东北三省合编两集满族民间故事，其中我的作品占三分之一以上，我先后在《黑龙江民间文学》、《黑龙江满族故事选》、上海出版的《满族故事选》以及其他刊物上刊登了 90 多篇故事和 4 篇论文，引起了国内外研究满族文化的学者注意。县里更是活跃，从 9 个人组成的民研小组，到 1964 年发展到 68 名会员，发表故事近 200 篇。就连县长、宣传部长、文化局长都加入了这个组织，还亲自整理了一些民间故事。

随着作品的不断发表，知道我的人也越来越多，一些全国性满族学术讨论会都纷纷邀请我参加。我先后参加了在辽宁、丹东、吉林、北京、海拉尔等地举行的 7 次学术会议，发表了 7 篇论文，又在各刊物上发表了 8 篇作品，阐述早期满族文化遗存，在研究领域中起了一些作用。

1979～1984 年，我每天工作十二三个小时，白天编县志，晚间整理民间文化。除了上述已发表的作品外，我又整理出《萨布素》《隋唐演义》《红罗女》《金世宗走国》《勿吉国传奇》5部长篇说部初稿（其中《隋唐演义》是和关墨卿老先生合作），共180多万字，给各地录制了260多盘磁带，又写出4篇民俗论文。《金兀术》和《黑妃》两部长篇也正在整理中。

有些来访者写文章时，为了证实事物的准确性，常常引用我的主张。正因为这样，有时也会引起一些麻烦。1983年夏，有位研究满族文化的同志，向我提出："金代羌头街在什么地方？"我无意中说："这是历史上至今都没有定论的问题，我认为一是在宁安沙兰乡一带，一是依兰县依兰镇东南。"这位先生在报刊上发表考证文章时，竟肯定我说过"在沙兰乡一带"。结果引起国内学者很大兴趣，纷纷来信询问。我只好一一答复澄清此事。从此以后，每次与人交谈时，我总是对历史问题慎重地说清，以免被别人寻章摘句引起不必要的误会。

任何人获得知识都是在实践中得来的。我在蔬菜公司8年又加上编县志5年，在工作中有机会接触一些各族、各界人士，在满族和其他民族中都搜集了很多有用的素材。比如《金兀术》素材，我青少年时跟三祖父学了些片段故事，在蔬菜公司出差到河北省找到完颜氏后裔，得到了一批口碑资料，赫哲族的傅万金同志给我讲了3天有关金兀术的传闻，再加上书面记载资料，经过初步整理，可以写成34回长篇或30集电视连续剧。

（九）

1985年7月，诸多方面因素使我一气之下辞去县志编辑室的一切职务，开始专心致志地整理满族文化，除了写些书面文章外，1985年我的《满族神话故事选》出版了，1985、1986年两年中，我被聘为《努尔哈赤》《荒唐王爷》电视连续剧顾问，主持摄制了5部满族民俗专题录像片，指导了辽宁排的《珍珠湖》、丹东的《莽式空齐》、扶余县的满族新城戏《红罗女》以及牡丹江市和宁安县编排的满族舞蹈。

1987年至1991年的几年中，黑龙江省艺术研究所到宁安找我，表示愿意出资把满族舞蹈用录像形式记录下来。文化馆主办，培训20名舞蹈演员，用一个月时间，我传授了莽式、扬烈、拍水、野人等4个舞蹈。又于1988年，培训50多名满族秧歌演员，也录了像，并纳入省集成卷中。

这些舞蹈来源很早，我曾和渤海出土文物"六面石雕"（现存省博物馆）上的舞蹈对比，莽式舞中竟然都有这些动作。满族秧歌又名鞑子秧歌，除技巧与一般秧歌不同外，其反映的内容也有女真人反抗辽国统治者"打女真"、抢女人的反压迫的精神。总之这些舞蹈能够传下来，是我平生一件快事，我觉得来自于先民，传授予后代，是我神圣的职责，是我恩师再三嘱托的大事。

在此期间，我又整理出 130 多个民间故事准备出版，摄制了 3 部民俗片。1989 年，吉林省民俗研究所聘我为兼职研究员。1991 年，我担任了电视连续剧《黑土》的顾问。截至 1991 年上半年，我已将《隋唐演义》《红罗女》《金世宗走国》的初稿完成，《金兀术》的资料稿也归纳完毕。

在这段时间里，我先后主编了《宁安县民间故事集成》、《牡丹江市满族民间故事集成》和《黑龙江省满族民间故事集成》。这些集成卷充分反映出满族民间故事丰富多彩的特点。

1979 年以来的 12 年里，我主编了宁安县志 110 万字初稿，完成了 300 多篇民间故事、1 本神话专集、15 篇论文、3 部电视连续剧、8 部民俗专题录像、4 部长篇说部初稿，录制了 260 盘满族文化方面的录音带，传授了 5 套舞蹈，指导了 4 部满族舞蹈和戏剧，接待了 160 多人次的来访（其中因县志来访 85 人），完成了县、市、省三套集成工作。

今天我体会到，这些作品都是在党的十一届三中全会精神的指引下完成的。即使在清朝，满族文化也没有像今天这样繁荣昌盛。这是党的民族政策、文化政策作用的结果。我深深体会到，没有中国共产党，我就没有机会拿出这些遗存的先民资料。

12 年付出的汗水没有白流，党和各级领导始终对我大力支持、关怀和鼓励。我曾荣获 4 次全国奖、3 次省级奖、3 次市级奖。

12 年里，我曾被选为县人大常委、两届政协常委，一直到今天（1992 年），我仍然是牡丹江市人大代表、政协委员。1991 年，我被光荣地评为全国老干部先进个人，参加了全国表彰大会，受到党中央最高领导的接见。

以上这些殊遇说明党和政府以及广大人民对我的关怀和培养。

虽然年逾古稀，我总觉得在党的阳光雨露中自己永远是年轻的。我将一如既往，再做贡献，生命不息，战斗不止！

1992 年 3 月 21 日完稿

傅英仁《自传》（手稿）选录

自 传

1999年5月18日.
付先生送于家.

自传

祖母和父亲差不多年年讲家史，尤其是过年。

据说，我以先祖曾救过清太宗皇帝皇太极，授封为牛录章京。从那时起，祖祖辈辈在京职侍候皇上，担任保卫宫内的要职"辖""头等侍卫"，苏门城守尉等官。

康熙三年，奉旨到宁古塔作官。从此落户至今。辈辈袭官，一直到宣统进住。

曾祖父作战有功官封三品，祖父满汉奇通官至五品，不幸三十二岁夭亡。祖母梅氏封为六品夫人。父亲官封六品云骑尉，土门九棵铜，洋务运动考入吉林陆军将弁学堂专修测绘。曾奉旨代表大清统甲战后勘定界。东来毕业之后，所以担任新军营官。毕业不到半年，清政府垮台民国建立。凡属清朝长篇说部、民间故事、萨满神话、传说历史、风土人情简直无所不通。今天回忆起来，当时我把他视为无所不通的圣人。他对扩大我的思想领域、增长满族文化知识、培养热爱本民族文化、有着不可磨灭的功绩，

我今天所知说有三分之二都是他老人家口传心受的珍品。又是我的祖父更是我的业师。老人家一直伴随到我满百童年了才开人世。我成了他的直传弟子。

　　父亲专门讲宫廷见闻、官场侠事、文人杂事。母亲专讲一些生活故事、萨玛的传说（她是一位老萨玛）。

　　念书期间，这些故事和传闻成了我在同学之间的交往媒介。团结了很多的同学成了至友。

事也凑巧，我初住此学校正好是我姨夫图
振川老先生所住村之起塞问。二年里，我不但
巩固了旧有知识，又学得一些新内容。老人
家在我离开起塞问第二年就离开了人世，
终年72岁。他是陈满洲镶黄旗瓜尔佳哈
拉大萨玛。

　开始整理资料很难，把口头文学变成
文字材料，很不容易，尤其我用文言
惯了，再用口头语言写材料难度更大了。
头一年进展不大，到第三年才摸到门路，
速度快了，质量也很可观，到1944年三姥
父去世，我已经写出六大厚册资料来，估
计有了40万字左右。当给三姥父送财，
我还写篇祭文，向老人家汇报完成情况。
　这八年黑河整理资料过程中，我

习，成为党的积极分子。

1953年，考入东北师范大学中文专修班。这是全国第一个函授试点班。由苏联专家为顾问。考的严，教的严，毕业严难。寒暑假集中学习。每月一次面授，学期抽签考试，毕业论文答辩。全东北入学五十八名，毕业时才合格十七名。十二门课提我八门五分，四门四分，是优等生。1956年毕业。

这段学习真是如鱼得水，又如久旱逢甘雨，懂得了文学史、文学理论、马列主义、文字学、语音学……总之，真像打开了图书馆大门，任我学习。

毕业后，我论文被杨教授看中，又布置两个较难的论题，叫我半年内完成，写完后，可以调到东北师大任讲师。

"党内党外的工作和学习，正是"春风得意马蹄疾"的好时光。我原来按计划写三部书。"满族神话故事""满族文化概述""满族民俗"以此作为到大学的见面礼。社会职务也多起来了，是文教代表、是体委秘书长、是俱乐部主席。打击搞经济犯罪工作组副组长。

为三部书奋斗，为大学讲师奋斗，曾是我当时主导思想。

正在这平步青云的时候，突然乌云压顶，一场反右斗争把我一切希望化为泡影，二十多年大好时光白白浪费，昨天是文教战线上的主要领导，今天突然变成阶级敌人。

27

反右开始，竟然把建立自治县簟成是和党分庭抗礼，搞自治孤立反党活动。更

1946年春节，海林中学校长姜铭东先生找我入

参加满族座谈会。我欣然出席，在会上参
加全国会议的民主人士姜玉衡先生传达了
全国民族情况，并峰生省政府、省政协文
件。文件中指出："今年（56年）七月计划在
宁安成立满族自治县。我很兴奋，一是因
为这是满族的光荣，二是借此可以多研究
一些满族文化。会上决定成立一个筹备组
织。我提议建立满族历史研究会，一为可以
研究满族历史文化。二可以协助宁安政府
筹建自治县。并决定招开一次满族主要人
物座谈会。会后金华山（县委书记）又找我和其它两名
满族人。再三强调一要做好本职工作，二
要做好本民族建自治县工作。

反右开始，竟然把建立自治县诬成是
抗党分庭抗礼，搞自流孤立反党活动。更

严重问题是把这滔天罪名完全扣在二关一傅的头上。我被划成资产阶级右派分子，这顶帽子一直戴到1979年。

三年劳动改造，我一直没认罪，总是评为下游。说真的三年里我在满族文化上却收获很大。

我眼睛近视不能锄草，让我和老农民使锄草机。劳动比较自由。日子一长，和老农民交成了朋友。互相讲故事、讲风俗、讲传说、讲清朝历史、偷着看各户家谱。为此受到三次大会批判，险些升级劳动教养。

三年里，我又搜集六七十个民间故事、十七份满族家谱、五十多则民俗、三家满族家祭仪程。同时，还了解了汉军旗如来面，和三家老民的情况。别人改造苦干空

1966年，史无前例的文化大革命开始了。那时我到东京城中学代课。边参加县工作组。结果以右派兼里工作组分了被揪出。批斗了一年多，又编入三特一派的学习班受深挖。1968年，又到五七干校劳动改造一直到1970年秋。

在五七干校期间，我专门养鸡，一千多鸡雏交给我。当时我根本不懂这引知识。鸡没养之前，我到处求师访友，遍寻养鸡知识著作。养鸡期间40天，我简直废寝忘食，生怕出问题。结果成功了。成活率84%，超过农场养鸡70%的成活率。材料报到地区，引起高度重视。成为养鸡标兵。计划在大会作经验介绍，计划树立我为五七战士养鸡标兵。结果，因是右派又由别人代讲仪有成效，否则国家设人岂不白费。

我先在蔬菜公司，搞科学种田工作。用四年时间，我率领农生队技术员，建立十个科研小组，十处科学试验田。初步解决了马铃薯退化问题，培育出大蒜实生苗和引进大蒜种新品种，尤其令人振奋的是我们培养出一代马铃薯新品种，暂定名为"宁萨一号"第一年收获2000市斤品种，可惜看管不严，被人全部盗走。

在宁安县召开两次现场会，十二个县来宁安参观，我做了科学种田的经验报告。省蔬菜公司计划调我到省做技师，并打籍在全省表彰我先进事迹。县里因我是右派没批准。奖励大会又派别人出席冒名顶替。

在此期间，我借用北部乡讲过土豆种子

15×18＝270   79289011 34

述，经常鼓励我一定给全省权威样板。五年时间，我终于写出十五册一百多万字的初稿。

五年里，只是埋头于编写之中，对人际关系丝毫没防备。遇到一些不应有的麻烦，1985年实生无奈，辞去了这项工作。专心致志地开展满族民间文化这块园地。

新领导一上任，把十五册初稿，折得面目全非。他们增加一些人力又用四五年时间完成这部巨著。大部份资料仍是前五年的辛勤积累。

1979年，整理资表编写县志开始之日，也是进到满族民间文化起步之时。当年九月有遂宣传了长颜泽民，刘镜泊湖找我扮演出去探讨士一东镜泊湖民间传说故事。回来后市文联副主席栾文海同志，亲自领导抓这项准确性，常口引用我的主张。正因为这样有时也引起一些麻烦。1983年夏，有位研究满族文化的同志，向我提出^出问：「金伐羌_{系完中}采街在什么地方」。我说：「这是历史上至今没定论的问题。我认为一是毕安沙兰乡一带，一是依兰县依兰镇东南。这往先生曾在报刊上发表考证文章时，竟肯定我说过「在沙兰乡一带」。结果引起国内学者很大兴趣，纷纷来信讯问。我只好一一答复澄清这件事。从此以后，每次谈族总是对历史问题慎重地说清。以免被别人寻章摘句引起不使要误会。

任何人~~获得知识~~都是在实践中得来如我在蔬菜公司八年又加上县志五年，在工作中有机会接触一些各族、各界、人士，

附录二 《东海窝集传》三种文本（手稿）

東海傳奇录

原名 东海窝集部

（一）

東海功者传奇

傅永利 讲述（宗和写，99岁）

其4项，有16项末项
用改录

第一册

景祖平编
2006年

各位进亲 阿哥格格们:

第一回　~~百事都~~ 万水千山都有源。大鹏飞千里也有
个起脚之地。诸位落笔听我给大家讲讲东海窝
集寻根~~树~~叔记。我以鸟春说起来。

第二回　花好鸟鸦怎么近也不能成婚配
　　　　回 美鹿仙鹤怎么衰也不能成夫妻

第三回
　　说什么祖传法到不能改。利什么瓦里
　　列什么班

第四回　小燕老小能飞千里。人在智勇不在
　　众多

第五回　能心好土鬼 土鬼功平文

第六回　都说打仗散兵布我君也不如
　　谁冒投意会也能 两边挥刀

第七回　要整成大业 伟须有大智能东终
　　　真东终飞以学者者学来以

第七回　人生多是飞其其假多在 假多有如假似真
　　又有时飞真似假。

P₂

故事来源

说来也是一种巧遇。因为我素来爱讲故事爱听故事。爱听书也爱半生半熟地给大家说书。1940年我在宾地教书.遇见一位英姓老人满洲名色隐阿当时已78岁。当他住在我东邻.每到寒假总是利用各闲之际听他讲一些故事.这部东海窝集部就是当年冬季讲的。因为第一次听到这离奇故事.当时记了下来。可惜在1957年左右中把原稿都毁弃。只留下一些提要

这是我根据当时的追和记录去这部中篇说部。其中一些人物.风俗都绝大部分是英老谈的.其中有些错误地方。1946年又看到他以弟布英隐经又做了一些补充.才使这部说部能够比较全面一些.

由于已四十来年没能正式讲述.今天录下来有许多地方生疏一些了。使你认真地整理。

第一回

β

说长白廘主争上下 斗讲东海双王联姻

1. 长白山描写

2. 捧托妈和握着中闹联发交待

3. 两人展开争论

4. 游七十二部寨看风情

（其中心走着了中原风沙）

5. 双方发誓分道扬标 各自有自己理由到人间

物色人物

女方以多为胜 男方以精取胜

应述大人物先若剑之后再事大叔 也以择类化

① 哈若 ④ 省能为 ③ 大乐拥护

下 篇

① 东海部介绍

勃烈额真 女 爱坤荪得

长女 爱坤巴这

次女 萨徒巴这

序

绑浑部

嘉烈额真　塔失伦得（女）

夫　保可赤

长子　可赤老初　次子　可赤提初（武艺高强）

1. 西下许歌　比轻辞、比马辞、比如隶

2. 罗刘女家下绿

木伦长　四个姑娘

第二回

祭神树姐劳敖成婚配
老劳鹰萨克与道空中衣

1. 双方议定举行祭神树祭

2. 举行祭神树大典

3. 女王讪子

4. 劳鹰请神

5. 辈务士纪

第三回

首次出征窝集部　三探乌苏险寨生

1. 简介三兄弟武功

2. 简介窝集部（地处劳哈达乌拉）

3. 双方宣战　　　　　　　　　　先锋女 P5

4. 第一次战斗　　五五 克服顽

5. 窝裂窝偏部去营

　　　窝败退四十里死伤珍三一

6. 窝边挑女王乾帅大军征讨

7. 讨宝 —— 藏在万水楼里　俞向天鸣誓

8. 三打黑乌苏口

1、乙岱弟取宝

　　　若吗发猪路盖弓笼的万水楼以险要不易

进楼

　2 第一道山口 叫乌术霍通

　　　两山夹一沟设有石雷笼

　　　　砍出 老人借运给两伸挑体大喁

　3 第二道山口叫 夹青沟

　　　四十八处洞口喷出水保利箭一样

　　事是伶好

　4 第三道山口叫石闸沟

　　　十八道大石闸相隔100米。每道闸

　　　宝达2000斤有地道消息最速

　　　神鹿玛发唁3.十毙四纳将

　5 第四道由己到楼苏门

P6

把弃刀们陷入陷井. 被人险些捉住 已到室了时
单孩了时四往身扁里要坠人 飞腾而入 救出之人
益主托星.

得胜还朝　　熊头旗　豹尾旗　招募兵力固究
坤33三级　　　四往姑娘随军回营
第五回　　　　免於奴隶身份

男女爱多界双方传亭派　　　→　凯旋归来大受封
苗海没混水牢困二雄　　　　　　　赏
　　　　　　　　　　　　　　　酶海没追再囚
　　　　　　　　　　　　　　　二雄
1. 四个姑娘分配帝守善围络务
2. 第一次会面
　　女方：只是你和二往会主为一气 我们决了
　　把守额做你的主兵助手
　　男方：不能和你们成婚希望多选佳偶
3. 在一次狩猎中
　　二兄弟救了四姑娘
4. 四姑娘传授驯传毒等法和解毒法
　　被二弟发现　　主剎恢复四姑娘 权力地位
　　二兄弟打入水牢　　　　去做守坟人

P_7

第六回

四姑娘奋力救知己

众姐女奴义助宣 开杀戮

1. 第一次敌水军四外晋亭寨 没成
2. 第二次 发救女奴劫水军 没成
　　　　展开一场血腥杀戮
　　　　敌军庭挥两亲人头示众

第七回

3. 四女求荠满搭救光祖、把物。（荠满是木偶
　①存内忽然闹起家病　　　　　部人）对四
　②诶荠满镇邪　　　　　　个姑娘颇有
　③假宗传神此后患　　　　　感情
　　　积于宗人大祭项
　　四姐姑娘逃土（荠满掩助下）

第八回。

抢伺物两部争上下.
夺宪岩晓军再出姬

东海西北部有一片大荣存地荒原方圆二三百里
姑终气放牧好地方东海气从木偶宗李述来此
为此木偶为了夺向子和五四姑娘
双方决定以抢宪岩为准.展开一场宪岩
诶争

预编序　P₈

1. 介绍窝集。
2. 谁先砍倒窝集顶一颗松。
3. 二兄弟赌以表亲足够些之失矢。
4. 长白山鸟申科玛收徒传艺　东域司章

第八回　幻术

戟国策研　奸臣暗中破坏。

再敌北　布兄陷袭重生

1. 试幻炼铁
2. 匠艺比击　色泰卧从中发地。
先装学习奸帮助　暗中破坏。
上表

2. 试捕发甲
将猎击破坏。
故意猎不到生物　设发田落死
放牧口花发田

3. 兄弟娶妻陷害好兄弟
率队收粮解决子肩。从此同不去
选子么地坟

P9.

第九回

[南]磨被妹妹⊕瓶故　掌大袭混到自的身

1. 死荷里玉毛　　2. 乙厘也以坼敌
3. 兄弟也中传说文田　4. 被追躲身
5. 旦初逃出　　6. 石下躲敌　第十回
7. 树角躲敌　　8

第十一回　山道之指出为评　掌袁点救出四袭柄二四袭柄

1. 被林火围困
3. 被人救出　　4. 母女河招亲
5. 扒四格⊱成婚　（四格⊱成了此地嫡真）

第十二回

能岩到闯二另第⊕菜雄　归顺
蛇虫参　　武士投诚

第十三回

白雪鞠头　四人诡围
万鹿妈妈摆桌进津
1. 掌原巴拉人专放畜气

1. ⊕三人及戈尔潭被到X白水㴞　收回100等巴拉人
2. 掌原巴拉人专放畜气
3. 宣万鹿妈妈之部围指进津
4. 旦初并蛄阁游四方

人从西北向东方
方向转
吉利────

梅今乐 浮珍 且初 芳芳
P10

十四回
熊岩洞二兄弟归顺
叱定鼎岑 梅今乐投诚.

1. 第二次出发
2. 熊岩洞收二熊
3. 叱定鼎岑收

妇女名 色偏生春

十五回
五人大战田将河
小足初授条受跟磨 ✓

十六回

十七回

群英雄误入衙安部.

女春去王慎嘱述 收眼糟英雄 俊胡鲁力擒三雄
春受举

1. 寻找胡鲁误入衙安部
① 今伯衙安部 勃刻额真
② 萃尔霜绦巧遇小格心
小格心要娶萃尔霜姐
下隔井提往萃尔霜绦
硗通成亲
③ 田春王进绫 八嫂婷孝板.
稻故

色不登

又 塔胡鲁力撤四雄

　　两女一号

牛古录　昆图一号　去会烤肉.

凡尔察　妻　　　　昆都　　会诌伤

　　　姑娘　　　吐浑 奇卫充吧

　　　十五岁有六尺高 一头黄浩 松油臌住

　　　夕夕似钢钎

　　　手硬两根长索石钮

　　胡鲁招亲　　牛古录与绍去 E签斯岭

　　　十八回

霓头岭 收休服塔斯岭

岭安岭击大练总

　①塔斯岭简介

　②旦替和岑东偿会 石鲁 牛古录进山

第一次 被群宪围住 旦替 石鲁受伤

第二次 色稞 胡鲁进山 群熊找七门来

　　带熊双入山

第三次 摘下青石粮 老建发送信

　摘下青石粮 由扼三千壹一号兄到塔斯岭

女王武姑轻敌   P2

十九回

宣名号正师 攻东海

塔斯哈率完主战功。

分五个队每队150人

            撮莉亨 三扎兰（色楞 ✓
旦初   二扎兰（素不和珠不鲁 胡鲁 ✓

戈尔浑

超哈 三扎兰（梅赤录   （色楞
李京   塔斯哈 ✓   色伦 出走
            半古录 四扎兰 各李

辇张禄 攻

辇尾族 逃

陈攻邑

比武

二十四

挂师

爱坤武税征

乌寨城旦初攻墙。

塔斯寨便用不样 哈

1. 爱坤女王征出备战

① 调集2000大军 其中女超哈200人   敌死守围攻

③ 十八住老妇人   女王用火攻

③ 十八住荐玛

④ 组成200人死军。

⑤ ~~~~ 200人弓箭手。

P13

二十一

~~访~~因旦初主举大袭

鲁色帽 力救新王

① 主举大袭再入幕 （东海各凡驹等人决不许来完）

不许力新

② 色楞等必乘自抢旦前

戈尔保一同去 索尔和绿会 浮初 四人

③ 夺道岗 索尔和绿假姑装里辞我 嘱和完呼 50岗哨

不放古屋 抓住十个人代路

④ ~~城~~守坡人增加主点 ~~戈金哈找到~~ 十个人偓完换岗

⑤ 岂开双坡暴弄兄弟相连 大乳拖着兄初逃出

十个坡哨一同逃出

二十二

~~素~~千山万水访隐士

若读战策再出山

① 从新回到新军部

② 旦旷决心访军师

③ 牟古录 浮初 戈尔保 分别找失散的人

送新安哈去为集合地 万鹿娘之二项指道理

④ 去山万里路 以他访刘正人

中原景色成功旦旷 隐贤山

学礼节 学待室 学礼眼

知道才皮 人华的价值

⑤ 三次考验才性见 ⑧ 若学三年，28岁

⑦⑥ 撑全人下山

原来是四个专门抢劫女口
为她们出力□打冤盆
平正□□□劳大员 P14

二十三

双石岩九霄梯路

双石岩 三女寻夫

① □九霄梯路　　　② 塔斯哈指岳采风　　四位

③ 双石岩三仙女寨主　　　　三女　　顺水冲走
　　　　　　　　　　　　　　　　　　冲到河岸被女
④ 三女逃走　　　　　　　　　　　　措手救出三人微报
　　　　　　　　　　　　　　　　　　是英雄部我四妹
⑤ 乙队土山其鱼奔岳□□吟走　　　事东方向.投诣卞
　　　　　　　　　　　　　　　　　　　　诣公四
　　　　　　　　　　　　　　　　　　　个女措手
二十四　　　　　　　　　福台乐

~~整肃客去今四总务~~　　遇大蟒弓含行踪

十八英雄双石岩聚会　　　爬到之木屋

三十二路效力报举从军

① 交待色摆胡鲁　每人生个小熊好任
　　抓人泡到入位．都跑了
　　色偏岳春 做主帅　招兵采风　戈
　　　　　三下噪怒奈倒．收一名 萌登缘
　　要独立为王 自己争东海自立为王.
　　　　　　　因排鲁夫妇 追他们保驾　惠
戈登缘　　一怒杀了色偏岳春 和戈登缘
去之意　　企图杀死色惕另有新人　　石鲁指四手下
　　　　　章早寿新岳吟走　　　　　　技出廿九路
　　　　　　　　　　　　　　　　　　投吟走

P15

二十五

整好营兵名四路
做云梯 立大旗 ~~~~~~~~~ 立誓士兵
~~此武夺人口服孙真人~~ 青山双水
女王发大兵进攻 孙真人布阵大家不信
制造云梯 找铁矿 做刀枪 用铜钓鱼人等换来铁长刀
布足 建筑房屋 种麻织布 附近二十多寨归顺 收了大牧场
做那支主旗织

二十六

连夺三城十八寨
女王比武选雄雄

　　第一比 青牛牛
　　二比 上刀山 81把刀
　　三比 走木桩 81根木桩
　　四比 寨石板 九个孔

P.6

二十七

此子依女王攻北

设埋伏计取东墙城

东山

二十八

女起会奇袭军帖

打王去奋战抗敌

兵

P7

二十九
投降书东海归顺
母子李权迟纷争

三十
生初廿三让生有母
维西郡女权日老母丧生

P18

三十三　　例三十一

东海大业成一统

女第王位定乾坤

三十二

举大旗横扫宇内

定乾坤四海归服

P_{19}

黑熊报恩

老榜手　专治外科

1. 一个猎人迁到一处，先同掌柜吞带四山里

2. 老熊有病

3. 和掌柜做气功

4. 治好了病

猎人搭捎说道
也不进同

5. 好家伙陆掌敛　送了山

6. 蒋蒿围剿吵嘴　被围

咸的各个说各　围到石洞里

醒来一看一位先生治好病　肉给释老有

7. 先生说怎出来的　四四打吞　去山洞里

⑧ 那烧东西打破得皮开肉绽

8. 蒋玛好呼对熊说：

我们亲服墨蒋玛去大里二事

教四人问礼带常说

9. 榜手收掌　老熊爱气

10. 家中遭祸老熊收养山了贵

11. 千二头后娶武人才去知有熊孩吗

12. 女子破战熊邦忙认九

P_{20}

这样你就有幸福理发.

东海窝集

（关墨卿·关瑞川·关玉德讲述搜沥）

1999 年 5月18
付先生送于我

第二册

人物

东海窝集部主（女）爱坤萨得
　　　　夫　四士可同
　　长女　爱坤保珠
　　次女　萨得保二珠

捕涅窝集部主
　　（女）　保得初　塔斗保得
　　（夫）　保赤
　长子　塔斗赤　塔斗保赤　保赤先初
　次子　保得赤　　　　保赤旦珠

太白山恩都喀
石龙洞老塘发

传奇录 原名东海谱评

東海集秋录 （目录）

一 说东海两王～争武姻戚

巫女婿双主凤呈威凤

二 神机猿多女置西巳

老家莽满堂内道姻缘

三 女婿三斗考验结武天礼

率部首 首次勇士征窝集部

三探乌苏帘险震生

第四回
痕 万魔婿々
救二老
兄弟大破万水
阵

四 兄弟双双立战功 了

姊妹双双生妒心

五 醋海浸烟困二兄

女超咯抢男血染林

老僧

六 三女生红天格々乾自挂帅

冤岩 投用二兄弟双双失踪

七 冤岩白太白山 思却喧收徒

石龙洞 老玛发传技

阝2

八、 千山万水回东海
女王驾临 献良谋

九、 江努鸣 为姐邪掌引蓐玛蓥
爱拼磨四兄弟险丧生

十、 闹鸡庵 姐妹病鬼故
临终时掌大袭兄弟兇
强别躬身

十一、 二阿哥巧脱躬身难
动干戈 搜捕小四珠。

十二、 风水林 是翠晚险陷
河 被拒战

十三、 有爱抗再世冤口 白雪汉佳三人投围
去不原兵处招兵 万磨蜂 雁鸣 榰袭逃津。

十四 双岩洞二兄弟降服 投诚归顺
蛇迷营 三西寻稽会乐 投诚

尸 弓

十三· 成兄弟大战田狼河（傻二）

小阿味被搏受艰魔鹿

十四云· 三阿哥 四山搬兵马

二兄弟 五洞请能人

二兄弟 连夜送入转鬼岑

十五七 神箭手石鲁 搜寻恩人

十五八 石鲁说服傻二弟

乌托岺群雄大战练兵 多篇

小阿哥 保赤阿味 长兄 托力阿 蒙兀

大阿哥 凡尔赛 抛炮 二弟 托力爱新

二阿哥 把苦录 摔交

三阿哥 塔斯哈 飞锤 （廿味会东轩郭茂投春）

傻二 浮保太 石锤

一□　飞天发兵东海部
　　　侠二拳城首立之
二□　爱坤王义章大军
三□　乌苏战击败甘珠
二十
九□　（还千里大造□铁刀舞枪
四□　请军师再想军容（深山访问））
二十□　二次出师东海部
　　　两军对峙九十天
二□□　施美女计群雄溃散
　　　芬玛阵甘珠被擒
□□□　水牢爱苗生 并攻□
□二十一　囚日珠室举大丧
　　　□□葬开旧坟活人殉身
二十□　兄弟墓中□相见
□□　□乔□ □□ 逃死里出生
　　　卖心墓场

４

二十四，对头岩九宽程路

双石崖 四女寻夫.

二十五，十八英雄乌托崖相聚

三十路奴隶报号投营

二十八 老军师千里寻故主

新降客再征东海部

二十九夺三城十八寨

老女王比武选雄雄

三十 比子低女王败北

设巧埋伏智夺东海城

三十一 夜半女兵奇袭劫营帐

双方苦战由姿帝偈减

三十二 投降书东海归顺

母子争权起战争

三十三 三认生身母

为夺权候师老颜娘

5

三十四　保丑痛焉报延子
　　　　先初自创报母恩

三十五　保丑拥兵战日东
　　　　老军师计服拂湟城

三十六　东海大生战一流
　　　　文第王位宝地经坤

6

第一回　定婚

1. 长白山两...神...闹分岐
　　　锦绣妈妈　　　〕学语体会讲团结上
　　　武神御塔发
　　　　两人又打塘刮事

2. 东海先世　抚育天女　　　好武尚猎青
　　　两大部落　比部群　比邻正
　　　　　比奴隶
　　　男刊世界不便　神树先会盟

第二回　神树祭

1. 神树祭语业　架橇　摆驾
　　　光把　马拖鹿了　神摘狮　聚会
　　　双亲订婚（找野鸡投店娘娘了

撤偏包卷　　　两个两事找跪 3人　四个女啊哈　〕
　　　女王大怒　将四女着攻

2. 蔼满之婚（速速就水体　　　衣着鹿皮绣
　　　⑴神奇发誓（⑵代神训词　　　花皮裙
　　　⑶互相剥画（⑷共饮血酒　　　五彩皮靴
　　　⑸双结发　⑹朵石曹祭天被三兄救去　首饰

　　　拜　　　　好之祠候二位格格　　　男衣　虎豹狍皮大褂
3. 女王训〔不许句结其它女人　　　　　　鹿筋皮带
　　　　　　领去开疲管表奴隶　　　三经抓心帕

女婿进门礼

1. 三个月房中条役
2. 三个月牧马喂料
3. 三个月砍柴挑礼 } 第一年
4. 三个月把守门庭

第二年　领奴隶做奴

　　领奴隶做苦工

第三回

1. 令织窝俑部　女首长飞女王表妹　围绕吉托力宅
进劳不同意起反围　双方空下时期双方养士兵
摆好阵形一同杀戮　第一次没胜负

二阿哥要我三次决胜负

　　夜间打探

　　　　要那三文弘组　　大胜

窝俑部败走时接去女王立女首长接各顶家人

　　第一探　山水形势险要 } 取回主动
　　第二探　山水陆障碍
　　第三探　十八连环闸封山谷
　　　　　　四个姊妹立奇功

节四回

也 凯旋回国

　　(1) 封功绪郡

　　(2) 二位格格痛乐四个姑娘

　　(3) 四姑童戏守城人

　　(3) 二个阿哥受管制

　　　　直望头四个姑娘处处荥儿两个阿哥

　　　　两个阿哥付々挂念四个格格

　　　　　①互通信　④互逵咏

　　　　　③互及谋　④互蒙嗳

　　　　一次纽功促两个格々发现

　　　　团茉二亮　(即介就会处今时　　9

　　　　　　　　笋仙童女似轻室

节五回
　　　二次救凡军凡战　　四格々東通荥满
　　\四个格々東候女奴搽二阿哥　　假拐神力救土
　　女饭啥私女奴打仗　（女蛇娘）　　　二阿哥
　　一次采礼号女奴五十多名　　每个奴房三某男人鲟头
　　四格々逆跑　　　　　搽圭房门口

安东大额真 费木巴哈

第六回　　　　　大寨

安东部落荣婚亲二寨

大格与乾师师出兵征　安东（半偏）

(1) 女主爱格口牌　本偏二阿哥　本偏婚婚

　本偏络收两个寨　　　安东

大格口兄弟二人徵久正

囚　阿哥本偏动日珠二人中哈谩送私

　假饭而归

(二) 大阿哥七陈真来要坡引主窑岩洞

　被困二阿哥救兄同时被扒倉

　大格口战饭而归营救无效

　　　空天祭

第七回

武松抖玛货救七二弟兄

　传授别造弓等及箭伤刀枪

　传授法铁技术

　　取两方真火（石中取火）

　　取天地□□□清井泉之私

　　造炉

　　煅铁

10

第八回

1、足踏二人回东海　路上救活两支孤雁

　　上别改革

　　兵加練坐　装败（计众人暗袭破）

　　　诸部落埋破

　　种田——女王反对

　　盖新屋　苍白女人反对

　会村被袭　祭天无救

　老稻人迷惑而郊

　　　書愁改革

　　　第九回

1、诸埔落袭

2、火燒二人可哥（死一次）不服

3、水淹二人可哥（死一次）不服

4、群落埠搗流传厉鬼　　不服

5、晨左搗毁化铁塄　二人事兔

/ /

第十四

1、二个格々病重

举引驻班大会

荐五鸟祭天

3、死前

① 要求二个阿哥钩葬　　　　〔图〕

　　　　　　　　　　　　四格格入狗

④ 尖狗军信入七岁内　　　逃出两个格々

③ 二阿哥知此七

　　　母亲埋决逆回射向葬

　　　父亲诚心保荐此生　　　　　　　　　　　12

第十一回　——　日珠父没国

① 二阿哥外逃　｛　1、太雨淋盆振开石楼入里躲

　双方女王追纤　　2、老父夫三阿哥假扮姑娘巧躲

　　　　　　　　　　　小寨主因情二阿哥有意招就女好多

　　　　　　　　　　　为寨主杀已当贼

　　　　　　　　　　　为了斩柳报仇远送至去

　　　　　　　　　　　送给他一条狗。

第十二回　　　凤失林设人一天生不出去每五里一个凤失洞　往外晴

凤失林女王追至　　一见日珠入凤失林心中大喜　　火

令金宗林阿哥多从火大去之　扒庆生色尸体　　有机关

临问时托聋救日珠。给冠人换衣服

手某七长刮好药解开直去

子女两. 都是女人　另人剩道不出三年生死
女人寄西鬼　鼻子环. 全身刺猬，夏天不穿衣服.
小青吞了通饭不许吃 金岭金果 慢慢宫毒 女人不生多快
投抓三个另人 日妹. 佛勒享亭 蒙尔和绿 另人三年生死
　佛勒亭手使两把石铃挪土五十斤
　蒙尔和绿会唱百善之读 会学百喜之音

小世珠不唱唱果
　三个人偶意闭亭 并日说回珠飞大菩玛
　体顶五时愿减就 盖盖许减负挎金岭兰果树
　打那以后 铃兰树变成铃兰花 从此另人才
　活下来 女人才生女孩生
　三个人给各些书.
　　　　　　大雾不散迷了方向
四三回
白雪对差不生冬爱 一后白霜. 说刺皮已就娃
三个人埋头待死
　急的到一仙境 送给她冈糇. 告许她方向
明天大麻群今光地 白雪自住

戈尔深　四
峰泉哈　一
做儿山芳　二
顺　三

13

十四回

二兄弟跑出以后直奔上天无路入地无门。大雁飞随
着大雁走去走到了山底下正听蝈蝈叫一声土来两名身投
熊皮脚登熊靴。一人里皮一人是熊皮各便板门石箭
轻轻走路。石窟弓说大战一天。（偿之十是）

正午双方讲妥来日再战。二熊人逢岭岭打场子
第二天又战怎样。三人十合计想出办法，便用套马绳办法
收伏二熊人。没有名字起两个名一名色楞一名雄鲁
读到词中大摆熊宴二熊人不服夜半引咒。

三人装疯卖傻 刀砍不入以为死了第二天要扒皮吃肉
一看没死，故意说话刀枪不入。

去墨了又要反咛。三个人掏出腰中经肉干吃了
又不反了。

述阿窝箍死之个人，至今北甡大。
得癌病背了五十里深感 割破古臂主誓
接着航继感诱达到山里
三个人操些诱材院好了。

74

十四回　接前页

~~十四回~~　蛇鼠岭

五千人北上　率师绕过蛇鼠岭　满道大蛇
开始跪拜，仍处处不让，只好躲进石洞，三天没吃东西
二儿人不够吃三七二十一棒蛇肉　三个人只好吃

只见一人主来百蛇让路
来到洞口一叩之日珠爬地下拜，说苏府
有许多老鼠发光，并通知统领连夜北上，徊营生死狠

日头草印珠．先到　目珠　佛勃亭　贵东和徐
色楞　却鲁　（共六人）　楠合乐

十五回

盗贼之后　毌栖河．三穿泥奥水，谁喂到立印袋进不肯　　有二十多人器劫
能狭　二健人主出快先到立印袋速拔绦　　　见到女章家就来
敛衣　那日珠为了救二健人就放绦
不接近妇　开等三个人只好五回。萬
抢妇女就　又力三个人入伙为盗不同意　　　大阿哥石鲁
空就来　打入北牢冲专告大阿哥处置
救东海　第二次拦泰劫加以查禁还出二次告
劫兵器　第三次当天破道宽誓三个人暗中向天请先主事
渡长一万人　又打入火圈中　不掌益。偃这主誓　投别人听惊记印新
东西去报仇　　　首轨左时名听皆人大口感一声

15

十五回 十六回

~~每子撒救义~~ 带回一百来名猎手

1. 石鲁救恩人 三人归来

倒笔

石鲁去找之后 被俺蛮抓去

和俺蛮约在三章

三人会话

逃出以后 三人发誓至死不分帮 走到呼牛山头地方
又饥又渴 �足更了 就发有二个人抬来一个妇女正是强奸
不由心中大怒 走到上来 揪住二人（文字）

妇人领到家中 好汤好肉招待一番 一叙说
是先祖 那绕表太太大不了 并走们气命女婿走人不知
就不觉时东抬上先祖送回东海部 妇女看中了先祖

三人接抬

妇人在中放去 女婿也没有不满

回后府 妇女追了上来 也来了女婿 先祖很不过意
为此大怒非要三个人服从她指挥 妇婿说会做菜看奇 有话
到晚里北山 一群多众正在祭神树祭 妇女也
要求先祖参加 先祖推托身子不好没法敬神 大神
执意要和妇女争oJ二 然也要与先祖好审用对卦
方式解决 大神和妇女结合

16

就在神长大会上有七名犯错误以及违法乱纪就
～动 妇女 服装寿满宽神附练 选用失莫薯他火神
　　　今天还在不好

不如 ～ 捆在树上 沉沉纸死（七名太累妇女）妇女鹿
每人身上踢了一脚。一顿训斥救主七名 13人其迷走出此
地

十六 田 十七 田

十三人迷走走走 走到一个深山峡谷之中。走了三天三夜
值这走出了杯

到一个有十九家～走走。 还没一个猎人发现。回去
报告女猎昆 这位女猎昆有八个妹妹六个儿子儿子
已经生了孩 八个妹妹有七个正招赘 大叔都在田里此二
人手中 小姑娘十五岁老猎昆 50岁 年轻时因皮
气太暴 躺～ 要了六个多人都其中最后四个骑了对
场 迷跑了 程甚气最后一个 打猎课窝女猎昆
窝山处住了 越南里人静握死。（因为年轻）才二十多岁
小姑娘话不让母亲以引有几次为她送婚她都没
答应 老妇人决定让大女儿继承小女儿更为恼火母女
产生又合这地方缺势力

　　　　　　　　　17

一个武士

一听说有四三个硬汉子放出速魂萧揢那了回来。

识闻汉下小女同时失和旧珠。和先初决定刘招岳采马

老母反对语下的珠之初这回东海部。其余十一人留下做

三年苦工。然后另盖房成家立业。

三人不死因在审房小姊妹就没。

石鲁章人刘电子坐搭东西时认识旧珠。使全

村死了个女采。说服老鹤昆四个人才回来。起搭回来

~~石鲁章~~ 在路上~~推荐~~一名大将叫

塔斯哈哈。外号叫

~~催二~~。住在 纳丹哈这地方

一个人刘民跌人力气大学会

飞石打鸟能力。一层松油

~~陈柳~~ 一般总落入入

算嘉宽波

十八回

雪张岑

纳丹哈这是一处山势险要人少~~过路~~野猪口多此地

龙甚起地老鸽成群一到春季四山老鹤都刘巳

塔斯哈会老鹤之言。围暑多多奴力之气逃了出来。纳

此 ~~刑君话之用之走出~~好者的没一个好人。乎下有

四名丑汉屯主人从来不要正女人。乎会训练老鹤

投能编成四路窝起此会 东人也能实山延岑纳

成了窝之王

~~伸~~

又唤老鹤岑

78

话说石鲁领着主人来到红油井。塔野哈
戏唱招待，董事咋完饭，动员去山 打墨呪不平。 委此
试。小明珠施巧计赢了塔野哈
在山上广招人马 石鲁先回

调查人马。大伙乐兵
1. 主任保董呪不分 以下气走了塔野哈
   搬来两群老鼠 大熊二熊搬来两群大熊
2. 明珠和石鲁二人把三个人叫到跟前 圆仇项
   了分争
3. 主动接空话今觉馆 练礼节
   编队伍
4. 招去兵马 凑成300多人　　　　　　19
5. 立王山争论
   少数人主张立女王以完备备反对
   多数人主张拥王 又引起内部撕打
6. 长白山玛发来到 制服了群雄　　开矿炼
   决定立明珠为傀儡王　　　　　　铁
   决定发兵 把熊罴一以赶回深山　利中原
   　　　　　　　　　　　　　　　操铁器

十九回

1. 队伍
用鹿尾做大旗，狍尾做中旗。用海螺做号角
向东海部进发。
祭天、祭山、祭海、……

2. 夺赤龙城
三面环山一面靠河的地方，有土城是东海
王的要塞。远望有一座城叫霍道律尔哈
地势才十多丈高一手好箭，训练一百多弓箭手
都是番兵

傻二唱斯哈主动要请。有女兵撑坐塔斯
哈。……搬来去……从三面山上……围攻。得胜回师
大岁发展到600人
二十回 乌布   送给他一件纯钢杯 长五寸

火去刹～哈～城。距东海部五十里。穿石镶穿钢
女王率500兵攻 500兵去还战。
这五百兵队身着三层牛皮铠甲马穿牛皮
甲衣。……女兵……女兵健队 人和人一场 有用
要战。女王胜 甘珠投降。群兵四散
立誓报仇死伤大半   军师笑着不言机密再出……

二十一

1. 女王开庆功宴请八部罕女达

2. 邬熊之俗

3. 跳熊球之俗

4. 喜祭次女之俗 · 姊妹双拜 · 双女参（格格哈达）

5. 开坡驹群（三年六个月）
　　　　　（讲治驹十秀呢）

6. 兄弟想见

7. 蕃坡地主 追兵至

二十二
旧犬有里寻故主
万鹿河群鹿围鹿救救主

1. 恟慌外逃　　之追兵后至

3. 躲在水内　 4. 日暴入住朱山 发现熊好铁之石

5. 投奔二熊岑 已有百喽兵
　　　四处找人招兵买马　 日味准洋一荒
　　　叫他往西南去华熊退兄施人帮助有意正治山

下14 21

二十三（四）

1. 旧珠出走访能人 大健跟随

2. 克列莫色夫的来历

①年岁不可考. 周游天下27年. 认为必须了如做王.

②学会凤尾堪岳山战策. 会破各种刀枪箭马. 会破鹿角铁索强焰 会破双强东云才第战术

③住在长白山西莫排里湖旁.训成十八对仙鹤六十支查鸦 两支老鹰 一支紊黑树沙老鹰 二十支笙山大刀

④初访授宪枝住大健并打死旧珠未不肯

⑤终于说服老宪 大才去又还不去

⑥十八支仙鹤返入房内

⑦传授弓弩剑钺刀枪使用法

⑧师徒下山 遇絕造100人誓服之 回到22健岑

22

二十四回

1. 训练人马　编制队伍　制定号令
   ① 二腿反抗　第一警众
   ② 择组新　~~太无~~ 双令掌肃静
   ~~③ 夫妇同来　制备刀枪~~
   ③ ④ 成立连队
   ④ ⑤ 训练野菜忽略
   ⑤ 懒果来　制造器

二十五回

李泰九成 + 八寨
　十八寨　寨主女王会使用石雷阵
　　李等哪火攻十八寨

二十三回

女王二次出兵　全用女兵　女王发布命令每人配一名女人
第一仗失败.　第二仗裸体上阵　　　｝ 赏衣服一套
　　　　整齐脱衣阵　　　　　　　　　还细查麿
　　　每个女人捞一名男人此这头
　　　失力一半
掠回之后寨主大展余怒出 50 多人投军　　亲卫队
　　　　　　　　　　　　　　　　　　23

二七回

　　獾头岩路遇九雄正在作战之际，失散之人重相逢，
塔斯哈出现。

大兵到至，双石岩又遇到一群女兵拦住去路，
一般情况下，对女兵不许动手，妻怎么也不肯动
动了起武来，女兵会用迷魂药，开水倒映出去
一股妙龄女人。

　　四女皆约一老。把四集兵都吃，引入寨内。

　　四世投身问后，桐兄弟二人，从此就大分散
四女子盲目路到双石岩。有一位双石妈妈，
教会武艺，并说大气已定，劳苦者王山新辞功，
四女力保父亲二人。她们专接一些女兵。

　　共会一处后，举外神树大寨三〇〇多名女，
结成夫妻。女以左右方列波涨，任成心服，
引导破敌，为此出兵打仗。

　　24

乙十八回

忽地门卒来报有一位汉族打扮的老人
日朱发说乞见师。
　①　师去山口营纸成 各位大事故来王来十将
一晨半去通中原以挖星俭巴图鲁。他好打不平
含身武功。后来诸人奉为神祭记着年今廿七多岁
身十八尺高若巨钟手使飞天马又骑一匹追饿青马
两青圆目满咄大切子一吨饭能吃羊个绝多
　　原来星此园郭熊奴。因爱不了庵待此出
到中原河南学到一身武功。由方在何新来了知村满
门地回东北希到荷店二只人找志同道合以入也从
师两个人嘱入去右岑说服 100 人加入从征
　　1．训练 50 人 单品前犯3来之兵
　　又　训练 200 人马队
　　3　任挖星此巴图鲁为 超哈额真
　　4　任二熊为 梅勒额真
　　5　任塔斯宽为军斋一等待己
引起塔斯宽到满率领三十人私自此出
引起日后以朱私塔斯宽争权乞为东海传奇下部
乞武生共举行大幕
　　　　　　　　　25

二十九回

老女王任从呼玛 吗来一天々北大 地 四处招纳
军马

集中九城十八寨 的有能人 编成二千人
大家女王亲自挑师

师有奴力 编为 亦锋跑吆 由龙城 5名
辛饮. 规定 500人

只许进 不许退   每人 5课先发 一 向干
怕哈饿不平 张 与 紧 而把 里石利身. 见敌人
就 围上去 后路有 200人 督战队谁退回来
当印击死

3200名番气队 专放番气 其它 1800人
做

刘 推肯城 安营下寨

归 呼 分 辛饮 800人 马 地开到推肯城
高 50里 扎营

那时 双方打仗. 先从 信箭 和 里 能 头
对方 如果 回 敬 信箭 和 里 能 头 表 嘉 好 不同 子 作战
敌人 又 5 年 地改 如果 送 需 头 表示 打 仗

接到宽玦

第一次主带披不怕死奴力都番乞攻回

第二次军师下令停战 五十人堰一徐死。这时有一名
敌方老奴投诚莘来番乞解救秋方

军师派得力人伪扮奴力说服奴力翻反正
莘说以利对方待正。解救了奴力队伍

大敌当此

三十四 比武

女王开装饭后要比你比武 一对一比武

1. 一位女巴图鲁跑步出场 没人应战
   那个好女上阵不绕路一圈连跑三次

2. 一位女巴图鲁销进水里呆三个时辰
   大健子尝了一头扎进去两个人在水战却抱
   着女巴图鲁上岸说喉也不放

3. 一个女巴图鲁连跳九道九尺宽大壕
   二能此二次更上女也抢到手不放

4. 女王放番乞谁放这三种番乞
   老奴以为女都解了

27

5. 比刀枪不入

6 正在此时 忽忽有人报女王 别备城失守
全部投降

说失城原因 假扮女王骗攻开城

日珠兄弟入城 女兵大兵围城

三十一回

女王一听气以投河而死 众兵溃散也回
东窝投降 全城举引大床 军师报上 加引方苍 二兄弟不听
就在这时女王手下一位副将劫了馈 女王投机 暗中
串连大众半夜把岩便日珠兄等爱绕大损失 多弓军师早
有准备 十八员女将设围行北剿 捕捉
最后三人拒守在石壁内拒不投降
火火总火不进 攻也攻不近 几次功打军不听

最后堵死引洞口。留下底来以 三位女兵 未发人供佳喜
其中一位女

28

三十二回

1. 兄弟二人究落为双膛王
   大封群臣。军师建议立即夺取扫浑部
   兄弟不肯 再三挽请不允，
   兄弟二人才采纳和议，军师枉然
   兄弟撤围 —— 母令不许带武器 军师给引回来

2. 扫浑王带妻出兵问罪
   先祭东海王 立誓操女权 皆孝经代
   囚禁 初可同。

3. 兄弟追师三十里
   兄弟跪先母王说太义功改革 不允
   先攻东海国 见双膛王仍不交战

4. 请使武力逼跪扫浑兵

5. 长白恩都力再次下山或化扫浑王
   王连力砍三刀 长山恩都力接了三刀
   长 咪过双膛王用钢刀连砍断了72把
   石刀石斧仍不投降 一气之下放回曲扫
   浑王。

28

三十三回

军师设计夺取掸浑城 一兵一卒未伤 一个老百姓没伤

掸浑王只带~~机~~五十名亲信出逃，被东海军包围~~海子~~，穿在山顶上不动，要与东海女王共同回天上告其~~在~~大逆之罪

1. 令蒋满祈祷，令蒋玛抛盖求神
2. 没粮食 东海军给送 开始不吃
3. 放纠不走 坚持恢复东海女王之位
4. 以后走到大窝集里不去
5. 兄弟二人洗心寻母
6. 古树下 母子相见
7. 兄弟跪着恭求 母不准
8. 母操石刀直斩大子 连砍三刀
   日珠用铜刀砍断石刀（这石刀是前十代祖传的宝刀）
9. 母撞头 大儿子一闪 母击石而亡

三十四回

1. 拂湿女王死后，保赤城州国之己失民族天养气备之下，而为双胜王揩土王大界状

   ① 篡夺王位自谓王，有失东海诸部优良传统

   ② 退就田敦

   ③ 废除部队到号主张革，乱用铁器

   ④ 不统妻别姘

   ⑤ 意图李拂湿部

2. 长子羞愧难当自刎而亡

3. 军师假办，申思君力引兵投大后方以农耕之引

   ④ 深受感动

4. 一统东海

30

1. 传说流传情况

2. ~~委托书~~

3. 东海窝集.（关墨卿关抚训,关玉德讲述）

4. 傅先生事迹介绍.

1999年 5月18

傅光瑶亭

第三册.

出点木伦部　　　　　　　二兄弟随征及及失踪

1. 临清示神柔　　2. 长老大会　　　　　　　第七回：
3. 大格传达命　　4. 先初劝阻不听　　　二兄弟临阵双失
6. 兄弟二人背后议论 5. 问木伦室战生杀　　　踪（320）（除汉）
6. 木伦部三伯内部意见不四同

　　一伯－东海兵多将广
　　二伯 二兄弟武艺高强
　　三伯 以卜犯上之罪
　　四伯 妹力主远走
　　小 东海人多将广但能力不力人也
　　四 兄弟二人是四妹朋友
　　三 木伦部有祖传毒药箭
　　四 全部一致对敌

7.　出征 谷雨刚过

　　双方在平原处互立营下寨

大格二率八员女将挑战 订公约
四名女姑娘为了礼节退避三次进攻
第四次大格二以为木伦克解更锋芒忘形　　　打二天仗
结果大败（按兄弟二人在一起的研究兵策）
用埋伏计而大胜

　　第三天二兄弟生征

　　降棋私语 二兄弟假败一直败到宽者河
　　二人突然失踪
　　没再生而归

P.

题 安太白山恩都哩谈玄机

第八回 白鹿洞色勒主殿机技艺

1. 开天老人教造船术 给以在造船业发展 五节2
   a 喝神泉水
   b 看先神船文
   c 结交四位造船师友 送给两匹神马 送金锁 铁锯

2. 老年妈妈教纺织 四节2
   卧龙 a 沤麻技术
   b 结识四位纺织能布拣 送麻种

3. 阿木朝赫老人教种地 三节2
   结识四位种地能手 ——东海作酒坊

4. 沙鲁色夫教木铁工 二节2 喝鲁酒（米酒
   结识八位造房的能手

5. 乌申润大节2 色勒恩都哩造铁之术
   结识六位炼铁铸铁能手

6. 乌申阔指迷津
   书 改天换旦 阿不朝赫 回老之星之处
   其掌 阿木就恩都哩宇权
   第一代男人大军
   爱多方磨难施该经得起才行
   女人打州天下不能忘记
   你大哥留下来躲五节之灾
   或者那时候现接回来保你们山水永园

7. 回东海

P2

宁安市财贸经济贸易总公司

第六回 续展

人头大祭。

二住公主有病

萨明萨玛集会疗病 抢魂。杀女奴替 四位姑娘

大姑娘病有好转。祭天还愿 术伦没来

第七回

挂钩

出征术伦大桥 戍病出征大桥林率病回

假效陈兄弟失综

第八回

太白山冤都哩咳嗽

石龙洞老玛教 猎

第九回

回故土献策娘家国 老女王顺国守旧垒

老女王瞭听女萨玛

宁安市财贸经济贸易总公司

第十回

遭不幸姊妹双病故

举大丧凭剔胸喜
　　兄弟

第十一回

四姊妹搭救二兄弟

小旦初绝路逢生

第七回.

借木伦没弈加祭天大祭、大格々借机向女
王挑拨关系主张灸兵

　　1. 主张大格格来自拉帅

第一仗八员女将　四姊妹亲自迎敌　木伦胜
　　　　　　　　　　寿
第二仗大格格率300奴来兵战斗

四姊妹巧计胜

第三仗　大格々病倒派旦初二兄弟出征

大平真柔真软．二兄弟假败

第九回 旧女校阴谋信忠良

1. 送三人回东海
2. 释见收王
3. 见三位格格
4. 奏禀经过 赦礼品糖种械合又磨又 钢刀
   吃的东西 小米饭 铁锅
5. 萩八策
6. 老萨玛达谢神灵
   组供众人祭天 讲天时
7. 受封赏
8. 开研 造婶 嫁铁
9. 贬去四大萨玛 成大老女臣的职务
S. 发布命令 王命
9. 色勒恩都哩锁四旦初光初炼铁 色勒功阻三人不同意
   种地
10. 造谣陷害先初和县旦初（七大罪状）
    a 三兄弟带来瘟痛 b 给三位格格放病
    b 开铁矿破坏了龙脉
    c 炼土以诛星瘴料
    d 会有大灾大难
    E 男奴力地跑的36人
    F 造谣说三兄弟造反
       原因老女臣献身未人
    G 被给萨玛见三位格格造谣 二格格病生

    敲炉 割鼻摞 驱魔 软禁二兄弟 嫩夏 四大党祭萨玛

    八大老臣职务

（框内）最初先试行 各项政策

（右下）
百
两名守旧萨玛
一楷东泽
三绥楞
老臣清勒昆

P5

第十四

1. 工往格山病室
2. 八大老臣借故逐瘟兄弟二人
3. 萨玛诈死敌先右死亡
4. 萨玛借故碶坏兄弟二人
5. 老王决定兄弟二人活葬
6. 回疯生别父母（
7. 殉葬仪式
　　死殉备八人 修坟角路人 同时入葬
　　二人活入坟中有四人天天送饮食 派8名兵丁昼夜护灵
8. 木伦部闻信
　　四女武姑娘坚决救旦初逃跑
9. 守灵兵丁密之通信（入葬之子）
10. 半夜救出旦初
11. 兵丁帮守严密先和来能救士
12. 旦初同四姑娘外逃
13. 石棺内躲
14. 老马官指出烟筒山暗河可以逃出
　　　　盅说　　活殉葬人应该
　　　　　　穿礼衣 道喜 大宴
　　　　　　出陵 骑马 路旁送酒送肉
　　　　老工匠之子 送别时给老工匠问好
　　　　暗中告知老工匠遭嗜

七回　　举天袭强剃活殉葬节
　　　二阿哥死里逃出生

P6

宁安市财贸经济贸易总公司

送给他二钢刀、扎枪和铁箭头

色勒色夫传授冶铁技术 扣作铁器技术

织麻布自有人

教他们种五谷

教他盖马架子房教他

四支大鹏送回东海

宁安市财贸经济贸易总公司

九	㈣东海再载八策																		
	旧势力排席二兄弟																		
十	姊妹病故																		
	搜捕甫初																		
	恢复各王议故（又另易女																		
八	策㈠冶炼钢铁																		
一	2 大兴教艺																		
二	3 操练兵马																		
四	4 耕种五谷		功 论行赏																
五	5 纺麻织布																		
七	6 废除旧制 论功甲宽罚 不分男女																		
三	7 各部和睦																		
六	8 人兽分流															8			

宁安市财贸经济贸易总公司

二 婚姻类 共四类

1. 清末婚俗 二集

2. 林中婚 二集

3. 水上婚 一集

4. 清初婚 （模仿）二集

三 舞蹈

1. 蝴蝶式 三集

2. 拍水 一集

3. 达子快歌 一集

4. 巴拉蝶式（野人舞）一集

5. 扬烈舞 一集

宁安市财贸经济贸易总公司

乌申滿如九大弟子

二　十乌朱朱希　开夫蚂发

三　十蒙兀乐我臣

六　十裴内嘉齐恩都力　孙玛发　勃希哩（孙真人）

　　　　　　　　　　救乌申润救生亥土先祖十二卷行兵神符

七　十活托玛发　大萨玛

四　东海色金没色夫　又名沙鲁色夫　　（铁术工原神）

一　东"色勒得恩都哩　　　铁神符

五　东"阿拉发玛发　（袋神）

八　东"先初贝色以在归天时改为光初大宇

九　东"旦初贝色　　　　　旦初大宇

　　　　　　　　前生为古布尔米图

　　　　　　　　前生为安巴米图

　　　其中活托玛发是女转男

第八回完了说几句话

1. 口音不清　2. 录音杂音

3. 五条词不一致

4. 需要花语言从新整理

5. 8个缺骨情节段遗漏重新补上去　7925939　第10页

宁安市财贸经济贸易总公司

电视专题片目录

一、祭祀类　共十项

　　1. 朝祭

　　2. 夕祭

　　3. 背灯祭

　　4. 祭天

　　5. 换锁

　　6. 祭星

　　7. 祭匕

　　8. 山祭

　　9. 河祭

　　10. 野神祭（模仿）（宁古塔一带）

　　　　a 鹰神　b 蟒神　c 众位佛尼神四类

　　　　D 鼋神　E 豹神　E 水獭神

　　　　F 道爷玛发　……

宁安市财贸经济贸易总公司

第九回

回东海献策兴大业

谭良对

1　王前献策　改33次（四策）十策（）八策
　　　　　　　乌申洞神谕　向妇献礼　镰刀一把
2　　　　　　　传走　　　　　　　　　　　米
　　　　　　　　　　　　　　　　　　　　麻布二匹

四策 1. 男女都一样
　　　　　　只许
　 2. 废除女人嫁鸡随鸡主权
　 3. 大火炼钢铁
　 4. 废除奴人奴同姓享同样待遇

以及加三次

1 怂种农业
2 种麻织布
3 兴木工铁工
4 各部和睦
5 乙出马

宁安市财贸经济贸易总公司

　　　　傅英仁先进事迹介绍

　　　　　　宁安市文化局

　　傅英仁自离休以来，仍坚持孜孜不倦地为学术事业、民族文化辛勤耕耘着。他的成就不仅对宁市有所贡献，对全国满族文化方面也有着不可磨灭的成就。十多年里发表了具有国内、国际影响的著作、电视专题，撰述都是成绩斐然，在文化界获得一致好评。仅将近年来先进事迹简介如下：

　　一　忘我的劳动，克苦的追求

　　傅老先生已年近八旬，近年来身体欠佳，脑血栓后遗症经常头晕头痛，左眼失明，再加之老伴长年卧病在床生活不能自理。这些问题

宁安市财贸经济贸易总公司

都给写作带来很大困难。可是，傅英仁没被这困境吓倒，仍坚持地奋斗着。三年里阅读、整理了五部巨著，摄制《鹰祭》《满族妇女萨》《夕阳红节目》《傅英仁事迹专题》等四部电视专题节目。发表多篇文章，整理出《宁古塔轶文》《东海拾贝》《萨满教缀英》等三部作品提纲。

仅从以下几件事例可以看出，对一生从事的主题，有着惊人的追求。对学术孜孜以追求精神。比如因眼疾防碍他看书写字。他一手执笔，一手拿放大镜看复写文字而时累的支持不了。就在桌上休息后刻。许多亲朋好友劝阻他。他语重心长地说："腊类不高，只争朝夕，对我的专进来说何等重要呀。一个人宁可有意义活一个月不能无所从事活一年呀！"为了尽情地把

宁安市财贸经济贸易总公司

即景此观已失传的宝贵资料留给后世。他探先列提纲，再逐项解决，这种执着精神，始终未减。

二、业绩

几年来，虽处于困境，但收到成果却颇为可观。

三年里前后拍制电视专辑两部。其中，有央电视台《夕阳红》节目两部，吉林民研研究所满族《鹰祭》专辑一部。一部北市有线电视各有线电视主拍。这些录像民化会在电台播出后，收到较好观众来信，互相交流满族文化知识。更值得提的是

先后在全国民俗丛刊中发表资料性文章二篇，满族民俗专辑发表民俗论文两篇，撰写一批各民俗材设计规划，无疑对满族民间文化是一宝贵资料，深受新如的。

作为一经革命且残的离休干部，应该放下笔杆怡情养天年，而是博老先假辛劳个人安危。

他虽处生活比较困难，对

使应当报酬辛题录像从未为宝的

20×15=300   7925939   附 第3页

宁安市财贸经济贸易总公司

而时时刻想到如何把一生挖掘的满族文化宝贵资料传给后代，不至于带进棺材。他从1985年以来，做了两件惊人的系统工程：一是把所有文字资料重新整理一番以备后人查阅，二是把脑子里记忆的资料变成文字资料。尤其后者更是难度很大工程。他每天桌子上放着纸和笔，想起一条写一条，想起一件写一件。一年多，先后整理二百七十多条、件，这项工程仍在继续中。它将给国家，甚至世界留下珍贵遗产。

　　傅老先生对我市文化、经济事业很关心，对文化工作上提出很好的建议，积极踊跃参加老干部各项活动，颇受老干部好评。他也很热爱书画，其书画作品常在全市展览中展出，甚至亲办《天王林书画大富》展出。

竖列标题：云大多，列亭塔述《东海拾贝》民俗类书

20×15=300　　　　7925939　　　P16　第4页

宁安市财贸经济贸易总公司

傅老先生，几年来孜孜无闻地从事他人很

难办到的文化工程建筑。在曹老书部中不但是老

如先型典型也是近年来苦苦耕耘四老不舍以

家干家。

　　　　　　　一九九六年六月二十七日

附录三　傅英仁大事年表

1919 年，傅英仁在黑龙江省宁安县城西西园子出生。

1926～1929 年，傅英仁在宁安县第一学区第十一小学读书。

1929 年，傅英仁就读宁安县模范高等小学校。

1931 年，傅英仁参加了由八个县成立的吉林四中的升学考试，名列第六。

1931～1937 年，傅英仁半工半读，学完了中学课程，读完了《千家诗》、《论语》、《中庸》、《大学》和《孟子》，练习了书法，得到了萨满教神话、满族舞蹈和秧歌，以及三祖父三部半长篇满族说部的真传，在家族外也听到一些故事。

1936 年 9 月，傅英仁开始学日语，使用课本《日语速成读本》。

1937 年，傅英仁跟三祖父到卧里屯说《萨布素将军》，开始有意识地用文字整理资料。

1937～1939 年，傅英仁成为教员、教辅候补委员。

1939～1940 年，傅英仁考入牡丹江师道学校速成班，以本科生资格获得毕业文凭。

1940 年，傅英仁被评为教谕。

1943 年，傅英仁在德家村小学当教员。

1945 年 9 月，傅英仁成立私塾，教学生千字文、五经四书，还有算数、珠算、毛笔字。

1945～1947 年，大环境是打土豪、分田地，大搞文娱活动。斗地主分果实，一直闹到 1947 年。

1947～1953 年，傅英仁先后在四所完小任教导主任、校长。

1953 年秋至 1958 年 4 月，傅英仁先后担任宁安县教学研究室研究员、一中语文教员、干部学校副校长。

1953～1956年，傅英仁在东北师范大学中文专修班学习，属于函授大学（吉林师大三年制）。这是没怎么弄民间文化的几年。

1956年，傅英仁成为县文教代表、县体委秘书长、县俱乐部主席、打击经济犯罪工作组副组长。

1958～1960年，傅英仁被打为右派，罪行是"搞民族分裂""搜集封建传说，提倡落后风俗"，进行了三年劳动改造。

1958年4月13日，傅英仁到平安公社丰产大队改造。

1959年，傅英仁到宁西公社常胜大队改造。

1960年，傅英仁到海浪公社敖东大队改造。

1961年国庆节前后，傅英仁一边在东京城中学代课，一边参加县工作组。因是"右派兼黑工作组分子"被揪出，被批斗了一年多。

1968～1970年，傅英仁到"五七"干校劳动改造。

1970年至1979年6月，傅英仁到蔬菜公司工作。

1979年，傅英仁彻底平反，开始整理发表满族民间文化的相关资料。

1979年6月3日，编写县志小组成立，傅英仁任编辑室主任兼主编。

1979年9月，省委宣传部长颜泽民到镜泊湖找傅英仁和马文业，欲出一本镜泊湖民间传说故事。文联主席栾文海亲自抓这项工作，宁安成立了由9人组成的民间文艺研究小组，这是全国第一个县级民研小组。

1979～1984年，傅英仁白天编县志，晚间整理民间文化。整理出《萨布素》《隋唐演义》《红罗女》《金世宗走国》《东海窝集传》5部长篇说部初稿，约180多万字，给各地录制了260多盘磁带，又写出4篇民俗论文，《金兀术》和《黑妃》两部长篇也在整理中。

1981年，民研小组扩大为民研协会，会员增至30多名。

1984年，傅英仁从长春富育光处将努尔哈赤相关的部分卡片资料拿走，回宁安整理。

1985～1986年，傅英仁被聘为电视连续剧《努尔哈赤》《荒唐王爷》的顾问。

1985年7月，傅英仁辞去县志编辑部主任及主编职务。

1985年，《满族神话故事》出版。

1981～1989年，傅英仁采录了京八旗老人、河北遗留下来的完颜氏后代、阿城完颜氏、赫哲族傅万金老人讲述的故事。

1982～1984 年，东北三省合编两集满族民间故事，其中傅英仁的作品占三分之一以上。傅英仁先后在《黑龙江民间文学》、《黑龙江民间故事选》、上海出版的《满族故事选》以及其他刊物上刊登了 90 多篇故事和 4 篇论文。

1987～1991 年，黑龙江艺术研究所到宁安找傅英仁，出资将满族舞蹈用录像形式记录下来。由文化馆主办，培训 20 名舞蹈演员，傅英仁用一个月时间，传授了莽式、杨烈、拍水、野人等四个舞蹈。

1988 年，傅英仁培训 50 多名满族秧歌演员，还录了像，并纳入省舞蹈集成卷中。

1989 年，吉林省民族研究所聘傅英仁为兼职研究员。

1991 年，傅英仁担任电视连续剧《黑土》顾问。

1992 年，傅英仁成为牡丹江市人大代表。

1991 年，傅英仁被选为全国老干部先进个人参加全国表彰大会，受到党中央最高领导人接见。

2004 年，傅英仁去世。

2005 年，傅英仁讲述、张爱云整理的《满族萨满神话》由黑龙江人民出版社出版。

2006 年，傅英仁讲述、张爱云整理的《傅英仁满族故事》由黑龙江人民出版社出版。

2007 年，傅英仁讲述的《萨布素将军传》（王宏刚、程迅整理）、《东海窝集传》（宋和平、王松林整理）出版。

2009 年，傅英仁讲述的《金世宗走国》（王松林整理）、《比剑联姻》（关墨卿共同讲述，王松林整理）、《红罗女三打契丹》（王宏刚、程迅整理）出版。

2017 年，傅英仁讲述的《满族神话》（荆文礼整理）、《两世罕王传·努尔哈赤罕王传》（王松林整理）出版。

参考文献

著作

朝戈金：《史诗学论集》，中国社会科学出版社，2016。

富育光：《萨满教与神话》，辽宁大学出版社，1990。

富育光、王宏刚：《萨满教女神》，辽宁大学出版社，1995。

高荷红：《口述与书写：满族说部传承研究》，暨南大学出版社，2017。

高荷红：《满族说部传承研究》，中国社会科学出版社，2011。

林继富：《孙家香故事讲述研究》，中国社会科学出版社，2013。

林继富主编《中国民间故事讲述研究》，中国社会科学出版社，2013。

孟慧英：《满族民间文化论集》，吉林人民出版社，1990。

王卓：《清代东北满族文学研究》，吉林出版集团、吉林文史出版社，2013。

许钰：《口承故事论》，北京师范大学出版社，1999。

杨春风、苏静：《满族说部与东北历史文化》，吉林出版集团、吉林文史出版社，2013。

周维杰主编、荆文礼副主编《抢救满族说部纪实》，吉林人民出版社，2009。

祝秀丽：《村落故事讲述活动研究——以辽宁省辽中县徐家屯村为个案》，中国社会科学出版社，2013。

论文

高荷红：《傅英仁讲述的神与神话》，《满语研究》2016年第2期。

高荷红：《"嘴茬子"与"笔头子"：基于满族"民间故事家"傅英仁的建档研究》，《民间文化论坛》2018年第1期。

荆文礼：《老树发芽逢春雨 硕果生辉压满枝——访问满族说部传承人傅英仁纪实》，载周维杰主编、荆文礼副主编《抢救满族说部纪实》，吉林人民出版社，2009。

栾文海：《野火春风——记满族民间故事家傅英仁》，载《黑龙江民间文学》第14集，中国民间文艺研究会黑龙江分会，1985。

马名超：《给民间口头文学以"第二次生命"——记满族故事家傅英仁》，载《马名超民俗文化论集》，黑龙江人民出版社，1997。

马名超：《满族民间故事家傅英仁访问记（1986.7.18至19两个晚上的笔记)》，载傅英仁讲述、张爱云整理《满族萨满神话》，黑龙江人民出版社，2005。

故事文本

傅英仁、关墨卿讲述，王松林整理《比剑联姻》，吉林人民出版社，2009。

傅英仁讲述，宋和平、王松林记录整理《东海窝集传》，吉林人民出版社，2007。

傅英仁讲述，宋和平、王松林整理《东海窝集传》，时代文艺出版社，1999。

傅英仁讲述，王宏刚、程迅记录整理《红罗女三打契丹》，吉林人民出版社，2009。

傅英仁讲述，王宏刚、程迅记录整理《萨布素将军传》，吉林人民出版社，2007。

傅英仁讲述、王松林整理《两世罕王传·努尔哈赤罕王传》，吉林人民出版社，2017。

傅英仁口述、徐昌翰主编《宁古塔满族萨满神话》，未刊稿。

傅英仁口述、张爱云整理《傅英仁满族故事》，黑龙江人民出版社，2006。

傅英仁口述、张爱云整理《满族萨满神话》，黑龙江人民出版社，2005。

傅英仁搜集整理《满族神话故事》，北方文艺出版社，1985。

傅英仁、王松林整理《金世宗走国》，吉林人民出版社，2009。

富育光讲述、荆文礼整理《天宫大战·西林安班玛发》，吉林人民出版社，2009。

《黑龙江民间文学》第1～23集，中国民间文艺研究会黑龙江分会，

1983～1990。

黑龙江省宁安县民间文学三套集成编委会：《宁安民间故事集成》第一辑，内部资料，1987。

马亚川遗稿，黄任远、王益章整理《女真萨满神话》，黑龙江人民出版社，2006。

徐昌翰主编《黑龙江民间神话》，黑龙江人民出版社，2011。

后　记

　　因进入满族说部研究相对较晚，我 2005 年第一次去宁安之时，傅英仁已经过世，因其女婿发生车祸，也不是拜访其女儿的最佳时期，因此无缘从傅老身边亲人处感受傅老的魅力。后来有幸听到几十年前傅英仁讲述的《东海窝集传》磁带，傅老的声音、讲述的魅力深深打动了我。

　　2005 年，我决定将满族说部作为博士学位论文的研究对象。2006～2007 年，我按图索骥，了解到 31 位传承人的情况。当然，调查较多的是富育光、赵东升、何世环老人，也与富育光的多位学生建立了固定的联系。

　　我因宋和平老师与傅老在文本中结缘，起因是宋老师在 20 世纪 90 年代完成的《〈东海窝集传〉研究》。该书从手稿变为电子文本，从宋老师一个人的成果到商定分为上、下两编，由我来撰写上编，经过了多次沟通。由于多种原因，拖沓了几年的时光。在决定将傅英仁与满族叙事传统之间的关系作为研究重点之后，我撰写了两篇文章，尽力爬梳了傅英仁在满族神话及故事方面的成就。

　　我努力从 20 世纪 80 年代至 21 世纪初所有与傅英仁有关的资料中构建出一个立体的、丰满的故事家的鲜活样貌。因为缺乏资料，我的爬梳工作可能还存在很多问题，但我希望本书可以成为系统研究傅英仁的起点。

　　另，附上宋和平老师撰写的后记如下。

　　笔者草草、粗略地探讨了傅英仁讲述的《东海窝集传》传说，不可否认，这些探讨还很不够，其实还应进入世界文化领域，以世界文化为背景进行探讨，其价值和意义就会更为显著。不过，笔者的粗略探讨，可以起一个抛砖引玉的作用，但愿如此。

高荷红

2019 年于联想桥

图书在版编目（CIP）数据

傅英仁与《东海窝集传》研究／宋和平，高荷红著
. -- 北京：社会科学文献出版社，2021.12
（中国社会科学院老年学者文库）
ISBN 978 - 7 - 5201 - 9459 - 4

Ⅰ.①傅⋯　Ⅱ.①宋⋯　②高⋯　Ⅲ.①傅英仁 - 人物
研究 ②满族 - 民间故事 - 文学研究 - 黑龙江省　Ⅳ.
①K825.6 ②I207.73

中国版本图书馆 CIP 数据核字（2021）第 247334 号

·中国社会科学院老年学者文库·
傅英仁与《东海窝集传》研究

著　　者／宋和平　高荷红

出 版 人／王利民
责任编辑／赵　娜
责任印制／王京美

出　　版／社会科学文献出版社·群学出版分社（010）59366453
　　　　　地址：北京市北三环中路甲 29 号院华龙大厦　邮编：100029
　　　　　网址：www. ssap. com. cn
发　　行／市场营销中心（010）59367081　59367083
印　　装／三河市龙林印务有限公司

规　　格／开　本：787mm × 1092mm　1/16
　　　　　印　张：26　插　页：0.25　字　数：445 千字
版　　次／2021 年 12 月第 1 版　2021 年 12 月第 1 次印刷
书　　号／ISBN 978 - 7 - 5201 - 9459 - 4
定　　价／168.00 元